T0209563

Deutsch als Fremdsprache

Dietmar Rösler

Deutsch als Fremdsprache

Eine Einführung

2., aktualisierte und erweiterte Auflage

J.B. METZLER

Dietmar Rösler
Institut für Germanistik
Justus-Liebig-Universität
Gießen, Deutschland

ISBN 978-3-476-05862-1   ISBN 978-3-476-05863-8   (eBook)
https://doi.org/10.1007/978-3-476-05863-8

Die Deutsche Nationalbibliothek verzeichnet diese Publikation in der Deutschen Nationalbibliografie;
detaillierte bibliografische Daten sind im Internet über ► http://dnb.d-nb.de abrufbar.

Umschlagabbildung: © patpitchaya / stock.adobe.com

Planung/Lektorat: Ferdinand Pöhlmann
J.B. Metzler ist ein Imprint der eingetragenen Gesellschaft Springer-Verlag GmbH, DE und ist ein Teil
von Springer Nature.
Die Anschrift der Gesellschaft ist: Heidelberger Platz 3, 14197 Berlin, Germany

Für Emer

Vorwort zur zweiten Auflage

In den zehn Jahren seit Erscheinen dieser Einführung hat sich einiges geändert – der Europäische Referenzrahmen ist überarbeitet worden, die Postanschrift des Goethe-Instituts hat sich verändert, die Zahl der Deutschlernenden weltweit, die vom Auswärtigen Amt im Abstand von fünf Jahren ermittelt wird, ist von ca. 14 Mio. im Jahr 2010 auf knapp 15,5 Mio. im Jahr 2020 gestiegen. Derartige Informationen lassen sich einfach aktualisieren. Bei allen in dieser Einführung behandelten Themen ist die Forschung vorangeschritten, was in den jeweiligen Kapiteln zu leichten Veränderungen geführt hat. So werden zum Beispiel in ▶ Kap. 3 neuere technologische Entwicklungen für das Deutschlernen mit digitalen Medien integriert.

Besonders interessant sind die Veränderungen da, wo sie Umstellungen innerhalb dieser Einführung hervorgerufen haben. Die Gender-Debatte, die im Fach Deutsch als Fremdsprache mit wenigen Ausnahmen lange erstaunlich wenig behandelt wurde, ist in den letzten zehn Jahren verstärkt zum Gegenstand geworden. Die intensiver geführte Diskussion zum Thema Diversität wirkt sich unter anderem bei der Beschäftigung mit den landeskundlichen Gegenständen aus. Die wachsende Bedeutung von Globalisierung und Migration führt u.a. auch dazu, dass sich Deutsch als Zweitsprache und Deutsch als Fremdsprache stärker aufeinander beziehen. In den neuen ▶ Abschn. 1.1.6 und 2.3 sowie im um die kritische Fremdsprachendidaktik erweiterten ▶ Abschn. 9.6 wird auf die Auswirkungen dieser gesellschaftlichen Entwicklungen für das Fach Deutsch als Fremdsprache eingegangen.

Im Fach selbst lässt sich feststellen, dass es intensiver über seine Forschungsmethodik nachdenkt und diese in einer wachsenden Zahl von Veröffentlichungen und Nachschlagewerken diskutiert, was im neuen ▶ Abschn. 2.3 aufgenommen wird. Besonders rasant entwickelt hat sich als Reaktion auf die weltweit zunehmende Migration die Beschäftigung mit Deutsch als Fremdsprache für berufliche Tätigkeiten der Lernenden. Deutsch als Fremdsprache hat sich ebenso wie die Linguistik schon lange mit den Themen Fachsprache und Wissenschaftskommunikation beschäftigt, das Thema Deutsch für den Beruf wurde jedoch nur von wenigen aufgegriffen. Das hat sich geändert. Deshalb werden in dem neuen ▶ Kap. 12 jetzt die traditionellen Bereiche Fachsprache und Wissenschaftskommunikation zusammen behandelt mit der Diskussion um die Integration von Sprach- und Fachunterricht, mit studienbegleitendem Deutschunterricht und der neuen Vielfalt an Versuchen, den Deutschunterricht stärker auf einzelne Berufsgruppen zu beziehen.

Einiges hat sich also geändert, aber eines ist gleichgeblieben: Geschrieben ist diese Einführung für Personen, die sich neu im Fach Deutsch als Fremdsprache orientieren möchten. Sie hat also eine doppelte Aufgabe zu erfüllen: Sie muss die Praxis des Lehrens und Lernens des Deutschen als Fremdsprache beschreiben und sie muss dies möglichst gut mit der Vermittlung aktueller wissenschaftlicher Fragestellungen und Ergebnisse verbinden. Man wird also am Ende jedes

Kapitels ausführliche Literaturangaben finden, auf die im jeweiligen Kapitel verwiesen wird, aber in den Kapiteln selbst geht es hauptsächlich darum zu erklären, was am jeweiligen Thema relevant und spannend ist. Und die Leserinnen und Leser sind natürlich herzlich eingeladen, bei dem einen oder anderen Thema, das ihr Interesse geweckt hat, den weiterführenden Hinweisen zu folgen und auf eine fachliche Entdeckungsreise zu gehen.

Nichts geändert hat sich auch an der Danksagung zur ersten Fassung. Eine Person ist hinzuzufügen: Ferdinand Pöhlmann vom J. B. Metzler Verlag sei Dank dafür, dass er diese Überarbeitung angeregt und kompetent und hilfreich begleitet hat.

Gießen, Dietmar Rösler

Danksagung

In eine Einführung wie diese gehen Ideen von Kolleginnen und Kollegen aus dem Fachgebiet Deutsch als Fremdsprache, aus der Sprachlehrforschung und aus der Germanistik ein. Ich werde sie jetzt nicht alle nennen, die meisten von ihnen finden sich ohnehin im Literaturverzeichnis wieder. Aber ihnen allen sei gedankt für die vielen produktiven Gespräche in Gießen, Rauischholzhausen und dem Rest der Welt.

Den Studierenden der Gießener Studiengänge ‚Deutsch als Fremdsprache‘ und ‚Sprachtechnologie und Fremdsprachendidaktik‘ sei Dank dafür, dass sie sich trotz der – Bildungsprozesse erwachsener Menschen behindernden – Verschulung des deutschen Universitätssystems dem Fach Deutsch als Fremdsprache weiterhin mit kritischer Neugier und reflektierend nähern. Die intensiven Diskussionen in den Seminaren und während der Entwicklung von Projekten und Abschlussarbeiten haben mir bei der Konzeption dieses Buches sehr geholfen.

Frau Hechtfischer im Metzler Verlag sei herzlich gedankt dafür, dass sie dieses Buch so intensiv lektoriert und damit den Widerstand geleistet hat, den ein Text braucht, um besser zu werden.

Mein besonderer Dank gilt Katrin Biebighäuser, Chi-Shan Chui, Inga Ivanovska, Tamara Zeyer und vor allem Hannelore Knittel und Irina Olepir für ihre unermüdliche und großzügige Unterstützung bei der Herstellung des Manuskripts.

Einleitung

Deutsch wird von Menschen gelernt, die im deutschsprachigen Raum geboren wurden, dort aufgewachsen sind und deren Eltern Deutsch sprechen. Für sie ist Deutsch die **Muttersprache,** in der Wissenschaft meist ‚Erstsprache' genannt. Diese Vorstellung – Eltern, Umgebung, Kinder, alles spricht nur eine Sprache – galt lange Zeit als eine Art Standardannahme der Spracherwerbsforschung. Sie stimmte an vielen Orten der Welt wie zum Beispiel im mehrsprachigen Indien auch früher nicht, und durch die zunehmende Mobilität in der Welt erhält sie heutzutage auch Konkurrenz an den Orten, an denen sie das dominierende Modell war. Zum Beispiel im deutschsprachigen Raum.

Deutsch wird dort auch von Menschen gelernt, die im deutschsprachigen Raum geboren wurden und in ihm aufwachsen, deren Eltern aber Deutsch nicht als erste Sprache gelernt haben und sie unterschiedlich gut beherrschen. Unterschiedliche familiäre und soziale Konstellationen führen hier zu sehr unterschiedlichem Deutscherwerb, der von einem **doppelten Erstspracherwerb** bis zu einem Erwerb reichen kann, der vor dem ersten Besuch eines Kindergartens kaum stattfindet. Außerdem wird Deutsch von Menschen gelernt, die außerhalb des deutschsprachigen Raums geboren wurden und nach einiger Zeit in den deutschsprachigen Raum eingewandert sind.

Beim **Erwerb innerhalb des deutschsprachigen Raums** gibt es also sehr unterschiedliche Varianten, aber damit ist die Vielfalt des Deutschlernens noch nicht abgedeckt, denn: Deutsch wird natürlich auch sehr häufig von Menschen gelernt, die **außerhalb des deutschsprachigen Raums** geboren wurden, dort aufgewachsen sind, schon ein, zwei oder mehrere Sprachen erworben haben, und dann in der Schule, in einem Goethe-Institut oder auf der Universität Deutsch lernen. All diese Personen haben etwas gemein – sie lernen die deutsche Sprache –, aber es dürfte unmittelbar einleuchtend sein, dass sie sich im Hinblick auf die Art und Weise, wie dies geschieht, stark voneinander unterscheiden.

Dieses Buch beschreibt die unterschiedlichen Wege, auf denen man Deutsch lernen kann. Unterschiede zeigen sich auf unterschiedlichen Ebenen:

— Findet das Lernen in einer Bildungsinstitution statt wie z. B. einer Schule, findet es überwiegend im freien kommunikativen Kontakt mit Sprechern der Sprache statt, geschieht es innerhalb oder außerhalb des deutschsprachigen Raums?

— Haben die Lernenden viel Kontakt mit deutschsprachigen Personen – innerhalb des deutschsprachigen Raums von Angesicht zu Angesicht, im Ausland vielleicht durch raumüberwindende digitale Medien – oder wird die Auswahl von Sprache und Kultur, mit der sie in Kontakt treten, stärker durch Lehrpläne, Lehrwerke und Lehrende bestimmt?

— Wie alt sind die Lernenden, wenn sie die deutsche Sprache lernen? Lernen sie als ein noch sehr junges Kind, das früh mit dem Erwerb des Deutschen anfängt, als Jugendlicher in der Schule oder als Erwachsener auf der Universität oder einer anderen Bildungsreinrichtung?

- Ist Deutsch die erste fremde Sprache, mit der man es zu tun hat, oder hat man schon Routine beim Fremdsprachenlernen, weil man schon Englisch und eine weitere Fremdsprache gelernt hat und Deutsch nun die dritte oder vierte Sprache ist?

In diesem Buch wird die Vielfalt der Einflüsse auf das Deutschlernen dargestellt, es wird beschrieben, welche Konsequenzen sie für erfolgreiches Lernen haben und welche Steuerungsmöglichkeiten Lehrmaterialien, Lehrkräfte und Institutionen haben, um das Fremdsprachenlernen positiv zu beeinflussen. Zunächst werden relativ kurz die wichtigsten Personen, die **Lehrenden** und die **Lernenden,** beschrieben (s. ▶ Kap. 1) und die Arten und Theorien des Spracherwerbs vorgestellt (s. ▶ Kap. 2). Darauf folgt ein – recht ausführliches – ▶ Kap. 3, das sich mit dem Material, mit dem sich die Lehrenden und Lernenden beschäftigen, befasst:

- Welche **Texte und Medien** spielen für das Fremdsprachenlernen welche Rolle?
- Warum gibt es überhaupt Lehrwerke – welchen Nutzen haben sie, was sind ihre Schwachstellen?
- Wie hat sich die Materiallage seit Aufkommen der digitalen Medien geändert?
- Welche Auswirkungen haben die digitalen Kommunikationsmöglichkeiten auf die Organisation des Lernens?

Im 4. Kapitel werden die Konzeptionen behandelt, die im Lauf des 20. Jahrhunderts im Fremdsprachenunterricht sehr einflussreich waren und es auch heute noch sind, die sogenannten allgemeinen **Methoden oder Ansätze des Fremdsprachenunterrichts.** Hier hat man es mit einer paradoxen Situation zu tun: Auf der einen Seite weiß man seit den 1960er Jahren, dass es ‚die‘ richtige Methode‘ nicht geben kann, weil eine einzige richtige Methode nicht der Vielfalt der Lernenden und Lernziele gerecht werden kann. Auf der anderen Seite spielen diese Methoden im Alltag der Lehre immer noch eine so große Rolle, dass eine kritische Auseinandersetzung mit ihnen unerlässlich ist.

Die ▶ Kap. 5 bis 9 befassen sich im Anschluss daran mit unterschiedlichen Aspekten des Fremdsprachenunterrichts: mit Übungen und Aufgaben, mit den verschiedenen Fertigkeiten, mit dem Umgang mit Fehlern, mit den verschiedenen Lerngegenständen wie Wortschatz, Grammatik und dem großen Bereich von Landes- und Kulturkunde. Im Alltag des Unterrichts treten diese verschiedenen Aspekte gemeinsam auf: Wer sich mit in einer Verstehensaufgabe zu einem Hörtext befasst, beschäftigt sich gleichzeitig mit Aufgaben, mit einer Fertigkeit, mit den im Text transportierten landeskundlichen Inhalten und vielleicht auch mit der Frage, welche Rückmeldungen auf unangemessene Antworten der Lernenden erfolgen sollten. Zum Zweck einer Einführung werden diese verschiedenen Aspekte getrennt voneinander behandelt, es muss jedoch betont werden, dass das Zusammenspiel dieser Aspekte wichtig ist: Mit welcher Aufgabenstellung die Lernenden an einen Text herantreten, steuert z. B., wie eine bestimmte Fertigkeit geübt wird oder auf welche inhaltlichen Elemente des Textes die Aufmerksamkeit gelenkt wird.

In den ▶ Kap. 10 und 11 werden zwei Themenbereiche behandelt, die in der Geschichte der Fremdsprachendidaktik immer wieder sehr kontrovers diskutiert worden sind: die **Rolle literarischer Texte** und die Funktion der anderen Sprachen, die die Deutschlernenden vorher schon gelernt haben. Bei beiden Bereichen sind starke Pendelbewegungen zu verzeichnen: Literatur ist in manchen Phasen der Diskussion ein rotes Tuch für die Verfechter einer alltagsorientierten Fremdsprachendidaktik, in anderen Phasen ein wichtiger Bestandteil eines interkulturellen Vorgehens. Die Erstsprache und die anderen schon gelernten Fremdsprachen werden in manchen Phasen hauptsächlich als Quellen der Interferenz gesehen, sie verführen die Lernenden dazu, Fehler zu machen, und sollten deshalb möglichst komplett aus dem Fremdsprachenunterricht herausgehalten werden. In anderen Phasen sind die schon vorhandenen Sprachen eine Basis für positive Transfers, zum Beispiel beim Verstehen von Wortschatz, und wertvolle Basis für interkulturelle Vergleiche.

Die Frage, wie gut sprachliche Formen und Inhalte in Lehrwerken und im Unterricht auf die Ziele der Lernenden bezogen werden können, wird in der Fremdsprachenforschung immer wieder diskutiert. Wie gut können Fach- und Sprachunterricht aufeinander bezogen wirden, wie gut gelingt es zum Beispiel, den Unterricht auf das Deutschlernen für bestimmte Berufsgruppen und für die Vorbereitung und Begleitung eines Fachstudiums an deutschen Universitäten auszurichten? Diese Fragen werden in ▶ Kap. 12 behandelt. Das letzte Kapitel schließlich befasst sich mit Sprachprüfungen und mit dem Europäischen Referenzrahmen, der seit Beginn des 21. Jahrhunderts zu einer Art gemeinsamer Münze der europäischen Fremdsprachendidaktik geworden ist. Den Abschluss bildet ein Überblick über Nachschlagewerke, die relevanten Fachzeitschriften und wichtige Institutionen für Deutsch als Fremdsprache.

Inhaltsverzeichnis

Lernende und Lehrende

Inhaltsverzeichnis

1

In diesem Kapitel soll zunächst zusammengetragen werden, was über die am Unterricht beteiligten Personen – die Lernenden und die Lehrenden – bekannt ist. Traditionell beschäftigen sich mit diesen Personen Disziplinen wie die Pädagogik und die Psychologie, im 21. Jahrhundert wird über das Lehren und Lernen viel in den Neurowissenschaften diskutiert, und im Prinzip sind alle Gesellschaftswissenschaften mit im Spiel, wenn es darum geht zu überlegen, welche Rolle Institutionen spielen, die zum Lehren und Lernen einer Fremdsprache beitragen. Eine Einführung kann nicht ausführlich die jeweiligen unterschiedlichen Forschungstraditionen beschreiben und die unterschiedlichen Vorgehensweisen darstellen, es soll aber in diesem Kapitel zumindest versucht werden, grob zusammenzufassen und an einigen Beispielen exemplarisch zu vertiefen, was über Lernende und Lehrende bekannt ist und welche Konsequenzen dieses Wissen für die Gestaltung von Fremdsprachenunterricht hat.

1.1 Die Lernenden

Bis in die 1960er Jahre ging die Fremdsprachenforschung davon aus, dass allgemeine Aussagen zum richtigen Fremdsprachenlernen möglich sind, dass also z. B. gesagt werden könne, die Methode X sei besser als die Methode Y. Das führte folgerichtig zu einer intensiven Methodendiskussion, die in ▶ Kap. 4 etwas ausführlicher behandelt wird. Seit den 1970er Jahren – seit der **Wende zum Lernerbezug** – wurde zunehmend klar, dass die Vielfalt der Faktoren, die das Fremdsprachenlernen beeinflussen, es eigentlich unmöglich macht, allgemeine Aussagen über das ‚richtige' Vorgehen zu treffen.

Als Konsequenz daraus ist in der Fremdsprachendidaktik vermehrt diskutiert worden
- über die Motivation der Lernenden und über die Möglichkeiten, sie zu motivieren,
- über die Unterschiede des Fremdsprachenlernens auf verschiedenen Altersstufen,
- über die Geschlechtsspezifik des Fremdsprachenlernens,
- über den Einfluss von Emotionen auf den Erfolg beim Fremdsprachenlernen,
- über unterschiedliche Lernstile und über andere Persönlichkeitsfaktoren.

1.1.1 Die Vielfalt der Einflussfaktoren

Mit dieser Wende zum Lernerbezug wurde die Diskussion des Fremdsprachenlernens recht komplex. Die schematische Darstellung der Faktoren, die auf das Lernen Einfluss haben, in ◘ Abb. 1.1 zeigt, dass man über eine ganze Reihe von Faktoren reden muss und dass mit dem Eingehen auf die individuellen Faktoren auf die Fremdsprachendidaktik große Herausforderungen zugekommen sind.

Riemer (1997) unterscheidet zwischen **lerner-endogenen Faktoren** wie Alter, Lernstile (vgl. z. B. den Überblick in Aguado 2016b), usw. und **lerner-exogenen**

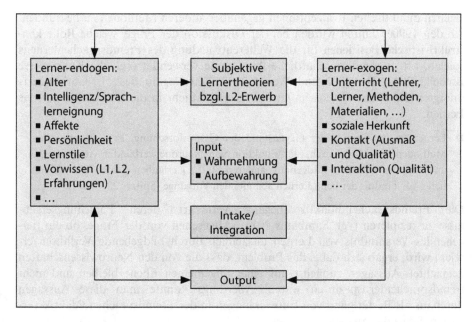

☐ **Abb. 1.1**　Individuelle Einflüsse im Fremdsprachenerwerb. (Nach Riemer 1997, S. 233)

Faktoren wie soziale Herkunft oder Unterricht. Während ein lerner-exogener Faktor wie Unterricht mit den Komponenten Lehrkraft, Methoden, Materialien schon immer ein klassischer Gegenstand der fremdsprachendidaktischen Diskussion war, sind lerner-endogene Faktoren wie Affekte, Intelligenz und Motivation Gegenstände, die traditionell eher in anderen Wissenschaften behandelt wurden und die im Laufe der Zeit immer stärker von der Fremdsprachenforschung aufgenommen wurden. Die traditionelle fremdsprachendidaktische Forschung war methodisch anders ausgerichtet als eine empirische, meist quantitativ-empirische Psychologie, so dass die Forschungsergebnisse nicht immer ohne weiteres aufeinander beziehbar waren.

1.1.2 Biologische Grundausstattung

Die Frage, welche Rolle die biologische Grundausstattung der Lernenden spielt, wurde zu verschiedenen Zeitpunkten auf unterschiedliche Weise und unterschiedlich stark diskutiert. In der fremdsprachendidaktischen Diskussion spiegelte sich dabei die allgemeine Diskussion um das Verhältnis von Natur und Umwelt, in der englischen Sprache schön mit dem Wortspiel *nature* vs. *nurture* wiedergegeben. In den 1970er Jahren wurde diese Diskussion von Vorstellungen über die Reifung des Gehirns bestimmt, auf deren Basis eine sogenannte ‚kritische Periode‘ für das Fremdsprachenlernen entwickelt wurde (s. ▶ Abschn. 1.1.5). In manchen alternativen Methoden (s. ▶ Abschn. 4.9) wurden Annahmen über die Funktionen der rechten und der linken Hälfte des Gehirns dazu verwendet, die Überlegenheit der

1

eigenen didaktischen Konzeptionen gegenüber anderen Methoden zu begründen. Ab den 1990er Jahren wurden bei der Diskussion der Frage, welche Rolle **konstruktivistische Positionen** für die Weiterentwicklung des Fremdsprachenlernens spielen, oft neurowissenschaftliche Argumente verwendet (vgl. die Kontroverse Bredella 2002; Hu 2002 und Wendt 2002). Zu Beginn des 21. Jahrhunderts drängten die Neurowissenschaften mit großer Macht in die Diskussion um das Lernen:

» Lernen ist im Grunde der Gegenstand der Gehirnforschung. Erst die modernen Methoden des Modellierens der Funktion von Neuronenverbänden einerseits [...] und der funktionellen Bildgebung andererseits [...] erlauben jedoch ein wirklich tiefes Verständnis der beim Lernen ablaufenden Vorgänge (Spitzer 2005, S. 1).

Die Fremdsprachendidaktik begann vermehrt, deren Forschungsergebnisse zu rezipieren (vgl. Sambanis 2013). Abgesehen von der Frage, ob ein tiefgehendes Verständnis von Lernen tatsächlich durch bildgebende Verfahren erreicht wird, ergab sich dabei das Problem, dass die von den Neurowissenschaften gemachten Aussagen zunächst auf einer allgemeinen Ebene bleiben und nicht fremdsprachenlernspezifisch waren. Allerdings konnte man diese Aussagen durchaus als Bestätigung von Entwicklungen in der Fremdsprachendidaktik verstehen. So ist die Aussage

» Allgemeines wird also nicht dadurch gelernt, dass wir allgemeine Regeln als solche pauken. Es wird vielmehr dadurch gelernt, dass wir Beispiele verarbeiten und aus diesen Beispielen die Regeln selbst produzieren (Spitzer 2005, S. 5).

eine Unterstützung des in der Grammatikvermittlung (s. ▶ Abschn. 8.6) eingeführten Verfahrens des entdeckenden Lernens. Eine Aussage wie

» [...] Dies erklärt die besondere Bedeutung früher Erfahrungen: Sie legen gleichsam fest, wie viel Verarbeitungskapazität [...] für bestimmte Repräsentationen angelegt wird (ebd., S. 7).

liest sich wie eine Unterstützung der Diskussion um die möglichst frühe Verankerung des Fremdsprachenlernens in den Schulen. Und der Satz

» Diejenigen Wörter wurden am besten erinnert, die in einem positiven emotionalen Kontext eingespeichert worden waren (ebd., S. 9).

wirkt wie eine Bestätigung der seit den 1970er Jahren anzutreffenden Bemühungen innerhalb des kommunikativen Ansatzes (s. ▶ Abschn. 4.6), durch Projektarbeit und andere Formen des kooperativen Arbeitens (s. ▶ Abschn. 5.1.2) Lernumgebungen bereitzustellen, in denen die Lernenden selbstbestimmt und engagiert mit der neuen fremden Sprache umgehen können.

1.1.3 Sprachlerneignung

Andere Faktoren wie zum Beispiel die sogenannte Sprachlerneignung *(language aptitude)* erleben Wellenbewegungen, sie scheinen manchmal ganz wichtig zu sein, dann sind sie wieder für Jahre oder Jahrzehnte aus der fachwissenschaftlichen Diskussion mehr oder weniger verschwunden.

Fremdsprachenlerneignung, umgangssprachlich wiedergegeben als das **Talent** oder die Begabung, Sprachen gut lernen zu können, ist ein Konzept, das besonders in der nordamerikanischen Diskussion der 1960er Jahre große Bedeutung hatte, danach einige Zeit aus der Diskussion verschwand und zu Beginn des 21. Jahrhunderts wieder stärker betrachtet und sogar als einer der zwei wichtigsten Faktoren des Fremdsprachenlernens (neben der Motivation) angesehen wird (vgl. Schlak 2010, S. 257). Menschen haben die Fähigkeit, ihre erste Sprache oder zwei Sprachen parallel zu lernen. Um diese Fähigkeit geht es in dieser Diskussion nicht: Wer über Sprachlerneignung redet, redet über den Erwerb darüber hinausgehender Sprachen.

Die Frage, ob es so etwas wie ein Talent und eine Eignung für das Fremdsprachenlernen gibt und ob man dieses mit Testverfahren auch messen kann, ist wichtig im Hinblick auf den Fremdsprachenunterricht in der Schule. Wenn dieses Talent tatsächlich zuverlässig gemessen werden könnte, könnten daraus eventuell Schlüsse für die Entwicklung von Curricula, für individuelle Lernaktivitäten an Schulen usw. gezogen werden. Diese Frage ist nicht ohne Brisanz, denn, so Gass/Selinker (2008, S. 417), wenn diese Eignungstests dazu benutzt würden, vermeintlich weniger gut geeignete Individuen vom Fremdsprachenlernen abzuhalten und wenn diese Tests nicht präzise und zuverlässig sind, dann werden manche Lernende in unfairer Weise von den Vorteilen ferngehalten, die sich gesellschaftlich aus dem Lernen von Fremdsprachen ergeben.

Ein **Spracheignungstest** ist also **politisch brisant:** Ist er gut und zuverlässig, dann wäre er hilfreich für eine Diagnostik, die eine Basis für individuell angemessenes Lernen liefert, ist er aber unangemessen, dann verhindert er Bildungschancen. Diese Brisanz ist sicher ein Grund dafür, dass das Thema Spracheignungstest, nachdem es in den 1960er Jahren in relativ naiver Weise intensiver diskutiert wurde, danach in den Hintergrund rückte.

Ein Blick zurück auf den 1959 von Carroll/Sapon entwickelten *Modern Language Aptitude Test* zeigt, dass die getesteten Teilfertigkeiten wie Lautdiskriminierung oder induktives Lernen nicht unabhängig waren von dem, was man damals glaubte, was Fremdsprachenunterricht ausmache. Die Reduktion auf die Bereiche Gedächtnis, Grammatik und Aussprache würde heute nicht ohne weiteres als das für einen derartigen Test zugrundeliegende Konzept von Fremdsprachenlernen angesehen werden. Bei der aktuellen Diskussion um das Thema Fremdsprachenlerneignung muss deshalb eine Vielzahl von weiteren Faktoren herangezogen werden, z. B. die eventuell schon gemachten **Sprachlernerfahrungen** und generell eine Klärung der Frage, inwieweit ein derartiger Faktor überhaupt einen Bezug zur mentalen Grundausstattung eines lernenden Menschen hat. Schlak (2008) hat das Thema Fremdsprachenlerneignung mit einem Forschungsüberblick wieder in die deutschsprachige Diskussion gebracht, einen zusammenfassenden Überblick findet man bei Aguado (2016a).

1

1.1.4 Motivation und Einstellung

Motivation ist zum einen ein alltagssprachlicher Begriff: Man fühlt sich nicht motiviert oder sehr motiviert, man sagt von Menschen, dass sie andere gut motivieren können, und es scheint klar zu sein, dass sich dieser Begriff auf alles Mögliche beziehen kann, auf das Lernen ebenso wie auf die Erledigung alltäglicher Verrichtungen. Entsprechend schwierig ist es, den Motivationsbegriff zu definieren.

> **Definition**
>
> Motivation „ist ein affektiver Faktor, der aus unterschiedlichen, sich über-lappenden, komplementären und interdependenten Komponenten gespeist wird, die in der Persönlichkeit und Biografie des Lernenden, in seinen Einstellungen und Orientierungen gegenüber der zu erlernenden Fremdsprache und der damit ver-bundenen Kultur sowie in den Ausgestaltungen seiner Lernumgebung und seines soziokulturellen Milieus bedingt sind. Motivation kann sich im Laufe der Zeit ändern, manchmal die Ursache, manchmal aber auch die Folge von erfolgreichem Fremdsprachenlernen sein. Motivation ist also multidimensional und dynamisch – und kann nicht direkt beobachtet werden" (Riemer 2010, S. 168).

Zwei Begriffspaare haben die Diskussion bezogen auf das Fremdsprachenlernen besonders beeinflusst:

Instrumentelle und integrative Motivation Erstmalig sehr intensiv mit dem Motivationsbegriff beschäftigte sich die Fremdsprachenforschung, als sie die Konzeption von Gardner/Lambert (1972) aufnahm, in der Motivation als Funktion von **Einstellungen** verstanden wird. Unterschieden wurde ursprüng-lich zwischen einer instrumentellen und einer integrativen Einstellung. Menschen mit einer instrumentellen Motivation lernen Fremdsprachen zum Beispiel, weil sie sich dadurch ein besseres berufliches Fortkommen mit erhöhtem Einkommen versprechen. Fremdsprachenlernende mit einer integrativen Motivation sind be-sonders an der Zielkultur interessiert und haben eine positive Einstellung zu ihr.

Zu den ursprünglichen Annahmen von Gardner/Lambert (1972) gehörte, dass das Lernen mit einer integrativen Motivation erfolgreicher sein würde als das Lernen mit einer instrumentellen Motivation, eine Annahme, die sich in nach-folgenden empirischen Studien in dieser Eindeutigkeit nicht halten ließ. Trotzdem hat diese Gegenüberstellung von **Nützlichkeitserwägungen** und **zielkultureller Inte-gration** der Fremdsprachenforschung wertvolle Hilfen beim Nachdenken über die Gründe, warum Menschen Fremdsprachen lernen, geliefert.

Intrinsische und extrinsische Motivation

Die Unterscheidung von instrumenteller und integrativer Motivation wird manchmal mit der von intrinsischer und extrinsischer vermischt. Trotz vor-handener Ähnlichkeiten liegen diese Begriffspaare aber auf unterschiedlichen Ebenen. Die Unterscheidung von extrinsischer und intrinsischer Motivation be-zieht sich auf die Frage der Selbstbestimmung (vgl. Deci/Ryan 1985). Wer intrinsisch motiviert ist, handelt freiwillig und ohne äußeren Druck und ist eher auf die Tätigkeit oder den Gegenstand bezogen. Extrinsische Motivation ist eher zweck- bzw. ergebnisorientiert (zur Kritik eines verkürzten Begriffs von Selbstbestimmung vgl. Schmenk 2008).

Über Motivation im Allgemeinen und inzwischen auch bezogen auf das Fremdsprachenlernen wird auf unterschiedlichen Ebenen geforscht (vgl. u. a. die Überblicke in Dörnyei 2001a, b; Riemer 2010 oder Rösler/Würffel 2010, S. 90–111). Über die Beschäftigung mit der Frage, aus welchen Gründen Menschen Sprachen lernen und welche Auswirkungen dies für die Organisation des Lernens hat, ist für das Lernen im Klassenzimmer auch das Thema **Motivierung** von Bedeutung. Hier lautet die Frage nicht, mit welcher Motivation welche Personen was machen, sondern: Wie bringt man Lernende dazu, etwas zu tun, was sie zu einem bestimmten Zeitpunkt vielleicht gar nicht tun möchten. Das Problem dabei: Aus der Vielfalt und der Vielzahl von Modellbildungen und empirischen Forschungen können keine unmittelbaren „Konsequenzen für die Praxis des Fremdsprachenunterrichts hervorgehen [...] in der Form, dass das motivierende Potenzial von Lernarrangements [...] generell prognostiziert werden könnte" (Riemer 2010, S. 172). Trotzdem ist es natürlich nicht nur für Wissenschaftler verlockend, sondern von der Praxis auch gefordert, dass Tipps für die Praxis produziert werden. Diese können manchmal recht banal klingen, wie die die sog. Zehn Gebote zur Motivierung von Fremdsprachenlernern zeigen, die nach ihrem Erscheinen oft zitiert wurden:

- Set a personal example with your own behaviour.
- Create a pleasant, relaxed atmosphere in the classroom.
- Present the tasks properly.
- Develop a good relationship with the learners.
- Increase the learners' linguistic self-confidence.
- Make the language classes interesting.
- Promote learner autonomy.
- Personalize the learning process.
- Increase the learners' goal-orientedness.
- Familiarize learners with the target language culture (Dörnyei/Csizèr 1998, S. 215).

1.1.5 Das Alter der Lernenden

Eine grobe Unterteilung der Lernenden in **Kinder, Jugendliche und Erwachsene** ist in der Fremdsprachendidaktik gängig, sie lässt sich am einfachsten an der Vielfalt von Lehrwerken (s. ▶ Abschn. 3.2) für diese drei unterschiedlichen Altersgruppen ausmachen. Innerhalb dieser drei groben Kategorien ist die Unterteilung meist weniger differenziert, wenn aus dem Bereich der Erwachsenen überhaupt eine Teilgruppe besonders diskutiert wird, dann sind es die älteren Erwachsenen (vgl. Berndt 2003), für die der Begriff ‚Senioren' allerdings vermieden wird. Für diese Gruppe lag der Schwerpunkt zunächst häufig auf der Diskussion der physiologischen Veränderungen; weniger intensiv diskutiert wurde, welche

1

thematischen Schwerpunktsetzungen oder Lernaktivitäten für ältere Erwachsene sinnvoll sind. Mit den Beiträgen in Berndt 2013 wie dem Forschungsüberblick von Grotjahn/Schlak 2013 oder Raasch 2013 mit dessen wunderschönen Zielgruppenbeschreibung 'ältere Ältere' wurde diese Diskussion jedoch auch im deutschsprachigen Raum vorangebracht.

In Lehrwerken, die ja aufgrund ihres Charakters als kommerzielle Produkte immer nur sehr grob auf klar umrissene Zielgruppen eingehen (können) (s. ▶ Abschn. 3.2), ist der Faktor ‚Alter‘ also auf diese Dreiteilung reduziert. Für die Fremdsprachendidaktik insgesamt ist es aber wichtig, dass sie innerhalb dieser drei Gruppen differenzierter arbeitet, also z. B. bei der Altersgruppe ‚Kinder‘ klar die Spezifika eines Fremdsprachenlernens auf der Primarstufe, eines natürlichen oder simuliert natürlichen Erwerbs im Kindergarten und des schulischen Lernens

---

Zur Vertiefung

Die sog. kritische Periode

Besondere Aufmerksamkeit erhielt der Faktor ‚Alter‘ gegen Ende der 1960er Jahre, als er intensiv mit der Diskussion um den sogenannten **nativistischen Ansatz** zur Erklärung des kindlichen Spracherwerbs (s. Abschn. 2.2) in Verbindung gebracht wurde. Die Frage, ob Spracherwerb auf einen angeborenen **Spracherwerbsmechanismus** zurückzuführen ist oder ob er sich allein auf der Basis der kognitiven Ausstattung des Menschen erklären lässt, ist mit Vehemenz geführt worden. Den an Chomsky orientierten Nativisten standen dabei eher an dem Entwicklungspsychologen Jean Piaget orientierte **Kognitivisten** und die sogenannten **Interaktionisten** gegenüber, deren Forschungsschwerpunkt auf der Interaktion von Kind und Umwelt lag. Diese Diskussion war zunächst für den Bereich des Erstspracherwerbs, des doppelten Erstspracherwerbs und des frühen Zweitspracherwerbs von Bedeutung; mit

der Hypothese, dass es eine kritische Periode für den Spracherwerb gebe, wurde sie jedoch auch für das Fremdsprachenlernen relevant.

In ihrer starken Variante besagt diese Hypothese, der Spracherwerbsmechanismus ende mit der Pubertät, in einer schwachen Variante besagt sie, der Spracherwerbsmechanismus verliere mit der Pubertät an Einfluss. Die starke Variante wurde vor allen Dingen am Beispiel des Spracherwerbs der sogenannten ‚wilden Kinder‘ diskutiert, am prominentesten anhand eines Mädchens namens Genie, die 1970 im Alter von 13 Jahren nach einer lebenslangen Isolation aufgefunden wurde (vgl. z. B. die Beschreibung in Butzkamm/Butzkamm 2008, S. 308 ff.) und deren Spracherwerb zum umkämpften Gegenstand wissenschaftlicher Diskussionen um die Existenz bzw. Nichtexistenz der kritischen Periode verwendet wurde, ohne dass es zu einer eindeutigen Einschätzung kam.

---

einer zweiten oder dritten Sprache im Kindesalter herausarbeitet.

Lernen Kinder oder Erwachsene besser? Diese Frage wurde im Anschluss an die Diskussion um das Vorhandensein eines kindlichen Spracherwerbsmechanismus besonders häufig gestellt, sie ist aber auch außerhalb dieser Diskussion von Interesse, denn wenn es eine eindeutige Antwort auf sie gäbe, hätte das zum Beispiel Konsequenzen für die gesellschaftliche Organisation des Fremdsprachenlernens. Ein nicht unbeträchtlicher Teil der Forschungsarbeiten zur Spezifik des Lernens von Kindern und Erwachsenen ist in den Bereichen Ausspracheerwerb und Grammatikerwerb angesiedelt.

Sicher ist es richtig (und auch ohne wissenschaftliche Studien für jeden aus der Alltagserfahrung nachvollziehbar), dass Kinder die Aussprache einer neuen Sprache im Allgemeinen schneller und umfassender lernen als Erwachsene. Ob daraus ein ‚biologisches' Argument hergeleitet werden kann, ist jedoch fraglich. Dieses besagt: Aufgrund des bei Erwachsenen nicht mehr wirkenden angeborenen Spracherwerbsmechanismus können Erwachsene eine neue Sprache nicht mehr mit einer muttersprachenähnlichen Aussprachekompetenz erwerben. Zum einen gibt es Erwachsene, die mit über 18 Jahren beginnen, eine Sprache neu zu erwerben und eine erstaunlich nahe an muttersprachenähnlicher Kompetenz liegende Aussprache in der Zielsprache erreichen.

Zum andern ist die Frage, warum die meisten Erwachsenen auch nicht annähernd an eine muttersprachenähnliche Aussprachekompetenz heranreichen, nicht nur auf der biologischen Ebene zu diskutieren. Ein bewusst gesetztes Ziel, man wolle nicht muttersprachenähnlich, sondern nur **kommunikativ kompetent** sprechen, affektive Faktoren oder Fragen der Identität, die einen dazu bringen, sich entweder dem fremden Lautsystem nicht vollständig auszusetzen bzw. die neue Sprache nicht so weit an sich heranzulassen, sind mögliche weitere Gründe dafür, dass ein größerer Teil der erwachsenen Lernenden in der Aussprache nicht die zielsprachlichen Normen, die durch Muttersprachler gesetzt werden, erreicht (s. dazu ▶ Abschn. 8.3).

Der Bereich Aussprache muss häufig als Beleg dafür dienen, dass Kinder die umfassenderen und schnelleren Lerner sind. Dagegen sind Versuche zu zeigen, dass Erwachsene die ‚besseren' Lerner sind, häufig im Bereich der Grammatik angesiedelt, auch wenn hier die Lage weniger eindeutig ist als bei der Aussprache. Unklar ist schon, was eigentlich untersucht werden soll, z. B. das Tempo des Erwerbs oder das langfristige sprachliche Verhalten der Lernenden. Die Vielfalt der Untersuchungen, die von Singleton/Ryan (2004) akribisch nachgezeichnet wurden, zeigt vor allen Dingen eines: Klare und eindeutige Aussagen, die das Existieren oder Nicht-Existieren der kritischen Periode beweisen, sind so einfach nicht möglich. Grotjahn/Schlak (2010) fassen den Stand der Forschung wie folgt zusammen:

» Der aktuelle Forschungsstand spricht u. E. tendenziell gegen die Hypothese einer zeitlich eindeutig fixierbaren, biologisch basierten kritischen Phase beim Erwerb oder Erlernen einer L2 [zweiten Sprache, DR]. Eher kompatibel ist er mit dem Konstrukt mehrerer zeitlich nur eingeschränkt fixierbarer optimaler Phasen – z. B. für den Erwerb von Aussprache und Morphosyntax (ebd., S. 256).

1

Für die Didaktik sind generelle Fragen nach ‚dem' Lernen einer bestimmten Altersgruppe weniger wichtig als möglichst viele Untersuchungen, die die Spezifik des Lernens bestimmter Gegenstände in bestimmten Altersgruppen verlässlich nachzeichnen: Erst wenn man z. B. weiß, wie imitativ und/oder kognitiv Menschen zu einem bestimmten Zeitpunkt ihrer Entwicklung gemeinhin lernen, ist es möglich, Materialien und methodische Vorgehensweisen lernergerecht darauf abzustimmen. Die Frage ‚Wer lernt besser – Kinder oder Erwachsene?' ist deshalb wohl sinnvollerweise zu ersetzen durch die Frage ‚Wie lernen Kinder, wie lernen Erwachsene?'

1.1.6 Gender

Der in den Geistes- und Sozialwissenschaften insgesamt engagiert diskutierte Faktor ‚biologisches' und ‚soziales' Geschlecht wurde in der Fremdsprachenforschung lange relativ wenig intensiv behandelt worden. Es gab empirische Studien wie z. B. zur Frage, ob Jungen oder Mädchen besser eine Fremdsprache lernen und auch eine Reihe eher stereotypisierender Einschätzungen, die heutige Leser und Leserinnen wohl eher belustigen dürften:

» French might be characterized as a feminine language […] French is primarily attractive and romantic, probably because it sounds ‚neat' […] German is perceived as a more masculine language, although it does attract a healthy number of non-traditional women as well. The scientist or businessperson is likely to opt for German. German is, above all, useful and strong. […] (Carroll 1975, S. 225; zitiert nach Schmenk 2002, S. 55).

Insgesamt war dies jedoch ein Faktor, der verglichen mit anderen Disziplinen in der Fremdsprachenforschung lange Zeit eher im Hintergrund blieb (vgl. den frühen Überblick von Schmenk 2002). In den 2010er Jahren wurde über Gendergerechtigkeit jedoch auch in der Fremdsprachenforschung intensiver diskutiert. Neben den allgemeineren Aspekten, die in einer Einführung nicht behandelt werden können, sind spezifisch für Deutsch als Fremdsprache besonders zwei Aspekte von Bedeutung.

Zum einen die Frage, welche zielsprachlichen Normen vermittelt werden sollen (vgl. ▶ Abschn. 7.1). Lipsky (2021, S. 131) stellte dazu fest: „[E]in am aktuellen Sprachgebrauch orientierter DaF-Unterricht kann die Entwicklungen der letzten Jahre nicht ignorieren und sollte Lernenden helfen, sich in der Vielfalt der derzeit koexistierenden Formen zurechtzufinden." Sie untersuchte vier Lehrwerke auf der Stufe B1 im Hinblick auf die Frage, wie diese Lehrwerke „die Lernenden auf die Herausforderungen einer geschlechtergerechten Sprache vorbereiten" (ebd., 135). Im Detail stellt sie fest, dass sich in Arbeitsanweisungen fast immer Doppelformen finden lassen und auf generische Maskulina verzichtet wird, zusammenfassend sei aber festzuhalten,

» dass sich die ausgewählten Lehrwerke zwar am aktuellen Sprachgebrauch orientieren und in vielen Kontexten beide Geschlechter ansprechen bzw. sichtbar machen, sie aber ein sehr beschränktes Repertoire an gegenderten Formen präsentieren (ebd., 138).

Die zweite Ebene, auf der die Diskussion um Gendergerechtigkeit generell und geschlechtergerechte Sprache speziell für Deutsch als Fremdsprache relevant ist, ist die Ebene der landeskundlichen Gegenstände (vgl. ▶ Kap. 9). Hier wird dieses Thema zum Gegenstand von Unterricht, und wie bei vielen anderen Themen wie z. B. in den 1970er und 1980er Jahren die Diskussion über die Themen Atomkraft und Waldsterben ist es für Deutsch als Fremdsprache unter landeskundlichen Gesichtspunkten eine spannende Herausforderung, die weltweite Diskussion mit der Spezifik der Diskussion in den kulturellen Kontexten der Lernenden und der Spezifik der Diskussion im deutschsprachigen Raum zusammenzubringen.

Vielfalt der Faktoren In den letzten fünf Unterkapiteln sind nur einige der in ◻ Abb. 1.1 aufgezählten Faktoren etwas näher behandelt worden, andere wie die schon gelernten Sprachen und die dabei gemachten Sprachlernerfahrungen (s. ▶ Kap. 11), werden im Verlauf dieses Buches noch eine Rolle spielen. Aber schon der Blick auf die bei jedem der Faktoren zu beachtende Vielfalt macht deutlich, dass es für das Fremdsprachenlernen keine allgemeinen besten Lösungen gibt, sondern dass jeweils genau zu überlegen ist, was das angemessene Vorgehen für welche Personen mit welchen Lernzielen und in welchen Kontexten ist.

1.2 Die Lehrenden

Dompteur und Pauker oder Lernhelfer? Vorbild fürs Leben oder Unterrichtstechniker? Unterrichtsveranstalter? Regisseur, Animateur, Schauspieler? Oder Lernmanager? Die Bilder und Rollenzuschreibungen für den Lehrerberuf sind vielfältig. Und schnell sind sie mit normativen Vorstellungen verbunden. Bereits in den 1970er Jahren hatte Schwerdtfeger (1977, S. 22 f.) aus den zeitgenössischen Veröffentlichungen ein **Bild des idealen Fremdsprachen-Lehrenden** zusammengestellt:

» Er macht aus der Begeisterung am Unterricht einer Sprache kein Hehl, nimmt Anregungen aus anderen Fächern auf, beherrscht die Zielsprache in allen ihren Zeichenrealisierungen, hat keine Angst, die Zielsprache zu brauchen, weiß von der sozialen Bedingtheit von Sprache, verwendet Medien [...], hat keine Angst an ihnen gemessen zu werden, holt je nach Bedarf Engländer, Franzosen usw. in den Unterricht, zeigt freundliche und interessierte Distanz *allen* Lernenden gegenüber, sieht Fehler als Lernhilfen nicht als Anlässe für Maßregeln, sorgt für Förderung, Erhaltung und Ausbau der Motivation durch Einräumung von Entscheidungsfreiraum, leistet Zielangaben und fördert so Durchsichtigkeit seiner Entscheidungen, verdeutlicht, daß Tests/Klassenarbeiten Lernhilfen sind, fördert Sprachhandeln der Schüler durch angemessene Impulse, schafft ‚Freiräume' zum sprachlichen Experiment in der Zielsprache von Anfang an, legt seine Übungen so an, daß Schüler mit Schülern in zielsprachlichen Kontakt kommen, kennt die Bedeutung der emotionalen Seite des Sprachenlernens [...], wirkt darauf hin, daß

1

die Schüler voneinander lernen, indem sie aufeinander hören, weiß, daß Scheitern in kommunikativen Handlungen zentraler Bestandteil *ungeschützter,* d. h. wirklicher Kommunikation, ist, beschränkt sich mit Fortschreiten des Lernprozesses auf seine Funktion als Organisator (Hervorh. im Orig., DR).

Derartige Zusammenstellungen sind nicht zeitunabhängig, sondern sie nehmen auf, was die Fremdsprachenforschung zu einem bestimmten Zeitpunkt für relevantes Verhalten von Lehrkräften erachtet hat. Sie können auch Angst machen, wenn die Lehrenden meinen, derartige Idealvorstellungen in ihren Alltag umsetzen zu müssen. Dass es so unterschiedliche Vorstellungen gibt, sollte zumindest eines klar machen: Es gibt weder die ideale Lehrkraft noch das ideale Lehrverhalten, sondern es gibt reale Personen, die sich auf lernende Menschen mit bestimmten Zielen an Orten, an denen bestimmte Kontextbedingungen herrschen, einstellen müssen. Ein Ansatz zum Fremdsprachenlernen, der genau vorhersagen kann, wie sich eine Lehrkraft optimal zu verhalten hat, ohne die unterschiedlichen Kontexte zu reflektieren, ist höchstwahrscheinlich kein besonders gelungener Ansatz.

Die Lehrenden müssen die **Zielsprache gut beherrschen** und sich in den kulturellen Kontexten, in denen diese Sprache gesprochen wird, gut auskennen. Sie sind **Persönlichkeiten,** und ihre Individualität spielt im Unterricht eine große Rolle. Das kann jeder intuitiv nachvollziehen, sobald er sich an seine eigene Schulzeit erinnert: Bestimmte Lehrkräfte haben einen motiviert, vielleicht hat man sogar sein späteres Studienfach gewählt, weil man in diesem Fach von einer Person unterrichtet wurde, die einen besonders überzeugt hat. Was dieses Überzeugende war, wird aber von Fall zu Fall unterschiedlich gewesen sein.

Eine normative Vorstellung von der Rolle, die eine Lehrkraft im Unterricht spielen soll, ist seit den 1970er Jahren immer dann besonders in den Vordergrund der Diskussion gerückt, wenn es um sog. ‚progressive' Konzepte wie **offener Unterricht,** inhaltliche Selbstbestimmung der Lernenden oder **Lernerautonomie** (s. ▶ Abschn. 5.4) ging, die Vorstellung von der Lehrkraft als Lernhelfer, als, wie es bei Rogers (1969) im Original heißt, *facilitator.* Die zehn **Hauptmerkmale eines Lernhelfers** waren für Rogers (1969): Die Lehrkraft
- trägt wesentlich zum Zustandekommen eines geeigneten Gruppenklimas bei,
- hilft den Lernenden, sich ihre Ziele klarzumachen,
- verlässt sich in Bezug auf die Motivation auf die motivierende Wirkung der von den Lernenden als sinnvoll erachteten Ziele,
- versucht, die Lernenden mit einer größtmöglichen Auswahl von Materialien zu versorgen,
- versteht sich selbst als Ratgeber und verwertbare Quelle,
- akzeptiert sowohl sachliche Inhalte als auch Einstellungen und Gefühle,
- wird im Laufe des Lernprozesses zu einem Teilnehmer neben anderen,
- versucht, dieses Verhalten nicht aufzudrängen, sondern bietet es an,
- achtet weiterhin auf starke Gefühlsausdrücke in der Gruppe und
- versucht, seine eigenen Grenzen zu erkennen und zu akzeptieren.

Wichtig vor allem ist also, dass die Lehrkraft als Person stimmig ist:

>> First of all is a transparent realness in the facilitator, a willingness to be a person, to be and live the feelings and thoughts of the moment. When this realness includes a prizing, a caring, a trust and respect for the learner, the climate for learning is enhanced (Rogers 1969, S. 126).

Planung des Unplanbaren? Die Unterrichtssituation ist komplex. Die am Unterricht beteiligten Personen sind Individuen mit unterschiedlichen Verhaltensweisen und Interessen, es passieren viele Dinge gleichzeitig, auf die in Echtzeit reagiert werden muss. Dies führt dazu, dass ein Unterricht nicht komplett durchgeplant werden kann. Das ist jedoch kein Defizit, denn wäre es möglich, gäbe es keine Leerstellen, bei denen die Lehrenden spontan auf etwas reagieren, es gäbe weniger Aktivitäten, wie z. B. Gruppenarbeiten, die in ihrer Eigendynamik nicht planbar wären, und es gäbe nicht einmal den Versuch, die Lernenden selbst für ihren Lernprozess verantwortlich handeln zu lassen.

Eine Unterrichtsstunde nicht komplett planen zu können, ist also kein Defizit einer individuellen Lehrkraft, sondern Bestandteil der **Komplexität von Unterricht.** Umgekehrt ist diese fehlende vollständige Planbarkeit natürlich keine Entschuldigung dafür, sich vor dem Unterricht keine Gedanken über den Ablauf des Unterrichts zu machen. Zu den sogenannten Paradoxien, mit denen ein Lehrender umgehen lernen muss, gehört es, bei der Planung des Unterrichts dessen Nicht-Planbarkeit mitzudenken.

Die Notwendigkeit von Planung und die Unmöglichkeit, diese Planung im Unterricht Schritt für Schritt umzusetzen, ist nur eine der sogenannten Paradoxien, mit denen sich Lehrkräfte im Alltag befassen müssen. Schart/Legutke (2012, S. 39) haben eine Reihe dieser Paradoxien zusammengestellt:

>> So müssen Lehrende einerseits sehr große Klassen unterrichten, sollen aber andererseits auf jeden einzelnen Lernenden Rücksicht nehmen. Man erwartet von ihnen, dass sie den Lernenden Schritt für Schritt die grammatischen Strukturen des Deutschen erklären. Aber das soll zugleich mithilfe möglichst interessanter, motivierender und realitätsnaher Texte und Themen passieren. Lehrende sollen ein bestimmtes Lehrprogramm erfüllen, aber auch auf die Wünsche und Bedürfnisse der Lernenden eingehen. Sie sind für einen geordneten Ablauf im Klassenzimmer verantwortlich und sollen doch gleichzeitig auch Freiräume schaffen, in denen die Kursteilnehmenden selbstbestimmt lernen können.

Lehrkräfte müssen eine Reihe von unterschiedlichen Tätigkeiten durchführen. Neben der Planung und Durchführung des Unterrichts müssen sie den Lernfortschritt von Lernenden diagnostizieren können, sie müssen nicht nur die deutsche Sprache beherrschen, sondern sich auch mit möglichst vielen Themen und deutschsprachigen Texten auskennen, damit sie die passenden für ihre Lernenden aussuchen können, und sie müssen diese Texte und Themen dann so aufbereiten können, dass sie zu ihren jeweiligen Lernenden passen. In der wissenschaftlichen Diskussion spricht man von den verschiedenen Kompetenzen, die Lehrende haben müssen (vgl. Hallet 2006):

— **Fachliche Kompetenzen,** fachdidaktische, diagnostische und methodische Kompetenzen, und

1

— **übergreifende Kompetenzen,** erzieherische Kompetenz, soziale Kompetenz oder auch die Managementkompetenz.

Lehrende werden in ihrem Handeln durch die unterschiedlichen Bildungstraditionen, die Anforderungen der jeweiligen institutionellen Kontexte, die konkreten Lernziele, die vorhandenen Vorkenntnisse, die handelnden Individuen usw. in gewisser Weise eingeschränkt. Auch ganz profane Einflussfaktoren wie z. B. die Größen der Klassen oder auch die räumliche Gestaltung des Klassenzimmers spielen eine Rolle. Ihr Verhalten ist dadurch jedoch nicht determiniert, sie haben auch Spielräume, die sie bei der Gestaltung des Deutsch als Fremdsprache-Unterrichts nutzen können. ► Kap. 2 aus Schart/Legutke (2012, S. 63–148) gibt einen praxisnahen Überblick über die Möglichkeiten, die Lehrende in dieser Beziehung haben.

Aus- und Fortbildung Die Ausbildung und Fortbildung von Lehrkräften für die ca. 14–16 Millionen Menschen, die weltweit Deutsch als Fremdsprache lernen (vgl. die im Abstand von fünf Jahren vorgenommenen Erhebungen, zuletzt Auswärtiges Amt 2020), erfolgt in vielen verschiedenen Ländern der Erde, und sie unterscheidet sich natürlich von Land zu Land. Auf diese unterschiedlichen Studien- und Ausbildungsgänge kann in einer Einführung wie dieser natürlich nicht eingegangen werden. Hingewiesen werden kann aber auf zwei im deutschsprachigen Raum produzierte Angebote zur Aus- und Fortbildung, auf *Deutsch lehren lernen* des Goethe-Instituts (vgl. Legutke/Rotberg 2018) und auf *Dhoch3* des Deutschen Akademischen Austauschdiensts (vgl. Schmäling 2018).

Wie alle zentral produzierten und regional eingesetzten Angebote bringen sie das Problem der Zielgruppengenauigkeit mit sich, wobei mit innovativen Aufgaben und besonders den Praxiserkundungsprojekten der Versuch gemacht wird, die Reflexion der jeweiligen Praxis vor Ort in die Fortbildungen einzubeziehen (vgl. Abramović 2021, Mohr/Schart 2016, Rösler 2016). Die Problematik ,Zentrale Produktion vs. Regionale Vielfalt' taucht für das Fach Deutsch als Fremdsprache bei diesen Materialien nicht zum ersten Mal auf, sie wird im Fach Deutsch als Fremdsprache seit den 1970er Jahren im Hinblick auf einsprachige im deutschsprachigen Raum produzierte und weltweit eingesetzte Lehrwerke (vgl. ► Abschn. 3.2) und auf den Methodenexport generell diskutiert. Trotz dieser Problematik sind diese Angebote überall dort, wo sie eine Lücke vor Ort füllen, eine hilfreiche Ergänzung von bzw. ein hilfreicher Anschub für regionale Aus-und Fortbildungen von Lehrkräften für Deutsch als Fremdsprache.

Literatur

Abramović, Blaženka: „Ein Beitrag zum Forschenden Lernen von Tutorinnen und Tutoren in Fortbildungsmaßnahmen am Beispiel des Programms Deutsch lehren lernen". In: *InfoDaF*, 48, 4 (2021), S. 393–428

Aguado, Karin: „Sprachlerneignung". In: Eva Burwitz-Melzer u.a. (Hg): *Handbuch Fremdsprachenunterricht*. 6. völlig überarbeitete und erweiterte Aufl. Tübingen 2016a, S. -257 – 262.

Aguado, Karin: „Lernstile". In: Eva Burwitz-Melzer u.a. (Hg): *Handbuch Fremdsprachenunterricht*. 6. völlig überarbeitete und erweiterte Aufl. Tübingen 2016b, S. -262 – 266.

Auswärtiges Amt: *Deutsch als Fremdsprache weltweit.* Dateneerhebung 2020.

Berndt, Annette: *Sprachenlernen im Alter. Eine empirische Studie zur Fremdsprachengeragogik.* München 2003.

Berndt, Annette (Hg): *Fremdsprachenlernen in der Perspektive des lebenslangen Lernens.* Frankfurt a.M. 2013.

Butzkamm, Wolfgang/Butzkamm, Jürgen: *Wie Kinder sprechen lernen. Kindliche Entwicklung und die Sprachlichkeit des Menschen.* Tübingen ³2008.

Bredella, Lothar: „Die Entwertung der Welt und der Sprache in der radikal-konstruktivistischen Fremdsprachendidaktik". In: *Zeitschrift für Fremdsprachenforschung* 13/2 (2002), S. 109–129.

Carroll, John Bissel/Sapon, Stanley: *Modern Language Aptitude Test. – MLAT. Manual,* New York 1959.

Carroll, John Bissel: *The Teaching of French as a Foreign Language in Eight Countries.* New York 1975. Zitiert nach Schmenk 2002.

Deci, Edward L./Ryan, Richard M.: *Intrinsic Motivation and Self Determination in Human Behaviour.* New York 1985.

Dörnyei, Zoltán: *Motivational Strategies in the Language Classroom.* Cambridge 2001a.

Dörnyei, Zoltán: *Teaching and Researching Motivation.* Harlow 2001b.

Dörnyei, Zoltán/Csizèr, Kata: „Ten commandments for motivating language learners: results of an empirical study". In: *Language Teaching* 2/3 (1998), S. 203–229.

Gardner, Robert C./Lambert, Wallace E.: *Attitudes and Motivation in Second Language Learning.* Rowley, MA 1972.

Gass, Susanne/Selinker, Larry: *Second Language Acquisition: An Introductory Course.* New York ³2008.

Grotjahn, Rüdiger/Schlak, Torsten: „Lernalter". In: Wolfgang Hallet/Frank Königs (Hg.): *Handbuch Fremdsprachendidaktik.* Seelze-Velber 2010, S. 253–257.

Grotjahn, Rüdiger/Schlak, Torsten: „Alter und Fremdsprachenlernen: Ein Forschungsüberblick". In: Berndt 2013, S. 13–45.

Hallet, Wolfgang: *Didaktische Kompetenzen: Lehr- und Lernprozesse erfolgreich gestalten.* Stuttgart 2006.

Hu, Adelheid: „Skeptische Anmerkungen zu einer naturalisierten Erkenntnistheorie als Grundlage für das Lernen und Lehren von Sprachen: Eine Replik auf Michael Wendt (2002): Kontext und Konstruktion". In: *Zeitschrift für Fremdsprachenforschung* 13/2 (2002), S. 165–180.

Legutke, Michael/Rotberg, Sabine: „*Deutsch Lehren Lernen (DLL) – das weltweite Fort- und Weiterbildungsangebot des Goethe-Instituts*". In: *InfoDaF,* 45, 5 (2018), S. 605–634

Lipsky, Angela: „Geschlechtergerechte Sprache und Sprachwandel im Deutschen: auch ein Thema für DaF!" In: *Deutsch als Fremdsprache* 3 (2021), S. 131–140

Mohr, Imke/Schart, Michael: „*Praxiserkundungsprojekte und ihre Wirksamkeit in der Lehrerfort- und Weiterbildung*". In: Michael Legutke/Michael Schart (Hg.): *Fremdsprachendidaktische Professionsforschung: Brennpunkt Lehrerbildung.* Tübingen 2016, S. 291–321.

Raasch, Albert: „Plädoyer für 'Betreutes Sprachenlernen': Ein Essay zum Sprachenunterricht für ‚ältere Ältere'". In: Berndt 2013, S. 215–223.

Riemer, Claudia: *Individuelle Unterschiede im Fremdsprachenerwerb: Eine Longitudinalstudie über die Wechselwirksamkeit ausgewählter Einflussfaktoren.* Baltmannsweiler 1997.

Riemer, Claudia: „Motivation". In: Wolfgang Hallet/Frank Königs (Hg.): *Handbuch Fremdsprachendidaktik.* Seelze-Velber 2010, S. 168–172.

Rogers, Carl R.: *Freedom to Learn.* Columbus 1969.

Rösler, Dietmar: „Lokale Reflexion praktischer Lehrerfahrung vs. zentrales Design von Fortbildungen. Die vermittelnde Funktion der Aufgabenstellungen". In: Friederike Klippel (Hg.): *Teaching Languages – Sprachen lehren.* Münster 2016, S. 163–175.

Rösler, Dietmar/Würffel, Nicola: *Online-Tutoren. Kompetenzen und Ausbildung.* Tübingen 2010.

Sambanis, Michaela: *Fremdsprachenunterricht und Neurowissenschaften.* Tübingen 2013.

Schart, Michael/Legutke, Michael: *Lehrkompetenz und Unterrichtsgestaltung.* Berlin 2012.

Schlak, Torsten: „Fremdsprachenlerneignung: Tabuthema oder Forschungslücke?" In: *Zeitschrift für Fremdsprachenforschung* 19/1 (2008), S. 3–30.

Schlak, Torsten: „Sprachlerneignung". In: Wolfgang Hallet/Frank Königs (Hg.): *Handbuch Fremd-sprachendidaktik*. Seelze-Velber 2010, S. 257–261.

Schmäling, Benjamin: „Dhoch3: Online-Studienmodule für die Deutschlehrerausbildung an Hoch-schulen weltweit: kulturspezifische Modifizierbarkeit und Anwendung im Blended-Learning-Format, In: *InfoDaF, 45,* 5 (2018), S. 635–654.

Schmenk, Barbara: *Geschlechtsspezifisches Fremdsprachenlernen?: Zur Konstruktion geschlechtstypi-scher Lerner und Lernbilder in der Fremdsprachenforschung.* Tübingen 2002.

Schmenk, Barbara: *Lernerautonomie: Karriere und Sloganisierung des Autonomiebegriffs.* Tübingen 2008.

Schwerdtfeger, Inge: *Gruppenarbeit im Fremdsprachenunterricht.* Heidelberg 1977.

Singleton, David/Ryan, Lisa: *Language Acquisition. The Age Factor.* Clevedon 2004.

Spitzer, Manfred: „Einführung". In: OECD: *Wie funktioniert das Gehirn? Auf dem Wege zu einer neuen Lernwissenschaft.* Stuttgart 2005, S. 1–20.

Wendt, Michael: „Kontext und Konstruktion: Fremdsprachendidaktische Theorienbildung und ihre Implikationen für die Fremdsprachenforschung". In: *Zeitschrift für Fremdsprachenforschung* 13/1 (2002), S. 1–62.

Sprach(en)erwerb

Inhaltsverzeichnis

© Der/die Autor(en), exklusiv lizenziert an Springer-Verlag GmbH, DE, ein Teil von
Springer Nature 2023
D. Rösler, *Deutsch als Fremdsprache*,
https://doi.org/10.1007/978-3-476-05863-8_2

2

Sprachen werden auf unterschiedliche Weisen gelernt:

- Ein Kind erwirbt seine erste Sprache aus der Interaktion mit seiner Umgebung.
- Erwachsene, die an einer Volkshochschule eine neue Sprache lernen möchten, nutzen die Unterstützung von Lehrkräften und Lernmaterialien, sie beschäftigen sich vielleicht nur ein paar Stunden pro Woche mit der neuen Sprache.
- Ein Student, der aus dem Ausland nach Deutschland kommt, um an einer deutschen Universität ein bestimmtes Fach zu studieren, hat wahrscheinlich zuvor an einer Schule Deutsch gelernt, nun erwirbt er in der Interaktion mit der deutschen Umgebung neue Wörter, neue Formulierungen, neue Erkenntnisse über das Land.

Deutsch war vielleicht in der Reihenfolge der von diesem Studierenden gelernten Sprachen die vierte, aber jetzt wird sie seine zweitwichtigste, wenn nicht gar wichtigste. Vielleicht stellt er fest, dass die Deutschen in seiner Umgebung zum Teil anders sprechen, als er das in seinem Unterricht gelernt hatte, und nimmt diese andere Art zu sprechen auf, indem er mit seiner Umgebung kommuniziert. Er stellt vielleicht fest, dass er an einer Stelle Probleme bekommt, wo er es gar nicht erwartet hatte. In seiner eigenen Sprache konnte er an seiner Universität problemlos Hausarbeiten schreiben, nun scheinen die deutschen Dozenten etwas anderes von ihm zu erwarten. Er geht vorsichtshalber in einen Kurs zum wissenschaftlichen Schreiben.

Drei Beispiele, **drei unterschiedliche Arten zu lernen:** natürlicher Erwerb, gesteuertes Lernen in einer Bildungsinstitution und eine Mischung von beidem. In diesem Kapitel sollen diese unterschiedlichen Arten etwas genauer behandelt werden, zunächst die Unterscheidung zwischen natürlichem Erwerb und gesteuertem Lernen und die Mischungen dieser beiden Erwerbsarten (s. ▶ Abschn. 2.1), dann die Unterscheidung von Erst-, Zweit- und Fremdsprachen und die unterschiedlichen Vorstellungen von Zwei- und Mehrsprachigkeit (s. ▶ Abschn. 2.2).

2.1 Natürlicher Erwerb und gesteuertes Lernen

Man kann Spracherwerb grob unterteilen in einen, der durch die Interaktion mit der Umgebung ohne Steuerung von außen stattfindet, und einen, bei dem das Lernen durch steuernde Maßnahmen innerhalb einer Bildungsinstitution mit einem Lehrplan, lehrenden Personen und Lehrmaterialien angeleitet wird. Dies ist eine sehr grobe, eine sog. prototypische, Unterscheidung, oft finden sich Mischungen, sowohl beim individuellen Erwerb als auch bei der Organisation innerhalb einer Institution. Und zu den spannenden Fragen der Fremdsprachenforschung gehören gerade solche, die sich auf das Miteinander dieser beiden prototypischen Erwerbssituationen beziehen, z. B. die Frage, wie dafür gesorgt werden kann, dass beim Lernen in Bildungsinstitutionen möglichst häufig auch natürlicher Erwerb stattfinden kann.

2.1.1 Natürlicher Erwerb

Definition

Beim **natürlichen Spracherwerb** wird aus der Interaktion mit der Umwelt gelernt; was gelernt wird, ergibt sich aus den kommunikativen Notwendigkeiten der Lernenden und aus den in der Interaktion vorkommenden sprachlichen Mitteln.

Um die Sprache der Umgebung zu verstehen, müssen zunächst bestimmte Schallwellen identifiziert werden als etwas, was eine bedeutungstragende Einheit sein könnte. Das klingt einfach, ist es aber nicht. Ein muttersprachlicher Sprecher des Deutschen, der zwei Chinesen miteinander reden hört und deren Sprache er nicht kennt, wird große Schwierigkeiten haben festzustellen, was in dem Redeschwall überhaupt eine Einheit ist, die er sich eventuell merken könnte, um jemanden zu fragen, was sie bedeutet. Nachdem die Einheit identifiziert worden ist, muss aus der Interaktion mit der Umgebung herausgefunden werden, in welchen Kontexten welche Einheit verwendet wird und was sie wohl bedeuten könnte.

Der natürliche Erwerb stellt den Lernenden also vor große **Analyse-, Synthese- und Vergleichsherausforderungen,** die von Wolfgang Klein bereits 1984 ausführlich beschrieben worden sind. Und so ist es auch nicht verwunderlich, dass natürlicher Erwerb je nach Alter der beteiligten Personen und Erwerbssituation unterschiedlich schnell und unterschiedlich vollständig erfolgt. Die vollständigste natürliche Erwerbssituation, die jeder kennt, ist der Erwerb einer ersten oder von zwei parallel erworbenen ersten Sprachen von Geburt an (s. ▶ Abschn. 2.2). Auch bei Erwachsenen gibt es selbstverständlich natürliche Erwerbssituationen. Jeder hat das bei einem Urlaub in einem Land, dessen Sprache man nicht beherrscht, wahrscheinlich schon selbst ausprobiert.

Wie intensiv jemand im Urlaub Brocken einer Sprache erwirbt oder nicht, hängt davon ab, wie bedeutsam das für ihn oder sie ist und mit welchem Ehrgeiz man an die neue Sprache herangeht. Ein Urlauber, der sich auf ein Land einlässt und in diesem eine längere Zeit verbringen will, wird normalerweise aus seinen kommunikativen Notwendigkeiten heraus größere Fortschritte machen als jemand, der einen Pauschalurlaub an einem Ort gebucht hat, an dem sich hauptsächlich Touristen aufhalten. Wer z. B. in einer Reisegruppe einen Strandurlaub in Portugal macht, freut sich wahrscheinlich schon, wenn er das Wort *obrigado* in der Funktion des Bedankens kommunikativ isoliert hat und dann vielleicht sogar noch feststellt, dass es je nach Geschlecht des Kommunikationspartners *obrigado* oder *obrigada* heißen kann. Und solange man im Touristenghetto bleibt oder sich Reiseführern anvertraut, die in der eigenen Sprache sprachlich kompetent sind, reicht das auch. Derartige Erwerbssituationen im Urlaub werden normalerweise zu keinem besonders fortgeschrittenen Spracherwerb führen.

Eine ähnliche Situation – Anwesenheit in einer Umgebung, deren Sprache man nicht kennt – wird zumeist zu intensiverem Spracherwerb führen, wenn man in ihr sein eigenes Überleben organisieren muss. Dies ist normalerweise in Migrationskontexten der Fall. Wenn Personen in ein Land kommen, um in diesem für längere Zeit zu leben und zu arbeiten, dann wird sich je nach

2

Arbeitsplatz und Lebensumständen und abhängig vom **Kontakt mit der einheimischen Bevölkerung** unterschiedlich erfolgreich ein natürlicher Erwerb der jeweiligen fremden Sprache vollziehen.

Die Erforschung des Lernens der neuen Umgebungssprache von Migranten hat gezeigt, dass es extrem **unterschiedliche Spracherwerbsverläufe** geben kann. Sie reichen von einem Spracherwerb, der auf Grund mangelnder Kontakte und Sprechnotwendigkeiten nur eine sehr elementare Ebene erreicht und auf dieser Ebene bleibt – man nennt das **Fossilisierung** –, bis zu einem, bei dem Vielfalt und Intensität des Kontakts dazu führen, dass die relevanten Aspekte der Zielsprache schnell erworben werden.

Ein Berliner Forschungsprojekt hatte bereits in den 1980er Jahren in einer Langzeituntersuchung versucht nachzuvollziehen, wie unterschiedlich der Ausdruck von Modalität erworben wird. Die in ◘ Abb. 2.1 wiedergegebene Tabelle zeigt, wie schnell bzw. langsam einzelne Lernende bestimmte Ausdrücke wie ‚bitte' oder Modalverben erwerben. Es wird niemanden überraschen, dass der Lernende S während seines Aufenthalts in Deutschland mehr und intensivere Kontakte mit Sprechern des Deutschen hatte als die mit J und U bezeichneten Personen.

Während kindlicher Erstspracherwerb unter Normalbedingungen gelingt, gibt es mit zunehmendem Alter also sehr unterschiedliche Verläufe von natürlichem Spracherwerb. Aber auch bei erfolgreichem natürlichen Erwerb bei Erwachsenen kann es zu in manchen Situationen nicht unproblematischen Nebenwirkungen

Table 1. First appearance of modal means in the analyzed learner varieties

S		J		U	
Form	Months in Berlin	Form	Months in Berlin	Form	Months in Berlin
bitte	1	bitte	4	bitte	7
glauben	1	müssen	9	müssen	14
wissen	1	wissen	9	denken	15
möchten	1	können	10	glauben	26
müssen	1	denken	17	wissen	30
denken	2	möchten	21	möchten	30
wollen	3	sicher	22	können	30
möglich	3	wollen	23	wollen	36
sollen	4	vielleicht	23	gerne	40
meinen	4	glaube	32	möglich	40
unmöglich	7				
wirklich	7				
finden	9				
absolut	9				
vielleicht	10				
sicher	10				

◘ **Abb. 2.1** Vorkommen von Modalausdrücken bei polnischen Migranten. (Aus Skiba/Dittmar 1992, S. 337)

kommen. Es kann durchaus sein, dass ein Migrant, der erfolgreich Deutsch hauptsächlich als gesprochene Sprache lernt, z. B. relativ schnell einen für seine Lebenswelt sehr umfangreichen Wortschatz aufbaut, dass er aber lange Zeit Schwierigkeiten hat, jedem Substantiv das richtige Genus zuzuordnen und innerhalb der Nominalphrase an Adjektive oder an unbestimmte Artikel die richtigen Endungen zu hängen. Das ist nicht ein besonderes Defizit dieser Person, sondern eine Nebenwirkung des natürlichen Erwerbs.

Lernende, die Sprache hauptsächlich in kommunikativen Situationen erwerben, aus der Interaktion mit ihren Mitmenschen, werden zunächst vor allen Dingen versuchen, die Teile der neuen Sprache zu identifizieren und zu behalten, die auffällig und bedeutungsvoll sind, um möglichst schnell aus dem eigenen **Sprachnotstand** herauszukommen und sich ausdrücken zu können. Kleine Wörter vor den Substantiven wie ‚den‘ oder ‚die‘ oder die unterschiedlichen Endungen an Adjektiven sind dabei kommunikativ in der gesprochenen Sprache weniger relevant, sie werden also zunächst nicht erworben. Und so kann es durchaus sein, dass jemand, der als Migrant Deutsch erfolgreich natürlich erworben hat, seine Umgebung inzwischen mit einem großen Wortschatz und rhetorischen Glanzleistungen beeindruckt, Hilfe benötigt, wenn er einen Text schreiben soll, bei dem es darauf ankommt, dass der Verfasser korrekt schreibt. Die korrekten Genuszuweisungen und die korrekte Deklination, mit der Lernende im Klassenzimmer beim Fremdsprachenunterricht von Anfang an ‚traktiert‘ werden, waren für ihn lange Zeit kein Thema, falsche Genuszuordnungen haben sich in seinem erworbenen Deutsch breitgemacht.

Der erfolgreiche Spracherwerber wird deshalb wahrscheinlich versuchen, sich systematische Hilfsmittel wie Wörterbücher oder auch Grammatikdarstellungen zu besorgen oder die Personen in seinem Umfeld mit vielen Fragen zur Zielsprache Deutsch zu ‚löchern‘. Auch kann es durchaus sein, dass dieser natürliche Erwerb bald mit einem gesteuerten Erwerb verbunden wird, dass die Person z. B. in einem Volkshochschulkurs oder einem an seinem Arbeitsplatz angebotenen Kurs die neue Sprache auch gesteuert lernt.

Im Gegensatz zum doppelten Erstspracherwerb von Kindern (s. Abschn. 2.2) ist bei erwachsenen Lernern also nicht immer eindeutig zu unterscheiden, ob sie ‚nur‘ eine neue Sprache natürlich erwerben oder auch parallel dazu gesteuert vorgehen, und es ist sinnvoll, dass Bildungseinrichtungen für alle Altersgruppen versuchen, den natürlichen Erwerb von Migranten durch steuernde Angebote, egal ob niedrigschwellig in der Lebenswelt oder eher traditionell in Bildungseinrichtungen wie Schule und Volkshochschule, zu unterstützen.

Auch beim kindlichen Erstspracherwerb, sozusagen dem natürlichsten der natürlichen Spracherwerbssituationen, gibt es eine ganze Reihe von Personen, die steuern möchten, und wer die Interaktion von Kindern und Erwachsenen beobachtet, stellt fest, dass die Erwachsenen schon einiges versuchen, um die Kinder auf bestimmte sprachliche Phänomene aufmerksam zu machen. Oft haben sie mit diesen Aktivitäten allerdings keinen Erfolg. Nur wenn ihre Aktivitäten in einem **Zeitfenster** seines Lernprozesses erfolgen, in dem das Kind diese Daten der Erwachsenen gebrauchen kann, hat es den Anschein, als sei hier die Unterweisung gelungen. Sie haben dann in der Zone der nächsten Entwicklung,

2

einem in den 1930er Jahren von dem russischen Psychologen Lew Wygotski eingeführten Konzept, dem Kind Material geliefert, das zu dem jeweiligen Zeitpunkt
für seinen Erwerbsprozess relevant war. In der deutschsprachigen Diskussion
wird für dieses Zeitfenster oft ein englischer Begriff verwendet: *zone of proximal
development.*

2.1.2 Gesteuertes Lernen in Institutionen

Lernende in der Schule, an der Universität oder an einer anderen Einrichtung, die
sie bzw. die Gesellschaft dafür bezahlen, dass sie die neue Sprache lernen, werden
von Anfang an mit **Form und Inhalt** gleichzeitig konfrontiert. Es kann sogar sein,
dass das gesteuerte Lernen inhaltlich wenig ansprechend, ja langweilig und banal
ist, weil der Fokus der Aktivitäten überwiegend auf der Form liegt. Es werden
also nicht nur die Wörter gelernt, mit denen man kommunikativ ‚überleben‘
kann – diese Wörter werden gleich zusammen mit den relevanten grammatischen
Informationen präsentiert. Die Lernenden beim gesteuerten Deutschlernen
werden deshalb im Lehrmaterial für jedes neue Substantiv, das sie in einem Text
antreffen, Genus und Pluraltyp mitgeliefert bekommen. Und dass man in der
Nominalphrase sehr stark darauf achten muss, dass irgendwie die Informationen
über Genus, Kasus und Numerus transportiert werden müssen, wird systematisch
mit ihnen geübt werden. Dieses stärker **formfokussierte** Vorgehen hat, das wird
in ▶ Abschn. 8.6 noch genauer behandelt, auch schwerwiegende Nachteile, führt
aber dazu, dass die gerade gezeigten Nebenwirkungen des natürlichen Erwerbs
beim gesteuerten Lernen weniger stark auftreten, auch wenn sie ebenfalls vorhanden sein können.

Fremdbestimmung des sprachlichen Inputs Ein Nachteil des gesteuerten Lernens ist,
dass die beim natürlichen Erwerb selbstverständliche inhaltliche Selbstbestimmung
nicht gegeben ist, viele Lehrwerke unterfordern und langweilen gerade in der Anfangsphase durch ihre inhaltliche Banalität. Dafür wird der Lernende vor einer –
tatsächlichen oder vermeintlichen – Überforderung durch zu viele gleichzeitig neu
erscheinende Formen geschützt. Die sogenannte Progression (s. ▶ Abschn. 8.6.4)
sorgt dafür, dass Phänomene einzeln eingeführt und geübt werden, bevor ein
weiteres Phänomen mit ins Spiel kommt, anders als bei Lernenden in der natürlichen Erwerbssituation, deren Kommunikationspartner möglicherweise zwar versuchen werden, auf ihren Sprachstand Rücksicht zu nehmen, was aber nur bis zu
einer gewissen Grenze gelingt. Sie werden zum Beispiel kaum darauf verzichten,
über etwas zu reden, was sich am vorherigen Tag ereignet hat, nur weil ihr Gesprächspartner noch keine Form des Perfekts beherrscht.

Im Gegensatz zum natürlichen Erwerb, der aus der direkten Interaktion
erfolgt, leistet sich das gesteuerte Lernen also ein **Lernen auf Vorrat**. Die Beschäftigung mit der Form auf Vorrat ist dabei nicht als Selbstzweck gedacht, ihr
Ziel ist es, durch diese Vorratshaltung langfristig eine differenzierte und korrekte

Kommunikation in der Zielsprache zu ermöglichen. Die Künstlichkeit der Kommunikation, die bei dieser Art des Lernens, bei der sprachliche Phänomene in eine zu lernende Reihenfolge gebracht werden, unvermeidlich ist, ist nur möglich, weil innerhalb des gesteuerten Lernens die existentielle Notwendigkeit, mit der Zielsprache umzugehen, wie sie z. B. für einen Migranten besteht, meist nicht vorhanden ist. Man kann sich also beim gesteuerten Lernen deshalb den ‚Luxus' erlauben, das zu lernende Material so aufzubereiten, dass das Lernen langfristig erfolgreicher ist als ein Erwerb ohne Steuerung. Ob diese Rechnung tatsächlich aufgeht, ist nicht immer eindeutig festzustellen, in den ► Kap. 5 bis 8 wird immer wieder diskutiert werden, welche Vor- und Nachteile aus diesem Vorgehen entstehen.

2.1.3 Intentionales, inzidentelles und intentional-inzidentelles Lernen

Wer vor einem Vokabel- oder Grammatiktest mit Karteikarten Wortschatz lernt oder Endungen in eine Lückenübung einträgt, tut dies mit der Absicht zu lernen. Deshalb nennt man diese Art von Lernen auch absichtliches bzw. **intentionales** Lernen. Ein großer Teil des gesteuerten Lernens in Bildungsinstitutionen (s. ► Abschn. 2.1.2) ist intentionales Lernen, Lernen mit Lernabsicht. Manche Wörter hat man sich aber einfach gemerkt, ohne dass man das wollte, weil sie zum Beispiel in einer interessanten Geschichte vorkamen, in einer Situation auftauchten, die außergewöhnlich war usw. Diese Wörter hat man nicht mit Absicht gelernt, diese Art des Erwerbs war beiläufig, man nennt dieses Lernen inzidentelles Lernen. Beim Lernen im Klassenzimmer spielt diese Art des Lernens bisher kaum eine Rolle, durch die leichte Verfügbarkeit von zielsprachlichen Materialien und Kommunikationsangeboten im Kontext der Digitalisierung (s. ► Abschn. 3.5) könnte dieses Defizit durch selbstständige Aktivitäten der Lernenden geringer werden.

Für das Fremdsprachenlernen außerhalb des Klassenzimmers besonders interessant sind Aktivitäten der Lernenden, die man intentional-inzidentell nennen könnte. Personen, die in das Land der Zielsprache eingewandert sind und wenig oder keinen Unterricht in der Zielsprache hatten, berichten manchmal darüber, dass sie Fernsehserien geschaut haben, z. B. Telenovelas, die viel Alltagssprache liefern und nicht allzu schwer zu verstehen sind, und sich so Wortschatz angeeignet haben. Sie haben die Serien also mit der Absicht geschaut, etwas in der neuen Sprache zu lernen, und haben vielleicht auch einzelne Wörter in ihrem zweisprachigen Wörterbuch parallel zur Sendung nachgeschlagen und aufgeschrieben. Sie haben in dieser Hinsicht also auch intentional gelernt, ein Teil ihres Lernens erfolgte jedoch inzidentell.

Mit den Möglichkeiten der Digitalisierung kann diese gemischte Form des Lernens weiter vorangetrieben werden. Wer vor einiger Zeit Spanisch gelernt

2

hatte und meinte, inzwischen das meiste wieder vergessen zu haben, hat Ende der 2010er Jahre vielleicht auf Netflix zunächst eine synchronisierte Fassung der spanischen Erfolgsserie *La casa de papel* gesehen, ist dann auf die Idee gekommen, es doch mal mit der Originalfassung zu versuchen, hat festgestellt, dass er oder sie dabei doch zu wenig versteht, um der Geschichte folgen zu können, hat danach vielleicht Untertitel dazugeschaltet usw. Diese Person wird dabei Sprache durchgehend inzidentell erwerben, ihr Vergnügen, den Abenteuern von Rio, dem Professor usw. zu folgen, steht an erster Stelle, trotzdem gibt es die klare Absicht, das Sehvergnügen mit Spracherwerb zu verbinden. Je differenzierter das digitale Angebot im Hinblick auf Originalton und Synchronisation, Untertitel, Verlangsamung usw. wird, desto besser wird es möglich, dass intentional-inzidenteller Spracherwerb als Lernoption stärker in das Bewusstsein der Lernenden rückt.

2.2 Erst-, Zweit- und Fremdsprache sowie Mehrsprachigkeit

Im Folgenden muss ein wenig Arbeit an der in der Fremdsprachenforschung verwendeten Begrifflichkeit geleistet werden, denn es lässt sich nicht leugnen, dass Begriffe wie ‚Zweitsprache', ‚Fremdsprache' oder ‚bilingual' unterschiedlich verwendet werden.

2.2.1 Erstspracherwerb

In diesem Kapitel wird kein Überblick über den gesamten Verlauf des Erstspracherwerbs gegeben, der Erstspracherwerb ist nicht Gegenstand des Faches Deutsch als Fremdsprache (als Überblicke vgl. Butzkamm/Butzkamm 2008; Klann-Delius 2008; Szagun 2011; Tracy 2007). Vielmehr soll im Folgenden zusammengetragen werden, welche Einsichten aus der Erforschung des Erstspracherwerbs auch für das Nachdenken über den Erwerb weiterer Sprachen wichtig sind.

Der Erstspracherwerb kann in Stadien der Entwicklung beschrieben werden. Konkrete Altersangaben sind dabei nicht unproblematisch. Man weiß, dass nach 18 Monaten ungefähr 90 % aller Babys zu sprechen begonnen haben, und man weiß, dass im Alter von 9 Monaten schon einige Babys, man spricht von 3 %, die ersten Wörter gesprochen haben. Schon beim sogenannten ersten Wort gibt es also recht große Unterschiede im Hinblick auf absolute Altersangaben, dennoch kann die Erstspracherwerbsforschung den Erwerb in Phasen beschreiben und dabei bestimmte Meilensteine der Entwicklung angeben. Ähnlich ist es auch im Hinblick auf den ungesteuerten Zweitspracherwerb, auch hier kann man von Phasen reden, und eine der spannenden Fragen der Forschung ist es, ob die Phasen des Zweitspracherwerbs mit denen des Erstspracherwerbs identisch sind oder ihnen zumindest ähneln.

Zur Vertiefung

Erst-, Zweit-, Fremdsprache: Gleich, ähnlich, anders?

Für die Organisation des Erwerbs von weiteren Sprachen nach der ersten ist die Diskussion um Erwerbsphasen von eminent praktischer Bedeutung: Wenn man, wie beim kindlichen Erwerb der Erstsprache, auch beim Zweit- oder sogar beim Fremdspracherwerb Phasen klar angeben könnte, dann könnten oder müssten sogar Curricula für den Fremdsprachenunterricht genau auf diese Erwerbsphasen bezogen werden. Leider ist die Antwort der Fremdspracherwerbsforschung auf die Frage der Parallelität nicht eindeutig: Man kann ziemlich sicher sagen, dass beim doppelten Erstspracherwerb und beim frühen Zweitspracherwerb die Phasen sehr ähnlich sind, so dass man davon ausgehen kann, dass der den Erstspracherwerb befördernde Spracherwerbsmechanismus auch beim doppelten Erstspracherwerb und beim frühen Zweitspracherwerb wirkungsvoll ist.

Die für Lehrmaterialproduktion und Unterrichtsplanung spannendere Frage ist, ob man auch bei im Alter fortgeschritteneren Lernenden von derartigen Phasen ausgehen kann und ob es sinnvoll ist, sich bei der Planung von Unterricht auf sie zu beziehen. Die Idee, dies zu tun, hat natürlich ihren Charme, aber man muss vorsichtig sein: In ▶ Abschn. 2.1.2 wurde schon gezeigt, dass z. B. erwachsene Migranten beim ungesteuerten Erwerb das Genus eines deutschen Substantivs eher spät und nicht immer richtig erwerben. Im gesteuerten Fremdsprachenunterricht versucht man dieses schwierige Lernproblem dadurch in den Griff zu bekommen, dass man das Genus von Anfang an als Lerngegenstand anbietet, hier würde die Steuerung gerade nicht dem natürlichen Erwerb folgen, wenn sie erfolgreich sein will.

Derartige Einwände sprechen nicht dagegen zu überlegen, wie der Erwerb der Lernenden möglichst weitgehend unterstützt werden kann und wie überall da, wo man von natürlichen Progressionen ausgehen kann, diese in den Unterricht integriert werden können. Zu vermeiden sind aber Verabsolutierungen: Erwachsene Lernende sollte man also nicht davon abhalten, systematisch unregelmäßige Formen, Genus-Zuordnungen usw. von Anfang an zu lernen, nur weil das im natürlichen Erwerb nicht geschieht (zur Auseinandersetzung um die Abhängigkeit der Lehrbarkeit von Phänomenen von Reihenfolgen beim natürlichen Erwerb vgl. Diehl u. a. 2000; Pienemann 1999, die Beiträge in Pienemann/Keßler 2011 oder Thielmann 2021).

Aufnahme des sprachlichen Inputs Viele Aspekte des Erstspracherwerbs sind für das Zweit- und Fremdsprachenlernen nicht unmittelbar relevant: Die Phase des Lallens, Gurrens und Silbenplapperns, die Bedeutung der Einwortsätze, die Wortschatzexplosion und die interessanten Versuche der Kinder, Wörter miteinander zu kombinieren und Vorstadien der Grammatik zu entwickeln, brauchen Lernende, die bereits eine Sprache gelernt haben, nicht zu wiederholen. Aber die Fremdsprachendidaktik kann aus den kindlichen Bemühungen um das Weltver-

2

stehen durch Sprache trotzdem sehr viel lernen: Wenn Kinder z. B. zuerst **proto-typische Wörter** lernen, d. h. den Wortschatz aus **kommunikativer Relevanz** heraus so entwickeln, dass sie möglichst viel Welt versprachlichen können, dann ist dies als leitendes Prinzip auch für das Fremdsprachenlernen von Interesse.

Und ein Blick darauf, wie Kinder z. B. den deutschen Pluralerwerb aus-differenzieren, vom Imitieren über die Wahl einer Pluralendung und das Aus-probieren der anderen Pluralendungen bis zur Regelfindung, also durch Aus-probieren und Übergeneralisieren zum Differenzieren (vgl. Butzkamm/ Butzkamm 2008, S. 231 ff.), wirft die Frage auf, inwieweit eine derartige aktive Auseinandersetzung mit dem sprachlichen Material, auch wenn man sie nicht Schritt für Schritt nachvollziehen sollte, im Fremdsprachenunterricht eine größere Rolle spielen könnte. Tracys (2007, S. 153) Zusammenfassung über den Sprach-erwerb von Kindern ließe sich in diesem Sinne verstehen als Korrektiv zu einem Fremdsprachenunterricht, der sich nicht ausreichend darauf einlässt, sprachliche Vielfalt und fordernden Input zuzulassen. Für Tracy lernen Kinder.

» *„systematisch, treffsicher und beharrlich – wenn man sie denn lässt* und ihnen die Bedingungen bietet, unter denen sich ihr Sprachtalent entfalten und immer wieder herausgefordert fühlen kann" (Hervorh. im Orig., DR).

Entsprechend könnte Tracys Anforderung an die Unterstützung des kindlichen Erstspracherwerbs als Anregung verstanden werden, die Lernenden als aktive mit dem Input interagierende Wesen zu verstehen, denen man eine herausfordernde sprachliche Vielfalt anbieten muss. Laut Tracy müsse man sorgen

» für ein anregungsreiches, ‚unordentliches', sprich: variations- und kontrastreiches Sprachangebot in natürlichen Situationen – den Input –, den Kinder dann nach Herzenslust ‚aufräumen' und in ein komplexes vielschichtiges System sprachlichen Wissens verwandeln können (ebd.).

Die Mechanismen des Erstspracherwerbs gelten auch dann, wenn ein Kind zwei erste Sprachen gleichzeitig erwirbt. Terminologisch sinnvoll ist es, in einem solchen Falle von einem **doppelten Erstspracherwerb** zu reden, wie das zum Beispiel von Tracy (2007) vertreten wird. Häufiger wird jedoch auf einen derartigen Spracherwerb mit dem Attribut ‚bilingual' referiert. Das terminologische Problem dabei: Bilingualis-mus als Begriff ist weitaus weniger trennscharf als doppelter Erstspracherwerb.

2.2.2 Bilingualismus

Definition

Der Begriff **Bilingualismus** hat viele Bedeutungsvarianten, er reicht von einem relativ engen Begriff, der davon ausgeht, dass eine Person zwei Sprachen so gut be-herrscht wie andere nur ihre Erstsprache, bis hin zu Varianten, bei denen schon eine weitaus weniger fortgeschrittene Beherrschung von zwei Sprachen reicht, um sie mit dem Begriff ‚Bilingualismus' zu belegen (vgl. den Überblick über die unter-schiedlichen Konzepte in Romaine 1997).

Wenn jede Person, die grammatische Kenntnisse und kommunikative Fähigkeiten in zwei Sprachen besitzt, ohne dass deren Umfang oder Art genauer bestimmt wird, als ‚bilingual' bezeichnet wird, dann gibt es selbstverständlich sehr viele bilinguale Personen, dann wären z. B. alle Menschen, die an einer deutschen Schule Englisch oder außerhalb des deutschsprachigen Raums Deutsch als erste Fremdsprache gelernt haben, als bilinguale Personen zu bezeichnen. Diese Zuordnung widerspricht der alltagssprachlichen Vorstellung, nach der nur die Personen bilingual sind, die eine muttersprachliche oder nahezu **muttersprachliche Kompetenz in zwei Sprachen** aufweisen. Für die Bestimmung des Begriffs ‚Bilingualismus' werden also Merkmale auf unterschiedlichen Ebenen herangezogen.

Erwerbszeitpunkt Ein sehr eindeutiges Merkmal ist das **Alter**: Wenn nur Personen bilingual sind, die gleichzeitig von Anfang an zwei Sprachen gelernt haben, dann sind notwendigerweise alle anderen, ganz egal wie kompetent sie mit der zweiten Sprache umgehen können, nicht bilingual. Wenn also der Bilingualismus-Begriff eindeutig an diesem einen Faktor festgemacht wird, berechtigt nur ein doppelter Erstspracherwerb dazu, jemanden bilingual zu nennen. Dann könnte es z. B. passieren, dass bei gleich gut geschriebenen Texten von zwei Personen nur einer der beiden Schreiber bilingual genannt werden dürfte, wenn der andere erst später im Leben mit dem Erwerb der Sprache angefangen hätte. In diesem Fall hätte man also ein eindeutiges Merkmal für die Bestimmung von Bilingualismus, aber die unbefriedigende Situation, dass am jeweiligen sprachlichen Verhalten der Personen nicht abzulesen ist, ob sie bilingual sind.

Etwas weniger eindeutig als echte doppelte Erstsprachigkeit zu fordern, wäre es zu sagen, bilinguale Personen seien diejenigen, die zwei Sprachen gleichzeitig oder nacheinander, die zweite dabei aber sehr früh erworben haben, z. B. nicht später als mit drei oder vier Jahren. In diesem Fall würde man davon ausgehen, dass **Erstspracherwerb** und **früher Zweitspracherwerb** sich im Hinblick auf das Wirken des Spracherwerbsmechanismus so ähnlich sind, dass in beiden Fällen die Sprache muttersprachenähnlich erworben wird. Auch hier ist also das Merkmal Alter noch sehr stark.

Erstsprachenähnliche Aussprache In der Alltagswahrnehmung ist die Einschätzung der Bilingualität sehr stark mit der Aussprache einer Person verbunden: Erwartet wird, dass diese Personen wie Muttersprachler sprechen; und tatsächlich ist es ja richtig, dass der frühe Spracherwerb den Erwerb einer erstsprachengleichen oder -ähnlichen Aussprache fördert. Mit den Merkmalen ‚Alter' und ‚Aussprache' gäbe es zwei relativ eindeutig beschreibbare Merkmale, um bilinguale Personen von anderen abzugrenzen.

Die Frage ist jedoch, inwieweit eine fast ausschließliche Fokussierung auf diese beiden Merkmale dem komplexen Thema Spracherwerb gerecht wird. Wenn jemand als junger Erwachsener eine Fremdsprache gelernt und diese studiert hat, dann in einem Land gelebt hat, in der diese Sprache gesprochen und geschrieben wird, und wenn diese Person nun diese Sprache kommunikativ umfassend beherrscht und in ihr auch wie ein Muttersprachler schreibt, aber an ihrem Akzent als nichtmuttersprachlicher Sprecher dieser Sprache zu erkennen ist, ist sie dann ein bilingualer Sprecher? Auf vielen Ebenen kommt sie einem bi-

2

lingualen Sprecher sehr nahe, aber da für viele Menschen in ihrem alltäglichen Sprachgebrauch ein bilingualer Sprecher jemand ist, dessen Aussprache wie die eines Muttersprachlers klingt, wäre sie das für diese Menschen nicht.

Kompetenzorientierung Die Alternative zu einer eindeutigen, über das Alter beim Spracherwerb und eine muttersprachenähnliche oder -gleiche Aussprachefähigkeit erfolgenden Definition von Bilingualismus ist es, sich dem Begriff über die Kompetenzen, die eine Person in zwei Sprachen haben muss, zu nähern. So könnte ein bilingualer Sprecher jemand sein, der mit monolingualen Sprechern in beiden Sprachen ohne Probleme kommunizieren kann. Eine derartige Herangehensweise ist viel unschärfer als eine Festlegung über das Erwerbsalter: Für welche sprachlichen Ebenen stellt man Kompetenz fest und ab welchem Grad redet man davon, dass eine Person zweisprachig geworden ist?

Was die Beantwortung dieser Frage so schwierig macht, ist die Tatsache, dass niemand alle regionalen, sozialen und fachlichen Varietäten einer Sprache beherrscht, egal ob es sich um einen sogenannten monolingualen oder um einen bilingualen Sprecher handelt. Abhängig von Umgebungen, Lebensumständen, kommunikativen Kontakten usw. sind unterschiedliche Sprecher des Deutschen in unterschiedlichen Kontexten unterschiedlich kompetent.

Wer als muttersprachlicher Sprecher des Deutschen einem deutschen Fernsehkommentator, der ein englisches Rugbyspiel überträgt, nicht folgen kann, dem würde man nicht absprechen, dass er ein kompetenter Sprecher des Deutschen ist – man würde lediglich sagen, es sei jemand, der sich mit den Begriffen des Rugby nicht auskennt. Was für Sprecher im Hinblick auf ihre erste Sprache gilt, gilt auch für die anderen Sprachen, die sie beherrschen. Die Wahl einer Sprache und die in ihr erreichte Kompetenz kann in unterschiedlichen Bereichen (z. B. Bildungswesen, Familie, Freundschaften, Arbeitsplatz), in der Linguistik ,**Domänen**' genannt, sehr unterschiedlich sein.

Es kann bei mehrsprachigen Personen eine Arbeitsteilung der Sprachen bezogen auf unterschiedliche Domänen existieren, wobei sich ändernde Lebensumstände auch Veränderungen in der sprachlichen Beherrschung der jeweiligen Domänen mit sich bringen können. Es kann also sein, dass **mehrsprachige Personen je nach kommunikativem Kontext funktional die Sprachen wechseln.**

Sprachkompetenzen von Personen variieren, je nach ihren Bildungsaktivitäten und je nach ihren Lebensläufen. So kann jemand in einer zweisprachigen Umgebung aufwachsen, die eine der beiden Sprachen verliert im Laufe des Lebens aber immer mehr an Bedeutung. Umgekehrt kann in einer Migrationssituation eine Person, die einsprachig aufgewachsen ist, eine zweite Sprache plötzlich sehr intensiv erwerben.

Es ist also nicht so leicht, einen Menschen nach erreichter Sprachkompetenz in einer bestimmten Sprache als bilingual oder nicht einzuordnen. Und da durch die Globalisierung viele Menschen in mehrsprachigen Situationen arbeiten und leben und dabei ihre unterschiedlichen Sprachen je nach Kontext unterschiedlich gut beherrschen, kommt man nicht umhin zu akzeptieren, dass für solche Situationen eine saubere Trennung ,bilingual oder nicht' nicht möglich ist.

Es gibt also begrifflich so etwas wie **Bilingualismus im engeren Sinne** (doppelter Erstspracherwerb und früher Zweitspracherwerb), der durch Erwerbsart und Erwerbsalter bestimmt werden kann. Ansonsten sollte man von zwei- oder mehrsprachigen

Personen reden, die in unterschiedlichen Teilbereichen ihrer Sprachen bestimmte Kompetenzniveaus erreicht haben, die man beschreiben kann. Im letzten Jahrzehnt ist mit dem Begriff *Translanguaging* der Versuch gemacht worden, einem Bilingualismus-Begriff, der zu stark auf die Abgrenzung von Sprachen fokussiert ist, einen Begriff entgegenzusetzen, der stärker auf die mehrsprachige Praxis von Menschen als alltägliche, weltweit verbreitete, Aktivität gerichtet ist.

Prototypische Erwerbssituationen Beim Blick auf die Erwerbssituationen von bilingualen Menschen in diesem engeren Sinne hat man zunächst unterschiedliche Prototypen beschrieben (als Überblick vgl. z. B. Romaine 1997). Die beiden bekanntesten sind:

- **Eine Bezugsperson, eine Sprache.** Bei diesem Typ spricht beispielsweise ein Elternteil die eine, der andere die andere Sprache.
- **Bezugspersonen eine Sprache, Umgebung die andere Sprache.** Bei diesem Typ sprechen die Familienmitglieder die eine, die Umgebung – also z. B. die Freunde im Kindergarten, die Leute, die man in der Stadt trifft, die Freunde, die die Eltern mit ins Haus bringen usw. – die andere Sprache.

Die Erwerbssituation ‚eine Person/eine Sprache‘ gilt dabei als besonders vielversprechend (vgl. dazu allerdings die kritische Auseinandersetzung Lippert 2010). Bei Prototypen wie diesen beiden ist zu beachten, dass der **Alltag viel komplexer** ist, als es die Typisierungen nahelegen. Wie reden z. B. die Bezugspersonen des ersten Typs miteinander? Beide in einer der beiden Sprachen, in einer dritten Sprache oder jeder in seiner Sprache? Und welche Rolle spielt bei diesem Typ die Sprache der Umgebung? Ist sie eine andere als die der Eltern, wächst das Kind dann dreisprachig auf? Und was passiert beim zweiten Typ z. B. in der Kommunikation mit Besuch aus der Umgebungssprache? Man wäre einem Gast gegenüber ja sehr unhöflich, wenn man die konsequente Trennung von Sprache der Bezugsperson und Sprache der Umgebung beibehielte und diesen Gast nicht in seiner Sprache anredete, obwohl man diese doch beherrscht.

Komplexer wird die Angelegenheit noch dadurch, dass es in einer Familie verschiedene Ebenen von Bilingualismus geben kann, dass die Eltern selbst mehrsprachig sein können und sich die Frage stellt, wie Geschwister miteinander reden, wie sie mit anderen Familienmitgliedern reden, wie sie mit der Umgebung reden oder auch vor ihr (z. B. wenn eine der beherrschten Sprachen zur ‚Geheimsprache‘ gegenüber der Umgebung taugt) usw. Diese **vielfältigen Sprachkonstellationen** sind eigentlich die **Basis für ein hochproduktives und auch vergnügliches Spiel mit Sprache(n)** – allerdings werden sie oft als Problem gesehen, weniger, wenn es sich bei den beteiligten Sprachen um **Prestigesprachen** handelt, aber häufig, wenn eine der involvierten Sprachen die Sprache einer Migrantengruppe ist.

2.2.3 Mehrsprachigkeit

Auch der Begriff ‚Mehrsprachigkeit‘ wird nicht eindeutig verwendet, das beginnt schon mit der Frage, ob eine Person erst ab einer dritten Sprache mehrsprachig ist. Bilingualität und Mehrsprachigkeit werden häufig so verwendet, dass Bilingualität in Mehrsprachigkeit eingeschlossen ist:

> » Die Begriffe ‚Bilingualität' und ‚Mehrsprachigkeit' sind definitorisch kaum einzugrenzen oder sauber voneinander abzugrenzen, weil in der Wissenschaftswelt einerseits kein Konsens darüber herrscht, welcher Grad von Beherrschung von zwei oder mehr Sprachen zugrunde liegen soll, um eine Person ‚bilingual' oder ‚mehrsprachig' zu nennen. Andererseits ist nicht gemeinschaftlich entschieden, welche Umfänge und Ausschnitte von Sprachen einbezogen werden sollen: Nationalsprachen, Dialekte, andere Varietäten von Sprachen, Register oder auch individuelle Varianten von Sprachen? (Hufeisen 2010, S. 376).

Die Mehrsprachigkeit des Menschen taucht in der Diskussion um das Fremdsprachenlernen an verschiedenen Stellen auf. In ► Kap. 11 werden ausführlich die Vor- und Nachteile der **bei den Lernenden vorhandenen Sprachen und Sprachlernerfahrungen** diskutiert. Zu den Vorteilen gehört, dass die bisher erworbenen Sprachen beim Lernen einer neuen Sprache hilfreich sein können, z. B. dadurch, dass vorhandenes Sprachwissen zum Verstehen der neuen Sprachen eingesetzt wird. Chaudhuri (2009) hat zum Beispiel gezeigt, wie indische Deutschlernende ihre vorhandenen Kenntnisse des Englischen und des Hindi beim Verstehen der deutschen Grammatik einsetzen. Zu den Nachteilen gehört, dass die bekannten Sprachen ein Hindernis beim Erwerb der neuen Sprachen darstellen, z. B. weil sie als Quelle von Interferenzen fungieren.

Neben diesen sich eher auf das Lehren und Lernen von neuen Sprachen beziehenden Aspekten hat sich zu Beginn des 21. Jahrhunderts die **Mehrsprachigkeitsdidaktik** einer Reihe von weitergehenden Fragen angenommen, die die **Sprachpolitik** generell, Fragen der Auswahl und Reihung der Schulsprachen und das Zusammenspiel mehrerer traditionell getrennter Fremdsprachen in den **Curricula** von Schule und Hochschule betreffen. Und im deutschen Schulsystem, in das immer häufiger Kinder eintreten, die bereits mit zwei Sprachen aufgewachsen sind, stellen sich unter dem Gesichtspunkt Mehrsprachigkeit natürlich auch Fragen wie die, wie mit den traditionell nicht im deutschen Schulsystem vertretenen Sprachen dieser Kinder umzugehen ist und wie auf ihre Zweisprachigkeit eingegangen werden kann, wenn die erste Schulfremdsprache auf dem Lehrplan steht (vgl. dazu z. B. die Beiträge in Bausch/Königs/Krumm 2004; Hu 2003; Königs 2010; und, weit weg von der aktuellen Diskussion und doch seiner Zeit weit voraus, Wandruszka 1979).

2.2.4 **Deutsch als Zweit- und Fremdsprache**

Nicht nur alltagssprachlich und in der Sprache der Bildungspolitiker, sondern auch in fachdidaktischen Publikationen ist die Unterscheidung von Zweitsprache und Fremdsprache nicht immer eindeutig. Es gibt einige verführerisch einfache Definitionen, die aber nur einen Teil des Gegenstands abdecken.

Relativ häufig wurde Deutsch als Zweitsprache mit dem natürlichen Erwerb und Deutsch als Fremdsprache mit dem gesteuerten Lernen in Bildungsinstitutionen gleichgesetzt. Fremdsprachenlernen findet tatsächlich überwiegend gesteuert in Bildungsinstitutionen statt, auch wenn es Ausnahmen gibt, wie das Urlaubsbeispiel in ▶ Abschn. 2.1.1 zeigt. Dieser Teil der Gleichsetzung ist also einigermaßen zutreffend. Aber der andere ist es nicht. Im Bereich Deutsch als Zweitsprache gibt es zwar umfangreichen natürlichen Zweitspracherwerb, angefangen vom frühen kindlichen Zweitspracherwerb bis zum Erwerb von erwachsenen Migranten. Aber gleichzeitig sind im Bereich Deutsch als Zweitsprache in großem Umfang Steuerungsinstanzen am Werk, beginnend mit der Förderung im Kindergarten bis zu den Integrations- und Orientierungskursen von erwachsenen Migranten. Würde man die Unterscheidung von Deutsch als Zweit- und Fremdsprache mit der Unterscheidung von natürlichem Erwerb und Steuerung gleichsetzen, müsste man sagen, dass die die das Deutsche natürlich erwerbenden Migrantenkinder mit Eintritt in die Schule plötzlich dem Bereich Deutsch als Fremdsprache zuzuordnen sind, was aber offensichtlich keine sinnvolle Festlegung ist.

Eine weitere manchmal anzutreffende Gleichsetzung ist die, mit Deutsch als Fremdsprache das Lernen außerhalb und mit Deutsch als Zweitsprache das Lernen innerhalb des deutschsprachigen Raums zu bezeichnen. Für Deutsch als Zweitsprache ist das eine sinnvolle Zuordnung. Zwar wird bei einem spanisch-deutschen Paar, das in Deutschland gelebt und sich auf Deutsch verständigt hat, so dass das Deutsche für den spanischsprachigen Partner eine Zweitsprache war, Deutsch für diesen nicht plötzlich eine Fremdsprache, wenn das Paar nach Spanien umzieht. Deutsch bleibt die für die Beziehung relevante Zweitsprache. Derartige Beispiele beziehen sich aber eher auf individuelle Fälle, generell ist eine Zuordnung von Zweitspracherwerb und Aufenthalt im Land der Zielsprache sinnvoll. Wieder ist also der eine Teil der Gleichsetzung akzeptabel, der zweite bereitet Schwierigkeiten.

Zum einen hätte unser Urlauber aus ▶ Abschn. 2.1.1 nach dieser Definition Portugiesisch als Zweitsprache gelernt, was sicher keine angemessene Beschreibung der Situation ist. Aber auch wenn jemand zum Beispiel einen vierwöchigen Deutschkurs im deutschsprachigen Raum macht, dort jeden Tag zur Hälfte mit Lernenden aus anderen Ländern im Klassenzimmer verbringt, interessante Ausflüge macht und ansonsten je nach individueller Neugier den deutschsprachigen Raum um ihn herum mehr oder weniger intensiv erkundet, ist es wohl wenig sinnvoll zu sagen, hier sei jemand, der in seinem Land Deutsch als Fremdsprache gelernt hat, nun für vier Wochen zu einem Zweitsprachler geworden, nur um danach bei sich zu Hause weiter Deutsch als Fremdsprache zu lernen.

> **Definition**
>
> Als Definition kann gelten, dass **Deutsch als Zweitsprache** überwiegend im deutschsprachigen Raum stattfindet und gesteuert und natürlich erworben wird, während **Deutsch als Fremdsprache** überwiegend gesteuert erworben wird und innerhalb und außerhalb des deutschsprachigen Raums stattfinden kann. Darüber hinaus ist aber ein weiteres Bestimmungselement besonders wichtig: Wer Deutsch als Zweitsprache lernt, verwendet diese Sprache gleichzeitig in seiner **Lebenswelt**. Sie ist für seinen Alltag unmittelbar relevant.

Das Wort ‚Zweitsprache' legt die Interpretation nahe, es handele sich um die zweite erworbene Sprache. Das ist jedoch nicht der Fall. Die Zweitsprache kann, wenn nach der Erstsprache z. B. zwei weitere Schulfremdsprachen erworben wurden, durchaus die vierte Sprache sein, die jemand lernt. Man würde aber trotzdem von einer Zweitsprache dieser Person reden, wenn dies die Sprache ist, die für sie für das **Überleben in einem gesellschaftlichen Kontext** von großer Bedeutung geworden ist.

Diese Gegenüberstellung erlaubt eine grobe Orientierung, aber es wird diverse Fälle geben, bei denen Zuordnungen schwierig sind. Studierende, die in ihrem Land Deutsch als Fremdsprache bis zu einer hohen Niveaustufe gelernt haben, die in Deutschland weiterstudieren und planen, nach dem Studium im deutschsprachigen Raum zu bleiben, werden mehr oder weniger schnell von Fremdsprachlern zu Zweitsprachlern. Und die Germanistikstudierenden, die für ein Semester an eine Universität im deutschsprachigen Raum gehen? Gehen sie so auf den deutschsprachigen Raum ein, dass sie sich als kommunikativer Teil von ihm fühlen? Oder gehen sie zwar, wie auch in den Jahren davor an ihrer eigenen Uni, zu den Seminaren, nehmen das deutschsprachige Kulturangebot wahr, bleiben aber ansonsten in einer Clique von Freunden, die alle ihre Erstsprache sprechen?

Man muss derartige Beispiele nicht diskutieren, um eine eindeutige Zuordnung zur Zweitsprache oder Fremdsprache zu erreichen, wichtiger ist, dass derartige Beispiele den Blick dafür schärfen, wie unterschiedlich Spracherwerb bei auf den ersten Blick recht ähnlichen Bedingungen funktionieren kann. Das Auslandsjahr ist dabei ein relativ harmloses Beispiel – die extremen Unterschiede beim Spracherwerb von Migrantenkindern vor dem Eintritt in den Kindergarten zeigen sehr deutlich, dass der geographische Ort ‚Land, in dem die Sprache gesprochen wird' allein nicht besonders aussagekräftig ist.

Nicht der Ort ist entscheidend, sondern die Möglichkeit, sich an ihm auf den sprachlichen Input einzulassen und in einer kommunikativ relevanten Weise mit ihm umzugehen. Von daher ist es hochinteressant zu sehen, ob beim traditionellen Fremdsprachenlernen außerhalb des deutschsprachigen Raums, bei dem früher Kontakte mit Sprechern der deutschen Sprache eher rar waren, sich durch das Potenzial der digitalen Medien, ortsungebunden mit anderen Personen kommunizieren zu können, eine Erweiterung des natürlichen Lernens entwickelt. Das wird in ▶ Abschn. 3.5 ausführlicher behandelt werden.

Lernkontexte für Deutsch als Zweitsprache Deutsch als Zweitsprache ist ein Sammelbegriff für sehr unterschiedliche Lernkonstellationen. Am häufigsten wird er im Kontext ‚Migration' verwendet. Er umfasst jenseits des doppelten Erstspracherwerbs bezogen auf Bildungsinstitutionen das Lernen von **Migrantenkindern:**
- im Hinblick auf die Frage, welche Interventionsmöglichkeiten ab dem Kindergarten eine Rolle spielen (vgl. Tracy 2007),
- im Bereich der Grundschule besonders verbunden mit der Diskussion um das einsprachige oder zweisprachige Lesenlernen,
- jenseits der Grundschule häufig unter der Fragestellung, wie und wie weitgehend Defizite beim Erwerb innerhalb der Bildungsinstitutionen kompensiert

werden können (vgl. das Projekt zur Förderung von Kindern und Jugendlichen mit Migrationshintergrund Gogolin u. a. 2011).

Im Gegensatz zum klassischen Fremdsprachenunterricht, bei dem die Lernenden im Klassenzimmer in der ersten Stunde oft als echte Anfänger (sog. Nullanfänger) mit einer neuen Sprache konfrontiert werden, laufen beim Zweitspracherwerb natürlicher Erwerb und Interventionsmöglichkeiten von Bildungsinstitutionen nebeneinander. Die häufig gestellte Frage ‚Mit welchem Lehrwerk mache ich denn Förderunterricht in der xten Klasse?‘ ist deshalb zumeist nicht mit der Nennung eines Titels zu beantworten. Zu unterschiedlich sind die Spracherwerbsprofile, die die Schüler und Schülerinnen bis zu diesem Zeitpunkt erworben haben, zu unterschiedlich die Domänen und Sprachbereiche, bei denen der Erwerb (nicht) funktioniert hat, als dass man hier in Analogie zum Fremdsprachenunterricht für echte Nullanfänger von einem Lehrwerk ausgehen könnte, das den Erwerb insgesamt begleitet. Noch bedeutsamer als für Deutsch als Fremdsprache ist für Deutsch als Zweitsprache deshalb die Sprachstandsdiagnostik (vgl. ▶ Abschn. 13.2), mit der man einschätzen kann, welches sprachliche Profil Lernende erreicht haben, um darauf aufbauend angemessene Interventionen vorzubereiten.

Deutsch als Zweitsprache bezieht sich nicht nur auf kindliche Lernende, sondern auch auf den Deutscherwerb von jugendlichen und **erwachsenen Migranten**. In der Frühphase des Faches waren erwachsene Migranten sogar die am häufigsten untersuchten natürlichen Spracherwerber. Von Anfang an gab es dabei auch Projekte, die nicht nur den Spracherwerb beschrieben, sondern versuchten, Interventionsmöglichkeiten zu diskutieren wie z. B. Barkowski/Harnisch/Kumm (1980). Dass erwachsene Lernende auch weiterhin ein Thema für Deutsch als Zweitsprache sind, zeigen beispielsweise die Diskussionen der Versuche, das Lesenlernen Erwachsener zu unterstützen in Roll/Schramm (2010). Nach 2015 waren auch Jugendliche, die als Geflüchtete ohne Deutschkenntnisse in das deutsche Schulsystem integriert werden mussten (vgl. die Beiträge in Cornely-Haboe/Mainzer-Murrenhoff/Heine (2016), Gebele/Zepter (2018), Gamper u. a. 2020) oder die sich als studieninteressierte Geflüchtete auf das Studium an einer deutschen Universität vorbereiteten (vgl. Müller-Karabil/Harsch 2019 und Rösler/Zeyer 2020), verstärkt Teil der Diskussion des Faches Deutsch als Zweitsprache.

Deutsch als Zweit- und Fremdsprache haben viele Gemeinsamkeiten wie die zu lernende Sprache, sie unterscheiden sich jedoch im Hinblick auf manchmal sehr unterschiedliche Lehr- und Lernkontexte (vgl. die Überblicke für Deutsch als Zweitsprache Gamper/Schröder (2021) und für Deutsch als Fremdsprache Rösler (2021)). Deshalb ist es weder sinnvoll, starre Abgrenzungen zwischen beiden zu ziehen noch sie wohlmeinend in einen Topf zu werfen. Für konkrete Lernende an konkreten Orten ist es wichtig, dass die Bedingungen, unter denen sie lernen, so genau wie möglich analysiert werden und dass Unterrichtaktivitäten auf diese konkreten Bedingungen ausgerichtet sind.

2.3 Deutsch als Fremdsprache als wissenschaftliches Fach

Deutsch als Fremdsprache an Universitäten ist ein Fach, das das Lernen und Lehren von Deutsch als Fremdsprache in sehr unterschiedlichen Kontexten erforscht und möglichst viel dazu beiträgt, dass seine Forschungsergebnisse in die Praxis einfließen. Das klingt eigentlich recht eindeutig, aber wenn man sich anschaut, wie vielfältig die Kontexte sind, in denen Deutsch als Fremdsprache gelernt und gelehrt wird, und wie vielfältig der Gegenstand Sprache und Kultur ist, dann ist es nicht überraschend, dass es in diesem Fach sehr unterschiedliche Ausrichtungen der **Forschung** gegeben hat und gibt. Einen Überblick über die Entwicklung des Faches Deutsch als Fremdsprache von seinen Anfängen in der DDR und BRD und zu seiner Ausdifferenzierung in stärker didaktik-, sprach- und kulturorientierte Forschungsbereiche sowie zum Verhältnis von Deutsch als Fremdsprache und Deutsch als Zweitsprache liefern Altmayer u. a. (2021).

Auch sind Sprache und Kultur keinesfalls nur Gegenstand der Fremdsprachenforschung, sie werden in verschiedenen geistes- und sozialwissenschaftlichen Disziplinen erforscht und zwar eindeutig länger und intensiver als in der Fremdsprachenforschung. Das Fach Deutsch als Fremdsprache muss die geistes- und sozialwissenschaftliche Forschung zu Sprache und Kultur ebenso wie die pädagogische und psychologische Forschung zum Lernen zur Kenntnis nehmen und kann von diesen Forschungsergebnissen profitieren, es muss aber immer aufpassen, dass es Forschungsergebnisse aus diesen Bereichen nicht unhinterfragt übernimmt, sondern darauf besteht, diese im Hinblick auf die Spezifität des Lehrens und Lernens des Deutschen als Fremdsprache einzuordnen.

Das Zusammenspiel von Deutsch als Fremdsprache mit anderen Disziplinen ist nicht immer spannungsfrei, aber potenziell hochproduktiv. Das sei kurz am Verhältnis zur (germanistischen) **Linguistik** skizziert. Bis in die 1970er Jahre galt, dass Entwicklungen in der Linguistik Entwicklungen in der Fremdsprachendidaktik zur Folge haben sollten, was zum Teil zu problematischen Entwicklungen führte. So war es nicht verwunderlich, dass nach der Emanzipation der Sprachlehrforschung von der Angewandten Linguistik (s. ► Abschn. 4.5) diese zunächst auf Distanz gehalten wurde. Je eigenständiger und methodisch sicherer die Fremdsprachenforschung wurde, desto produktiver konnten Arbeiten im Grenzbereich von Linguistik und Fremdsprachenforschung werden, zum Beispiel bei der Erforschung der Mündlichkeit, der linguistischen Pragmatik usw. (vgl. als Überblick Breindl 2021). Besonders von der Hinwendung der Linguistik zur Arbeit mit **Korpora** kann die Fremdsprachenforschung profitieren.

» So spielen z. B. die immer zahlreicher zur Verfügung stehenden (elektronischen) Korpora als Lernressource eine wichtige Rolle, da diese […] Kontextualisierungen in hoher Zahl und in leicht zugänglicher Form zur Verfügung stellen (Würffel 2021, S. 295)

Große linguistische Korpora als Materialquelle für Lehrmaterialmacher und besonders auf das Lehren und Lernen des Deutschen bezogene Korpora, vor allem, wenn sie Lehrkräften und Lernenden schnelle und einfache Zugriffsmöglichkeiten ermöglichen (vgl. Fandrych/Schwendemann/Wallner 2021), sind ein Beispiel dafür, wie linguistische Entwicklungen für das Fremdsprachenlernen produktiv gemacht werden und wie gleichzeitig Forschungsprojekte entstehen, die spezielle Fragestellungen für Deutsch als Fremdsprache behandeln können (vgl. als Überblick über die Entwicklung im Bereich Deutsch als Fremdsprache Flinz 2021). *Data driven learning* zum Beispiel, wobei "the learners themselves actively research corpora in order to find out rules and regularities about the foreign language" (Götz 2012, S. 254) ist also nicht automatisch für den Fremdsprachenunterricht relevant, weil es linguistische Korpora gibt, die Fremdsprachenforschung muss zeigen, dass es für den Lernprozess bestimmter Lernergruppen im Hinblick auf bestimmte Gegenstände und Ziele relevant ist (vgl. Krekeler 2021). Nicht eine direkte Übernahme von linguistischen (oder literaturwissenschaftlichen, kulturwissenschaftlichen, psychologischen, pädagogischen) Entwicklungen, sondern eine produktive Aneignung dieser Entwicklungen, die von auf das Lehren und Lernen des Deutschen bezogenen Fragestellungen ausgeht, macht für das Fach Deutsch als Fremdsprache interdisziplinäre Kooperation aus.

Forschungsmethoden Im Laufe der Entwicklung des Faches Deutsch als Fremdsprache, und der Fremdsprachenforschung an deutschen Universitäten insgesamt, ist eine Ausdifferenzierung und Verfeinerung der Forschungsmethodik zu beobachten. Zwar fehlen immer noch **Langzeitstudien,** mit denen man über Jahrzehnte verfolgen könnte, welche Eigenschaften von Lernenden, Veränderung von Lebensumständen, bestimmte didaktische Maßnahmen usw. zu welchen Erfolgen/ Misserfolgen bei der Beherrschung neu gelernter Fremdsprachen führen, sodass Aussagen über die **Wirksamkeit** bestimmter didaktischer Maßnahmen eigentlich gar nicht oder immer nur sehr kurzfristig (manchmal nur bis zur nächsten Prüfung) getroffen werden können. In dieser Hinsicht ist die Fremdsprachenforschung noch sehr weit von dem entfernt, was Medizin und Naturwissenschaften (sich) leisten (können).

Zum Selbstverständnis der sich konstituierenden Sprachlehrforschung gehörte die Feststellung, dass diese neue Disziplin empirisch zu sein habe. Es hat einige Zeit gedauert, bis diese Forderung tatsächlich gelebte Praxis geworden ist, aber inzwischen gehören methodisch anspruchsvolle Studien – quantitativ, qualitativ, *mixed method* – zum Forschungsalltag (vgl. als Einführungen und Überblicke zu den Forschungsmethoden für Deutsch als Fremdsprache und die Fremdsprachenforschung generell Settinieri u. a. 2014, Schramm 2021, Caspari u. a. 2016).

Literatur

Altmayer, Claus u.a.: „Das Fach Deutsch als Fremd- und Zweitsprache als wissenschaftliche Disziplin". In: Claus Altmayer u.a. (Hg.): *Handbuch Deutsch als Fremd- und Zweitsprache.* Heidelberg 2021, S. 3–22.

Barkowski, Hans/Harnisch, Ulrike/Kumm, Sigrid: *Handbuch für den Deutschunterricht mit ausländischen Arbeitern.* Königstein i. Ts. 1980.

Bausch, Karl-Richard/Königs, Frank/Krumm, Hans-Jürgen (Hg.): *Mehrsprachigkeit. Dokumentation der Frühjahrskonferenz zur Erforschung des Fremdsprachenlernens.* Tübingen 2004.

Breindl, Eva: „Forschungsansätze der Linguistik des Deutschen als Fremd- und Zweitsprache". In: Claus Altmayer u.a. (Hg.): *Handbuch Deutsch als Fremd- und Zweitsprache.* Heidelberg 2021, S. 105–123.

2

Butzkamm, Wolfgang/Butzkamm, Jürgen: *Wie Kinder sprechen lernen. Kindliche Entwicklung und die Sprachlichkeit des Menschen*. Tübingen ³2008.

Caspari, Daniela u.a. (Hg.): *Forschungsmethoden in der Fremdsprachendidaktik: ein Handbuch*. Tübingen 2016.

Chaudhuri, Tushar: *Mehrsprachigkeit und Grammatikerwerb. Die Bedeutung der mehrsprachigen Ausgangssituation für die Grammatikvermittlung im Unterricht Deutsch als Fremdsprache in Indien*. Tübingen 2009.

Cornely-Haboe, Verena/Mainzer-Murrenhoff, Mirka/Heine, Lena (Hg.)*: Unterricht mit neu zugewanderten Kindern und Jugendlichen. Interdisziplinäre Impulse für DaF/DaZ in der Schule. Münster*. 2016.

Diehl, Erika [u. a.]: *Grammatikunterricht: Alles für der Katz?* Tübingen 2000.

Fandrych, Christian/Schwendemann, Matthias/Wallner, Franziska: „'Ich brauch da dringend ein passendes Beispiel ...': Sprachdidaktisch orientierte Zugriffsmöglichkeiten auf Korpora der gesprochenen Sprache aus dem Projekt ZuMult". In: *InfoDaF* 48, 6 (2021), S. 711–729.

Flinz Carolina: „Korpora in DaF und DaZ: Theorie und Praxis". In: *Zeitschrift für Interkulturellen Fremdsprachenunterricht* 26, 1 (2021), S. 1–43, ▸ https://tujournals.ulb.tu-darmstadt.de/index.php/zif/.

Gamper, Jana u.a. (Hg.): Beschulung von Neuzugewanderten. *Themenheft. InfoDaF* 4, 2020.

Gamper, Jana/Schröder, Christoph: „Lehr- und Lernkontexte des Deutschen als Zweitsprache in den deutschsprachigen Ländern. In: Claus Altmayer u.a. (Hg.): *Handbuch Deutsch als Fremd- und Zweitsprache*. Heidelberg 2021, S. 63–76.

Gebele, Diana/Zepter, Alexandra L. (Hg.): *Deutsch als Zweitsprache. Unterricht mit neu zugewanderten Kindern und Jugendlichen*. Baltmannsweiler 2018.

Gogolin, Ingrid [u.a.]: *Förderung von Kindern und Jugendlichen mit Migrationshintergrund FörMig. Bilanz und Perspektiven eines Modellprogramms*. Münster [u.a.] 2011.

Götz, Sandra: „Testing Task Types in Data-Driven Learning: Benefits and Limitations". In: Katrin Biebighäuser/Marja Zibelius/Torben Schmidt, (Hg.): *Aufgaben 2.0 – Konzepte, Materialien und Methoden für das Fremdsprachenlehren und -lernen mit digitalen Medien*. Tübingen 2012, S. 253–280.

Hu, Adelheid: *Schulischer Fremdsprachenunterricht und migrationsbedingte Mehrsprachigkeit*. Tübingen 2003.

Hufeisen, Britta: „Bilingualität und Mehrsprachigkeit". In: Wolfgang Hallet/Frank Königs (Hg.): *Handbuch Fremdsprachendidaktik*. Seelze-Velber 2010, S. 376–381.

Klann-Delius, Gisela: *Spracherwerb*. Stuttgart/Weimar ²2008.

Klein, Wolfgang: *Zweitsprachenerwerb*. Königstein 1984.

Königs, Frank: „Müssen wir unsere Normvorstellungen ändern? Überlegungen zum Verhältnis von Mehrsprachigkeitsdidaktik und Normen für den Fremdsprachenunterricht". In: Peter Doyé/Franz-Joseph Meißner (Hg.): *Lernerautonomie durch Interkomprehension. Projekte und Perspektiven*. Tübingen 2010, S. 29–42.

Krekeler, Christian (2021): „Korpustraining und datengestütztes Lernen im Wirtschaftsdeutsch-Unterricht". In: Zeitschrift für Interkulturelle Fremdsprachenunterricht 26, 1 (2021), S. 161–195, ▸ https://tujournals.ulb.tu-darmstadt.de/index.php/zif/.

Lippert, Susanne: *Sprachumstellung in billingualen Familien. Zur Dynamik sprachlicher Assimilation bei italienisch-deutschen Familien in Italien*. Münster [u.a.] 2010.

Müller-Karabil, Anika/Harsch, Claudia: „Sprachlernwege geflüchteter Menschen im Vorbereitungsstudium". In: *Fremdsprachen und Hochschule* 94 (2019), S. 31–61.

Pienemann, Manfred: *Language Processing and Second Language Development: Processability Theory*. Amsterdam/Philadelphia 1999.

Pienemann, Manfred/Keßler, Jörg-U. (Hg.): *Studying Processability Theory. An Introductory Textbook*. Amsterdam [u.a.] 2011.

Roll, Heike/Schramm, Karen (Hg.): *Alphabetisierung in der Zweitsprache Deutsch. OBST: Osnabrücker Beiträge zur Sprachtheorie 77*. Duisburg 2010.

Romaine, Suzanne: *Bilingualism*. Oxford [u. a.] ²1997.

Rösler, Dietmar: „Lehr- und Lernkontexte des Deutschen als Fremdsprache". In: Claus Altmayer u.a. (Hg.): *Handbuch Deutsch als Fremd- und Zweitsprache*. Heidelberg 2021, S. 25–37.

Rösler, Dietmar/Zeyer, Tamara: „'The good learner revisited' – selbstbestimmte Medienverwendung beim erfolgreichen Deutscherwerb studieninteressierter Geflüchteter". In: Maria Eisenmann/ Jeanine Steinbock (Hg.): *Sprachen, Kulturen, Identitäten: Umbrüche durch Digitalisierung?* Baltmannsweiler 2020, S. 283–294.

Schramm, Karen: „Forschungsansätze zur Didaktik/Methodik des Deutschen als Fremd- und Zweitsprache". In: Claus Altmayer u.a. (Hg.): *Handbuch Deutsch als Fremd- und Zweitsprache*. Heidelberg 2021, S. 215–232.

Settinieri, Julia u.a.: *Empirische Forschungsmethoden für Deutsch als Fremd- und Zweitsprache. Eine Einführung*. Paderborn 2014.

Skiba, Romuald/Dittmar, Norbert: „Pragmatic, semantic, and syntactic constraints and grammaticalization. A longitudinal perspective". In: *Studies in Second Language Acquisition* 14 (1992), S. 323–349.

Szagun, Gisela: *Sprachentwicklung beim Kind: ein Lehrbuch*. Weinheim [4]2011.

Thielmann, Winfried: „Mozart für Anfänger? Zum Verhältnis von Sprachdidaktik, Spracherwerbsforschung und Gemeinsamem Europäischen Referenzrahmen". In: *InfoDaF* 48,6 (2021), S. 648–670.

Tracy, Rosemary: *Wie Kinder sprechen lernen. Und wie wir sie dabei unterstützen können*. Tübingen 2007.

Wandruszka, Mario: *Die Mehrsprachigkeit des Menschen*. München 1979.

Würffel, Nicola: „Lehr- und Lernmedien". In: Claus Altmayer u.a. (Hg.): *Handbuch Deutsch als Fremd- und Zweitsprache*. Heidelberg 2021, S. 282–300.

Texte, Lehrwerke, Medien

Inhaltsverzeichnis

D. Rösler, *Deutsch als Fremdsprache*,
https://doi.org/10.1007/978-3-476-05863-8_3

Lernende können aus unterschiedlichen **Quellen zielsprachlichen Input** aufnehmen, aus **direkten Gesprächen** mit Muttersprachlern oder anderen Lernenden, **medial vermittelt** durch die Lektüre von Büchern, Zeitungen oder Seiten im Internet oder durch das Hören und Sehen von Monologen oder Gesprächen in Radio, Podcasts, Film und Fernsehen.

Beim **ungesteuerten Lernen** ist dieser Input sprachlich zumeist nicht in besonderer Weise auf den Sprachstand der Lernenden zugeschnitten. Zwar wird mancher Sprecher der Zielsprache im direkten Gespräch mit einem Lernenden vielleicht langsamer reden oder bewusst einen einfachen Wortschatz verwenden, aber insgesamt ist der Input eher der, der für die jeweilige Kommunikationssituation oder die rezipierte Textsorte angemessen ist. Ganz anders sieht die Situation beim **gesteuerten Lernen** aus: Je nach Sprachstand der Lernenden können die Texte sich sehr weitgehend von dem Input unterscheiden, der für eine Kommunikationssituation oder eine bestimmte Textsorte eigentlich angemessen wäre.

▶ Abschn. 3.1 wird sich mit der Frage beschäftigen, mit welchen Texten Lernende im Unterricht konfrontiert werden und welche Auswirkungen das auf das Lernen hat. In ▶ Abschn. 3.2 verengt sich der Blick. Behandelt wird eine besondere Form des Input, der entweder direkt für den Zweck Fremdsprachenlernen produziert worden oder aus vorgefundenen Materialien unter didaktischen Gesichtspunkten ausgewählt und ggf. adaptiert worden ist. Diese Art von didaktischem Input ist im gesteuerten Fremdsprachenlernen außerhalb des zielsprachigen Raums zumeist der wichtigste, manchmal sogar fast der einzige. Die Rede ist von **Lehrmaterial** bzw. vom **Lehrwerk**. Im alltäglichen Sprachgebrauch gehen diese beiden Begriffe manchmal durcheinander, es ist jedoch sinnvoll, eine Unterscheidung zu treffen. ▶ Abschn. 3.4. befasst sich mit der wissenschaftlichen Auseinandersetzung mit Lehrmaterialien, mit der Lehrmaterialanalyse.

Ab ▶ Abschn. 3.5. geht es danach um die Frage, inwieweit durch das Aufkommen der digitalen Medien der sprachliche Input, besonders für das Fremdsprachenlernen außerhalb des deutschsprachigen Raums, sich ändert und gegebenenfalls dazu führt, dass weitaus umfassender als bisher möglich auch ungesteuerte Lernweisen in den klassischen Fremdsprachenunterricht vordringen und diesen dadurch nicht nur motivierender sondern auch effizienter machen.

3.1 Welche Texte brauchen die Lernenden?

Wer eine Fremdsprache lernt, wird im Laufe des Lernprozesses mit einer Vielfalt von Texten konfrontiert. Wie in den schon von ihnen beherrschten Sprachen werden Lernende nach individuellen Vorlieben Zeitungen, Bücher oder Blogs im Netz lesen, Radio oder Podcasts hören, Filme und Videos anschauen und fernsehen, Kurznachrichten, Briefe oder Mails schreiben, wissenschaftliche Texte verfassen und mit anderen Menschen reden. Und sie werden aufgefordert werden, als Teil des Lernprozesses selbst Texte zu produzieren. Sie werden aber darüber hinaus auch, und manchmal, vor allen Dingen im Anfängerbereich, sogar überwiegend, mit Texten konfrontiert, die speziell für ihren Lernprozess produziert worden sind und sich in Lehrwerken befinden.

Dabei handelt es sich nicht um unbekannte Textsorten. Auch im Lehrwerk werden die Lernenden Zeitungsausschnitte oder Dialoge finden, Sprachlernfilme sehen, aufgefordert werden, einen Brief oder einen Lebenslauf zu schreiben usw. Sie werden also auf Textsorten treffen, die sie bereits kennen. Diese Texte sind nun aber so produziert worden, dass sie – aus der Sicht der Verfasser – besonders gut zu Lernenden auf einem bestimmten Sprachstand passen. Durch diese didaktische Anpassung weichen die Texte im Lehrwerk von den vergleichbaren Texten außerhalb des Lehrwerks ab, manchmal sehr stark, manchmal weniger stark.

3.1.1 Medial und konzeptionell schriftliche und mündliche Texte

Wann ist ein Text ein mündlicher Text, wann ein schriftlicher? Die einfache Antwort lautet: Das hört man doch bzw. das sieht man doch! Richtig, aber: Wer einen Text aus einer Zeitung am Frühstückstisch vorliest, spricht. Der Text, der vorgelesen wird, ist ein geschriebener Text. Es scheint also sinnvoll zu sein, sich neben der Unterscheidung von Produktion und Rezeption auf der medialen Ebene noch Gedanken darüber zu machen, welche Eigenschaften die Texte haben, die produziert und rezipiert werden.

Zur Vertiefung

Textbegriff

In der Linguistik und in der Alltagssprache gibt es unterschiedliche Vorstellungen davon, was ein Text ist. Es gibt eine Vorstellung, die sich hauptsächlich auf Geschriebenes bezieht, und eine Vorstellung von Text, die geschriebene und gesprochene Gegenstände umfasst.

Mehr als eine Ansammlung von Sätzen: In beiden Fällen ist ein Text offensichtlich mehr als eine beliebige Sammlung von Sätzen: Man erwartet, dass diese Sätze etwas miteinander zu tun haben. Der lateinische Ursprung des Worts ‚Text' deutet schon daraufhin: Die Elemente eines Textes stehen nicht einfach nebeneinander, sie sind verwoben. Bestimmte sprachliche Elemente stellen Verbindungen zwischen den Sätzen her, Pronomen weisen z. B. im Text auf einen bestimmten Gegenstand oder eine bestimmte Person zurück, Konjunktionen verknüpfen einzelne Teilsätze miteinander. Zu unserer Vorstellung von einem Text gehört außerdem nicht nur, dass die Sätze miteinander verknüpft sind, sondern auch, dass sie einen gewissen thematischen Zusammenhang haben. Und schließlich hat ein Text auch eine bestimmte kommunikative Funktion.

3

Textsorten: Mit dieser allgemeinen Bestimmung des Begriffes ‚Text' ist die linguistische Arbeit aber noch nicht getan: Die vielen verschiedenen Texte, die es gibt, müssen noch sortiert werden nach sogenannten Textsorten oder Texttypen. Das klingt zunächst relativ einfach. Leser und Leserinnen haben intuitive Vorstellungen von Textsorten: Sie kennen Werbeanzeigen in Zeitungen, Berichterstattungen von Fußballreportern im Radio, eine wissenschaftliche Arbeit, die sie an der Universität geschrieben haben usw. Auch haben sie keine Schwierigkeiten, eine Anzeige von einer wissenschaftlichen Hausarbeit zu unterscheiden. Aber wenn diese Leser und Leserinnen aufschreiben müssten, was genau die Merkmale sind, die eine Werbeanzeige ausmachen, würden sie schnell ins Nachdenken geraten. Und falls sie in einer Gruppe darüber diskutierten, würden sie relativ schnell eine kontroverse Diskussion darüber führen, welche Kriterien unbedingt erfüllt sein müssen und welche nicht. Textsorten nach linguistischen Kriterien zu bestimmen, ist also keinesfalls eine triviale Angelegenheit. Und da es zur Kompetenz von Schreiberinnen und Schreibern gehört, dass sie mit Konventionen für Textsorten spielen können, gehört auch das Spielen mit und Überschreiten von Normgrenzen immer mit dazu. Diese linguistische Diskussion kann hier nicht weiter ausgeführt werden, eine gut lesbare Einführung in die Textsortendiskussion findet sich z. B. bei Fandrych/Thurmair (2011).

In der Sprachwissenschaft unterscheidet man nicht nur zwischen mündlichen und schriftlichen Texten, sondern trifft eine genauere Unterscheidung zwischen medialer und konzeptioneller Schriftlichkeit bzw. Mündlichkeit.

Definition

Medial schriftlich ist ein Text, wenn er in gedruckter Form vorkommt, egal ob in einem Buch oder im Internet.
Medial mündlich ist ein Text, wenn er akustisch realisiert wird. Dabei ist es egal, ob die Schallwellen digital über einen Podcast transportiert werden oder aus dem Radio oder von einer CD kommen, in einem Film von sich bewegenden Bildern begleitet werden oder ob sie von einer Person stammen, die im gleichen Raum steht.

Wenn man ‚mündlich' und ‚schriftlich' nur auf die mediale Ebene bezieht, dann gehören sehr unterschiedliche Texte in die gleiche Kategorie. Ein vorgelesener Vortrag auf einer Konferenz, der genauso abgedruckt in einem Buch erscheinen könnte, ist dann ebenso ein mündlicher Text wie ein Gespräch unter Freunden in einem Café. Eine Mitteilung in WhatsApp, die voller Tippfehler steckt und vielleicht in abgebrochenen Sätzen realisiert wird, ist dann ebenso ein geschriebener Text wie der gedruckte Vortrag. Das ist offensichtlich unter dem Gesichtspunkt der Klassifikation von Texten nicht besonders befriedigend.

In der Sprachwissenschaft wird deshalb eine Unterscheidung von **medialer und konzeptioneller Mündlichkeit bzw. Schriftlichkeit** vorgenommen, die auf die Analyse von Nähe und Distanz Bezug nimmt. Der vorgelesene druckreife Vortrag ist konzeptionell schriftlich, auch wenn er medial mündlich realisiert ist. Ein schnell geschriebener Brief an eine Freundin ist medial schriftlich, aber er kann konzeptionell durchaus Eigenschaften enthalten, die man eigentlich eher dem mündlichen Kommunizieren zuordnen würde. Und der schnell getippte WhatsApp-Beitrag ist zwar schriftlich realisiert, hat aber viele Eigenschaften, die einer normalen informellen Unterhaltung ähnlich sind, er ist also in den meisten Fällen eher konzeptionell mündlich.

Definition

Konzeptionell mündliche Texte werden in Kommunikationssituationen produziert, die durch **Nähe** charakterisiert sind. Sie sind eher dialogisch. Da die an der Kommunikationssituation beteiligten Personen sich vertraut sind, müssen bestimmte Dinge nicht explizit gemacht werden.

Konzeptionell schriftliche Texte werden in Kommunikationssituationen produziert, die durch **Distanz** charakterisiert sind. Bei diesen Texten müssen die Sprecher oder Schreiber einen größeren sprachlichen Aufwand leisten, die Texte sind zumeist komplexer und auch kompakter als konzeptionell mündliche Texte.

Diese Unterscheidung ist in der Linguistik von Koch und Oesterreicher (1994) eingeführt worden, sie hat in der fremdsprachendidaktischen Diskussion lange kaum eine Rolle gespielt. Dieses fehlende Bewusstsein ist vielleicht ein Grund dafür, dass es häufig im Lehrmaterial nicht zu einer ausreichenden Differenzierung von Textsorten kommt.

In Lehrwerken finden sich gelegentlich gedruckte Texte, die aussehen wie mündliche Texte, weil sie wie in einem Drama das Sprechen von Menschen in Dialogen wiedergeben. Oft haben Leser dabei ein gewisses Unbehagen: Irgendwie klingt der Text nicht ‚ganz echt‘.

Machen Sie einen Test

Lesen Sie schnell den Text der nachfolgenden Abbildung und geben Sie eine spontane Antwort: Wie ‚echt‘ wirkt dieser Text auf Sie? Was glauben Sie, welches Grammatikphänomen bringt man im Unterricht mit diesem Text in Verbindung?

Als Dialog verkleidete Grammatikpräsentation: Sie werden schnell die Lösung auf die zweite Frage gefunden haben: Relativpronomen und Relativsätze wurden in diesen Text so eingebaut, dass möglichst viele Vorkommen dieses Grammatikphänomens vorhanden sind. Die Funktion solcher Texte in Lehrwerken ist es, ein Grammatikphänomen vorzuführen: Es handelt sich sozusagen um eine Grammatikpräsentation, die als Dialog verkleidet ist. Wenn Sie mit einem Gesprächspartner diese Gesprächssituation durchspielen und Ihren Text mit dem Text der Abbildung vergleichen, würden Sie wahrscheinlich feststellen, dass in dem

3

Lehrwerktext verglichen mit Ihrem Text einiges fehlt und anderes zusätzlich vorhanden ist. Auch wären Sie sich vielleicht ins Wort gefallen, hätten einen Satz nicht zu Ende gebracht, anderen Wortschatz verwendet usw.

Eine Einladung

Herr Hartmann, der gerade von einer Reise zurückgekommen ist, unterhält sich mit seiner Frau.

Herr Hartmann: Ich möchte gern Herrn Weber einladen, der
            ja nächste Woche nach Argentinien fährt.
Frau Hartmann: Wir sollten noch einige Gäste dazu einladen,
            die Herrn Weber kennen
            und mit denen er zusammengearbeitet hat.
Herr Hartmann: Herrn Meier auf jeden Fall, und Fräulein Klein,
            die auch persönlich mit ihm befreundet ist.
Frau Hartmann: Es gibt sicher auch noch andere,
            von denen Herr Weber sich verabschieden möchte.
Herr Hartmann: Da hast du recht. Ich frage ihn,
            wen wir noch einladen sollen.
Frau Hartmann: Und was ist mit Herrn Gonzales? Der ist doch hier.
Herr Hartmann: Herr Gonzales, mit dem Herr Weber in Südamerika
            zusammenarbeiten wird, hat schon zugesagt.

Wie echt ist dieser Dialog? (aus Braun/Nieder/Schmoe 1978, S. 132)

Ein Blick auf die medial mündlichen Texte in Lehrwerken für Deutsch als Fremdsprache zeigt, dass eine Reihe dieser Texte zwar medial mündlich sind, dass sie aber konzeptionell eher schriftlich geprägt sind. Ein Grund dafür kann sein: Die Lernenden sollen von den problematischen Aspekten mündlicher Sprache zunächst ferngehalten werden, weil bestimmte schriftsprachliche Normen bzw. deren Vermittlung zunächst wichtiger sind. Wenn dies eine bewusste Entscheidung für eine bestimmte Phase des Lernprozesses ist, kann das sinnvoll sein (vgl. zur Problematik der Zielnorm ▶ Abschn. 7.1). Wenn es eine unbewusste Standardannahme ist, kann es dazu führen, dass die **Lernenden systematisch von sprachlicher mündlicher Vielfalt ferngehalten werden** und entsprechend große Probleme haben, wenn sie in realer Kommunikation mit der Vielfalt der deutschen Sprache in Berührung kommen. Obwohl die Fremdsprachendidaktik zumindest seit Beginn der audiolingualen Methode (s. ▶ Abschn. 4.3), also seit Mitte des 20. Jahrhunderts, vom Primat der gesprochenen Sprache auszugehen scheint, finden sich also in Lehrwerken zwar viele medial mündliche Texte, mündlich realisiert und auch noch im Lehrbuch abgedruckt, dabei handelt es sich aber keineswegs auch immer um konzeptionell mündliche Texte. Welche mündlichen Texte für das Deutschlernen die richtigen sind, ist nicht allgemein zu sagen. Es hängt von sehr unterschiedlichen Faktoren ab, z. B. vom Lernziel, vom erreichten Sprachniveau oder auch von den an einer Institution herrschenden Normvorstellungen.

In den 2010er Jahren ist das Bewusstsein für das Fehlen von konzeptioneller Mündlichkeit im Lehrmaterial in der Fremdsprachenforschung gestiegen, als Folge dessen ist eine Reihe von Vorschlägen zu deren Integration in den Unterricht entstanden (vgl. als zusammenfassenden Überblick Rösler 2016). So wird, z. B von Liedke (2013), die Arbeit mit Transkripten gefordert, weil in klassischen Lehrwerkdialogen Merkmale der gesprochenen Sprache im Vergleich mit Transkripten nicht genug herausgearbeitet werden oder herausgearbeitet werden können (vgl. Günthner/Wegner/Weidner 2013, S. 131). Hilfreich für die Arbeit mit gesprochener Sprache sind Korpora, die diese dokumentieren. Weidner (2012) benennt einige der Anforderungen, die an Korpora von für den Unterricht geeigneten Gesprächen zu stellen sind: gute Aufnahmequalität, praktikable Länge, gut leserliche Verschriftlichung sowie Lernziel- und Zielgruppenbezug. Auch müsse die Datenbank „neben den reinen Gesprächen also auch Hintergrundinformationen für die Lehrenden zu den in den Gesprächen auftretenden Strukturen liefern" (ebd., S. 39).

3.1.2 Authentische Texte und Lehrbuchsprache

Es gibt in Lehrwerken also Texte, die anders sind als die vergleichbaren Texte einer Textsorte aus dem ‚normalen' Leben. Anders heißt in diesem Fall nicht besser oder schlechter, sondern zunächst nur ‚anders'. Die für die Fremdsprachenforschung interessante Frage lautet: Warum sind sie anders? Wenn man der Meinung ist, dass man nur mit ‚echten' Texten lernen sollte, dann sind diese ‚anderen' Texte minderwertig. Bei der Annahme, dass zumindest auf den unteren Niveaustufen die Lernenden eine Art didaktischen Schutzraum brauchen, ist die Lage komplizierter. Dann lautet die relevante Frage für die Auswahl von Texten nicht ‚Echt oder nicht echt?' sondern: Wie müssen die Texte auf den unteren Niveaustufen aussehen, damit sie den Lernenden helfen, so schnell und so gut wie möglich mit ‚echten' Texten der Zielsprache umzugehen?

Das Beispiel eines Dialogs zur Einführung von Relativpronomen in ▶ Abschn. 3.1.2 stammt aus einer Zeit, als sich die Fremdsprachendidaktiker um die Echtheit von Texten bzw. um die Annäherung an die Echtheit von Texten nicht viele Gedanken gemacht hatten, ihnen ging es hauptsächlich darum, einen bestimmten Grammatikstoff zu präsentieren (s. ▶ Abschn. 4.1).

Gegen derartige als Dialoge oder sonstige Textsorten verkleidete Grammatikpräsentationen regte sich ab Mitte der 1970er Jahre Widerstand. Kritisiert wurde, dass diese Texte in den Lehrwerken zu wenig mit der Art und Weise zu tun haben, wie Menschen tatsächlich miteinander kommunizieren, sie sind eben ‚**Lehrbuchsprache**' – ein Wort, das plötzlich sehr negativ klang. Mit der sogenannten kommunikativen Wende (s. ▶ Abschn. 4.6) wurde daher die Forderung nach ‚authentischen' Texten immer lauter. Was bedeutet authentisch?

Eine radikale Antwort heißt: Authentisch sind Texte, die von Sprechern einer Sprache produziert wurden und die dann in den Unterricht hineingebracht werden. Dadurch, dass sie außerhalb des Unterrichtskontextes produziert worden sind, sind sie sozusagen auf ihre Echtheit beglaubigt worden. Dadurch können sie ein angemessenes Sprachvorbild sein. Die ‚mildere' Variante lautet: Authentizität bezieht sich auf die Beschaffenheit der Texte. Ein Dialog, in dem zwei Leute so miteinander reden, dass möglichst viele Relativsätze vorkommen wie in dem Dialog in ▶ Abschn. 3.1.2. zur Einführung von Relativpronomen, ist kein authentischer Dialog. Aber natürlich können in einem Dialog Relativsätze vorkommen, und es kann sinnvoll sein, in einem Lehrwerk zu einem bestimmten Zeitpunkt einen Dialog einzusetzen, in dem Relativsätze vorkommen.

Die radikale Forderung nach Authentizität läuft Gefahr, wichtige Funktionen von Texten in Lehrwerken zu übersehen. Denn diese müssen eine Reihe von Funktionen erfüllen:

» Neben inhaltlichen Ansprüchen [...] sollen sie auch sprachliche Phänomene in einer Weise sichtbar machen, dass ein ‚Lernen am/mit dem Modell' möglich ist. Die Qualität von Lehrwerkdialogen bemisst sich also danach, ob diese Funktionen erfüllt werden und der Text trotzdem ‚natürlich' wirkt – und dies können konstruierte wie authentische Texte leisten oder sie tun es eben nicht. Unter den Lehrwerkautoren gibt es – genau wie unter den Sprechern – bessere und schlechtere Textproduzenten. (Breindl/Thurmair 2003, S. 90)

Die Diskussion über die Beschaffenheit von Texten, die in Lehrwerken vorkommen können und sollen, kann nicht unabhängig vom Sprachstand der Lernenden geführt werden. **Fortgeschrittene Lernende** können ohne Schwierigkeiten mit authentischen Texten im radikalen Sinne konfrontiert werden. Und auf der Mittelstufe sind den Lernenden viel mehr ‚authentische' Texte zuzumuten, als das oft noch geschieht.

Die entscheidende Frage lautet aber: Was passiert bei den **Anfängern**? Unterstützt man die Lernenden durch Texte, die auf ihren Sprachstand und die jeweiligen sprachlichen Lernziele einer Lektion zugeschnitten sind? Sollen z. B. authentische Texte adaptiert werden oder Texte für das Lehrwerk neu geschrieben werden? Wenn man dies bejaht, dann muss man dafür sorgen, dass die Texte innerhalb dieser Beschränkungen so authentisch (im milderen Sinne) wie möglich bleiben. Wenn man dies verneint, dann steht man vor der großen Herausforderung, ausreichend Texte zu finden, die die Lernenden sprachlich fördern, aber nicht überfordern, und gleichzeitig so beschaffen sind, dass sie für die Lernenden inhaltlich relevant sind.

Jedes Lehrwerk geht offensichtlich davon aus, dass die erste dieser beiden Varianten die richtige ist, dass man den zu vermittelnden Wortschatz, die zu vermittelnde Grammatik usw. Schritt für Schritt aufbauen muss – zumindest seit Ende der 1970er Jahre müssen aber alle Lehrwerkautoren und -autorinnen mit der Herausforderung leben, dass sie die Anforderungen an die Authentizität ihrer Texte nicht außer Acht lassen dürfen.

Alternativen zur Arbeit mit Lehrwerktexten Gerade weil Lehrwerktexte auf den unteren Niveaustufen häufig stark von authentischen Texten abweichen, stehen sie seit den 1970er Jahren in der Kritik. Das führt u. a. dazu, dass es immer wieder Versuche gibt, die Arbeit mit Lehrwerken entweder zu ersetzen oder zu ergänzen durch Texte, die entweder gar nichts mit den Lehrwerken zu tun haben oder die sich thematisch an eine bestimmte Lektion eines Lehrwerks anschließen.

Je weiter sich Unterricht von den Lektionen eines Lehrwerks entfernt, desto wichtiger ist es, dass die Lernenden lernen, mit Texten umzugehen, die sich außerhalb der Progression befinden, die also in größerem Umfang Wortschatz und grammatische Strukturen enthalten, die bisher noch nicht behandelt wurden und zum jeweiligen Zeitpunkt auch nicht Gegenstand des Unterrichts werden sollen. Texte mit vielen Unbekannten können bei den Lernenden Abwehrhaltungen hervorrufen, sie können sich überfordert fühlen. Deshalb ist es wichtig, in der Verstehensdidaktik (s. ▶ Abschn. 6.2) Aufgaben und Strategien zu entwickeln, die den Lernenden zeigen, dass gesprochene und geschriebene Texte durchaus zu verstehen sind, auch wenn sie nicht alle Einzelheiten verstehen, und dass sie mit dem, was an Informationen aus diesen Texten zu gewinnen ist, durchaus weiterarbeiten und eigene gesprochene und geschriebene Texte produzieren können. Dieser Herausforderung hat sich die Didaktik der rezeptiven Fertigkeiten seit den 1980er Jahren in umfassender Weise gestellt und eine Vielzahl von Aufgabenstellungen entwickelt.

3.2 Lehrmaterial

In diesem Kapitel erfolgt zunächst eine relativ trockene Bestandsaufnahme: Woraus besteht ein Lehrwerk, was muss man über seinen inneren Aufbau wissen (▶ Abschn. 3.2.1 und 3.2.2). Danach folgen die didaktisch interessanteren Fragen:

- Wie zielgruppenbezogen sind Lehrwerke?
- Wie zielgruppenbezogen können sie sein (▶ Abschn. 3.2.3)?
- Welche Funktion haben Lehrwerke für das Sprachenlernen, welche könnten sie haben (▶ Abschn. 3.2.4)?
- Wie haben sich die Lehrwerke für Deutsch als Fremdsprache historisch entwickelt (▶ Abschn. 3.2.5)?

Definition

Der Begriff **Lehrmaterial** bezieht sich auf Material zu bestimmten Themen oder sprachlichen Phänomenen, das unter didaktischen Gesichtspunkten produziert, ausgewählt oder adaptiert worden ist; das Material kann als gedrucktes Material oder als Ton- oder Bildaufzeichnung existieren, analog oder digital. Der Begriff kann sich auf einzelne Materialien oder auf Sammlungen von Material beziehen.

Ein **Lehrwerk** sollte den Anspruch erheben, den Lernprozess für einen bestimmten Zeitraum zu begleiten oder zu steuern und die Vielfalt der sprachlichen und kulturellen Phänomene der Zielsprache zu behandeln und unter didaktischen Gesichtspunkten miteinander in Beziehung zu bringen. Ein Lehrwerk besteht normalerweise aus verschiedenen Komponenten, es bezieht sich auf einen bestimmten zu erreichenden Sprachstand und bestimmte Zielgruppen.

3.2.1 Bestandteile eines Lehrwerks

Das Leitprodukt eines Lehrwerks ist das **Kursbuch**, auch **Lernerbuch** oder **Schülerbuch** genannt, in dem

— zumeist alle neu zu lernenden sprachlichen und kulturellen Phänomene eingeführt werden,
— eine gewisse Vielfalt von Textsorten und visuellem Material vorhanden ist und
— versucht wird, die Lernenden und Lehrenden durch den Lernprozess zu führen und damit auch an das Lehrwerk zu binden.

Ein Blick in die Geschichte der Lehrwerkentwicklung zeigt, wie weitgehend inzwischen, verglichen mit den früheren, meist sehr textlastigen Lehrwerken, **Farben und Bilder** in der Gestaltung von Lehrwerken für Deutsch als Fremdsprache eingesetzt werden.

Aufgabe: Vergleich von Lehrwerken (I)
Gehen Sie in die Bibliothek und schauen Sie sich einige Lehrwerke für Deutsch als Fremdsprache für Anfänger an. Wenn vorhanden, nehmen Sie auch ältere und sehr alte Lehrwerke wie *Deutsche Sprachlehre für Ausländer, Deutsch als Fremdsprache, Deutsch aktiv* oder *Sprachbrücke* in die Hand. Vergleichen Sie: Wie hat sich das Verhältnis von gedrucktem Material und Bildern entwickelt, welche Rolle spielen Farben? Können Sie erkennen, welche didaktischen Funktionen die Farben und Bilder haben, oder glauben Sie, dass sie hauptsächlich auflockernd sein sollen und/oder eine schmückende Funktion haben?

Im 20. Jahrhundert beschrieben die Lehrwerke das **Sprachniveau,** das sie erreichen wollten, durch Begriffe wie ,Anfänger', oder ,Mittelstufe'. Seit Einführung des Europäischen Referenzrahmens zu Beginn des 21. Jahrhunderts hat sich eine europaweit einheitliche und auch im Rest der Welt gebräuchliche Sechsteilung durchgesetzt: mit sechs Niveaustufen – A1, A2, B1, B2, C1 und C2 – sollen die Niveaus vom Anfänger zum weit fortgeschrittenen Lernenden möglichst präzise beschrieben werden. Der **Europäische Referenzrahmen** wird in ▶ Kap. 13 ausführlich in seinen Vor- und Nachteilen diskutiert.

Zu fast jedem Lehrwerk gehört auch ein Arbeitsbuch, das unterschiedliche Funktionen haben kann, zumeist aber den Aufbau des Kursbuches nachvollzieht und Raum zum **Üben** bereitstellt. Traditionellerweise sind Arbeitsbücher nicht der Ort, an dem neue Strukturen, neuer Wortschatz usw. eingeführt wird, hier wird das im Kursbuch Eingeführte geübt und vertieft. Ab und an gibt es Lehrwerke, die versuchen, Kursbuch und Arbeitsbuch in einem Band zu kombinieren. In diesen Fällen wird aus den üblichen zwei oder drei Bänden Kursbuch und Arbeitsbuch, die meistens das Deutschlernen eines Anfängers bis zur Erreichung des Niveaus B1 abdecken, ein vier-, fünf- oder sechsbändiges Lehrwerk.

Sehr unterschiedlich gestaltet sind die Lehrerhandreichungen, manchmal **Lehrerhandbuch**, manchmal **Lehrerheft** genannt. Sie reichen von dünnen Büchlein, die nicht viel mehr sind als kommentierte **Lösungsschlüssel,** bis hin zu umfangreichen Büchern, die das Wort ,Handbuch' verdienen und die ausführlich in die Arbeit mit dem Lehrwerk einführen. Nur selten findet man Lehrerhandbücher, in denen das Lehrwerk selbst verkleinert abgebildet ist, wodurch mit Pfeilen etc. direkt auf das Material referiert werden kann.

Das Problem von Lehrerhandbüchern ist, dass es eigentlich zwei sehr unterschiedliche Varianten von Lehrerhandbüchern geben müsste:

— Für Lehrende, die neu mit einem bestimmten Lehrwerk unterrichten oder gerade mit dem Unterrichten anfangen, muss ein Lehrerhandbuch eine **schrittweise Führung durch das Lehrwerk** sein, die zusätzliche Informationen gibt, Lösungen liefert, die Didaktik kleinschrittig erklärt usw.

— Für Lehrende, die schon länger mit einem bestimmten Lehrwerk arbeiten, sind Lehrerhandbücher hingegen eher interessant, wenn sie ihnen **Alternativen** zur Arbeitsroutine, evtl. Kopiervorlagen, Projektvorschläge usw. liefern.

Das klassische Lehrerhandbuch hat diese beiden unterschiedlichen Anforderungsprofile nicht abdecken können, und es stellt sich die Frage, ob im Kontext der Digitalisierung Lehrerhandbücher nicht nur digital vertrieben werden können, sondern ob es möglich sein wird, **Lehrerhandbücher als Datenbanken** zu denken, in denen dann die unterschiedlichen Bedürfnisse von Lehrenden unterschiedlich bedient werden können.

Regelmäßig zu einem Lehrwerk gehören **Tondokumente,** klassisch als Kassetten oder CDs, inzwischen eher als herunterladbare Dateien und online zur Verfügung gestellte Materialien.

Digital verbreitet wird auch Zusatzmaterial (vgl. 3.2.6), das sich auf ein bestimmtes Lehrwerk bezieht. Über die Jahrzehnte hinweg sind die Lehrwerke immer umfangreicher geworden, so dass Lehrkräfte, die ja deswegen nicht zusätzliche Zeit für den Unterricht bekommen haben, immer stärker Auswahlen aus dem Angebot treffen müssen. Überraschend ist, dass die überwiegende Mehrzahl von Lehrwerken von einem gedruckten Lehrwerk als **Leitmedium** ausgeht; Lehrwerke, die über Videofilme Sprache und Kultur einführen, sind eher in der Minderheit.

3.2.2 Aufbau des Lehrwerks

Wenn Lehrwerke mehr sein wollen als eine Sammlung von Lehrmaterial, dann müssen sie einen inneren Aufbau haben, der den Lernenden den Erwerb erleichtert. Dazu gehört, dass Wortschatz, Grammatik, Aussprache, Landeskunde, Textsorten, Redeintensionen usw. nicht einfach nebeneinanderstehen, sondern in einer ästhetisch interessanten, unterhaltsamen und doch lehrreichen Weise aufeinander bezogen werden. Dies geschieht u. a. dadurch, dass das Lehrwerk in Lektionen aufgeteilt wird, die nach einem bestimmten Gesichtspunkt wie Handlungsort oder Thema ein Profil bekommen.

Innerhalb der Lektion muss dann möglichst eine didaktisch sinnvolle Verbindung zwischen den verschiedenen Teilen der Lektion, oft **Bausteine** genannt, hergestellt werden. Dabei die richtige Balance hinzubekommen, ist schwierig: Wenn ein Lehrwerk nur aus einer Sammlung mehr oder weniger unverbundener Texte mit angehängten Fragen besteht, ist es eigentlich überflüssig: Die meisten

Lehrenden werden schnell besser geeignet und aktuellere Texte für ihre Lernenden finden. Das Lehrwerk muss also durch originelle Übungen und Aufgaben (s. ▶ Abschn. 5.2.1), eine Textsorten- und Übungsvielfalt und einen Bezug der Teile aufeinander überzeugen, aber diese Bezüge dürfen sich nicht verselbständigen: Eine Fortsetzungsgeschichte z. B. über viele Lektionen hinweg mag in einem Intensivkurs eine interessante Bereicherung darstellen. Wird das Lehrwerk hingegen in einem Kurs eingesetzt, der sich zweimal pro Woche trifft, ‚zieht sich' diese Fortsetzungsgeschichte und kann demotivierend wirken.

Die Lektionen eines Lehrwerks können **unterschiedlich lang** sein. Viele kurze Lektionen haben unter Motivationsgesichtspunkten den Vorteil, dass die Lernenden das Gefühl haben, schnell voranzukommen. Längere Lektionen hingegen sind eher in der Lage, die zu bestimmten Themen neu einzuführenden Wörter und Informationen, neue Grammatikphänomene, neue Redemittel oder Aussprachephänomene aufeinander zu beziehen und in einer Vielfalt von Textsorten zu präsentieren und mit angemessenen Übungen und Aufgaben zu versehen. Die **Anzahl der Lektionen** in einem Lehrwerk sagt also noch nichts über dessen Umfang aus.

Progression Zu den Grundentscheidungen über den Aufbau eines Lehrwerks gehört die Entscheidung über die Progression. Hat das Lehrwerk eine **steile Progression**, dann wird innerhalb eines gegebenen Zeitraums sehr viel neues Material eingeführt. Hat es eine sogenannte **flache Progression**, dann werden die neu einzuführenden Elemente über einen längeren Zeitraum gestreckt, das Lehrwerk selbst bietet dann mehr Platz zum Üben.

Wer ein Lehrwerk für den Unterricht auswählt, muss sich überlegen, ob für seine Lernenden eine steile oder flache Progression angemessen ist. Eine steile Progression verschreckt vielleicht manche Lernende, eine flache unterfordert andere. Ein Lehrwerk mit einer steilen Progression muss im Unterricht begleitet werden durch zeitliche Freiräume und Materialien, in und mit denen die Lernenden selbständig üben können. Ein klassischer Ort für den Einsatz eines Lehrwerks mit einer steilen Progression ist z. B. ein **universitärer Deutschkurs**, bei dem im ersten Studienjahr Lernende ohne Vorkenntnisse die deutsche Sprache so intensiv lernen müssen, dass sie ab dem zweiten Studienjahr mit anderen Studierenden, die Deutsch schon in der Schule gelernt haben, gemeinsam studieren können. Der Einsatz eines Lehrwerks mit flacher Progression ist z. B. sinnvoll bei einer Gruppe, deren Teilnehmer eher **lernungeübt** ist.

Eine andere Bedeutung von Progression bezieht sich auf die Reihenfolge, in der Phänomene eingeführt werden. Dieser Progressionsbegriff ist vor allem bei der Frage der Einführung von grammatischen Phänomenen von Bedeutung. Kaum jemand wird bezweifeln, dass man den Indikativ Präsens einführt, bevor man den Konjunktiv II behandelt. Aber bei anderen Phänomenen ist die Frage der Reihung gar nicht so eindeutig zu beantworten. Sollte ein Lehrwerk erst das Präteritum oder erst das Perfekt einführen? Für beides gibt es gute Gründe. Die unterschiedlichen Faktoren, die bei der Festlegung der Reihenfolge eine Rolle spielen, werden in ▶ Abschn. 8.6.3 ausführlich behandelt.

In den 1970er und 1980er Jahren kam die Forderung auf, man müsse im Fremdsprachenunterricht einer kommunikativen und nicht einer grammatischen Progression folgen (s. ▸ Abschn. 4.6). Während sich der Begriff ‚**grammatische Progression**‘ tatsächlich auf mögliche Reihenfolgen bezieht, ist der Begriff ‚**kommunikative Progression**‘ eher metaphorisch zu verstehen. Gemeint war mit dieser Forderung, dass der Fremdsprachenunterricht und die Gestaltung des Lehrmaterials sich nicht vorrangig auf die Grammatikvermittlung konzentrieren dürfen, sondern dass die Grammatik eine dienende Funktion für das eigentliche Ziel, die Kommunikationsfähigkeit, habe.

Eine kommunikative Progression im engeren Sinne der Art, der Sprechakt X ist einfacher oder leichter als der Sprechakt Y, hat sich hingegen nicht entwickelt und ist wohl auch nicht sinnvoll: Welche Sprechakte man realisieren möchte, hat schließlich vor allem damit zu tun, dass man etwas zu sagen hat.

3.2.3 Wie zielgruppenbezogen sind die Lehrwerke?

Lehrwerke werden unterteilt nach den Zielgruppen, auf die sie sich beziehen.

Fast immer vorhanden ist eine Angabe zum **Sprachstand**. Seit Einführung des Europäischen Referenzrahmens sind die Niveaustufen die entscheidenden Angaben, grob unterteilt findet man Lehrwerke,

- die den Anfängerbereich abdecken, also von A1 über A2 bis zu B1 führen, und
- Lehrwerke, die die Niveaustufen B2 und C1 abdecken.

Diese Unterscheidung entspricht der Unterscheidung in **Anfängerlehrwerke** und Lehrwerke für die **Mittelstufe** und **Fortgeschrittene**, die vor Einführung des Referenzrahmens üblich war. Eine weitere Unterscheidung der Zielgruppen findet sich im Hinblick auf das **Alter** der Lernenden (s. ▸ Abschn. 1.1.5), wobei eigentlich nur die drei großen Gruppen Kinder, Jugendliche und Erwachsene verwendet werden. Außerdem gibt es eher **fachsprachen- und berufsbezogene** und allgemeinsprachliche Lehrwerke und selten Lehrwerke, die einen sehr speziellen Fokus haben, wie z. B. die Lehrwerke für die Förderung der Lesefertigkeit für Fachwissenschaftler (vgl. dazu ausführlicher ▸ Abschn. 12.2).

Einsprachige und kontrastive Lehrwerke Unterschieden werden können Lehrwerke auch danach, ob es sich um einsprachige Lehrwerke oder kontrastive Lehrwerke handelt, wobei bei der Charakterisierung durch das Attribut ‚kontrastiv‘ eine große Bandbreite von Realisierungen möglich ist. Zu unterscheiden ist zwischen Lehrwerken, die tatsächlich aus der **kontrastiven Analyse der Ausgangs- und der Zielsprache** das Material aufbauen und sich im Vorgehen an die Sprachlernerfahrungen der Lernenden in einem bestimmten Land anpassen, und Lehrwerken, die eher **Adaptionen von einsprachigen Lehrwerken** sind, die z. B. in der Instruktions- und Beschreibungssprache die Sprache der Lernenden aufnehmen.

Lehrwerke für Deutsch als Fremdsprache werden häufig im deutschsprachigen Raum hergestellt und sind komplett einsprachig. Dies kann positiv gesehen werden, wenn die didaktische Annahme besteht, dass der Unterrichtsprozess ohnehin immer einsprachig verlaufen sollte. Kritisch ist aber anzumerken, dass ein einsprachiges Lehrwerk weder auf die sprachlichen und kulturellen Kenntnisse der Lernenden noch intensiver auf die bisher gemachten Sprachlernerfahrungen eingehen kann (s. ▶ Kap. 11). Lediglich die Tatsache, dass in den allermeisten Fällen Deutschlernende inzwischen Deutsch als zweite, dritte oder vierte Fremdsprache nach der ersten Fremdsprache Englisch lernen, ist in die Gestaltung mancher Lehrwerke eingegangen.

Wenn dieses fehlende Eingehen auf die Kulturen und Lerngewohnheiten der Lernenden als Defizit gesehen wird, bietet es sich als Kompensation an, diese einsprachigen Lehrwerke genauer auf die Lernenden zuzuschneiden. Adaptionen von Lehrwerken können auf sehr unterschiedlichen Ebenen liegen; die Unterschiede reichen von einer Art verkaufsförderndem Feigenblatt, das das Lehrwerk im Prinzip unverändert lässt, aber Instruktionen in die Ausgangsprachen übersetzt, bis hin zu tatsächlichen Versuchen, durch regionale Arbeitsbücher auf die Sprache und Kultur der Lernenden einzugehen (als Überblick über Regionalisierungsversuche und Möglichkeiten der Adaption vgl. Rösler 1992).

Grenzen des Zielgruppenbezugs Generell ist der Zielgruppenbezug der Lehrwerke relativ schwach ausgeprägt: Immer findet man einen bestimmten Sprachstand, der angestrebt wird, und fast immer auch eine Altersangabe, wobei vor allem die Vorstellungen von dem, was ein Lehrwerk für Jugendliche oder junge Erwachsene ausmacht, stark differieren können. Weitergehenden Zielgruppenbezug findet man selten. Warum ist das so?

Lehrwerke sind **kommerzielle Produkte,** sie sollen aus der Perspektive der Verlage natürlich möglichst oft verkauft werden. Lernergruppen sind konkrete Ansammlungen von Individuen, die am besten ein Lehrwerk hätten, das auf die Bedürfnisse dieser konkreten Gruppe zugeschnitten ist. Auf Grund der Produktionsbedingungen kann es wirklich zielgruppengenaue Lehrwerke nicht geben, individuelle und gruppenspezifische Faktoren, wie die in ▶ Kap. 1 behandelten, können nicht zum deklarierten Zielgruppenbezug von Lehrwerken gehören. Aber auch unterschiedliche Sprachlernerfahrungen und kulturelle Kontrastivität werden in Lehrwerken selten zur Zielgruppendifferenzierung genutzt. Selbst eine so elementare Unterscheidung wie die, ob das Lernen innerhalb oder außerhalb des deutschsprachigen Raums stattfindet, wird in den Lehrwerken nicht immer abgebildet.

Diese Grundspannung im Verhältnis von konkreten Lernenden und zielgruppenungenauen Lehrwerken hat immer wieder dazu geführt, dass alternative Vermittlungskonzepte Lehrwerke generell abgelehnt haben, sie setzen stattdessen darauf, gruppeneigenes Material zu produzieren (s. Abschn. 4.9).

Aufgabe: Vergleich von Lehrwerken (II)
Schauen Sie sich die Lehrwerke, die Sie bei der vorherigen Aufgabe im Hinblick auf Layout, Farben usw. analysiert haben, noch einmal an. Was sagt das Lehrwerk selbst über seine Zielgruppe aus? Können Sie in den Bestandteilen des Lehrwerks

erkennen, warum diese Zielgruppe angegeben ist? Am besten vergleichen Sie
ein paar Lehrwerke, die behaupten, die gleiche Zielgruppe zu bedienen. Was
haben sie gemein? Wodurch unterscheiden sie sich?

3.2.4 Funktion von Lehrmaterial

Wenn Lehrwerke gut gemacht sind, leisten sie etwas, was von der Lehrkraft
vor Ort nur mit großem Aufwand und umfassenden Kenntnissen produzier-
bar ist: Sie präsentieren die auf einer bestimmten Niveaustufe einzuführenden sprachlichen und kulturellen Phänomene so,

- dass sie aufeinander abgestimmt sind,
- dass sie in einer Vielfalt von Textsorten präsentiert sind,
- dass sie mit einem reichhaltigen und abwechslungsreichen Angebot von
  Übungen und Aufgaben vermittelt werden und
- dass sie den Lernenden zum Nachschlagen und Selbstlernen dienen und
  auch nach dem Unterricht verwendet werden können.

Je stärker ein Lehrwerk das Miteinander der Teile in den Griff bekommt,
desto besser ist es, je mehr es sich als Sammlung von vereinzelten Lehrmaterialien entpuppt, desto weniger hilfreich ist es.

Lehrwerke können den Unterricht weitgehend determinieren, das geschieht immer dann, wenn ein Lehrwerk im Unterricht **Schritt für Schritt
abgearbeitet** wird. Dieses schrittweise Abarbeiten gibt den Lehrenden
und Lernenden Sicherheit, gleichzeitig enthält es aber auch eine **komplette Fremdbestimmung** des Lernprozesses. Als Gegenbewegung zur De-
terminierung entstand in den 1980er Jahren das Konzept des Lehrwerks
als Steinbruch, bei dem die Lehrenden nur das Material aus einem Lehrwerk entnehmen, das sie für relevant für ihre Lernenden halten. Das Stein-
bruchkonzept setzt voraus, dass Lehrende souverän die Funktion von Lehrmaterial einschätzen können und dass sie in der Lage sind, ggf. alternativ
Materialien zu sammeln, selbst zu entwerfen oder Material für ihre konkrete
Gruppe von Lernenden zu adaptieren.

Diese Vorgehensweise ist nicht unproblematisch, wenn sie dazu führt,
dass das komplexe Miteinander der Teile, das in einem guten Lehrwerk vorhanden ist, verlorengeht. Eine Lehrkraft, die ohne Lehrwerk arbeitet bzw.
das Lehrwerk nur als Steinbruch benutzt, muss also den Überblick behalten
und souverän alternatives Material heranziehen können. Je intensiver Lehrwerke und Lehrwerkanalyse Teil der Lehreraus- und -fortbildung sind,
desto einfacher wird es sein, Lehrwerke als Steinbrüche zu behandeln. Je
unsicherer Lehrende im Umgang mit dem Lehrwerk sind und je weniger
Zeit sie haben, gute Alternativen selbst zu entwerfen, desto wichtiger ist die
steuernde Funktion des Lehrwerks.

Häufig wird die Meinung vertreten, Lehrwerke brauche man eigentlich nur für den Bereich bis zur Niveaustufe B1, danach könnten doch die individuellen Lernenden und Lernergruppen besser mit für sie gesammeltem authentischen Material arbeiten. Der Erfolg von Mittelstufenlehrwerken auf den Niveaus B2 und C1 wie *em, Ziel, Mittelpunkt* und *Aspekte* zeigt, dass offensichtlich auch in diesem Bereich für die Lernenden das Bedürfnis besteht, etwas zwischen zwei Deckeln schwarz auf weiß nach Hause tragen zu können.

3.2.5 Die sogenannten Lehrwerkgenerationen

In Lehrwerken gerinnen die didaktischen Diskussionen zu Texten und Bildern und sie leben dort auch weiter, wenn sich die didaktischen Diskussionen weiterentwickelt haben. So kann man rückblickend die Entwicklung der Lehrwerke auch als Indizien für die Entwicklung von Methodenkonzeptionen betrachten. Man spricht von vier Lehrwerkgenerationen, die

- der Grammatik-Übersetzungs-Methode,
- der audiolingualen/audiovisuellen Methode,
- dem kommunikativen Ansatz und
- dem interkulturellen Ansatz

folgten. Dies wird ausführlicher in ► Kap. 4 behandelt.

3.2.6 Zusatzmaterial

Lehrkräfte unterrichten und Lernende lernen nicht nur mit Lehrwerken. Beide greifen unterschiedlich häufig und in unterschiedlichen Situationen auch auf andere Materialien zurück, auf die häufig mit dem Begriff ‚Zusatzmaterial' Bezug genommen wird. Mit diesem werden sehr unterschiedliche Materialien zusammengefasst, unterschieden werden kann nach Gesichtspunkten wie

- **Lehrwerkbezug:** Ist das Material auf ein bestimmtes Lehrwerk bezogen oder unabhängig von dem gewählten Lehrwerk benutzbar?
- **Funktion:** Verwendet man es zur Binnendifferenzierung, zur Prüfungsvorbereitung, um Themen oder Textsorten zu behandeln, die im Lehrwerk vernachlässigt wurden?
- **Gegenstand:** Handelt es sich um Material zur Grammatikvermittlung, zur Ausspracheschulung, zur Kulturkunde?
- **Produzent:** Wird es von einem Verlag angeboten, von einer Institution wie dem Goethe-Institut, von individuellen Lehrkräften?
- **Publikationsort:** Ist es öffentlich zugänglich oder befindet es sich in einer Schublade oder auf der Festplatte einer einzelnen Lehrkraft oder in einem Lehrerzimmer?

Es gibt Zusatzmaterial, das authentische Texte im engeren Sinne sammelt, es gibt adaptierte Texte, z. B. die sogenannten leichten Lektüren, mit denen Lernende auch auf den unteren Niveaustufen schon an literarische Texte herangeführt werden sollen, die im Original als für diese Niveaustufe zu schwierig angesehen werden (vgl. zur Kunst der Adaption und den Vor- und Nachteilen der Arbeit mit adaptierten literarischen Texten O'Sullivan/Rösler 2013, S. 59–70). Es gibt Zusatzmaterialien, die zu hundert Prozent mit didaktischer Intention verfasst wurden, wie z. B. die vielen Zusatzmaterialien zur Grammatikvermittlung (vgl. als Überblick über die Vielfalt von Zusatzmaterialien Rösler/Würffel 2020, S. 64–78). Und durch das Internet steht eine Vielzahl von verlagsunabhängigen Texten zur Verfügung, die man lesen, hören und sehen kann, die Lehrkräfte adaptiert oder im Original, mit oder ohne zusätzlich produzierte Aufgaben, in ihren Unterricht einbringen können, und die Lernende je nach ihren Interessen selbst finden, rezipieren und auch produktiv auf sie reagieren können.

3.3 Lehrmaterialanalyse

Als Sie die beiden Aufgaben oben bearbeitet haben, waren Sie lehrmaterialanalytisch tätig: Sie haben sich mit dem Design von Lehrwerken und deren Zielgruppenbezug beschäftigt. Unter dem Begriff ‚Lehrmaterialanalyse' lassen sich also eine ganze Reihe unterschiedlicher Aktivitäten zusammenfassen. Grob unterscheiden kann man zunächst einmal ein rezeptionsanalytisches und ein werkanalytisches Vorgehen.

Definition

Rezeptionsanalytische Lehrmaterialanalyse: In empirischen Untersuchungen wird analysiert, wie Lernende mit bestimmten Lehrwerken, oft mit bestimmten Teilen von Lehrwerken wie z. B. Übungen oder Aufgaben, oder Lehrmaterialien umgehen (vgl. Würffel 2006 oder Zeyer 2018).

Werkanalytische Lehrmaterialanalyse:

- synchron: Die Lehrwerke werden im Hinblick auf bestimmte Kriterien analysiert, z. B. danach, wie sie Grammatik vermitteln, welche Themen sie beinhalten, wie sie das selbständige Lernen fördern, welche Funktion Farben und Bilder haben usw. Die Kriterien für diese Werkanalyse entwickeln sich aus der fachdidaktischen Diskussion zum jeweiligen Analysegegenstand. Die Analyse selbst ist entweder stärker **objektiv-beschreibend** oder **subjektiv-wertend.**
- diachron: Rückblickend wird die Entwicklung der Lehrwerke insgesamt oder bestimmter Teile wie die Entwicklung der Grammatikpräsentation, die Rolle der Phonetik usw. beschrieben.

Die Definition im Kasten suggeriert, dass es sich dabei um zwei gleichberechtigte Vorgehensweisen handelt. Systematisch sind sie natürlich auch gleichberechtigt, de facto ist der überwiegende Teil der lehrmaterialanalytischen Aktivitäten im deutschsprachigen Raum werkanalytisch.

Entwicklung der Lehrmaterialanalyse Für das Fachgebiet Deutsch als Fremdsprache hatte die Lehrmaterialanalyse ihre erste Blütezeit Ende der 1970er Jahre, als vom Auswärtigen Amt in Auftrag gegebene Gutachten über vorhandene DaF-Lehrwerke, ‚Mannheimer Gutachten' genannt (Kommission für Lehrwerke DaF 1978; Engel/Krumm/Wierlacher 1979), erstmals dazu führten, dass über Kriterien für die Analyse von Lehrwerken für Deutsch als Fremdsprache diskutiert wurde und dass Lehrwerke nach diesen Kriterien auch tatsächlich analysiert wurden. 1980 wurde mit dem Kriterienkatalog für die Analyse von Lehrwerken für eine spezielle Zielgruppe, für ausländische Arbeiter (Barkowski u. a. 1980), die Lehrwerkanalyse systematisch vorangetrieben.

Diese beiden großen Lehrmaterialanalyseprojekte für die Bereiche Deutsch als Fremdsprache und Deutsch als Zweitsprache haben größere Kontroversen ausgelöst. Den Mannheimer Gutachten, die wie keine andere lehrmaterialanalytische Unternehmung zuvor darauf bestanden hatten, dass Lehrmaterialien offenlegen sollten, für welche **Zielgruppe** sie gedacht sind, wurde vorgeworfen, ihnen gelinge es selber nicht, die Zielgruppe ihrer Gutachten festzulegen (vgl. die zum Teil sehr heftigen Reaktionen in der Zeitschrift *Zielsprache Deutsch* Heft 2, 1978).

Nach diesen ersten großen Anstrengungen zerfaserte die Lehrmaterialanalyse in Deutschland, sie ist kontinuierlich aktiv durch die Rezensionen von Neuerscheinungen in Fachzeitschriften, sie funktioniert auch durch individuelle Forschungsarbeiten zu ausgewählten Teilfragen (als Beispiele für die Entwicklung seit den Mannheimer Gutachten vgl. so unterschiedliche Arbeiten wie die Beiträge in Neuner 1979; Rösler 1992; die Beiträge in Kast/Neuner 1994; Brill 2005 und Wang 2011), aber eine konzentrierte Bestandsaufnahme, wie sie die Mannheimer Gutachten machten, hat es seither nicht mehr gegeben und kann es aufgrund der Vielfalt der Materialien und der unterschiedlichen Ebenen, auf denen analysiert werden kann, auch nicht mehr geben. Mit Ciepielewska-Kaczmarek/Jentges/Tammenga-Helmantel 2020 liegt eine ausführliche Analyse von polnischen und niederländischen Lehrwerken unter der Fragestellung vor, wie unterschiedliche Landeskunde-Konzeptionen (vgl. ▶ Kap. 9) in Lehrwerken umgesetzt werden.

Kriterienkataloge Erstmalig wurden in den Mannheimer Gutachten mit ihren ausführlichen Kriterienkatalogen die verschiedenen **Dimensionen von Lehrmaterial** angesprochen, so dass es zu einer differenzierten Beurteilung einzelner Materialaspekte kommen konnte – diese Kataloge sind auch als Einstieg verwendbar für jeden, der sich an die Produktion von Material heranwagt und sichergehen will, dass er keine wichtigen Aspekte des Materials vergisst. Gleichzeitig aber bleibt die Zielgruppe, für die gegutachtet wurde, recht vage. Bei der anderen großen Lehrmaterialunternehmung in Deutschland ist mit deutschlernenden ausländischen Arbeitern die Zielgruppe zwar genau angegeben, dafür ist die Zahl der Kriterien auf sieben beschränkt, außerdem wird gewichtet: Alles überragend ist die Frage, inwieweit die Lehrwerke zur Bewältigung des Identitätskonfliktes der ausländischen Arbeiter beitragen.

Diese und andere Kriterienkataloge stehen im **Spannungsfeld von Vollständigkeitsanspruch und leichter Handhabung** einerseits und **engem Zielgruppenbezug und weitgehendem Gültigkeitsanspruch** andererseits. Was für die Lehrmaterialien gilt, gilt also auch für ihre Analytiker: Je zielgruppenbezogener eine lehrmaterialanalytische Aktivität ist, desto genauer, aber auch desto eingeschränkter verwendbar ist sie.

◘ Tab. 3.1 aus Würffel (2021, S. 291) versucht, die Klassifikation von Lehr- und Lernmedien zu systematisieren. Als Organisationsprinzip wählt sie die eingenommene Perspektive: didaktisch, organisatorisch, ökonomisch, ideologisch und auf Werkzeuge blickend. Zu jeder dieser Perspektiven werden dann übergeordnete Aspekte genannt (bei der didaktischen Perspektive zum Beispiel

◘ Tab. 3.1 Klassifikation von Lehr- und Lernmedien aus Würffel (2021, S. 291)

Perspektive	Übergeordneter Aspekt	Untergeordnete Kriterien zur Systematisierung von Lehr- und Lernmedien
Didaktische Perspektive	Zielgruppenspezifik	Alter Lernort Niveaustufen Fachliche Ausrichtung Bezug zur Ausgangssprache und zu anderen Sprachen Bezug zum Zielsprachenland/den Zielsprachenländern Für sich selbst erstellte Lernmedien; für andere erstellte Lehr- und Lernmedien Für Selbstlernende Für individuelles Lernen Für kooperatives Lernen
	Lernziel	Förderung der verschiedenen Kompetenzen
	Grad der Didaktisierung	Gering didaktisiert vs. in hohem Maße didaktisiert
	Form der Adaption	Sprachliche Vereinfachung Lernhilfen (z. B. Hilfen zur Vorentlastung, Differenzierung, Erweiterung, Integration) Steuernde Hilfen Verknüpfung mit einer Methode
	Leitmedium	Leitmedium; zusätzliche, auf das Leitmedium bezogene Lehr- und Lernmedien; zusätzliche, vom Leitmedium unabhängige Lehr- und Lernmedien
	Didaktische Textsorte	Noch zu entwickeln

(Fortsetzung)

3

◻ **Tab. 3.1**   (Fortsetzung)

Perspektive	Übergeordneter Aspekt	Untergeordnete Kriterien zur Systematisierung von Lehr- und Lernmedien
Werkzeugbezogene Perspektive	Medialität	Genutzte Hardware (in einem weiten Sinne) Genutzte Software (in einem weiten Sinne)
	Modalität	Visuell, auditiv, audiovisuell; haptisch; gustatorisch, olfaktorisch
	Kodierung	Gesprochener Text, (kontinuierlicher und diskontinuierlicher) schriftlicher Text, statische/ bewegte Bilder, Zahlen
	Unterstützte Handlung	Kommunikations-, Informations-, Speicher-, Produktions- und/oder Publikationsmedium
	Zeitlichkeit	Prozess- vs. Produktmedium; zeitabhängiges, kontinuierliches vs. zeitunabhängig diskret; synchron vs. asynchron
	Interaktivität (inkl. Manipulierbarkeit)	Steuerungsinteraktivität (hoch bis keine); didaktische Interaktivität (hoch bis keine)
Organisatorische Perspektive	Leitmedium	Leitmedium; zusätzliche, auf das Leitmedium bezogene Lehr- und Lernmedien; zusätzliche, vom Leitmedium unabhängige Lehr- und Lernmedien
Ökonomische Perspektive	Kosten	Kostenpflichtig vs. kostenfrei
	Profit	Finanzieller Gewinn; Marketingmaßnahme; ohne ökonomisches Profitziel
Ideologische Perspektive	(scheinbare) Qualität	Gute versus schlechte Materialien
	(angestrebte) Wirkung	Politische Interessen Gesellschaftliche Interessen

Lernziel und Zielgruppenspezifik), und für die übergeordneten Aspekte untergeordnete Kriterien (so lässt sich die Zielgruppenspezifik unterteilen in Alter, Lernort, fachliche Ausrichtung, Niveaustufen usw.). Eine derartige Systematik hilft, sich bei lehrmaterialanalytischen Aktivitäten klarzumachen, auf welcher Ebene man sich befindet.

3.4 Medien im DaF-Unterricht

Das nächste Kapitel beschäftigt sich mit der seit Ende des 20. Jahrhunderts zunehmenden Bedeutung der digitalen Medien für das Fremdsprachenlernen. Zuerst sollen hier jedoch die Funktion der Medien und der Medieneinsatz vor dem Aufkommen der digitalen Medien behandelt werden.

Definition

Der Begriff **Medien** wird in unterschiedlichen Disziplinen verwendet. Ein Linguist kann unter einem Medium die gesprochene oder geschriebene Substanz, in der Sprache vorkommt, verstehen; durch das Medium wird also die physikalische Vermittlung der Botschaft realisiert. In den Kommunikationswissenschaften befasst man sich überwiegend mit Medien als den Mitteln, mit denen Botschaften an ein Publikum übertragen werden können, also mit den Massenmedien, die dann in Kurzform als Medien bezeichnet werden. In der Fremdsprachendidaktik versteht man unter Medien zumeist die Mittel, mit denen der Erwerb von Wissen und Fertigkeiten unterstützt werden kann. Allerdings ist die Verwendung des Medienbegriffes in verschiedenen Fachpublikationen durchaus sehr unterschiedlich.

Funktionen von Medien im Fremdsprachenunterricht:

- Repräsentation von Sprache und Kultur in Hörtexten, Filmen oder Fernsehsendungen, also Transport von Informationen.
- Mittel, um Formen der Zielsprache zu üben, wie zum Beispiel im Sprachlabor.
- Mittel, mit denen es Lernenden möglich wird, mit anderen Lernenden oder Sprechern der Zielsprache zu kommunizieren.

‚Medien' ist also eigentlich der umfassende Begriff und bezeichnet als solcher alles, womit Inhalte transportiert werden, mit denen das Deutschlernen unterstützt werden kann. Dazu gehören dann Lehrwerke ebenso wie Filme, in das Klassenzimmer gebrachte Zeitungstexte usw. Konsequenterweise müsste man zusammenfassend eigentlich von **Lehr- und Lernmedien** sprechen und Lehrwerke als ein Beispiel für diese betrachten (vgl. dazu genauer Rösler/Würffel 2020, S. 12–15). Im fremdsprachendidaktischen Sprachgebrauch findet man aber eher Ausdrücke wie ‚Lehrwerke und Medien', obwohl zum einen ein gedrucktes Buch ein Medium ist und zum anderen Lehrwerke ja nicht nur aus gedruckten Büchern bestehen, sondern mit Online-Übungen, früher mit Hörkassetten usw. versehen sind. Man muss also in der fremdsprachendidaktischen Diskussion genau aufpassen, worauf mit welchem Begriff referiert wird. Bezieht sich jemand mit Lehrwerk auf das, was oben ‚Kursbuch' genannt wurde? Oder auf das gesamte Paket, das neben dem Kursbuch diverse andere Komponenten enthält, die gedruckt sein können oder auch nicht?

Seit Ende des 20. Jahrhunderts hat sich durch die Digitalisierung der über die Arbeit mit gedruckten Texten hinausgehende Medieneinsatz intensiviert: Sowohl im Hinblick auf die Repräsentation als auch die Kommunikations- und Übungsmöglichkeiten sind quantitative und qualitative Veränderungen in der Praxis des Fremdsprachenunterrichts festzustellen.

Die zunehmende Medialisierung des Fremdsprachenlernens Als zum ersten Mal Schallaufzeichnungsgeräte zur Verfügung standen, die gesprochene Sprache medial vermittelt ins Klassenzimmer transportierten, war das Monopol der Lehrkraft als **Sprachvorbild** gebrochen. Dies hatte Vorteile: Die Stimmen von unterschiedlichen Muttersprachlern, Radio-Berichterstattungen, Aufnahmen von authentischen Kommunikationssituationen und die Vielfalt von regionalen Varietäten konnten ins Klassenzimmer transportiert werden, unterschiedliche Arten von inszenierter gesprochener Sprache konnten eingesetzt werden und die gesprochene Sprache war in gleichbleibender Qualität beliebig oft wiederholbar. Mit der gesprochenen Sprache aus der Konserve ergab sich für die Lehrenden – vor allen Dingen für die nicht-muttersprachlichen Lehrenden – eine Veränderung: Der Sprecher auf der Schallplatte und später auf dem Tonband, der Kassette und der Audiodatei sprach vielleicht besser als sie, authentischer, und konnte daher auch als Bedrohung angesehen werden.

Im nächsten Schritt der Entwicklung wurden nicht nur die Stimmen der authentischen Sprecher der Zielsprache medial transportiert, es wurde auch möglich, dass die Lernenden ihre eigene Sprachproduktion aufnehmen, dass sie sich also selbst als Sprecher der neuen Sprache hören und mit den Sprachvorbildern vergleichen können. Diese Entwicklung führte nach dem Zweiten Weltkrieg zur sogenannten audiolingualen Methode (s. ▶ Abschn. 4.3), bei der mit dem **Sprachlabor** im Fremdsprachenunterricht zum ersten Mal ein großer Technologieschub zu verzeichnen war.

Kurz danach explodierte die Mediennutzung im Kontext der sogenannten audiovisuellen Methode (s. ▶ Abschn. 4.4): Alles, was an – damals noch analogen – Medien zur Verfügung stand, wurde eingesetzt, um den Lernenden die Zielsprache und die Zielkultur näherzubringen: Tonband, Diaprojektor, Fernsehgerät usw. Ein Nachteil dieses analogen Medienverbundes: Die **Lehrenden** waren überlastet, sie hatten einem Drehbuch des Medieneinsatzes zu folgen und fühlten sich manchmal eher als **Medientechniker** als als Lehrende, die individuelle Lernprozesse unterstützen.

Erst mit dem Aufkommen der digitalen Medien wurde es technisch problemlos möglich, verschiedene Modi der Präsentation zu einer **multimodalen Sprachvermittlung** zusammenzuführen, bei der nicht die Gefahr besteht, dass die Hauptaufmerksamkeit auf dem Funktionieren und richtigen Abspielen der Geräte liegt, sondern sich auf die Unterstützung des Lernprozesses konzentrieren kann.

3.5 Fremdsprachenlernen und die digitalen Medien

Durch das Aufkommen der digitalen Medien haben sich für viele Aspekte des Fremdsprachenlernens interessante Möglichkeiten der Weiterentwicklung ergeben. Auf manchen Gebieten hat der Enthusiasmus für die neuen Möglichkeiten auch zu punktuellen didaktischen Rückschritten geführt. Die langfristig spannendste Entwicklung ist: Die traditionell klare Grenze zwischen Steuerung im Fremdsprachenunterricht und natürlichem Erwerb (s. ▶ Abschn. 2.1) ist durchlässiger geworden. Die interessantesten **Innovationen** gibt es dort, wo versucht wird, innerhalb des gesteuerten Fremdsprachenunterrichts so viel natürlichen Erwerb wie möglich zuzulassen und zu fördern, ohne dass das Spezifische der Klassenzimmersituation ignoriert wird. Für das Fremdsprachenlernen in Bildungsinstitutionen bedeutet dies, dass Verlage, Curriculumsmacher und Lehrkräfte überlegen müssen, wie sie mit den durch Sprachassistenzsysteme und die sprachliche Vielfalt im Internet vorhandenen Angebote zum informellen Lernen umgehen.

Die digitalen Medien spielen im Fremdsprachenunterricht auf unterschiedlichen Ebenen eine Rolle:

— Traditionelle Nachschlagewerke wie Wörterbücher sind digital vorhanden, die veränderten Darstellungsmöglichkeiten in diesen digitalen Nachschlagewerken haben Konsequenzen für die Nutzung im Fremdsprachenunterricht (s. ▶ Abschn. 8.5).

— Das Lehrmaterial selbst kann digital zur Verfügung gestellt werden.

— Die digitalen Medien erlauben die Nutzung einer Vielfalt von Kommunikations- und Kooperationsmöglichkeiten.

Die traditionelle Trennung von Lehrmaterial einerseits und Interaktionen im Unterricht andererseits scheint durch die Digitalisierung ein Stück weit aufgehoben zu sein, es entwickeln sich interessante Versuche, das Fremdsprachenlernen stärker durch die Förderung von Interaktion voranzubringen.

3.5.1 Digitales Lehr- und Lernmaterial

Digitales Lehr- und Lernmaterial kann unterschiedlich stark digitalisiert sein (s. ◘ Abb. 3.1):

— **Digitales Material, das Teil eines Lehrwerks ist,** das mit verschiedenen Komponenten arbeitet und bei dem zumeist noch das Print-Lehrwerk das Leitmedium ist.

— **Digitale Lehrwerke,** also digitales Material, das den Anspruch erhebt, den Spracherwerbsprozess auf einer Niveaustufe komplett zu steuern. Das am weitesten fortgeschrittene Material dieses Typs im Bereich Deutsch als Fremdsprache ist DUO (Deutsch Uni-Online ▶ http://www.deutsch-uni.com/), ein tutoriertes Online-Angebot für Deutschlernende (vgl. Roche 2008).

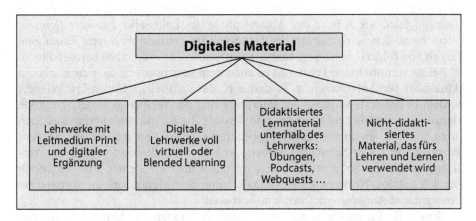

◘ **Abb. 3.1** Digitales Lernmaterial

- **Digitales didaktisch aufbereitetes Material,** das nicht den umfassenden Anspruch der Steuerung des Lernprozesses erhebt wie ein Lehrwerk.
- Und schließlich ist das **Internet** voll von in deutscher Sprache verfassten
Texten, die für andere Zwecke als das Lernen der deutschen Sprache geschrieben wurden, die aber von individuellen Lernenden und/oder von Lernergruppen im Klassenzimmer verwendet werden.

Bei den ersten Versuchen, klassische Lehrwerke digital zu erweitern, entstanden
CDs, auf denen bestimmte Arbeitsblätter oder Übungen vorhanden sind, und
Internet-Materialien, die frei zur Verfügung stehen. Dabei gab es anfangs sehr
unterschiedliche Konzeptionen. So stellte von den beiden ersten großen einsprachigen Lehrwerken, die ein digitales Angebot machten, das Lehrwerk *Moment mal* zu jeder Lektion eine Reihe von Projektaufgaben zur Verfügung,
während das Lehrwerk *Passwort Deutsch* versuchte, zu jedem Schritt im Lehrwerk
auch online eine Aktivität anzubieten. Inzwischen sind die Versuche, Lehrwerke
digital zu begleiten, sehr vielfältig geworden, es stehen Angebote in bestimmten
Lernplattformen wie z. B. Moodle zur Verfügung.

Bezeichnet als *augmented*, wird Zusatzmaterial so transportiert, dass man
dafür keine CDs mehr braucht – eine sinnvolle Transportweise, da die Laptops
der meisten Lernenden dafür kein Laufwerk mehr haben. Der Begriff ist
allerdings ein bisschen irreführend, denn mit *augmented reality* ist ja eigentlich gemeint, dass einer physischen Realität virtuelle Elemente so hinzugefügt werden,
dass diese beiden Welten im Kopf des Nutzers zusammenkommen, etwas, was für
das Fremdsprachenlernen eine interessante Herausforderung darstellt, aber durch
augmented als Bezeichnung des Materialtransports nicht realisiert wird.

Ein großer Vorteil der digitalen Zusatzkomponenten ist, dass sie dazu beitragen, zwei prinzipiellen Beschränkungen des gedruckten Lehrwerks entgegenzuwirken: **Platzmangel** und **fehlende Aktualität.** Im Internet ist Platz kein Problem:
Während die Autoren eines gedruckten Lehrwerks um jede Seite kämpfen, um
die Vielfalt der zu vermittelnden Dinge angemessen darstellen zu können, kann
die Internet-Komponente ausführlicher sein, entweder durch eine Vielfalt von
Übungen oder, wie z. B. in der Anfangsphase des Lehrwerks *Passwort Deutsch,*
indem es zu den Schauplätzen der Handlung im deutschsprachigen Raum eine
Vielfalt von Bildern durch sogenannte Stadtrundfahrten zusätzlich bereitstellte.

Bei zu vermittelnden Fakten ist es außerdem sehr nützlich, dass diese ständig
aktualisiert werden können, z. B. dadurch, dass aktuellere Statistiken geliefert
werden. In der Anfangsphase des Internet wurde der Versuch gestartet, die große
Menge von zusätzlichen Übungen und Texten, die Lehrkräfte an verschiedenen
Orten für ihre jeweiligen Lernergruppen produzieren und die zumeist an dem
jeweiligen Ort in der Schublade bleiben, ins Netz zu stellen und so allen zur Verfügung zu stellen. Solange sie isoliert irgendwo im Netz stehen, sind sie jedoch
ziemlich nutzlos. Notwendig sind deshalb zumindest Metaseiten, die vorhandene
Übungen und Aufgaben sammeln und sortieren.

Durch die Entwicklung der Digitalisierung können zur Unterstützung von
Print-Lehrwerken die Lernenden an verschiedenen Orten miteinander ins Gespräch kommen, so dass zum einen so etwas wie eine *Community* der Lernenden
eines Lehrwerks entsteht, und zum anderen Lehrende an verschiedenen Orten

der Welt miteinander in Interaktion treten können, zum Beispiel dadurch, dass sie Arbeitsblätter austauschen, über Vorgehensweisen bei bestimmten Lektionen miteinander reden oder Kooperationen eingehen. Ein frühes Beispiel für den Versuch, eine *Community* der Lernenden herzustellen, lieferte das Lehrwerk *Netzwerk* (Dengler u. a. 2012), das parallel zum gedruckten Lehrwerk die Figur Bea Kretschmar in sozialen Netzwerken ‚weiterleben' ließ, zunächst mit einer eigenen Seite in Facebook, danach auf Instagram. Neben derartigen digitalen Unterstützungen von Print-Lehrwerken steht der Versuch, die Lehrwerke selbst rein digital zu produzieren. An digitale Lehrwerke ist die Forderung zu stellen, dass sie die Qualitätskriterien von Lehrwerken generell ebenso erfüllen wie Print-Lehrwerke, dass sie also in Bezug auf die Zielgruppe, die Differenzierung von Lernzielen, Verknüpfung der Vielfalt von Lerngegenständen (s. ▸ Abschn. 3.2) nicht hinter die didaktischen Standards der Print-Lehrwerke zurückfallen.

Beim Print-Lehrwerk gab es eine klare Arbeitsteilung: Verlage produzierten die Lehrwerke, Bildungsinstitutionen wie private Sprachschulen, öffentliche Schulen oder Universitäten betreuten die Lernenden durch Unterricht oder Sprachlernberatung. Bei virtuellen Kursen scheint die Entwicklung dahin zu gehen, dass Materialproduktion und Konzepte der **Tutorierung** stärker miteinander in Beziehung gebracht werden, dass also das Konzept ‚Lehrwerk' viel stärker als bisher mit der Betreuung von Lernenden verbunden wird. Das könnte langfristig bedeuten, dass Verlage eventuell stärker als bisher ihre Grenze nicht mehr dort sehen, wo sie Lehrende im Hinblick auf ihre Lehrwerke schulen, sondern dass sie überlegen müssen, inwieweit sie direkt für den Kontakt mit und die Betreuung von Lernenden verantwortlich sind.

Didaktisiertes digitales Material Unter dieser Überschrift wird eine Vielfalt von im Netz verfügbaren Sprachlernangeboten zusammengefasst. Sie reichen von einzelnen ins Netz gestellten Übungen, die keinerlei Qualitätskontrolle unterliegen, manchmal fehlerhaft und methodisch problematisch sind, bis hin zu elaborierten **multimedialen Lernumgebungen,** die über Jahre wachsen und qualitätskontrolliert sind. Didaktisiertes digitales Material gibt es für fast alle Teilaspekte des Fremdsprachenlernens, für die Ausspracheschulung ebenso wie für die Wortschatzarbeit, für das Üben von Grammatik ebenso wie für die Vermittlung von Landeskunde. Auf diese Materialien wird in den jeweiligen Kapiteln dieses Buches noch genauer eingegangen.

Bei digitalen Lehrwerken kann ebenso wie bei Print-Lehrwerken von der Annahme ausgegangen werden, dass die Macher, schon allein um einen kommerziellen Erfolg zu erzielen, eine interne **Qualitätskontrolle** eingebaut haben. Bei ins Netz gestellten didaktisierten Materialien ist die Lage nicht so eindeutig: Bei Materialien von Institutionen, die im Bereich Deutsch als Fremdsprache einen guten Ruf haben wie zum Beispiel Materialien auf der Seite des Goethe-Instituts, kann man erwarten oder zumindest hoffen, dass sie eine gewisse Qualitätskontrolle durchlaufen haben. Auch bei einer Metaseite, die seit längerer Zeit Links sammelt und überprüft, kann man mit größerem Vertrauen an dieses Material herangehen als bei beliebig gefundenen Seiten.

Bei anderen Materialien muss der Nutzer die Einschätzung der Glaubwürdigkeit und Verlässlichkeit des Materials selbst vornehmen. Für Lerner einer Fremdsprache ist dies im Hinblick auf sprachliches Material eine besondere Herausforderung, weil sie ja aufgrund ihres jeweiligen Sprachstandes kaum in der Lage sind einzuschätzen, wie gut oder schlecht, wie fehlerhaft oder korrekt die Materialien sind, die ihren Sprachlernfortschritt unterstützen sollen.

Die Formate reichen von einer scheinbar unendlichen Menge von geschlossenen Übungen, die mit **Autorenprogrammen** wie *Hot Potatoes* produziert wurden, über Aufgaben zur Unterstützung des Leseverstehens oder Hörverstehens bis zu komplexeren Aufgabenstellungen, bei denen die Lernenden allein oder gemeinsam Informationen beschaffen und/oder präsentieren müssen (als Überblick und Versuch der Klassifizierung vgl. Rösler 2010; einen ausführlichen Überblick über Aufgabenformate für das Fremdsprachenlernen im Kontext Web 2.0. liefern Biebighäuser/Zibelius/Schmidt 2012).

Wie vielfältig und flexibel digitale Materialien einsetzbar sind, zeigt das Beispiel der Arbeit mit Podcasts (vgl. Stork 2012). Bei **Podcasts** erwartet man zunächst, dass die Audiodateien zur Übung des Hörverstehens eingesetzt werden. Podcasts lassen sich jedoch verglichen mit traditionellen Hörspielen oder Filmen auch relativ einfach im Klassenzimmer herstellen: Gruppen von Lernenden müssen dabei miteinander reden, ein Skript und einen Drehplan erstellen usw., so kann die Produktion eines Podcast zur Förderung und zum Zusammenspiel mehrerer Fertigkeiten eingesetzt werden oder auch Teil eines größeren Projekts sein (vgl. z. B. Schmidt 2009).

Für die Fremdsprachenforschung stellen solche Angebote im Netz eine **besondere Herausforderung** dar, die einerseits aussehen wie klassische didaktische Angebote, andererseits aber auch wie authentisches Material, das nicht didaktisiert ist. In Rösler/Würffel (2020, S. 84–87) wird so ein Fall ausführlich diskutiert. Das Instagram-Material nennt sich *Learn German with Video*, im Namen ist also das Lernen bereits angelegt. Es liefert kurze Videoaufnahmen von Alltagssituationen im deutschsprachigen Raum, also etwas, was aus der Perspektive der kommunikativen Didaktik (vgl. ▶ Abschn. 4.6) sehr willkommen ist. Das spricht dafür, dass es sich um Material handelt, das mit didaktischer Intention erstellt worden ist. Aus didaktischer Perspektive würde man erwarten, dass dieses Material mit Aufgaben verbunden ist, zum Hörverstehen zum Beispiel oder zu inhaltlichen Aspekten. Dokumentiert wird in einer der Aufnahmen zum Beispiel das Trinkgeld geben und eine schwierige Entscheidung im Hinblick auf die Wahl des Anredepronomens, zwei Themen, über die man mit den Lernenden im Klassenzimmer gut reden könnte. Solche Aufgaben gibt es nicht, aber dafür direkte Reaktionen der Nutzer, manchmal in Form von Herzchen, Daumen usw., also Reaktionen, wie man sie in nicht-didaktischen Interaktionen im Netz findet. Derartige Materialien könnten also für didaktische Zwecke herangezogen werden, müssen es aber nicht. Vielleicht sind sie ja viel wirkungsvoller, wenn Lernende sie für sich entdecken und ihr eigenes Lernen mit ihnen vorantreiben. Dann sind derartige Materialien genauso interessant/uninteressant, brauchbar/unbrauchbar usw., wie andere nicht-didaktisierte Materialien im Netz, und ob sie für Lernprozesse eine Rolle spielen oder nicht entscheiden dann konkrete Lernende und nicht Lehrkräfte oder Lehrmaterialmacher.

Nicht-didaktisiertes Material im Netz Der größte Teil der frei verfügbaren digitalen Materialien besteht aus nicht-didaktisierten Texten, also aus Texten, die für andere Zwecke als das Fremdsprachenlernen geschrieben wurden. Diese Texte sind sowohl die größte Bereicherung für das Fremdsprachenlernen, die durch die digitalen Medien erfolgte, als auch die größte Herausforderung: Denn im Gegensatz zu der progressionskontrollierten Textwelt der Lehrwerke sind diese Texte nicht auf die Lernenden bezogen, die Lernenden befindet sich bei der Arbeit mit ihnen in der gleichen Situation wie eine Person, die einen **natürlichen Spracherwerb** durchläuft und dabei mit einer Vielfalt von sprachlichen Manifestationen konfrontiert wird, die sie verstehen kann oder nicht.

Wie sich diese Text- und Kommunikationsangebote auswirken – als motivierende und das Lernen stärkende Transzendierung des Klassenzimmers oder als demotivierende Überforderung – ist eine der offenen Fragen und großen Herausforderungen des Fremdsprachenlernens im 21. Jahrhundert. Sie positiv zu bestehen, ist möglich, wenn es gelingt, die Vielfalt an digitalen Kooperations- und Kommunikationsmöglichkeiten so in das gesteuerte Fremdsprachenlernen zu integrieren, dass bei größtmöglicher freier Verwendung von Sprache durch die Lernenden gleichzeitig eine optimale institutionelle Unterstützung dieses Lernprozesses stattfindet.

3.5.2 Kommunikation und Kooperation digital

Durch die digitalen Medien werden, wie ◻ Abb. 3.2 zeigt, unterschiedliche Arten von Kommunikation und Kooperation für Fremdsprachenlernende befördert, die über die gerade beschriebene Erweiterung der Kommunikation und Kooperation bei der Arbeit mit Lehrwerken weit hinausgeht.

Durch die digitalen Medien ist die freie Rezeption und Produktion von Texten durch die Lernenden ausgeweitet worden. Lernende konnten schon immer Zeitungen lesen und Radio hören, sie konnten schon immer Briefe schreiben, eventuell auch telefonieren. Sie konnten dies allein tun, in Kleingruppen oder im Klassenverband. Dass Lernende außerhalb des Fremdsprachenunterrichts mit zielsprachlichen Texten umgehen und zielsprachliche Texte produzieren, ist also nichts Neues.

Neu sind hingegen die **unmittelbare Erreichbarkeit** von Texten und potentiellen Kommunikationspartnern und die Vielfalt der Möglichkeiten. Die aktuelle Ausgabe der Tagesschau oder einer Zeitung ist im Netz ebenso zu finden wie diverse Blogs von deutschsprachigen Personen zu den verschiedenen Themen, die Lernende interessieren könnten. In Chats, Foren und in sozialen Netzwerken können die Lernenden sich in der Zielsprache mitteilen.

Diese enorme Ausweitung der Interaktionsmöglichkeiten ist nicht nur eine quantitative Erweiterung: Dass es für die Lernenden selbstverständlich ist, unabhängig von ihrem jeweiligen Aufenthaltsort in der Zielsprache über Themen kommunizieren zu können, die sie interessieren, hat eine **neue Qualität.** Im Gegensatz zu traditionellen Aktivitäten wie der Lektüre von Büchern und Zeitungen, z. B. bei einem Besuch im lokalen Goethe-Institut, oder dem geschriebenen Brief wird es durch das ubiquitäre Angebot zu einer Selbstständ-

3

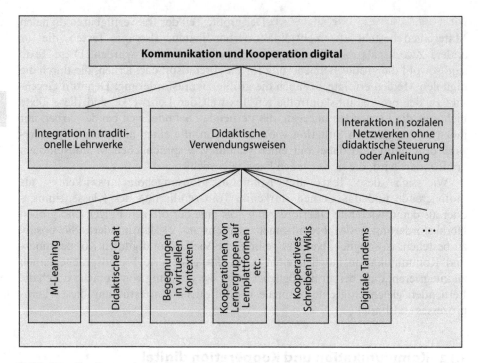

◘ Abb. 3.2   Erweiterung der Kommunikations- und Kooperationsmöglichkeiten im Fremdsprachen-unterricht durch digitale Medien

lichkeit, auf Deutsch kommunizieren zu können, und zwar genau dann, wenn es inhaltlich relevant ist, sei es, weil bestimmte Informationen nur auf Deutsch vor-liegen, sei es weil man in einem Kontext, in dem Deutsch gesprochen wird, etwas mitzuteilen hat.

Neben der Integration von Kooperation in Lehrwerke und den ex-plosionsartig anwachsenden Möglichkeiten, selbstbestimmt in der Ziel-sprache zu kommunizieren, gehen auch didaktische Konzepte auf die neuen Kommunikations- und Kooperationsmöglichkeiten ein. Dabei geht es weniger darum festzustellen, welche Medien für welche didaktischen Zwecke relevant sind. Spannend ist vielmehr, dass Medien, die zum alltäglichen **Mediennutzungs-verhalten** der Lernenden in ihrer ersten Sprache und manchmal auch schon in der Zielsprache Deutsch gehören, nun auch didaktisch genutzt werden. Wichtig bei der Integration der Medien in Unterrichtskonzepte ist, dass die Mediennutzung aus der Sicht der Lernenden sinnvoll ist und die didaktischen Szenarien nicht am alltäglichen Mediennutzungsverhalten der Lernenden vorbeigehen.

Eine Vielzahl von klassischen didaktischen Konzepten findet durch digitale Medien eine interessante Erweiterung. Das traditionelle Lernen im Tandem (s. ▶ Abschn. 5.5), bei dem Lernende aus zwei verschiedenen Herkunftssprachen, die jeweils die Sprache des anderen erwerben wollen, miteinander kommunizieren und sich beim Lernen helfen, hat durch die Überwindung von Raumgrenzen durch die digitalen Medien eine Erweiterung erfahren. Mit dem Aufkommen von E-Mail war es plötzlich möglich, dass Lernende als Tandempartner schnell miteinander kommunizieren, auch wenn sie sich an weit voneinander entfernten Orten befinden. Diese frühe mediale Erweiterung hat in der Fremdsprachendidaktik großes Interesse gefunden. Die Frage, inwieweit **interkulturelles Lernen** durch Tandem-Konzepte befördert werden kann, wurde fast zeitgleich sowohl bezogen auf das klassische Lernen im Tandem als auch auf Tandem in digitalen Kontexten erforscht (vgl. z. B. Bechtel 2003 und Tamme 2001; s. ▶ Abschn. 9.3.4).

Die ersten digitalen Kooperationen per Mail waren **asynchron**. Inzwischen steht eine große Bandbreite an Möglichkeiten für **synchrone** digitale Interaktionen zur Verfügung. Wie die beteiligten Personen digital miteinander ein Tandem organisieren, bleibt weiterhin ihnen überlassen. Wenn sie nicht an einem Ort wohnen, sind die Möglichkeiten der Begegnungen nun sehr viel größer geworden.

Die Unterscheidung von synchroner und asynchroner Kommunikation ist für die Fremdsprachendidaktik von großer Bedeutung. Traditionell fand synchrone Kommunikation überwiegend im Klassenzimmer statt, asynchrone Kommunikation zumeist schriftlich, wenn nicht zum Beispiel in Begegnungskontexten Kassetten ausgetauscht wurden. Der große Vorteil der asynchronen Kommunikation vor allem auf den Anfänger-Niveaustufen ist, dass die Lernenden sich die nötige Zeit nehmen können, um etwas auszudrücken. Eine überwiegend asynchrone Kommunikation kann aber auch dazu führen, dass die Lernenden so sehr über die Korrektheit einer Äußerung nachdenken, dass die ursprüngliche Intention, sich jemandem mitzuteilen, darüber in den Hintergrund gerät. Für bestimmte Inhalte kann es sinnvoll sein, dass ein asynchrones Vorgehen gewählt wird, damit den Lernenden Zeit bleibt nachzudenken und/oder damit unterschiedliche Diskussionsstränge verfolgt werden können. Becker (2018) hat am Beispiel des Themas Gründungsmythen der Bundesrepublik Deutschland die asynchronen Diskussionen schwedischer Studierender in Foren ausführlich beschrieben.

Bei synchroner Kommunikation müssen sich die Lernenden dagegen mit den zur Verfügung stehenden Möglichkeiten spontan ausdrücken. Der Chat nimmt dabei unter didaktischen Gesichtspunkten eine interessante Stellung im Hinblick auf die Förderung von quasi-synchroner Kommunikation ein. In einem Chat-Raum reden mehrere Personen miteinander, manchmal werden verschiedene Themen parallel behandelt, wobei die getippten Texte nicht unbedingt den Normen der geschriebenen Sprache entsprechen. Dies führte dazu, dass Chats zunächst nicht für besonders geeignet für Fremdsprachenlerner gehalten wurden. Andererseits sind Chat-Räume Orte, an denen Lernende sich mit anderen Personen zu einem Thema ihrer Wahl austauschen können.

Ein Ausweg aus dieser Problematik ist es, einen didaktisierten Chat-Raum zu produzieren und diesen **tutoriell begleiten** zu lassen, so dass entweder ein Steuerungselement in das Gespräch kommt oder eine Person als **Berater** auf Abruf zur Verfügung steht. Platten (2003) hat die Charakteristika beschrieben, die ein didaktisierter Chat-Raum haben sollte. Wichtig sei,

— dass er als extra eingerichteter, gestalteter und betreuter Chat-Raum für Lernende ausgewiesen ist,

— dass es bestimmte Themenvorgaben, konkrete Aufgabenstellungen oder Anbindungen an Projekte gibt, auf die sich die Lernenden beziehen und auf die sie sich evtl. auch vorbereiten können, sowie vor allem,

— dass es Beauftragte und didaktisch denkende Gesprächspartner gibt, seien dies bestimmte Experten, Online-Lehrkräfte oder spezielle Chat-Tutoren (vgl. Platten 2003, S. 158).

Eine ausführliche Analyse der Kommunikation in einem didaktisierten Chat-Raum lieferte Marques-Schäfer (2013), die die Interaktionen zwischen den Lernenden und zwischen den Lernenden und den Tutoren unter unterschiedlichen Gesichtspunkten wie Arbeit an der Form oder interkulturelle Kommunikation analysiert hat.

Bei **Voice-Chats** wird die Problematik des normgerechten Tippens ersetzt durch die Problematik des Sprechens, das so klar sein muss, dass es medial vermittelt von den Gesprächspartnern verstanden wird. Denn im Gegensatz zu den Ausspracheübungen im Klassenzimmer, auf die Mitlerner und geduldige Lehrkräfte reagieren, ist bei einem Voice-Chat, bei dem evtl. mehrere Personen zuhören und reagieren, eine Aussprachequalität notwendig, die dem Gegenüber ein sofortiges Verstehen möglich macht. Biebighäuser/Marques-Schäfer (2009) haben die Gemeinsamkeiten und Unterschiede von Voice- und Text-Chats gegenübergestellt.

In gewisser Weise einen Sonderfall unter den hier behandelten didaktischen Verwendungen digitaler Kommunikation nimmt das **kooperative Schreiben in Wikis** ein. Während Voice-Chats Fortführungen des gemeinsamen Sprechens und digitale Kooperationen von Lernergruppen in Lernplattformen Weiterentwicklungen von alten Klassenkorrespondenzen sind, ist beim kooperativen Schreiben in Wikis eine bisher so nicht dagewesene Art der Interaktion zu beobachten. Natürlich haben Lernende auch vor dem Aufkommen der digitalen Medien gemeinsam geschrieben und manchmal durchaus gegen die Intentionen der Lehrenden gemeinsam Hausarbeiten verfasst. Aber dass es nun einen Ort gibt, auf den Lernende gemeinsam zugreifen können, auch wenn sie an verschiedenen Orten sind, und wo verschiedene Zustände eines gemeinsam geschriebenen Textes einsehbar und wiederherstellbar sind, eröffnet diesem **gemeinsamen Schreiben** eine neue Qualität.

Gegenstand des gemeinsamen Schreibens kann dabei das Schreiben von Fortsetzungsgeschichten durch mehrere Autoren sein. Ebenso könnte aber das Schreiben von Texten durch eine Person in einem Wiki sinnvoll sein, wenn andere Lernende eher Helfer sind, die die Schreibenden beraten, im Hinblick auf die Inhalte ebenso wie im Hinblick auf die verwendete deutsche Sprache. In diesem Fall würde das aus der Schreibdidaktik bekannte Konzept der **Schreibwerkstatt** digital erweitert. Platten (2008) und Würffel (2008) haben gezeigt, wie unterschiedlich ein derartiges kooperatives Schreiben ablaufen und wie es angeleitet werden kann.

360° und virtuelle Realität Mit diesen Entwicklungen ist für die Fremdsprachen-didaktik die Hoffnung verbunden, dass sie die Intensität der Auseinandersetzung mit der neuen Sprache und der neuen kulturellen Umgebung steigern, dass sie also eine Art **Immersion** ermöglichen. Während bei der **virtuellen Realität** eine Umgebung per Computer generiert wird, produzieren die **360°-Anwendungen** mithilfe von Fotos oder Videoaufnahmen der realen Welt Kugelpanoramen. Beide ermöglichen den Lernenden im Vergleich zu einem Film ein erweitertes Blick-feld, die Lernenden bestimmen den Bildausschnitt. Vor allem in Verbindung mit einer VR-Brille wird so ein besonders intensives Eintauchen möglich, Besuche von schwierig zu erreichenden Orten können stattfinden und durch die Steuerung der Blickrichtung durch die Lernenden und nicht durch Materialmacher könnte es möglich werden, dass in einer Lernergruppe durch die unterschiedlichen Blicke eine Art von Multiperspektivität hergestellt wird, die zu anregenden kontrastiven Diskussionen kultureller Phänomene führen könnte (vgl. als Überblick Ketzer-Nöltge in Vorb.).

Eine virtuelle Welt kann auch der Ort sein, an dem sich Lernende aus ver-schiedenen Orten oder Gruppen von Lernenden treffen. **Begegnungen von Grup-pen von Lernenden** gab es auch vor Aufkommen der digitalen Medien. In so-genannten Klassenkorrespondenzen schrieben sich Gruppen von Lernenden Briefe, legten Fotos bei, produzierten Hörkassetten, später auch Videokassetten und schickten sich diese Produkte per Post zu. Sie hörten bzw. sahen oder lasen die Produkte der anderen Gruppen und reagierten darauf. All dies fand mit einer gewissen Zeitverzögerung statt, denn die Briefe oder Kassetten mussten schließlich per Post von einem Ort an den anderen transportiert werden. Mit Auf-kommen von E-Mails und der Möglichkeit, E-Mails mit Anhängen zu versehen, beschleunigte sich diese Art von Klassenkorrespondenzen.

Inzwischen kann die Zusammenarbeit von Gruppen von Lernenden sehr unterschiedliche Formen annehmen: Sie können sich immer noch E-Mail-An-hänge schicken, sie können in einer gemeinsamen **Lernplattform** arbeiten, sie können gemeinsam **Videokonferenzen** durchführen. **Bildtelefonie** kann ebenso eine Rolle spielen wie die gemeinsame ‚Freundschaft' in **sozialen Netzwer-ken**. Chaudhuri/Puskas (2011) haben gezeigt, wie komplex Interaktionen von deutschen und chinesischen Lernergruppen in gemeinsamen Lernplattformen bei der Bearbeitung von Projekten ablaufen können. Eine weitere Möglichkeit kann ein Treffen in einer **virtuellen Welt** sein.

Dabei schaffen sich die Lernenden eine teilweise selbst gestaltete Spielfigur, einen sogenannten **Avatar.** Sie können per Voice-Chat und per Text-Chat mit-einander kommunizieren. Unter fremdsprachendidaktischen Gesichtspunkten ist interessant: Die Personen treffen sich als Avatare an virtuellen Orten, die unter-schiedlich gestaltet sein können. Es kann sich um Fantasieorte handeln, aber auch um **virtuelle Nachbauten von Orten der realen Welt,** die darüber hinaus mit vielen **zusätzlichen Informationen** versehen sein können. Damit bieten die virtuellen Welten insbesondere für die **Landeskundevermittlung** (s. Kap. 9) innovative Möglichkeiten. ◨ Abb. 3.3 zeigt das Treffen eines Tridems, von Lernenden aus drei Ländern, deren Avatare sich am Brandenburger Tor treffen und dort eine Ausgabe der *Tagesschau* zum Fall der Mauer anschauen

3

◘ Abb. 3.3   Treffen von Lernenden am virtuellen Brandenburger Tor in *Second Life.* (Aus Biebighäuser 2011, S. 214)

(vgl. die Analyse derartiger Treffen in der zum Analysezeitpunkt führenden
virtuellen Welt *Second Life* durch Biebighäuser 2014).

Die technischen Möglichkeiten der Interaktion haben sich also rasant verändert, die Kommunikation ist schneller geworden und multimodal. An der
Grundkonstellation hat sich jedoch nichts geändert: Die Gruppen von Lernenden
müssen sich etwas zu sagen haben, damit die Klassenkorrespondenz funktioniert,
sie müssen in der Lage sein, das Sprachniveau und das kulturelle Wissen der
anderen Lernenden zu antizipieren und aufzunehmen, damit nicht aus dem Miteinander plötzlich ein Gegeneinander wird. Derartige Projekte müssen also gut
vorbereitet sein, die goldenen Regeln, die Reinhard Donath, einer der deutschen
Pioniere der **digitalen Zusammenarbeit von Fremdsprachenlernenden,** schon zu
Beginn der ersten E-Mail-Projekte formuliert hat, gelten weiterhin:

- „Partnerlehrkraft langfristig vor Projektbeginn suchen.
- Zeit – Thema – Erwartungen – Wünsche mit Partnerlehrkraft intensiv ko-
  ordinieren und dabei mit der Partnerlehrkraft ‚ins Gespräch' kommen, sich
  kennenlernen.
- Projekt und Zeitrahmen der Lerngruppe vorstellen: Ideen sammeln, Neugier
  wecken, Thema/Themen festlegen, Interessen formulieren.
- Absprachen mit Lerngruppe zur Organisation der Arbeit im Projekt: Gruppen
  bilden, Gruppenregeln, Ansprechpartner in der Gruppe; E-Mail-Adressen für
  die Gruppen und/oder individuelle Lerner im Netz einrichten; alle E-Mails
  werden als Kopie (CC) an Lehrkraft geschickt.
- Ständige Kommunikation mit Partnerlehrkraft, mindestens einmal pro Woche.
- Lernertagebücher führen lassen (was wurde in den Gruppen gemacht, was
  wurde gelernt, welche Methoden sind benutzt worden, neu gelernte Wörter,
  unbekannte Wörter und Strukturen), Zwischenberichte über den Stand der
  Arbeit im Plenum.

— Unterschiedliche Meinungen von allen ins Plenum einbringen lassen, austauschen, nicht bewerten, sondern Gründe für das Andere, Neue, Unbekannte, Verstörende finden. Wie gehe ich damit um, was bedeutet das für mich?

— Ergebnisse zusammenfassen: Reader – Webseiten – Poster – Ausstellung im Klassenraum/Flur, andere Lerngruppen einladen und Ergebnisse vor Publikum präsentieren.

— Evaluation: Was habe ich gelernt, was war für mich neu/verstörend, wie habe ich das mit meiner Partnerin/meinem Partner gelöst; wie habe ich methodisch gearbeitet, wie möchte ich weitermachen?

— Auswertung mit der Partnerlehrkraft: Verlauf des Projekts inhaltlich und methodisch reflektieren; Was haben wir voneinander, miteinander und bei diesem Projekt gelernt? Wollen wir so ein Projekt noch einmal machen? Was machen wir dann genauso, was machen wir anders?" (zit. nach Rösler 2010, S. 53, dort sprachlich leicht überarbeitete Wiedergabe der zehn goldenen Regeln).

Wenn die Lernenden sich nichts zu sagen haben, gilt auch weiterhin, dass es egal ist, in welchem Medium sie sich nichts zu sagen haben. Dass es durch das Tempo und die dadurch steigende **Intensität der Kooperation** auch zu durchaus problematischen Kooperationen kommen kann, wenn die entsprechenden Aufgabenstellungen nicht gut gewählt worden sind, ist inzwischen häufig diskutiert und dokumentiert worden. So zeigte schon früh z. B. Müller-Hartmann (2000), wie aus einem deutsch-amerikanischen Miteinander ein deutsch-amerikanisches Gegeneinander wurde, bei dem z. B. der Lehrer der deutschen Gruppe verräterisch von den Partnern als ‚der Gegenseite' spricht:

» Es wurde eigentlich zu spielerisch rangegangen seitens der Amis. Ich weiß auch nicht, wie das Ganze organisiert war, ob die beispielsweise im Computerraum dann einfach schreiben konnten, was sie wollten oder ob das vorher abgesprochen wurde; das weiß ich nicht, wie die Gegenseite da gearbeitet hat (ebd., S. 275).

M-Learning Das ‚M' steht für ‚mobil' und bezieht sich darauf, dass mit **mobilen Endgeräten** an jedem Ort und zu jedem Zeitpunkt gelernt werden kann, dass also das Lernen immer stärker räumlich vom Klassenzimmer abgetrennt werden kann. Wie der Begriff ‚E-Learning', in Analogie zu dem er entwickelt wurde, ist auch M-Learning nicht beschränkt im Hinblick auf die Lernaktivitäten, die unterstützt werden sollen. Möglich ist, dass Wortschatzarbeit unterstützt wird oder dass bestimmte landeskundliche Informationen gegeben werden. So kann man sich zum Beispiel vorstellen, dass Lernende mithilfe einer App eine Stadt im deutschsprachigen Raum erkunden und dabei in bestimmten Situationen sprachliche oder landeskundliche Informationen anfordern.

Zu den, verglichen mit Klassenraumsituationen oder Treffen an virtuellen Orten, spezifischen Charakteristika des M-Learning gehört es, dass bestimmte Lernaktivitäten oft nur in sehr kurzen Zeiträumen stattfinden können, z. B. beim Warten auf eine Person oder einen Zug, und dass mit einem relativ kleinen Bildschirm gearbeitet wird. Materialentwickler müssen sich auf diese beiden Besonderheiten entsprechend einstellen. Einen ersten Überblick zu einigen Aspekten des M-Learning lieferte Mitschian (2010). Während die ursprüngliche Diskussion um 'außerschulische Lernorte' die Dominanz der Bildungsinstitutionen als Lernort weitgehend unangetastet ließ und sich eher mit 'Ausflügen' an Orte wie Museen usw. befasste, ist die Diskussion um M-Learning prinzipiellerer Natur. Natürlich kann das mobile Lernen Ergänzung des Präsenzlernens in Bildungsinstitutionen sein, wenn zum Beispiel nur bestimmte Teilaspekte wie das Vokabellernen auf das Smartphone ausgelagert werden. Die Diskussion um das mobile Lernen ist aber in Verbindung mit den größeren Möglichkeiten des informellen Lernens durch Angebote im Internet und durch die sich immer schneller verbessernde Qualität der digitalen Sprachassistenzsysteme weitreichender; diskutiert werden wird, inwieweit die Organisation des Fremdsprachenlernens in Bildungssystemen angesichts dieser Entwicklungen überhaupt aufrecht erhalten werden kann und soll (vgl. Rösler 2020).

Literatur

Barkowski, Hans [u. a.]: *Deutsch für ausländische Arbeiter. Gutachten zu ausgewählten Lehrwerken.* Königstein 1980.

Bechtel, Mark: *Interkulturelles Lernen beim Sprachenlernen im Tandem. Eine diskursanalytische Untersuchung.* Tübingen 2003.

Becker, Christine: *Kulturbezogenes Lernen in asynchroner computervermittelter Kommunikation.* Tübingen 2018.

Biebighäuser Katrin: „Landeskundliches Lernen in der virtuellen Welt Second Life – Ein Forschungsprojekt im Bereich Deutsch als Fremdsprache". In: Almut Küppers/Torben Schmidt/Maik Walter (Hg.): *Inszenierungen im Fremdsprachenunterricht: Grundlagen, Formen, Perspektiven.* Braunschweig 2011, S. 208–220.

Biebighäuser, Katrin: *Fremdsprachenlernen in virtuellen Welten. Empirische Untersuchung eines Begegnungsprojekts zum interkulturellen Lernen.* Tübingen 2014.

Biebighäuser, Katrin/Marques-Schäfer, Gabriela: „Text-Chat und Voice-Chat beim DaF-Lernen online: Eine empirische Analyse anhand der Chatangebote des Goethe-Instituts in JETZT Deutsch lernen und in Second Life". In: *Info DaF* 36/5 (2009), S. 411–428.

Biebighäuser, Katrin/Zibelius, Marja/Schmidt, Torben: „Aufgaben 2.0.- Aufgabenorientierung beim Fremdsprachenlernen mit digitalen Medien". In: Katrin Biebighäuser/Marja Zibelius/Torben Schmidt (Hg.): *Aufgaben 2.0 – Konzepte, Materialien und Methoden für das Fremdsprachenlehren und -lernen mit digitalen Medien.* Tübingen 2012, S. 11–56.

Braun, Korbinian/Nieder, Lorenz/Schmöe, Friedrich: *Deutsch als Fremdsprache IA. Grundkurs.* Stuttgart 1978.

Breindl, Eva/Thurmair, Maria: „Wie viele Grammatiken verträgt der Lerner? Zum Stellenwert einer ‚Grammatik der gesprochenen Sprache' (nicht nur) für Deutsch als Fremdsprache". In: *Deutsch als Fremdsprache* 40,2 (2003), S. 87–93.

Brill, Lilli Marlen: *Lehrwerke, Lehrwerkgenerationen und die Methodendiskussion im Fach Deutsch als Fremdsprache.* Aachen 2005.

Chaudhuri, Tushar/Puskás, Csilla: „Interkulturelle Lernaktivitäten im Zeitalter des Web 2.0. Erkenntnisse eines telekollaborativen Projektes zwischen der Hong Kong Baptist University und der Justus-Liebig-Universität Gießen". In: *Info DaF* 38/1 (2011), S. 3–25.

Ciepielewska-Kaczmarek, Luiza/Jentges, Sabine/Tammenga-Helmantel, Marjan: *Landeskunde im Kontext: die Umsetzung von theoretischen Landeskundeansätzen in DaF-Lehrwerken.* Göttingen 2020

Dengler, Stefanie [u. a.]: *Netzwerk. Deutsch als Fremdsprache. Kursbuch A1.* Berlin 2012.

Engel, Ulrich/Krumm, Hans-Jürgen/Wierlacher, Alois: *Mannheimer Gutachten zu ausgewählten Lehrwerken Deutsch als Fremdsprache*. Bd. 2. Heidelberg 1979.

Fandrych, Christian/Thurmair, Maria: *Textsorten im Deutschen*. Tübingen 2011.

Günthner, Susanne/Wegner, Lars/Weidner, Beate (2013): „Gesprochene Sprache im DaF-Unterricht – Möglichkeit der Vernetzung Gesprochene-Sprache-Forschung mit der Fremdsprachenvermittlung". In: Sandro M. Moraldo/Federica Missaglia (Hg.): *Gesprochene Sprache im DaF-Unterricht. Grundlagen – Ansätze – Praxis*. Heidelberg 2013, S. 113–150.

Kast, Bernd/Neuner, Gerhard (Hg.): *Zur Analyse, Begutachtung und Entwicklung von Lehrwerken für den fremdsprachlichen Deutschunterricht*. Berlin [u. a.] 1994.

Ketzer-Nöltge, Almut: „360-Bilder und -Videos als virtuelle Lernorte im Fremdsprachenunterricht". In: Diana Feick/Jutta Rymarczyk (Hg.): *Digitale Lernorte und -räume für das Fremdsprachenlernen*. Bern in Vorb.

Koch, Peter/Oesterreicher, Wulf: „Funktionale Aspekte der Schriftkultur. Functional Aspects of Literacy". In: Hartmut Günther/Otto Ludwig (Hg.): *Schrift und Schriftlichkeit. Ein interdisziplinäres Handbuch internationaler Forschung*. Berlin [u. a.] 1994, S. 587–604.

Kommission für Lehrwerke DaF: *Mannheimer Gutachten zu ausgewählten Lehrwerken Deutsch als Fremdsprache*. Heidelberg 1978.

Liedke, Martina (2013): „Mit Transkripten Deutsch lernen". In: Sandro M. Moraldo/Federica Missaglia (Hg.): *Gesprochene Sprache im DaF-Unterricht. Grundlagen – Ansätze – Praxis*. Heidelberg 2013, S. 243–267.

Marques-Schäfer, Gabriela: *Deutsch lernen online. Eine Analyse interkultureller Interaktion im Chat*. Tübingen 2013.

Mitschian, Haymo: *M-Learning – die neue Welle? Mobiles Lernen für Deutsch als Fremdsprache*. Kassel 2010.

Müller-Hartmann, Andreas: „Wenn sich die Lehrenden nicht verstehen, wie sollen sich dann die Lernenden verstehen? Fragen nach der Rolle der Lehrenden in global vernetzten Klassenräumen". In: Lothar Bredella/Herbert Christ/Michael K. Legutke (Hg.): *Fremdverstehen zwischen Theorie und Praxis, Arbeiten aus dem Graduierten-Kolleg „Didaktik des Fremdverstehens"*. Tübingen 2000, S. 275–301.

Neuner, Gerd (Hg.): *Zur Analyse fremdsprachlicher Lehrwerke*. Frankfurt a. M. 1979.

O'Sullivan, Emer/Rösler, Dietmar: *Kinder- und Jugendliteratur im Fremdsprachenunterricht*. Tübingen 2013.

Platten, Eva: „Chat-Tutoren im didaktischen Chat-Raum – Sprachliche Hilfen und Moderation". In: Michael K. Legutke/Dietmar Rösler (Hg.): *Fremdsprachenlernen mit digitalen Medien*. Tübingen 2003, S. 145–177.

Platten, Eva: „Gemeinsames Schreiben im Wiki-Web – Aktivitäten in einer untutorierten Schreibwerkstatt für fortgeschrittene Deutschlernende". In: *Zeitschrift für Interkulturellen Fremdsprachenunterricht* [Online] 13/1 (2008), S. 1–22. In: ▶ http://zif.spz.tu-darmstadt.de/jg-13-1/beitrag/Platten1.html.

Roche, Jörg: *Handbuch Mediendidaktik Fremdsprachen*. Ismaning 2008.

Rösler, Dietmar: *Lernerbezug und Lehrmaterialien Deutsch als Fremdsprache*. Heidelberg ²1992.

Rösler, Dietmar: *E-Learning Fremdsprachen. Eine kritische Einführung*. Tübingen ³2010.

Rösler, Dietmar: „Nähe und Distanz zur Mündlichkeit in der fremdsprachendidaktischen Diskussion. Versuch einer Annäherung". In: *Deutsch als Fremdsprache*, 53, 3 (2016), S. 135–149.

Rösler, Dietmar: „Auf dem Weg zum Babelfisch? Fremdsprachenlernen im Zeitalter von Big Data". In: *InfoDaF* 47, 6 (2020), S. 596–611.

Rösler, Dietmar/Würffel, Nicola: *Lehr- und Lernmedien*. Stuttgart 2020.

Schmidt, Torben: „Mündliche Lernertexte auf der 2.0.-Bühne – Mediale Inszenierungen im Englischunterricht am Beispiel eines Schulpodcast-Projekts". In: *ForumSprache* 1 (2009), S. 24–42.

Stork, Antje: „Podcasts im Fremdsprachenunterricht – ein Überblick". In: *Info DaF 1* (2012), S. 3–16.

Tamme, Claudia: *E-Mail-Tutorin: eine empirische Untersuchung E-Mail-vermittelter Kommunikationen von Deutschstudierenden und Deutsch-als-Fremdsprache-Lehrenden in der Ausbildung*. Dissertation Gießen 2001 [Online]. In: ▶ http://geb.uni-giessen.de/geb/volltexte/2003/1009/.

Wang, Zhongxin: *Auf dem Weg zum Fremdverstehen: das Bild von Deutschland und den Deutschen in drei chinesischen Lehrwerken Deutsch für Studenten (1956–1958), Deutsch (1979–1983) und Studienweg Deutsch (2004 – 2009)*. Frankfurt a. M. 2011.

Weidner, Beate: „Gesprochenes Deutsch für die Auslandsgermanistik. Eine Projektvorstellung". In: *Info* DaF 39, 1 (2012), S. 31–51.

Würffel, Nicola: „Kooperatives Schreiben im Fremdsprachenunterricht: Potentiale des Einsatzes von Social-Software-Anwendungen am Beispiel kooperativer Online-Editoren". In: *Zeitschrift für Interkulturellen Fremdsprachenunterricht* [Online] 13/1 (2008), 26 S. In: ▶ http://zif.spz.tu-darmstadt.de/jg-13-1/docs/Wuerffel1.pdf (22.11.2011).

Würffel, Nicola: *Strategiegebrauch bei Aufgabenbearbeitungen in internetgestütztem Selbstlernmaterial*. Tübingen 2006.

Würffel, Nicola: „Lehr- und Lernmedien" In: Claus Altmayer u.a. (Hg.): *Handbuch Deutsch als Fremd- und Zweitsprache*. Heidelberg 2021, S. 282–300.

Zeyer, Tamara: *Grammatiklernen interaktiv. Eine empirische Studie zum Umgang von DaF-Lernenden auf Niveaustufe A mit einer Lernsoftware*. Tübingen 2018.

Umfassende Konzepte der Fremdsprachenvermittlung

Inhaltsverzeichnis

© Der/die Autor(en), exklusiv lizenziert an Springer-Verlag GmbH, DE, ein Teil von Springer Nature 2023
D. Rösler, *Deutsch als Fremdsprache*,
https://doi.org/10.1007/978-3-476-05863-8_4

Eine Momentaufnahme des Deutschunterrichts weltweit würde sehr unterschiedliche Aktivitäten im Klassenzimmer dokumentieren: An einem Ort steht möglicherweise eine Lehrkraft vor den vor ihm oder ihr aufgereiht sitzenden Lernenden, erklärt ihnen ein Grammatikphänomen und lässt sie dieses dann in Lückentexte einsetzen. An einem anderen Ort sitzen eventuell die Lernenden an Gruppentischen und erarbeiten eine Präsentation zum Thema des Tages. An einem wieder anderen Ort stehen vielleicht Tische und Stühle am Rand und die Gruppe befindet sich gerade bei der Arbeit an einer Inszenierung. Und an einem noch anderen Ort ist die Klasse vielleicht gerade ausgeschwärmt und recherchiert außerhalb des Klassenzimmers oder vielleicht sogar außerhalb des Schulgebäudes Informationen zu einem bestimmten Thema.

Fremdsprachendidaktiker und Fremdsprachendidaktikerinnen, die diese Momentaufnahmen deutet, könnten die erste Aufnahme für ein typisches Beispiel der Grammatik-Übersetzungs-Methode halten, bei der zweiten auf kommunikativ orientierten Unterricht tippen, bei der dritten auf ein dramapädagogisches Vorgehen und bei der vierten auf Projektunterricht. Obwohl diese Momentaufnahmen zum gleichen Zeitpunkt gemacht wären, könnte im Kopf der Fremdsprachendidaktiker und -didaktikerinnen eine Zeitschiene entstehen, die mit Wertungen verbunden wäre: Die Grammatik-Übersetzungs-Methode sei alt und überholt, die anderen Vorgehensweisen seien moderner. Das Problem bei derartigen Einschätzungen ist allerdings, dass derartige verallgemeinernde Sätze über ‚das‘ Fremdsprachenlernen eigentlich nicht gemacht werden können. Seit Ende der 1960er Jahre steht für die Forschung zum Fremdsprachenlernen fest, dass es wenig sinnvoll ist, globale Methoden allgemein zu vergleichen (s. ▶ Abschn. 4.5). Im Alltag existieren diese verschiedenen Methoden nebeneinander, und sie werden an verschiedenen Orten von verschiedenen Personen unterschiedlich bewertet.

Der Satz, ein Vorgehen sei ‚veraltet‘ oder ‚zu modern‘ ist eigentlich keine angemessene Einschätzung unterrichtlicher Aktivitäten. Wenn man bestimmte Vorgehensweisen einschätzen möchte, muss man diese in Beziehung zu den handelnden Personen, den Lernzielen und den institutionellen Bedingungen setzen. Im Alltag überwiegen allerdings oft noch Aussagen über die ‚richtige‘, ‚aktuellste‘, ‚modernste‘ ‘Methode usw.

Dieses Kapitel versucht deshalb, zwei Ziele gleichzeitig zu erreichen. Zum einen soll die Entwicklung der globalen Methodendiskussion historisch nachgezeichnet werden. Zum anderen sollen für jeden dieser Ansätze die wichtigsten Merkmale beschrieben werden, damit sie in ihrer Bedeutung für die aktuelle Unterrichtspraxis verstanden werden können. Der Begriff ‚Methode‘ ist dabei problematisch.

Definition

Eine **Methode** ist der Weg, der eingeschlagen werden muss, um ein bestimmtes Lernziel zu erreichen.

Lehrende müssen sich z. B. Gedanken darüber machen, mit welcher Aktivität sie die Lernenden dazu bringen können, beim Lesen nicht jedes unbekannte Wort im Wörterbuch nachzuschlagen. Darüber nachzudenken, wie ein bestimmtes Ziel erreicht werden soll und sich damit möglicher Methoden bewusst zu werden, ist eine alltägliche Aufgabe der Lehrenden, und die Fremdsprachendidaktik muss dafür sorgen, dass in der Ausbildung von Lehrkräften die zukünftigen Lehrenden entsprechend vorbereitet werden.

Darüber hinaus gibt es in der fremdsprachendidaktischen Diskussion aber auch noch eine andere Belegung des Begriffs ‚Methode‘, wie sie zu Beginn dieses Kapitels verwendet wurde, die sich z. B. in Ausdrücken wie ‚die direkte Methode‘ oder ‚die audiolinguale Methode‘ zeigt. Bei einer derartigen Verwendung wird nicht mehr im engeren Sinne darüber nachgedacht, welche Schritte zur Erreichung eines bestimmten Ziels unternommen werden, sondern es wird über *das* Fremdsprachenlernen geredet. Zur Abgrenzung zur obigen Definition von Methode verwendet man oft den Begriff ‚globale Methode‘.

Definition

Der Begriff **globale Methode** ist mit einem weitgehenden Anspruch verknüpft: Es gilt die Annahme, dass bestimmte Vorstellungen vom Fremdsprachenlernen unterschiedslos auf alle Lernenden bezogen werden können. Manchmal ist nicht die Rede von globaler Methode, sondern von ‚Orientierung‘ oder ‚Ansatz‘. In dieser veränderten Begrifflichkeit schwingt mit, dass der Alleinvertretungsanspruch einer Methode bereits kritisch gesehen wird.

Globale Methoden im 20. Jahrhundert Die Grammatik-Übersetzungs-Methode (man findet auch die Schreibweise ‚Grammatik-Übersetzungsmethode‘), die direkte Methode, die audiolinguale und die audiovisuelle Methode sind Beispiele dafür, dass eine das gesamte Fremdsprachenlernen umfassende Konzeption mit dem Begriff ‚Methode‘ belegt wurde. Danach, etwa ab Mitte der 1970er Jahre, änderte sich die Terminologie ein wenig: Statt von einer kommunikativen und von einer interkulturellen Methode sprach man vom kommunikativen bzw. interkulturellen **Ansatz** oder von einer kommunikativen oder interkulturellen **Orientierung**. Die Wortwahl ist also vorsichtiger geworden, und das hat einen guten Grund. Spätestens ab den 1970er Jahren war klar, dass sich die Fremdsprachenforschung mit der Suche nach der ‚besten‘ Methode in eine Sackgasse manövriert hatte.

In diesen Jahren wurde in Forschungsprojekten (s. ▶ Abschn. 4.5), die eigentlich zeigen sollten, welche der damals vorherrschenden Methoden denn die bessere sei, deutlich, dass derart generelle Aussagen über das Fremdsprachenlernen nicht besonders sinnvoll sind, sondern dass Aussagen über das Fremdsprachenlernen möglichst präzise im Hinblick auf die beteiligten Lernenden, die Institutionen, die Lernziele usw. getroffen werden müssen. Man hätte deshalb erwarten können, dass seit den 1970er Jahren gar keine globale Methodendiskussion mehr stattfindet. Das ist nicht so: Vor allem mit dem kommunikativen

Ansatz und zu einem geringeren Maße auch mit dem interkulturellen Ansatz ist die globale Diskussion fortgeführt worden. Und selbst im 21. Jahrhundert verweist (vgl. z. B. das in den USA recht einflussreiche Buch von Kumaravadivelu 2006) der Begriff ‚Post-Method‘, der andeuten soll, man sei jetzt endlich über die Methodenfixierung hinausgekommen, noch indirekt auf die **Dominanz der Methodendiskussion.**

Die verschiedenen Methoden legten zu verschiedenen Zeitpunkten auf unterschiedliche Weise nahe, dass man 'wusste', wie man 'richtig' unterrichtete. Die Sicherheit, die darin liegt, sich einer allgemein anerkannten Methode bedienen zu können, ist weg, wenn man akzeptiert, dass Entscheidungen über das angemessene Vorgehen nur im Hinblick auf konkrete Lernziele, konkrete Lernende mit ihren bisherigen Sprachlernerfahrungen, bestimmte Prüfungen usw. getroffen werden können. Deshalb ist es nicht verwunderlich, dass im 21. Jahrhundert an die Stelle des Glaubens an die Richtigkeit bestimmter Methoden die Gewissheit getreten ist, dass es **bestimmte Prinzipien** gebe, die den Fremdsprachenunterricht erfolgreich bestimmten. Diese werden im ▶ Abschnitt 4.11 behandelt werden. Die zunächst folgenden Abschnitte 4.1 bis 4.7 sollen die verschiedenen Methoden/Ansätze/Orientierungen kurz charakterisieren. Danach wird in 4.8 das Konzept der Aufgabenorientierung, das sich aus der kommunikativen Orientierung entwickelt hat und das im 21. Jahrhundert zu den das Fremdsprachenlernen dominierenden Prinzipien gehört, genauer beleuchtet werden. Übungen und Aufgaben als Herzstück der Fremdsprachendidaktik, die im Laufe des Buches bezogen auf die verschiedenen Fertigkeiten (s. ▶ Kap. 6) und Lerngegenstände (s. ▶ Kap. 8) ebenfalls behandelt werden, sollen systematisch diskutiert werden: Welche Funktion haben Übungen und Aufgaben? Wodurch unterscheiden sich Übungen und Aufgaben? Wie kann man sie klassifizieren? Gegen Ende dieses Kapitels folgen in 4.9 eine kurze Charakteristik der sog. ‚alternativen Methoden‘, die sich im Laufe des 20. Jahrhunderts als Reaktion auf die Vernachlässigung bestimmter Aspekte des Fremdsprachenlernens in den etablierten Methoden entwickelt haben, und in ▶ Abschnitt 4.10 ein Einblick in die Dramapädagogik, die auf die Tatsache reagiert, dass performative Komponenten im klassischen Fremdsprachenunterricht eine viel zu geringe Rolle spielen und die nun umgekehrt versucht, das Fremdsprachenlernen aus der Perspektive des Inszenierens zu begründen.

4.1 Die Grammatik-Übersetzungs-Methode

Die Grammatik-Übersetzungs-Methode (im folgenden GÜM abgekürzt) übertrug die Art und Weise, wie alte Sprachen wie Latein und Altgriechisch unterrichtet wurden, auf den neusprachlichen Unterricht. Die Betrachtung der alten Sprachen trägt zur Bildung der Lernenden bei; an der Auseinandersetzung mit den Strukturen und Texten dieser Sprache sollen sie ihren Verstand, ihre logischen Fähigkeiten, schulen und sich bilden. Das Sprechen in diesen Sprachen war kein wesentliches Ziel eines Unterrichts, der für einen kleinen Teil der Bevölkerung, die Gymnasiasten, reserviert war.

Die Strukturen der Zielsprache sind in der GÜM also ein wichtiger Gegenstand im Unterricht. Zunächst wurde Grammatik präsentiert, danach geübt. Daran schlossen sich Aktivitäten wie das Lesen und eventuell das Übersetzen von Texten an, wobei die Texte möglichst dem hochkulturellen Kanon entnommen wurden. Schreibaktivitäten waren zum einen Diktate, zum anderen Zusammenfassungen von Texten oder Aufsätze und Übersetzungen. In der heutigen Terminologie würde man von einem ausgesprochen kognitiven Konzept der **expliziten Grammatikvermittlung** sprechen, deren Funktion es war, zum **Bildungsprozess** des Individuums durch die Schulung formaler Fähigkeiten beizutragen. Es gab eine klare **Dominanz von** geschriebenen **Texten** sowohl im rezeptiven als auch im produktiven Bereich, Sprechen und Hören waren verglichen damit weniger bedeutsam.

Historisierende Überblicke über die Methodenentwicklung erwähnen meist, dass dies eine besonders im 19. Jahrhundert dominierende Methode war. Diese zeitliche Einordnung passt gut zu der Aussage, es handele sich um eine ‚veraltete‘ Methode. Dabei sollte allerdings nicht vergessen werden, dass in vielen Klassenzimmern auch heute noch ein nicht unbeträchtlicher Teil des Unterrichts als GÜM klassifiziert werden müsste und dass ein Teil der Germanistikstudentinnen und -studenten, die aus dem Ausland in den deutschsprachigen Raum kommen und zum Teil über ausgezeichnete Deutschkenntnisse verfügen, in ihren jeweiligen Ausgangsländern einen GÜM-ähnlichen Unterricht durchlaufen haben. Neben den Hinweisen auf die offensichtlichen Defizite im kommunikativen Bereich lohnt sich also schon die Frage, welchen Beitrag ein derart auf den expliziten Umgang mit der Form fixiertes Vorgehen für das Fremdsprachenlernen welcher Lernenden mit welchen Lernzielen leisten könnte. Und wenn man digitale Angebote zum Fremdsprachenlernen im Internet betrachtet, wird man sehen, dass dort sehr häufig geschlossene Übungen und die Arbeit mit Übersetzungen anzutreffen sind, dass sich dort also Aktivitäten finden, die man traditionell der GÜM zugeordnet hat. In einer Rezension der Sprachlernapp *duolingo* kritisierte Heringer (2015, S. 139): "Insgesamt muss man sagen: Angewendet wird in duolingo nicht einmal die ärmliche GÜM, sondern eine einfache ÜM mit Verlust der Grammatik". In Bui (2022) wird ausführlich beschrieben, wie vietnamesische Lernende mit den verschiedenen Aufgabentypen in *duolingo* umgehen. Es handelt sich bei der GÜM also keinesfalls um eine Sammlung von Aktivitäten, die nur noch von historischem Interesse sind.

In ► Abschn. 3.2.5 wurde darauf verwiesen, dass die Beschreibung der Entwicklung von Lehrwerken für Deutsch als Fremdsprache und ihre Einteilung in die sogenannten Lehrwerkgenerationen eng mit den jeweils vorherrschenden Methoden verknüpft ist. Das Lehrwerk für Deutsch als Fremdsprache, das manchmal als prototypisch für diesen Ansatz genannt wird, ist *Deutsche Sprachlehre für Ausländer* (Schulz/Griesbach 1955). Und tatsächlich findet man in diesem Lehrwerk Elemente, die darauf hinweisen: Die Vermittlung von Grammatik ist ein wichtiges Ziel, es gibt einen kognitiven Zugang zur Grammatik, verwendet wird lateinische Terminologie.

Diese Zuordnung ist jedoch nicht unumstritten. Funk/König (1991) ordnen dieses Lehrwerk der GÜM zu, während Neuner/Hunfeld (1993) es eher als

Vertreter einer sogenannten vermittelnden Methode sehen. Brill (2005) hat die 1:1 Zuordnung von bestimmten Lehrwerken und Methoden, die man häufig findet, durchbrochen, sie analysiert ausführlich Lehrwerke, die als prototypisch für bestimmte Methoden gelten im Hinblick auf die Eindeutigkeit der Zuordnung. Die Problematik bei dieser direkten Zuordnung sei darin zu sehen,

» dass in der Fachliteratur eine Traditionslinie zwischen der GÜM, die für eine ganz bestimmte homogene Zielgruppe (jugendliche Gymnasiasten) mit spezifischen Lehrzielen im schulischen Kontext des letzten Jahrhunderts etabliert wurde, und dem Unterricht mit einer heterogenen Zielgruppe (Erwachsene) im außerschulischen Bereich ca. 60 Jahre später, der von Anfang an ganz andere (eher pragmatische) Lehrziele verfolgte, gezogen wurde (Brill 2005, S. 131).

Eine ausführlichere Beschäftigung mit Lehrwerken im Kontext der GÜM findet sich in Neuner/Hunfeld (1993, S. 20–29) und Brill (2005, S. 115–135).

Solange die Beschäftigung mit sprachlichen Formen und hochkulturellen Texten als Teil der **Allgemeinbildung** des jungen Menschen das wichtigste Ziel ist, ist der entsprechende Umgang auch mit modernen Sprachen sinnvoll. Verändert sich die Zielsetzung hin zu einer stärkeren Förderung dessen, was man in der heutigen Terminologie kommunikative Kompetenz nennen würde, dann wird ein Unterricht problematisch, der besonders viel Wert legt auf einen kognitiven Zugang zu Strukturen, die in schriftlichen Texten präsentiert werden. Gegen Ende des 19. Jahrhunderts beginnt deshalb eine Gegenbewegung zur GÜM. Normalerweise der Initiative des Marburger Wissenschaftlers Wilhelm Viëtor mit seinem Text „Der Sprachunterricht muss umkehren" zugeschrieben, entwickelt sich eine Art Negation der GÜM, die sogenannte direkte Methode.

4.2 Die direkte Methode

Die direkte Methode kann man sich als direkte Gegenposition zur GÜM vorstellen. Das zeigen schon die alternativen Namen, unter der sie zum Teil geführt wurde: „Anti-Grammatik-Methode, Reform-Methode, rationale Methode, natürliche Methode, konkrete Methode, intuitive Methode, analytische Methode" (Neuner/Hunfeld 1993, S. 33).

> **Definition**
>
> Das Ziel der **direkten Methode** ist die Beherrschung der gesprochenen Sprache, genauer die mündliche Beherrschung von Sprache. Der kindliche Erstspracherwerb dient als Modell. Die Entwicklung von Regeln erfolgt aus der Auseinandersetzung mit dem sprachlichen Material, also durch ein induktives Vorgehen.

Lernende sollen im Rahmen der direkten Methode durch **Nachahmung** und durch **Induktion** eine Art Gefühl für die neuen Sprachen erwerben. Zum ersten Mal kommt hier bei der Diskussion um das gesteuerte Fremdsprachenlernen das **Konzept der Natürlichkeit** als starkes Argument ins Spiel. Zwar war auch den Vertretern der direkten Methode klar, dass ein Jugendlicher oder ein Erwachsener die fremde Sprache nicht so lernt wie ein Kind seine Erstsprache. Trotzdem war, das deutet der Name direkte Methode bereits an, der natürliche Erstspracherwerb das große Vorbild.

Anschaulichkeit und entdeckendes Lernen sind als Konzepte in der direkten Methode, genauer gesagt in der **Reformpädagogik**, auf die sich die direkte Methode bezieht, bereits vorhanden, sie sind also keine Neuerfindung der 1970er Jahre, auch wenn sie in diesen manchmal als fachdidaktische Neuerungen propagiert werden. Lehrende sind Sprachvorbilder, man ahmt sie nach. Der Fokus auf Alltag und Sprechen führt neben der Zurückdrängung der expliziten Grammatik zu einem zweiten Verlierer dieses Methodenwechsels: Literatur spielt im Unterricht eine weitaus geringere Rolle als in der GÜM.

Einsprachigkeit Die neue Sprache soll dazu dienen, sich im Alltag zurechtzufinden, z. B. im schulischen Umfeld. Es sollen möglichst direkte Beziehungen zwischen der wahrgenommenen Welt und der neuen Sprache mit ihren Wörtern hergestellt werden, der Weg über die Erstsprache, in der GÜM noch das Vorgehen der Wahl, ist plötzlich nicht nur ein Hindernis, er ist sogar schädlich: Die direkte Methode plädiert für Einsprachigkeit, man hofft, die Lernenden könnten die vorhandene Sprache während des Unterrichts quasi vergessen und eine **direkte Verbindung von Welt und neuer Sprache** aufbauen.

Dazu bedarf es einer Verbindung von Welt und Sprache, und so wird die direkte Umgebung im Klassenzimmer ebenso wie der Teil der Welt, den man über Bilder ins Klassenzimmer bringen kann, so anschaulich wie möglich vermittelt. **Visuelle Hilfsmittel** spielten deshalb eine viel größere Rolle als in der GÜM.

Grammatische Regeln sind im induktiven Verfahren zwar weiterhin vorhanden, aber sie sind nicht wie beim deduktiven Verfahren der Beginn, sondern das Ende: Eine Regel entwickelt sich und wird danach explizit gemacht. Eine ausführlichere Beschäftigung mit Lehrwerken im Kontext der direkten Methode findet sich in Neuner/Hunfeld (1993, S. 40–43). Die direkte Methode hat an vielen **privaten Sprachschulen** überlebt und auch überall da, wo Einsprachigkeit dogmatisch durchgesetzt wird, auch gegen die neueren Erkenntnisse zur Bedeutung bereits gelernter Sprachen (s. ▶ Kap. 11).

In der Anfangsphase der direkten Methode waren überwiegend die Lehrenden das **Sprachvorbild,** weil Aufzeichnungsgeräte für gesprochene Sprache kaum eine Rolle spielten. Sobald die ersten Schallaufzeichnungsgeräte vorhanden waren, konnten diese verwendet werden, um nachahmenswerte Sprachvorbilder in den Unterricht zu bringen, vor allen Dingen dort, wo trotz größter Bemühungen, muttersprachliche Sprecher der Sprache als Lehrende zu engagieren, diese nicht zur Verfügung standen.

4.3 Die audiolinguale Methode

Mit dem Aufkommen der direkten Methode waren Grundprinzipien wie Einsprachigkeit, Induktion, Nachahmung und Primat des Mündlichen feste Bestandteile der Fremdsprachendidaktik geworden, die seither, zu verschiedenen

Zeitpunkten unterschiedlich intensiv, eine wichtige Rolle gespielt haben. In den 1950er Jahren wurden diese Grundprinzipien der direkten Methode aufgenommen und mit den damals aktuellen linguistischen und psychologischen Vorstellungen von Lernen verbunden. Es entwickelte sich die sogenannte audiolinguale Methode. Diese zeichnete sich vor allen Dingen dadurch aus, dass zum ersten Mal überhaupt im Sprachunterricht größere **technische Investitionen** stattfanden. Ebenso wie bei der direkten Methode ist das Beherrschen von Sprachen, nicht das Sprachwissen, das entscheidende Ziel, ebenso wie bei der direkten Methode haben die Fertigkeiten des **Hörens und Sprechens** Vorrang vor dem Lesen und Schreiben.

Definition

Bei der **audiolingualen Methode** stehen ebenso wie bei der direkten Methode das Hören und das Sprechen im Mittelpunkt. Hervorstechende Merkmale der Vermittlung sind die Imitation von Satzmustern (*pattern drill*) und die positive Reaktion auf richtige Antworten der Lernenden beim Üben (*reinforcement*). Ab den 1960er Jahren findet ein Großteil der Übungen im Sprachlabor statt. Die Grammatikvermittlung erfolgt induktiv.

Das Aufkommen des audiolingualen Unterrichts wurde zum einen unterstützt durch eine Entwicklung in der Linguistik, durch den sogenannten amerikanischen Strukturalismus (zur Einordnung der Bedeutung der Arbeiten von Charles Carpenter Fries für den Fremdsprachenunterricht vgl. Helbig 1974, S. 255–260). Die Lernenden sollten versuchen,

» eine direkte Beziehung zwischen den Erfahrungen und den Äußerungen in der Fremdsprache herzustellen und auf diese Weise die Sprachgewohnheiten der Muttersprachler (,speaking habits') nachzuahmen. Der ökonomischste Weg, die Strukturmodelle einer Sprache zu lernen [...] ist nach Fries die fortlaufende Wiederholung der Patterns (ebd., S. 256).

Befördert wurde durch diesen Ansatz ein Konzept von Sprachunterricht, das überwiegend **satzbezogen** war. Die Vermittlung von Strukturen folgte einer bestimmten Progression, die durch den Vergleich von Sprachen, die strukturalistisch analysiert waren, hergestellt werden sollte. Diese Strukturen mussten intensiv geübt werden. Hier traf sich der Strukturalismus mit der vorherrschenden lernpsychologischen Theorie, dem **Behaviorismus**. Nach diesem ist auch das Fremdsprachenlernen ein Prozess, bei dem Gewohnheiten dadurch gefestigt werden können, dass richtige Antworten bestätigt werden. Gelernt wird durch beständiges **Üben**.

Häufig liest man, in der audiolingualen Fremdsprachendidaktik gehe es hauptsächlich um die gesprochene Sprache. Dabei handelt es sich allerdings um Sprache, die zwar mündlich realisiert ist, aber in vielen Fällen nicht Eigenschaften der gesprochenen, sondern Eigenschaften der geschriebenen Sprache hat (s. dazu ausführlicher ▶ Abschn. 3.1.1), die also zwar medial mündlich, konzeptionell jedoch oft eher schriftlich ist. Die Fokussierung auf das Mündliche führt dazu, dass die zu lernenden Sprachmuster in alltägliche Kontexte integriert werden und man so bereits von einer **situativen** Einbettung der Grammatikvermittlung reden kann. Diese und auch die Arbeit mit Dialogen sind also keine Erfindung des in den 1970er Jahren beginnenden kommunikativen Ansatzes (s. ▶ Abschn. 4.6), sondern geradezu konstituierend bereits für den audiolingualen Ansatz. Allerdings bleibt es bei den Dialogen in audiolingualen Lehrmaterialien zumeist das wichtigste Ziel, Strukturen zu vermitteln. Es handelt sich also oft um als **Dialoge verkleidete Grammatikpräsentationen** (s. ▶ Abschn. 3.1.2). Erst mit der im kommunikativen Ansatz verstärkt aufkommenden Forderung nicht nur nach Dialogen, sondern nach authentischen Dialogen wird diese Orientierung an der Grammatikprogression in Frage gestellt.

Die wichtigste Form des Übens sind geschlossene (s. ▶ Abschn. 5.2.1) Aktivitäten, bei denen sprachliche Muster memoriert werden, die sogenannten *pattern drills*. Diese scheinen vor allen Dingen durch die neue technologische Errungenschaft, das Sprachlabor, sehr effektiv vermittelbar zu sein. Denn nun ist es möglich, dass jeder Schüler **individuell** arbeiten kann: An seinem Platz im Sprachlabor kann er die Stimuli nachsprechen, die Lehrkraft kann sich einschalten, es können Aussprache und Hörverstehen geübt werden, es können Grammatikmuster nachgesprochen werden. Verglichen mit einer Klassenzimmersituation, in der die Lehrenden Redezeit zuteilen (und selbst (zu) viel reden), ist dies also ein großer Zugewinn an Redezeit für die Lernenden. Klassisch läuft ein Drill folgendermaßen ab: der Lerner

- hört etwas,
- reagiert darauf,
- hört die richtige Antwort und
- korrigiert sich durch ein erneutes Sprechen.

Die Schwachstelle dieser Sequenz liegt im Übergang vom dritten zum vierten Schritt: Was die Lernenden nach ihrer Äußerung hört, ist ja keine wirkliche Reaktion im Sinne eines Feedback, wie es eine Lehrkraft oder heute manchmal auch eine gute Software geben. Es ist vielmehr eine bereits vor der sprachlichen Reaktion der Lernenden hergestellte Antwort, die diese nun hören, unabhängig davon, was genau sie gesagt haben. Diese Vorstellung vom Lernen geht davon aus, dass die Lernenden tatsächlich in der Lage sind, diese zeitlich auf ihr Sprechen folgende Reaktion, die ihre konkrete Äußerung aber nicht analysiert hat, für die Durchführung eines Vergleichs zu nutzen. Wenn die Lernenden aus der Rückmeldung der Kassette die Differenz zu ihren eigenen Äußerungen nicht heraushören und bei ihrem zweiten Versuch deshalb auch keine entsprechenden Änderungen ihrer ersten Äußerung vornehmen können, haben sie keinen wirklichen Lernfortschritt erzielt. Die Probleme, die diese Art von Feedback mit sich bringt, bleiben nicht auf die Zeit der Sprachlabore beschränkt, sie sind auch heute noch anzutreffen. Lernsoftware, die die Lernenden den Vergleich selbst durchführen lässt oder nicht weit genug entwickelte **Spracherkennung** enthält, arbeitet mit einem Feedback (und oft auch mit Aufgabenstellungen), die sich seit der Zeit des audiolingualen Ansatzes kaum verändert haben.

Grammatikvermittlung ist im audiolingualen Ansatz keinesfalls verschwunden, verglichen mit der direkten Methode hat die Grammatik wieder an Bedeutung gewonnen, aber sie bleibt dialogisch verkleidet. Die zusammenfassende Grammatikdarstellung z. B. durch Tabellen wird im audiolingualen Ansatz im Lehrwerk manchmal aus der Lektion ausgeklammert und findet sich in einem gesonderten Überblicksteil, das wirkt so, als solle der Blick auf die Grammatik nicht den Ablauf in der Lektion stören. Ausgegliedert ist dabei aber nur die explizite Behandlung von Grammatik, nicht die einübende Beschäftigung mit ihr.

Der in ▶ Abschn. 3.1.2. abgebildete Dialog zur Einführung von Relativpronomen ist ein Beispiel für eine Seite aus einem Lehrwerk, die im Kontext der audiolingualen Methode als einigermaßen typisch angesehen werden kann, man sieht einen mit klarem Bezug auf ein Grammatikphänomen geschriebenen Dialog: die Häufung von Relativsätzen sticht sofort ins Auge. Dem audiolingualen Ansatz wird auf der Ebene der Lehrwerke zumeist das Lehrwerk *Deutsch als Fremdsprache* (Braun/Nieder/Schmöe 1967) zugeordnet, aus dem diese Abbildung stammt. Man könne, so Brill 2005, in diesem Lehrwerk allerdings sowohl Merkmale der audiolingualen Methode erkennen als auch Elemente, die sich nicht auf sie beziehen. So sei dieses Lehrwerk durch seine Einsprachigkeit gar nicht in der Lage, auf Grund von kontrastiven Strukturanalysen „eine an der Komplexität der fremdsprachlichen Strukturmuster orientierte Grammatikprogression" aufzubauen" (ebd., S. 140). Alltagsorientierung sei zwar vorhanden, allerdings seien die Texte nicht authentisch, wie das in ▶ Abschn. 3.1.2 wiedergegebene Beispiel zeigt. Dialoge und Übungsgeschehen seien grammatikgesteuert. Das Lehrwerk ziele „weiterhin vorrangig auf die Vermittlung grammatischen Wissens" (ebd., S. 142).

4.4 Die audiovisuelle Methode

Das audiovisuelle Konzept ist in den 1950er Jahren in Frankreich ursprünglich für Französisch als Fremdsprache entwickelt worden.

Definition

Die **audiovisuelle Methode** ist in vielerlei Hinsicht eine Weiterentwicklung der audiolingualen und der direkten Methode. Während bei der audiolingualen Methode die Verbindung von Hören und Sprechen im Vordergrund steht, weist das Attribut ‚audiovisuell' bei diesem Ansatz darauf hin, dass die visuellen Medien eine wichtige und verglichen mit vorher vorhandenen Konzepten auch neue Rolle spielen.

Ein typisches audiovisuelles Vorgehen beginnt mit einer Verbindung von **Ton und Bild,** visuelle und akustische Reize werden zugleich gegeben, so dass sie eine Bedeutungseinheit bilden. Danach werden Dialoge präsentiert, die sich durch **Wiederholungen** einprägen sollen. Im Laufe der Zeit sollen die visuellen Stimuli in den Hintergrund treten, so dass die Lernenden den Dialog nachspielen können.

Schreiben und Lesen spielt in dieser Anfangsphase keine Rolle, bei konsequenter Anwendung der Methode müssten die Lehrenden die Lernenden daran hindern, sich Notizen zu machen, ein problematisches Vorgehen zumindest für diejenigen Lernenden, für die das **Aufschreiben** ein wichtiger Teil ihres Lernprozesses ist. Wie im audiolingualen Unterricht auch wird also vorrangig medial gesprochene Sprache präsentiert, Dialoge werden nachgeahmt, Muster werden erworben.

Im Gegensatz zur audiolingualen Methode, bei der mit dem Sprachlabor zwar auch Technik zum Einsatz kam, diese sich aber im Wesentlichen auf einen Aspekt, den Audio-Bereich, konzentrierte, ist bei der audiovisuellen Methode zum ersten Mal ein großer analoger **Medienverbund** im Einsatz. Die visuellen Elemente können über Fernsehen oder Diaprojektor geliefert werden, die akustischen durch Tonbandgeräte. Was im 21. Jahrhundert multimedial über ein einzelnes Gerät transportiert wird, ist in dieser Phase des analogen Medieneinsatzes ein technisches Abenteuer: Ziemlich viele Geräte müssen funktionieren und die Lehrkräfte müssen eine hohe technische Kompetenz besitzen, damit sie diesen Unterricht gut durchführen können.

Bei der audiovisuellen Methode mussten die Lehrenden also zum ersten Mal in der Entwicklung der Fremdsprachendidaktik eine starke **technische Medienkompetenz** haben, und durch die Vielfalt der analogen Medien bestand die Gefahr, dass eine Art Drehbuch den Lehrenden quasi vorschrieb, welche Schritte sie als nächstes zu unternehmen hatten, so dass sie stärker Medientechniker als verantwortliche Unterrichtsgestalter oder Lernorganisatoren waren.

Für beide, die audiolinguale und die audiovisuelle Methode gilt, dass sie mit Mustern arbeiten, dass sie einerseits das Primat der gesprochenen Sprache postulieren und doch gleichzeitig Texte liefern, denen ihr Bezug zur Grammatikprogression anzusehen ist und dass sowohl kreative Schreibaktivitäten als auch kognitiver Zugang zu sprachlichen Phänomenen keine Rolle spielen. Häufig werden auch die „Sinnentleerung und Banalisierung der Lehrbuchdialoge und -übungen wegen der Dominanz der Grammatikpatterns und die Marionettenhaftigkeit der Lehrbuchfiguren" kritisiert (Neuner/Hunfeld 1993, S. 66).

4.5 Unabhängigkeit von der Entwicklung in den Bezugswissenschaften

In der globalen Methodendiskussion ist Ende der 60er/Anfang der 70er Jahre noch überwiegend die Annahme zu finden, dass Veränderungen in der Linguistik und in der Psychologie ,automatisch' zu Veränderungen beim Fremdsprachenlernen führen müssten. Strukturalismus und Behaviorismus, die beiden sogenannten Bezugswissenschaften der audiolingualen Methode, wurden vor allen Dingen durch Noam Chomsky heftig angegriffen. Konzepte der generativen Grammatik wie **Spracherwerbsmechanismus**, eine auf Humboldt zurückgehende Idee **sprachlicher Kreativität** und Tiefenstrukturen, von denen man durch Transformationen zu Oberflächenstrukturen gelangte, bestimmten nun die Diskussion.

Parallel dazu entwickelten sich Veränderungen in der Fremdsprachendidaktik. Zum Teil wurden eher oberflächliche Anpassungen vorgenommen, z. B. wenn traditionelle Umformungsübungen plötzlich Transformationsübungen genannt wurden. Es gab jedoch auch, wie in ▶ Kap. 2 gezeigt, vom Konzept des Spracherwerbsmechanismus ausgelöste Debatten über das Verhältnis von Steuerung und natürlichem Erwerb, die die Erforschung des Fremdsprachenlernens langfristig beeinflusst haben.

4

Cognitive code learning Für eine kurze Zeit wurde dem audiolingualen Ansatz ein sogenanntes *cognitive code learning* entgegengesetzt, eine eher theoretisch vorhandene Konstruktion, die wohl am besten als eine Art verkleidete GÜM zu beschreiben ist. Immerhin ist es dieser Konstruktion zu verdanken, dass zwei große Studien durchgeführt wurden, die versuchten, die Überlegenheit der einen oder anderen Methode als solche zu belegen, eine sehr aufwändige Studie in Pennsylvania und eine Studie in Schweden (vgl. Smith 1970 und Elek/Oskarsson 1975; als Überblick Rösler 1977). Das aus heutiger Sicht wohl interessanteste Ergebnis dieser beiden Studien war, dass die Frage nach der Überlegenheit einer Methode über andere eigentlich die falsche Frage ist. Fragen nach der Überlegenheit von Vorgehensweisen können nicht auf der Ebene allgemeiner Methoden gestellt werden, sondern müssen sich auf die Vielfalt des Lernens beziehen, auf individuenbezogene Faktoren wie z. B. Alter, Motivation usw. ebenso wie auf Lernziele oder institutionelle Begebenheiten.

In Deutschland führte diese Erkenntnis u. a. dazu, dass sich mit der Sprachlehr- und -lernforschung eine sich als empirische Wissenschaft verstehende eigenständige Disziplin etablierte, die gegen die traditionelle Fremdsprachendidaktik eine stärkere Fokussierung auf Forschung einforderte. Sie legte besonderen Wert auf Konzepte wie die **Interdisziplinarität** der Erforschung des Fremdsprachenlernens und den sog. **Lernerbezug**, das Eingehen auf die Vielfalt der Lernervariablen. Explizit gefordert wurde eine klare Abkehr von der Vorstellung, man könne aus Entwicklungen in der Linguistik und der Psychologie vorhersagen, wie es in der Fremdsprachendidaktik weitergehe (vgl. Koordinierungsgremium im DFG-Projekt Sprachlehrforschung 1977).

Mitte der 1970er Jahre entstand eine paradoxe Situation: Zum einen wusste man, dass es eigentlich keine ,beste' globale Methode mehr geben kann, zum anderen entwickelte sich parallel dazu aber eine neue Grundorientierung, die bis ins 21. Jahrhundert in vielfältig weiterentwickelter Form die fremdsprachendidaktische Diskussion dominiert. Sie beeindruckte durch eine Vielzahl von originellen Ideen, neuen Lehrwerken und emanzipatorischen, gut in den Zeitgeist der 1970er Jahre passenden Konzepten. Man sprach nun allerdings – wie bereits angedeutet – eher von einer neuen Orientierung oder einem neuen Ansatz; die Vorstellung, es gebe eine globale Methode, war zu diesem Zeitpunkt doch schon zu unhaltbar geworden.

4.6 Der kommunikative Ansatz

Mitte der 1970er Jahre trafen verschiedene Entwicklungen zusammen. Bildungspolitisch erhöhte sich in der Bundesrepublik die Zahl der Lernenden, die eine Fremdsprache lernen sollten, dadurch, dass nun auch an Hauptschulen Fremdsprachenunterricht angeboten wurde. In der Linguistik wurde durch die Ausweitung ihres Gegenstandsbereichs auf Gespräche und Texte, durch die sogenannte **pragmatische Wende**, eine Beschäftigung mit einem Gegenstand in den Vordergrund gerückt, der über den Blick auf Sätze hinausgeht. In der aktuellen fremdsprachendidaktischen Diskussion selbstverständliche Stichwörter wie ,Alltagskommunikation', ,Authentizität' und situative Einbettung' wurden zu diesem Zeitpunkt neu oder neu belegt in die Diskussion eingeführt.

Sich im Alltag der Zielsprache zurechtfinden zu können, wurde ein wichtiges Ziel. In bewusster Abgrenzung zur GÜM mit ihrer hochkulturellen Orientierung wurde mit dem kommunikativen Ansatz eine stärker auf die Alltagskultur fokussierte Konzeption von Fremdsprachenlernen durchgesetzt, die mit dem sogenannten erweiterten Kulturbegriff einherging und für die Landeskundevermittlung weitreichende Folgen hatte (s. ▶ Abschn. 9.3.2).

Im Gegensatz zur auch in der direkten und audiolingualen Methode vorhandenen Alltagsorientierung, bei der häufig trotzdem sprachliche Gebilde produziert wurden, die hauptsächlich durch ihren Grammatikbezug bestimmt waren, wurde durch die Forderung nach Authentizität nun die **kommunikative Funktion der Texte** tatsächlich ernst genommen. Dass diese Forderung nach Authentizität eine Reihe von Problemen bei der Textauswahl bzw. der Produktion von Texten vor allen Dingen auf den niedrigen Niveaustufen mit sich brachte, wurde in ▶ Kap. 3.1.2 gezeigt. Trotzdem war diese **Forderung nach Authentizität** ein wichtiger Meilenstein in der Entwicklung der Fremdsprachendidaktik, denn damit wurde ein starker Gegenpol zu einer einseitigen Festlegung auf die Grammatikprogression als vorherrschendem Kriterium für die Textauswahl etabliert.

Ein weiterer Einflussfaktor war der allgemeine politische Zeitgeist, der in der deutschsprachigen Diskussion dafür sorgte, dass die neue kommunikative Richtung als progressiv wahrgenommen wurde, weil sie **emanzipatorischen Zielen** diente. Zumindest in der ursprünglich in der Englischdidaktik von Piepho (1974) angestoßenen Diskussion war die kommunikative Orientierung immer verbunden mit dem übergreifenden Lernziel, sich im gesellschaftlichen Diskurs behaupten zu können. Der Bezug zum Konzept der **kommunikativen Kompetenz** von Jürgen Habermas (1972), das zu diesem Zeitpunkt zu einem nicht unbeträchtlichen Teil die gesellschaftliche Diskussion bestimmte, wurde immer dann hergestellt, wenn der kommunikative Ansatz eine Legitimation brauchte, die über die sprachlichen Lerngegenstände hinausging (vgl. als kritische Bestandsaufnahme dieser Verbindung Schmenk 2005).

In der Folgezeit wurde aus dem hohen politischen Ziel der **Diskursfähigkeit** häufig nur die Beherrschung von Redemitteln im Alltag, und die Alltagsorientierung ging oft mit einer **Banalisierung der Inhalte** einher, die eine thematische Unterforderung zumindest erwachsener Lernender bedeutete (vgl. den Überblick in Rösler 2008). Auch wurde in der Diskussion des Fachgebiets Deutsch als Fremdsprache viel zu selten thematisiert, inwieweit denn eine im deutschsprachigen Raum hauptsächlich für den Kontext Englisch an Schulen geführte Diskussion tatsächlich auf die doch ganz anderen Gegebenheiten des Deutscherwerbs außerhalb des deutschsprachigen Raums übertragbar sei. Trotzdem ist zunächst auf einer allgemeinen Ebene festzuhalten, dass die kommunikative Grundorientierung auch für das Fachgebiet Deutsch als Fremdsprache zu einer tiefgehenden Veränderung geführt hat.

Kommunikative Progression und dienende Funktion der Grammatik Mit der pragmatischen Wende in der Linguistik wurde der Blick auf sprachliches Handeln gerichtet. Untersucht wurde, wie man die **Mitteilungsabsichten** von Sprechern systematisieren und den Lernenden vermitteln kann, mit welchen sprachlichen Mitteln sie realisiert werden und wie bestimmte sprachliche Mittel auf Hörende wirken. Typisch für die Fremdsprachendidaktik wurden nun Versuche, den Lernenden zu zeigen, wie unterschiedlich eine bestimmte Mitteilungsabsicht ausgedrückt werden kann.

Es ist auch kein Zufall, dass in der DaF-Didaktik erst mit dem Aufkommen der kommunikativen Orientierung über die Vermittlung schwieriger sprachlicher Elemente wie der sogenannten **Modalpartikeln** (*ja, eigentlich, schon* usw.), die im gesprochenen Deutsch in der Alltagskommunikation für die soziale Dimension der Interaktion von großer Bedeutung sind, in der Fremdsprachendidaktik ernsthaft nachgedacht wurde (vgl. z. B. Weydt u. a. 1983).

Während die GÜM und die audiolinguale Methode im Prinzip grammatikorientiert ausgerichtet waren, wenn auch auf sehr unterschiedliche Weise, wurde der Grammatik nun explizit eine sogenannte dienende Funktion zugewiesen, d. h. Grammatik sollte so vermittelt werden, dass sie den Kommunikationsprozess unterstützt, aber nicht Selbstzweck ist. Diese nachvollziehbare Funktionszuschreibung führte allerdings manchmal dazu, dass Grammatik als zweitrangig angesehen wurde. Das traditionelle Üben von Formen erfuhr im Vergleich zur Arbeit mit ganzheitlichen Aufgabenstellungen, in die die Grammatikarbeit dann integriert wurde oder zumindest werden sollte, eine Abwertung (s. ▶ Abschn. 5.2.1).

Wenn sprachliches Handeln im Zentrum der Überlegungen steht, dann ist es nicht verwunderlich, dass in der didaktischen Diskussion die grammatische Progression, die bis zu diesem Zeitpunkt bestimmend war (s. ▶ Abschn. 8.6.3), abgelöst werden sollte durch ein neues Organisationsprinzip, das **kommunikative Progression**, situative Progression oder intentionale Progression genannt wurde. Als generelle Bestimmung der Richtung, sich nicht von Strukturen, sondern von **Kommunikationssituationen** leiten zu lassen, war dieser Progressionsbegriff bedeutsam.

Problematisch ist, dass sich im Bereich der Kommunikation weniger eindeutig über die Festlegung von Reihenfolgen reden lässt als im Bereich der Grammatik. Zwar ist es auch nicht unproblematisch, Kriterien zur Festlegung der Reihenfolge von grammatischen Phänomenen zu bestimmen, aber es ist immerhin möglich, relativ konsensual Sätze zu produzieren wie „Einführung der Verben im

Präsens Indikativ geschieht früher als Verben im Konjunktiv". Ein vergleichbarer Satz „Einführung der sprachlichen Handlung des Aufforderns vor Einführung der sprachlichen Handlung des Lobens" ist hingegen wenig sinnvoll. Zu klar ist, dass man über die Mitteilungsabsichten der Lernenden reden muss, bevor man in einem Lehrwerk eine Progression von Redeabsichten aufbauen kann.

Die kommunikative Progression war also als Kampfbegriff gegen die grammatische Progression und als **Leitmetapher** für den kommunikativen Ansatz erfolgreicher als als Kriteriengeber für Reihenfolgen von sprachlichen Handlungen in Lehrwerken (vgl. die kritische Auseinandersetzung in Kwakernaak 1999). Trotzdem erwecken seither die meisten Lehrwerke den Anschein, sie hätten eine kommunikative Progression, indem sie in ihren Inhaltsverzeichnissen die jeweiligen Redeabsichten gleichberechtigt mit den Themen, der Grammatik, den Aussprachegegenständen usw. aufführen. Diese Ausdifferenzierung des Inhaltsverzeichnisses eines Lehrwerks, die mehr Transparenz und den Lernenden einen besseren Überblick verschafft, ist sicher eine erfreuliche Nebenwirkung des kommunikativen Ansatzes.

Aber auch auf die Grammatikprogression hatte die Diskussion um Kommunikationsorientierung Einfluss. Wurde vor dem kommunikativen Ansatz bei der Vermittlung von Tempusformen zumeist mit der Reihenfolge Präsens, Präteritum, Perfekt gearbeitet, so wurden nun nach dem Präsens zunächst Perfektformen eingeführt, obwohl diese von der Systematik her als schwieriger angesehen werden können. Einen höheren Wert als dieses sprachinterne Kriterium bei der Festlegung der Reihenfolge hatte nun aber, dass man beim alltäglichen Reden über Vergangenes die Präteritumsformen von *sein* und *haben* und die Perfektformen verwendet und dass das alltägliche Reden über Vergangenes möglichst früh eingeführt werden sollte (vgl. dazu genauer Rösler/Würffel 2020, S. 30–32). Dies ist nur ein praktisches Beispiel für den Einfluss der kommunikativen Orientierung auf die Beschäftigung mit der Grammatik. Ursprünglich geplant war etwas weitaus Umfassenderes: Entwickelt werden sollte eine Art kommunikative Grammatik, bei der die zu behandelnden grammatischen Phänomene nach kommunikativen Gesichtspunkten sortiert waren. Der konsequenteste Versuch, diese Konzeption zu Ende zu denken, findet sich bei Barkowski (1982).

Auf den ersten Blick weniger ins Auge springend, aber gleichwohl bedeutend, war der Einfluss, den die kommunikative Grundorientierung auf die Wahl der Textsorten und die Didaktik der Fertigkeiten hatte. Wenn **Authentizität** ein Eckpfeiler des kommunikativen Ansatzes ist, dann ist es natürlich wichtig, dass die Lernenden nicht irgendwelche Texte sprechen und schreiben, sondern dass sie **textsortenadäquat** sprechen und schreiben. Diese stärkere Fokussierung auf authentische Texte wiederum hatte Konsequenzen für die Didaktik der Fertigkeiten. Daher ist es kein Zufall, dass die Beschäftigung mit dem **Hörverstehen** und dem **Leseverstehen**, die scheinbar relativ wenig mit dem klassischen Ziel der Kommunikationsorientierung zu tun haben, zeitlich kurz nach Aufkommen des kommunikativen Ansatzes eine neue, mit einem differenzierteren **Verstehensbegriff** arbeitende Ausrichtung erhalten (s. ▶ Kap. 6). Auch die **Ausdifferenzierung von** Aufgaben macht im kommunikativen Ansatz große Fortschritte (als ersten

Überblick für den Bereich Deutsch als Fremdsprache vgl. Neuner/Krüger/Grewer 1981), ab den 1990er Jahren entwickelt sich in der fremdsprachendidaktischen Diskussion die **Aufgabenorientierung** als Leitthema. Diese wird in einem gesonderten ▶ Abschn. 4.8 behandelt.

Mit *Deutsch aktiv* liegt tatsächlich ein Lehrwerk vor, das als Repräsentant dieses Ansatzes betrachtet werden kann. Das hat sicher auch damit zu tun, dass Gerd Neuner, einer der Autoren, gleichzeitig einer der wichtigsten Vertreter des kommunikativen Ansatzes im Fachgebiet Deutsch als Fremdsprache ist. *Deutsch aktiv* war in vielerlei Hinsicht innovativ, z. B. durch Darstellungen unterschiedlicher Realisierungen von Sprechabsichten oder durch die zumindest theoretisch behauptete Offenheit des gesamten Konzeptes, mit dem man sich von Lehrwerken, die unterrichtsdeterminierend (s. ▶ Abschn. 3.2.4) waren, absetzen wollte (eine ausführliche kritische Auseinandersetzung mit *Deutsch aktiv* findet sich in Brill 2005, S. 179 ff.).

Wer, ausgelöst durch die Metapher der dienenden Rolle der Grammatik, erwartet, dass *Deutsch aktiv* kaum explizite Grammatik enthält, wird bei einem Durchblättern des Lehrwerks überrascht sein: Ganze Seiten sind voll von expliziter Grammatikdarstellung: Auf der Ebene der Lehrwerksgestaltung koexistierte das kommunikative Grundprinzip der situativen Einbettung durchaus mit einer kontextlosen Darstellung eines Grammatikphänomens. Mit *Deutsch aktiv* hält die Valenzgrammatik Einzug in die didaktische Beschreibung des deutschen Sprachsystems. Selbst für Lernende sehr ungewohnte Termini wie ‚Subsumptivergänzung' (vgl. Neuner u. a., 1979, S. 28) halten mit dieser nicht nur bei *Deutsch aktiv* anzutreffenden Hinwendung zur Valenzgrammatik, wenn auch nur kurzfristig, Einzug in die Lehrwerke. Dass die Einführung valenzgrammatischer Termini zeitgleich mit der Etablierung des kommunikativen Ansatzes erfolgt, hat allerdings wenig mit diesem zu tun, sondern liegt daran, dass in den 1970er Jahren die didaktische Rezeption der Valenzgrammatik begann (vgl. Rall/Engel/Rall 1977).

Kritik am kommunikativen Ansatz Zumindest in seiner verselbständigten Form produziert dieser Ansatz eine **einseitige** Orientierung **an Alltagssituationen und Alltagsthemen** der Zielsprachenländer, er vernachlässigt literarische Texte und berücksichtigt die kulturellen Kontexte der Lernenden nicht. Und auf der Ebene der Praxis, wenn auch nicht unbedingt in den theoretischen Ausführungen, trat dieser Ansatz häufig mit einer Art **Alleinvertretungsanspruch** auf, den er nach dem Stand der Kenntnisse über die Unmöglichkeit, mit einem Ansatz das Fremdsprachenlernen insgesamt voranbringen zu können, eigentlich nicht mehr hätte haben dürfen.

Vor allen Dingen die thematischen **Banalisierungstendenzen** und die **Nichtberücksichtigung der Perspektive der Lernenden** führten dazu, dass sich im Fachgebiet Deutsch als Fremdsprache früher als in der fachdidaktischen Diskussion der anderen Fremdsprachen eine Gegenposition entwickelte, der sog. interkulturelle Ansatz.

4.7 Der interkulturelle Ansatz

Überall da, wo sich der kommunikative Ansatz ausschließlich oder überwiegend auf den Alltag im deutschsprachigen Raum beschränkte, wurde eine Reduktion vorgenommen, die eigentlich nur für eine bestimmte Zielgruppe sinnvoll ist: für die Personen, die in nächster Zeit in den deutschsprachigen Raum reisen. Und auch für diese Personen gilt, dass das Leben im deutschsprachigen Raum nicht nur aus dem Lösen von Fahrkarten am Fahrkartenautomaten und aus Einkaufen besteht, sondern auch aus Gesprächen mit Bewohnern des deutschsprachigen Raums. Und diese wollen von den Lernenden vielleicht wissen, wie es in ihrem Land aussieht, was die Lernenden vom deutschsprachigen Raum halten, welche kulturellen Ereignisse sie besonders gern besuchen usw.

Die Fähigkeit, über Eigenes sprechen zu können, wird noch wichtiger, wenn nicht der Aufenthalt im deutschsprachigen Raum, sondern die Kommunikation mit Sprechern des Deutschen im eigensprachlichen Raum für die Lernenden im Vordergrund steht. Egal ob Touristen, Freunde oder Wirtschaftskontakte, beim Gespräch mit diesen Personen ist es für die Lernenden wichtig, dass sie ihre eigene Welt, die Unterschiede zur deutschsprachigen Welt und die unterschiedlichen Einschätzungen, die mit bestimmten Verhaltensweisen verbunden sind, thematisieren können. Genereller gesagt: Über die Bewältigung des kommunikativen Alltags des zielsprachigen Raums hinaus ist es für den Fremdsprachenunterricht also notwendig, sich damit auseinanderzusetzen, dass die Lernenden aus einem anderen Teil der Welt kommen und einen **eigenen Blick auf Phänomene und Ereignisse des zielsprachigen Raums** mitbringen.

Der interkulturelle Ansatz, der sich zum Teil innerhalb des kommunikativen Ansatzes, zum Teil aber auch in der Auseinandersetzung mit ihm entwickelte, versucht diese Defizite auszugleichen. Er entstand nicht im luftleeren Raum; die linguistische Weiterentwicklung der (kulturellen) Pragmatik stand ebenso Pate wie eine sich in der Welt verstärkende Migrationssituation, die u. a. auch zur Forderung nach **interkulturellem Lernen** führte.

Definition

Der **interkulturelle Ansatz** nimmt die Interaktion von Eigenem und Fremdem und damit den Blick des Lernenden auf die deutsche Sprache und Kultur als Ausgangspunkt seiner didaktischen Überlegungen. Die Fertigkeiten Lesen und Schreiben, ästhetische Texte und generell ein stärker reflektierender und vergleichender Umgang mit Sprache und Kultur spielen im Gegensatz zu den stärker alltagsorientierten Ansätzen wieder eine wichtige Rolle.

Die grundlegende Idee des interkulturellen Ansatzes war es, das Eigene und das Fremde miteinander ins Gespräch zu bringen, also nicht nur zu lernen, wie man sich als Fisch im Wasser in der Zielsprache und Zielkultur bewegt, sondern zu akzeptieren, dass Lernende mit eigenen Erfahrungen und Wertvorstellungen, mit einer eigenen Mehrsprachigkeit und unterschiedlichen **Sprachlernerfahrungen** in den Lernprozess einsteigen. Daher war der interkulturelle Ansatz mit generellen Zielen wie **Völkerverständigung** verbunden und hatte allgemeine Lernziele wie die Sensibilisierung der Lernenden für Unterschiede zwischen Kulturen und Individuen, den Abbau von Vorurteilen und die Entwicklung von Toleranzfähigkeit.

In die Gründerzeit des interkulturellen Ansatzes gehören zwei Lehrwerke. Auf der Ebene der Anfänger, heute würde man sagen, auf den Niveaustufen A1 bis B1, versuchte das Lehrwerk *Sprachbrücke* durch die Konstruktion eines fiktionalen Landes „Lilaland" und der Reise der deutschen Familie Klinger in dieses fiktionale Land den Lernenden die Möglichkeit zu geben, ihre jeweils eigene Position gegenüber dem Deutschen zu versprachlichen und mit deutschen Wahrnehmungen des Anderen konfrontiert zu werden. *Sprachbrücke* ist ein einsprachiges Lehrwerk, es kann also die jeweiligen kulturellen Kontraste im Lehrwerk nicht abbilden, sondern entwickelt auf der Ebene des fiktionalen Landes prototypische Situationen, die Raum für die Versprachlichung des Eigenen und die Reaktion auf das Fremde lassen.

Für fortgeschrittenere Lernende entstand das Lehrwerk *Sichtwechsel,* ein ebenso programmatischer Name wie *Sprachbrücke,* das sich die Sensibilisierung der Lernenden für die Unterschiede zwischen den Kulturen auf die Fahnen geschrieben hatte Dieses Lehrwerk hat sich intensiv mit **Wahrnehmungsprozessen** beschäftigt und wich dadurch stark von den traditionellen Vorstellungen, mit welchen deutschlandkundlichen Themen sich ein Lehrwerk befassen sollte, ab.

Beide Lehrwerke wurden sehr kontrovers diskutiert. Einer der Hauptvorwürfe war, dass mit dem interkulturellen Lernen sehr viel Zeit für die Umsetzung von Lernzielen, die der Menschenbildung allgemein zuzuordnen seien, verwendet werde, die der Fremdsprachenunterricht doch eigentlich gar nicht habe, weil er sich um Kernbereiche wie Wortschatz, Aussprache, Grammatik oder Landeskunde kümmern müsse. Wer z. B. bei der Wortschatzvermittlung davon ausgeht, dass man hauptsächlich mit 1:1-Entsprechungen von Ausgangssprache und Zielsprache arbeiten könne (s. genauer ▸ Abschn. 8.5), für den war der Aufwand zu groß, den ein Lehrwerk wie *Sprachbrücke* trieb, um lexikalische Einheiten wie ‚mein Freund', ‚ein Freund von mir', ‚ein Bekannter' usw. zu vermitteln und um die Lernenden für die möglichen Unterschiede des Ausdrucks von Nähe und Distanz zu sensibilisieren.

◼ Abb. 4.1 zeigt ein derartiges Vorgehen. Dass eine Sprecherin mit einem Mann, den sie kennt, zusammen Fahrrad fährt und sowohl sie als auch ihr Freund das völlig in Ordnung finden, ist etwas, was in einigen Ausgangskulturen anders bewertet wird. Wenn man nur 1:1-Entsprechungen in der Ausgangssprache für die deutschen Wörter ‚Freund' und ‚Bekannter' sucht, hat man zwar auch Wörter gelernt, aber zumindest nach den Vorstellungen des interkulturellen Ansatzes ein wichtiges Moment des Deutschlernens verpasst.

Es würde sicher zu viel der in Bildungsinstitutionen normalerweise für das Fremdsprachenlernen zur Verfügung stehenden Zeit absorbieren, wenn jedes neue Wort auf diese Weise eingeführt würde. Für viele Wörter wird dies nicht notwendig sein, bei manchen, bei denen es sicher auch sinnvoll wäre, wird im Unterricht nicht genug Zeit dafür zur Verfügung stehen. Aber der

Der Freund im Wörtersee

Ab und zu mache ich zusammen mit einem Freund eine Radtour. Mein Freund fi ndet das völlig in Ordnung. Aber ein Bekannter von mir hat sich neulich fürchterlich darüber aufgeregt, daß ich mit einem Freund von mir unterwegs bin, während mein Freund zu Hause bleibt. Mein Freund, das ist der Mann, mit dem ich zusammenlebe. Der Freund von mir, das ist ein Mann, mit dem ich höchstens zusammen radfahre. Und der Bekannte, mit dem würde ich nicht mal radfahren. Den kenn ich halt, ich kann auch nichts dafür.

Eva Witte

Aufgaben

1. a) Schreiben Sie bitte die Wörter heraus, die eine Beziehung zwischen Menschen bezeichnen?
   Beispiel: ein Freund
   b) Bringen Sie bitte diese Wörter in eine Reihenfolge?

Nähe · Distanz

2. Suchen Sie bitte in Ihrer Sprache die passenden Wörter für Freund, Bekannter usw.? Gibt es für alle deutschen Ausdrücke passende Wörter in Ihrer Sprache?

3. Gibt es in Ihrer Sprache Begriffe, für die es im Deutschen keine direkte Übersetzung gibt?

Abb. 4.1 Interkulturelle Wortschatzvermittlung (aus/nach Mebus u. a. 1989, S. 102)

Fremdsprachenunterricht muss an einzelnen Stellen exemplarisch zeigen, so die interkulturelle Grundannahme, wie wichtig es ist, die **Wahrnehmungen und Werte der Lernenden** und die **zielkulturellen Normvorstellungen** miteinander ins Gespräch zu bringen, z. B. können exemplarisch Aufgaben gestellt werden, bei denen die Unterschiedlichkeit der Aufteilung eines Wortfeldes oder unterschiedliche Konnotationen von Konzepten wie Freundschaft oder generell Nähe und Distanz oder Freiheit diskutiert werden.

Diese Diskussion um den Sinn und Unsinn des interkulturellen Lernens als Teil des Fremdsprachenunterrichts spiegelt sich auf der theoretischen Ebene wider in dem Artikel von Edmondson/House (1998), die versuchen, das **interkulturelle Lernen** als Konzept aus der fremdsprachendidaktischen Diskussion als überflüssig zu verbannen: Lernziele wie friedliches Zusammenleben seien nicht konkret und auch nicht fremdsprachenspezifisch genug – es gäbe keine besonderen interkulturellen Lernstrategien oder psycholinguistischen Prozesse, die sich von anderen fremdsprachlichen Lernprozessen unterscheiden.

Man kann durchaus geteilter Meinung darüber sein, inwieweit die häufig zitierte **Empathiefähigkeit**, die Neugier auf andere Kulturen sowie die Fähigkeit, andere Meinungen zuzulassen und fremde Kultur wertzuschätzen, Überhöhungen des Auftrags des Fremdsprachenunterrichts sind und wie weit sie nicht Teil eines fächerübergreifenden allgemeinbildenden Konzeptes sind. Aber da auch Fremdsprachenunterricht Teil der Menschenbildung ist und hier eine besondere Rolle spielen kann, kann man zumindest akzeptieren, dass es Teil der interkulturellen

Fremdsprachendidaktik sein muss, sich mit der Hinführung zu Empathiefähigkeit usw. auseinanderzusetzen (s. dazu ausführlicher ► Abschn. 9.3.3).

(Zu starker) Fokus auf Landeskunde? Die Entwicklung der Landeskun-dediskussion im 20. Jahrhundert wird oft in drei Phasen beschrieben:
- kognitive Vermittlung bzw. Realienkunde, die mit der GÜM einhergeht,
- Alltagskunde, die zum kommunikativen Ansatz passt, und
- interkulturelle Landeskunde (s. dazu ausführlich ► Abschn. 9.3).

Das Interessante am interkulturellen Vorgehen bei der Landeskundevermittlung ist nun, dass dieses kein Gegensatz zu dem stärker deklaratives Wissen vermittelnden kognitiven Vorgehen ist, sondern dass es dieses umfasst und darüber hinausgeht. Dies wird in ► Kap. 9.3.3 ausführlich behandelt werden.

Die Beschäftigung mit landeskundlichen Aspekten ist im interkulturellen Ansatz häufig so stark in den Vordergrund getreten, dass man der Auffassung sein konnte, er beschränkte sich auf diese. Ein Ernstnehmen der Perspektive der Lernenden kann sich jedoch nicht nur auf landeskundliche Elemente beschränken, sie muss auch deren Auseinandersetzung mit der deutschen Sprache und ihren Sprachlernprozessen umfassen (vgl. Rösler 1993).

Die Hervorhebung der Auseinandersetzung mit Eigenem und Fremdem führt dazu, dass die Beschäftigung mit **Mentalitäten** und Stereotypen im interkulturellen Ansatz zum ersten Mal eine große Rolle spielt. Dies ist eine große Herausforderung, denn bei einer interkulturellen Grundkonzeption ist es unbedingt notwendig, sich mit den Bildern der zielkulturellen Region in den Köpfen der Lernenden, mit den Bildern, die in der zielkulturellen Region von der Kultur der Lernenden bestehen, und mit deren Wechselwirkungen zu beschäftigen (zum Umgang mit nationalen Stereotypen s. ausführlicher ► Abschn. 9.5). Dabei sind jedoch drei mögliche Gefahren zu beachten:
- die Gefahr, dass die Heterogenität von Welt durch die Beschäftigung mit gruppenspezifischen Bildern aus den Augen verloren wird,
- die Gefahr, dass man sich statt mit Stereotypen als Konstrukten mit ihrem vermeintlichen Wahrheitswert beschäftigt, und
- die Gefahr, dass ein unangemessenes Vorgehen zur Verstärkung von Stereotypen beiträgt.

Wenn man diese Gefahren nicht im Auge behält, kann aus dem interkulturellen Ansatz leicht ein problematisches Vorgehen werden, in dem sich statt der Vielfalt der Welt der Lernenden und der Vielfalt des deutschsprachigen Raums zwei scheinbar klar voneinander abgrenzbare Kulturen gegenüberstehen. Fornoff (2021) weist auf diese Problematik hin, wenn er die Kritik am interkulturellen Ansatz zusammenfasst:

» Moniert wird an diesem Paradigma, das als Beschreibungsmodell kultureller Austauschprozesse gerade innerhalb der DaF-Landeskunde über einen langen Zeitraum hinweg eine kaum zu überschätzende Rolle spielte, neben der dichotomischen Entgegensetzung von ‚eigener' und ‚fremder' Kultur vor allem das essentialistische und homogenisierende Verständnis von Kultur als Nationalkultur sowie die damit eng zusammenhängende Tendenz zur Reduktion individueller und kollektiver Identitäten auf ihre nationalkulturelle Dimension, wobei es sich jeweils um Aspekte handelt, die einer adäquaten theoretisch-konzeptionellen Erfassung der wachsenden Komplexität, Heterogenität und Pluralität sozialer Wirklichkeiten unter den Bedingungen einer sich immer weiter beschleunigenden globalen Vernetzung eher im Wege stehen (ebd., S. 324f)

Die interkulturelle Orientierung der 1980er Jahre hat die Fremdsprachendiskussion um die Einsicht erweitert, dass die Lernenden nicht einfach die zielsprachliche Kommunikation einüben, sondern dass sie als Personen mit eigenen Verhaltensweisen und Wertesystemen an den neuen kulturellen Kontext und die neue Sprache herangehen. Das ist nicht nur für die intellektuelle Auseinandersetzung mit dem deutschsprachigen Raum von Bedeutung, sondern kann auch Konsequenzen für den Sprachlernprozess haben. Trotzdem ist das Gegenargument der ‚Zeitverschwendung‘ ernst zu nehmen: So wie die kommunikative Orientierung dazu geführt hat, dass bestimmte Arbeiten an Formaspekten in verschiedenen Kontexten an den Rand gedrängt und nicht ausreichend behandelt wurden, so muss sich auch das interkulturelle Vorgehen fragen lassen, welche Aspekte des Fremdsprachenlernens durch die Erweiterung des Gegenstandes an den Rand gedrängt werden oder zu kurz kommen, da ja die Zeit im Unterricht und der Platz in Lehrwerken nicht beliebig ausgedehnt werden können.

4.8 Aufgabenorientierung als Kernkonzept des Fremdsprachenunterrichts

In der GÜM und im audiolingualen Ansatz wurde viel geübt: Lücken wurden gefüllt, Sätze umgeformt, Muster nachgesprochen usw. Überwiegend wurden sprachliche Formen geübt, meistens gab es eine richtige Lösung, eigene inhaltliche Beiträge seitens der Lernenden waren nicht erwünscht, sie hätten eher von den Bemühungen um die richtige Form abgelenkt. Im kommunikativen und im interkulturellen Ansatz wurde weitaus mehr Wert darauf gelegt, dass die Lernenden auch eine Art inhaltlichen Input leisten.

Im Gegensatz zu den geschlossenen Formübungen der vorhergehenden Ansätze spielen offene Aufgabenstellungen, die es den Lernenden erlauben, sich mitzuteilen, eine größere Rolle. Es ist deshalb nicht verwunderlich, dass auf der Ebene der Übungen und Aufgaben große Unterschiede zwischen den Ansätzen vorliegen (zur Unterscheidung von Übungen und Aufgaben s. ▶ Abschn. 5.2.1) und dass die Aufgabenorientierung seit dem letzten Drittel des 20. Jahrhunderts zu einem der einflussreichsten Konzepte geworden ist (vgl. Müller-Hartmann/ Schocker-von Ditfurth 2005).

4

┌─ **Definition** ──

Ziel der **Aufgabenorientierung** ist es, langfristig die Motivation und das Selbstvertrauen der Lernenden so zu stärken, dass die Eigenaktivitäten der Lernenden in der fremden Sprache zunehmen und dass generell ihre Kooperationsfähigkeit verbessert wird. Zu den wichtigsten Merkmalen der Aufgabenorientierung gehört, dass

- die Aufgaben einen Lebensweltbezug haben,
- die Lernenden als in der Fremdsprache handelnde Personen ernstgenommen werden und
- die Aufgaben ergebnisorientiert sind.

└───

Aufgaben sind also Versuche, Unterrichtsaktivitäten von Lernenden herbeizuführen, bei denen diese die **Sprache möglichst authentisch und funktional verwenden** und bei denen sie inhaltlich etwas zu sagen haben. Gemeinsame Auffassung aller Spielarten der Aufgabenorientierung ist, nicht möglichst kleine kontrollierte Sprachlerneinheiten zu einzelnen Phänomenen zu produzieren, sondern eher ganzheitliche kommunikative Aufgaben zu formulieren, bei denen die Lernenden **Bedeutung und sprachliche Realisierung** immer **als Einheit** betrachten. Die Aufgaben sollen möglichst ein Ergebnis haben, das in der Aufgabenstellung auch genannt wird, und diese Aufgabenstellung verlangt eben nicht, eine bestimmte grammatische Struktur zu verwenden, sondern etwas kommunikativ zu produzieren, was dann dazu führt, dass bestimmte Strukturen verwendet werden können.

Zum Konzept der Aufgabenorientierung gehört, dass Aufgaben nicht alleinstehend sind, sondern dass der Unterricht eine sinnvolle **Sequenzierung von Aufgaben** anbieten muss. Hier wird das Konzept eines Szenarios wichtig, Szenarien sind „Ensemblen von Aufgaben, die in einer Abfolge kommunikativer Handlungen und lernerischer Aktivitäten [...] Kohärenz dadurch erhalten, dass allen Beteiligten ihr Sinn transparent wird (Legutke 2006, S. 77). Eine Sequenz von Aufgaben kann z. B. darin bestehen,

- dass zunächst in das Thema und die Aufgabe eingeführt wird,
- danach die Lernenden die Aufgabe durchführen,
- über die Planung ihrer Aufgaben reden und
- ihre Ergebnisse vorstellen (vgl. Willis 1996).

Je umfangreicher man das Konzept der Aufgabe definiert, desto näher rückt es an den Projektbegriff heran (s. ▶ Abschn. 5.2.2) Ein **Projekt** ist dann nur noch als besonders große Aufgabe anzusehen.

Zu den für die Weiterentwicklung der Fremdsprachendidaktik wichtigen Neuerungen, die die Aufgabenorientierung eingeführt hat, gehört die Unterscheidung zwischen einer Aufgabe, wie sie gestellt wird, und dem, was die Lernenden tatsächlich tun, meist wird hierauf mit englischer Terminologie referiert: *task as workplan* und *task in process*. Wenn es nur darum geht, in einer geschlossenen Übung einem Verbstamm die richtige Endung hinzuzufügen, werden diese beiden Konzepte wahrscheinlich relativ stark übereinstimmen: Die Übungsanweisung fordert den Lernenden auf, eine Endung zu ergänzen, und der Lernende wird eine richtige oder falsche Endung in die Lücke schreiben.

Bei offenen mitteilungsbezogenen Aufgaben hingegen kann es sehr interessant sein zu sehen, was die Lernenden tatsächlich mit einer Aufgabe machen und was sie bei ihren Aktivitäten tatsächlich lernen. Diese Art von Aufgabenorientierung erfordert empirische Forschung zur Aufgabenverwendung, wie sie in Deutschland lange Zeit viel zu wenig stattgefunden hat (vgl. z. B. Eckerth 2003).

Eine intensivere empirische Analyse von *task in process* ist notwendig, um zu einer genaueren Einschätzung der Leistungsfähigkeit der Aufgabenorientierung als Leitkonzept des Fremdsprachenunterrichts zu gelangen. Zweifelsohne hat sie für den kommunikativen und interkulturellen Ansatz durch ihren Fokus auf **Mitteilungen** und **Offenheit** die Basis dafür gelegt, dass die über die Formorientierung hinausgehenden Ziele dieser beiden Ansätze im Unterricht umgesetzt werden können.

Arbeit an der Form innerhalb offener mitteilungsbezogener Aufgaben Die Aufgabenorientierung innerhalb des kommunikativen Ansatzes war auf der einen Seite eine Reaktion auf die und eine Ablehnung der formfokussierten Unterrichtsaktivitäten der GÜM und der audiolingualen Methode. Dabei haben zumindest die differenzierteren Vertreter dieses Ansatzes immer darauf bestanden, dass Kommunikation nicht als Gegensatz zu Spracharbeit gesehen werden dürfe. Innerhalb des kommunikativen Ansatzes gilt die Annahme, dass eine Beschäftigung der Lernenden mit der Form genau dann erfolgt, wenn sie sinnvoll ist, z. B. weil ein eigener Text der Öffentlichkeit vorgestellt werden soll und man als Sprechender oder Schreibender meint, korrekt formulieren zu müssen, oder weil man sich durch Beschäftigung mit der Form die Möglichkeit erarbeiten möchte, sich differenzierter als zuvor auszudrücken. Immer dann, wenn Aufgaben als etwas Besseres oder Wichtigeres und nicht lediglich als etwas Anderes als Übungen verstanden werden oder wenn die integrierte Arbeit an der Form vernachlässigt wird, besteht die Gefahr, dass die Aufgabenorientierung in Gegensatz zur Arbeit an der sprachlichen Form gerät und damit die Ausdifferenzierung des sprachlichen Repertoires, die man ja braucht, um immer komplexere Aufgaben sprachlich und kommunikativ bewältigen zu können, behindert (vgl. Rösler 2013).

Es ist zweifelsohne das große Verdienst der Aufgabenorientierung, dass sie das Vorratslernen der Formen, bei dem häufig über lange Zeit Vorrat angeschafft wurde, aber kaum ‚Konsum' stattfand, ersetzt hat durch ein Konzept, das die Beschäftigung mit der Form für die Lernenden funktional werden lässt. Denn nur dann, wenn etwas als relevant erfahren wird, wird die nötige Aufmerksamkeit bei den Lernenden vorhanden sein, die zum Erwerb der Formaspekte führt.

Diese kommunikative Grundidee der Erarbeitung von Formen funktioniert dann (und nur dann), wenn die Lernenden tatsächlich etwas Relevantes zu sagen oder zu schreiben haben, wenn also die Lernszenarien so gestaltet sind, dass eine Erarbeitung von Formaspekten dabei auch tatsächlich stattfindet. Wenn es im Unterricht aus der Perspektive der Lernenden eindeutig ist, dass nur ein

4

relativ plattes ‚So tun als ob' stattfindet und gerade keine motivierende Ernstfall-
kommunikation, auf die man stolz sein kann und für die man deshalb in seinem
besten Sprachgewande glänzen möchte, dann entfällt eine der wesentlichen
Voraussetzungen für das Glücken einer integrierten Beschäftigung mit Form. Es
ist deshalb langfristig für die Steuerung von Fremdsprachenlernen durch Aufgaben wichtig, dass Forschung zeigt, wie, mit welchen Mitteln und wann in Lernszenarien die formfokussierte Arbeit tatsächlich stattfindet und wie sie unterstützt
werden kann.

4.9 Alternative Methoden

Mit dem Sammelbegriff ‚Alternative Methoden' werden eine ganze Reihe von
unterschiedlichen Vorgehensweisen im Fremdsprachenunterricht zusammengefasst,
die zunächst einmal nur eint, dass sie nicht zu den methodischen Hauptströmungen
des 20. Jahrhunderts gehören und sich als Alternative zu diesen verstehen. Entwickelt haben sie sich **außerhalb traditioneller schulischer Unterrichtskontexte.**

Die unter diesem Begriff zusammengefassten Vorgehensweisen unterscheiden
sich in ihren Positionen zu Grundannahmen des Fremdsprachenlernens sehr
stark voneinander, und zwar im Hinblick auf
— die Art und Weise, wie gelernt wird,
— die Vorstellungen von der Rolle der Lehrenden,
— die Interaktion von Lehrenden und Lernenden und
— die Frage, mit welchem Material gearbeitet werden soll.

Im Folgenden sollen einige der alternativen Methoden kurz vorgestellt werden
(einen ausführlichen Überblick über ausgewählte alternative Methoden liefert
Ortner 1998).

Im **suggestopädischen Ansatz** ist die **Autorität der Lehrkraft** ein wichtiger
positiver Einflussfaktor.

» Positiv suggerierend und damit den suggestopädischen Lehrprozess bestimmend
wirken warmherzige, hilfsbereite und emphatische Lehrerhandlungen und
Verhaltensweisen, die geeignet sind, negative Lernkonnotationen der Einzelnen
aufzuheben und sie durch positivere zu ersetzen. Stressabbau und suggestive
Beeinflussungen der Lernenden ist eine Funktion der Musik. Dasselbe gilt für aktive
Entspannungsübungen (ebd., S. 42).

Die Lehrkraft suggeriert den Lernenden, dass sie an einer aufregenden Lern-
situation beteiligt sind und sich nicht anstrengen müssen. Das Kursmaterial wird
von den Lehrenden geliefert. Zur Überlegenheit des Konzepts wurde bevorzugt
ein biologisches Argument verwendet: Dieses unter anderem mit Musik zur Unterstützung des Lernens arbeitende Verfahren nütze ganzheitlich beide Seiten des Gehirns im Gegensatz zu den traditionellen Konzepten, die einseitig vorgingen.

Im Konzept der *Total Physical Response,* oft TPR abgekürzt, wird ausgehend
von Einwort-Befehlen und kurzen Befehlssätzen Sprache so vermittelt, dass die

Lernenden durch ihre körperlichen Aktionen zeigen – sie stehen nach sprachlicher Anweisung auf oder legen etwas irgendwo hin -, dass sie das Gesagte verstanden haben. Hier stehen also Verstehen und die **Umsetzung in Bewegung** im Vordergrund, ermöglicht wird dies durch eine sehr **autoritäre Grundsituation** und einen Anfängerunterricht, in dem, abweichend vom sprachlichen Alltagsverhalten, **Imperativen** eine besonders herausgehobene Stellung zugeordnet wird.

‚Therapeutische'/humanistische Ansätze Völlig anders im Hinblick auf die Rolle der Lehrenden, die **inhaltliche Selbstbestimmung** der Lernenden und damit verbunden auch die Rolle des Lehrmaterials sind die sich an Carl Rogers (1969) anlehnenden, manchmal ‚therapeutisch orientierten' und manchmal ‚humanistisch' genannten alternativen Methoden. Die „Entfremdung des Lerners vom Material, von sich selbst, von den Gruppenmitgliedern und von den Lehrenden" (Ortner 1998, S. 71) soll aufgehoben werden.

Zu diesen Ansätzen gehört z. B. die **linguistische Psychodramaturgie**, in der die Lernenden, zum Teil verborgen hinter einer Maske, von Anfang an in der Lage sein sollen, über sich zum jeweiligen konkreten Zeitpunkt zu reden. Die Lehrenden als Therapeuten oder Animateure doppeln die Lernenden, geben ihnen einen sprachlichen Ausdruck in der Fremdsprache. Das **Doppeln** nimmt als unterstützende Aktivität, die nicht konfrontierend wirkt, einen prominenten Platz in den Lehrtechniken ein: „Der Einsatz von Masken – sie gelten als eine Metapher für das Nicht-Sprechen-Müssen – ist gedacht als Schutz vor irritierender Ablenkung durch die Gruppenaußenwelt" (ebd., S. 77). Im Gegensatz zu den autoritären Lehrenden der TPR und der Suggestopädie sind die Lehrenden hier Animateure oder, in der Terminologie von Rogers, **Lernhelfer** (s. ► Abschn. 1.2).

Weniger die Theateraspekte und stärker die gruppentherapeutischen Aspekte betont das sogenannte *Community Language Learning,* das durch Charles Curran (1972) eingeführt wurde. Auch hier stellen die Lehrenden einen emotional sicheren Rahmen bereit, in dem sich die Lernenden von der totalen Abhängigkeit zur **Selbständigkeit** entwickeln. Die Lehrenden sind inhaltlich nicht relevant, die Souveränität über die zu erstellenden Texte haben die Lernenden, entsprechend kann es **kein** Lehrwerk, eigentlich keinerlei Texte von außen geben und damit auch keine Progression im klassischen Sinne.

Es ist relativ einfach, die alternativen Methoden dafür zu kritisieren, dass sie vieles, was zum Fremdsprachenlernen gehört, nicht behandeln. Sie wählen bestimmte Aspekte aus und verselbständigen sie. Wichtiger als diese Kritik an den alternativen Methoden ist aber, ihre Funktion für die Weiterentwicklung des Fremdsprachenlernens insgesamt hervorzuheben: Sie zeigen in überdeutlicher Weise, was der traditionelle Fremdsprachenunterricht zu einem bestimmten Zeitpunkt nicht behandelt, sie legen sozusagen die Finger in die Wunden der Defizite.

Wenn in Unterrichtskonzeptionen emotionale Sicherheit und die **affektiven Faktoren** keine Rolle spielen, dann entwickelt sich eine alternative Szene, die gerade darauf großen Wert legt. Wenn sich die Lernenden die Unterrichtsstunde über nicht bewegen dürfen, dann entstehen Vorgehensweisen, die **Bewegung** verschaffen. Und einem Lehrenden, der einen großen Anteil der **Sprechzeit** im

Unterricht für sich selbst verwendet, kann man mit der Methode des *Silent Way* (vgl. den Überblick in Ortner 1998, S. 98–107) begegnen, bei dem die Lehrenden zwar auch die bestimmenden Personen sind, die Stundenziele vorgeben, Texte auswählen usw., die aber im Wesentlichen stumm sind, so dass die Fokussierung klar auf dem Konstruktionsprozess des lernenden Individuums liegt.

Natural Approach Auf der Konzeption von Krashen/Terrell (1983) basiert der sogenannte *Natural Approach* zum Fremdsprachenlernen, der für Deutsch als Fremdsprache vor allen Dingen durch das Lehrwerk *Kontakte,* in Nordamerika entwickelt, bekannt geworden ist. Für den *Natural Approach* muss im Unterricht sichergestellt werden,

— dass ausreichend **Input** vorhanden ist,
— dass der Input für die Lernenden **verständlich** ist,
— dass er das Kompetenzniveau der Lernenden nur leicht übersteigt und
— dass er nicht grammatisch fokussiert sein soll, sondern inhaltlich bedeutsam und interessant für die Lernenden sein muss.

Grammatik soll nur dann aktiv betrieben werden, wenn genügend Zeit für die Konzentration auf die Form gegeben wird. Ortner (1998) hat auf einige mögliche Widersprüche in der Konkretisierung dieser im Prinzip nachvollziehbaren Forderung hingewiesen:

» Hingegen ist zu beobachten, daß die im Theoriekonzept zentral gesetzte Forderung nach Verständlichkeit des Inputs als Erwerbsbedingung die ebenfalls zentral gesetzte Forderung nach Quantität des Inputs beinah neutralisiert (ebd., S. 133).

Und außerdem bringe

» die Forderung nach Verstehbarkeit des Inputs eine starke grammatikalische Sequenzierung desselben mit sich sowie die Notwendigkeit, Gesprächssituationen so stark lehrergesteuert vorzustrukturieren, dass das Attribut interaktiv als streng lehrerseitig inputgeregelter sprachlicher Ausdruck zwischen zwei oder mehreren Lernenden definiert werden muss. Zudem rechtfertigt eben diese Verstehbarkeitsthese Grammatikerklärungen im herkömmlichen Sinn, die andererseits als nicht erwerbsfördernd ausgeschlossen werden (ebd., 134).

Es ist nicht unproblematisch, diesen Ansatz als zu den alternativen Methoden gehörend zu diskutieren, wie Ortner dies tut. Zwar hat er mit seiner Konzentration auf die Rolle des Inputs auch ein eigenes hervorgehobenes Thema, aber gleichzeitig deckt dieser Ansatz das Fremdsprachenlernen in seiner Breite ab und könnte, da Situationen, Themen und Dialoge eine große Rolle spielen, ebenso gut als Teil der kommunikativen Ansätze betrachtet werden. Hier rächt sich, dass das Attribut ‚alternativ‘ eigentlich inhaltsleer ist und deshalb höchst unterschiedliche Vorgehensweisen nur durch ihre Abgrenzung zu den dominierenden globalen Methoden zusammengefasst werden.

Ganzheitlichkeit, besonders im Kontext der Diskussion um die stärkere Beteiligung beider Hemisphären des Gehirns am Lernen, und **mehrkanaliges Lernen** gehören ebenso wie die Integration von Bewegung und **Körperlichkeit** in den

Fremdsprachenunterricht zu den entscheidenden Argumenten, mit denen sich alternative Modelle vom traditionellen Fremdsprachenunterricht abgrenzen. Für den traditionellen Fremdsprachenunterricht bieten die alternativen Methoden eine Chance zu überprüfen, welche Aspekte des Fremdsprachenlernens er gerade vernachlässigt. Vor allen Dingen für eingefahrene Lehrerrollen sind alternative Methoden gute Korrektive: Die Lehrkraft muss kein Animateur werden, kein autoritärer Befehlsgeber, kein aufopfernder Lernhelfer, aber sie muss schauen, inwieweit diese prototypischen Alternativen Lehrenden vielleicht Anregungen geben können, ihr Verhalten im Unterricht stärker zu variieren.

4.10 Performatives Fremdsprachenlernen

Fremdsprachenunterricht findet in Bildungsinstitutionen überwiegend im Sitzen statt. Die Tatsache, dass Lernen im Gehirn stattfindet, scheint manchmal missverstanden zu werden als: Unterhalb der Halswirbel braucht nichts zu passieren. Dabei ist seit der **Reformpädagogik** der Hinweis auf die Bedeutung nicht nur des Kopfes sondern auch von Herz, Hand und Fuß für das Lernen allgemein bekannt. Je älter die Lernenden werden, desto mehr mutet ihnen aber die gesellschaftliche Organisation des Lernens zu, stillzusitzen und dabei zuzuhören, zu reden und zu schreiben.

Die verschiedenen Ausbrüche aus dieser Einseitigkeit in den alternativen Methoden wie z. B. bei TPR (s. ▶ Abschn. 4.9) verweisen auf Schwachstellen der vorherrschenden Unterrichtskonzeptionen. Ein Ansatz, bei dem der ganze Körper konsequent als Teil der Interaktion mit der Umgebung für das Fremdsprachenlernen eingesetzt wird, ist das performative Fremdsprachenlernen, auch bekannt unter den Bezeichnungen ,**Fremdsprachenlernen inszenieren**' und ,**Dramapädagogische Didaktik**'. Die Leitfrage des **performativen Fremdsprachenlernens** lautet:

> » „Inwiefern ist es möglich, Fremdsprachenunterricht so zu gestalten, dass er [...] ,ereignishaft' wird und Faktoren wie Körperlichkeit, Lautlichkeit, Atmosphäre, Zirkulation von Energie, Erzeugung von Bedeutung stark akzentuiert? Denn es ist wohl davon auszugehen, dass fremdsprachlicher Unterricht vielerorts nach wie vor stark werkbezogen aufläuft, in dem die Lehrperson darauf fixiert ist, im Laufe des Unterrichts einem literarischen Werk bzw. einem Lehrwerk gerecht zu werden. Was würde sich aber im Unterricht ereignen können, wenn er weniger ,werkgetreu' abliefe und mehr imaginativen Spielraum ließe? Was wäre gar, wenn temporär keine Lehrwerke oder sonstige Materialien zur Verfügung ständen, sondern im Fremdsprachenunterricht ausschließlich mittels der Imagination und der durch sie ausgelösten Tätigkeiten sprachliche und nicht sprachliche Bedeutung erzeugt würde?" (Schewe 2011, S. 28 f.).

Theaterspielen gehörte schon immer zum Fremdsprachenunterricht. Auch als Teil eines stark strukturorientierten Unterrichts (s. ▶ Abschn. 4.1) war es möglich, den Unterrichtsalltag zu unterbrechen durch eine Form von Schultheater, bei dem z. B. bei Fortgeschrittenen ein deutsches Theaterstück auf die Schulbühne gebracht wurde oder in dem auch schon im Anfängerunterricht passende Lehrwerkslektionen ‚dramatisiert‘ wurden.

Das dramapädagogische Konzept ist nicht mit Schultheater gleichzusetzen, es versucht die metaphorische Verwendung des Konzepts ‚das Klassenzimmer als Bühne‘ ernstzunehmen, indem es auslotet, was jenseits simpler Rollenspiele, die glauben, einem Lernenden mit einem Dreizeiler ein kommunikatives Spiel anbieten zu können (s. ▶ Abschn. 5.2.3), an Inszenierungen möglich ist. Lehrende sind in diesem Konzept Impulsgeber und Helfende, Spielleiter, aber auch Teilnehmer. Die Abläufe werden jedoch nicht

» von der Lehrperson kontrolliert; im Gegenteil, die Schüler entscheiden oft den Fortgang der Stunde durch ihren jeweiligen kreativen Input. Sowohl die Lehrperson als auch die Lernenden werden immer wieder vom Unterrichtsgeschehen überrascht (Schewe 2011, S. 22).

Wie im Drama auf dem Theater wird im Klassenzimmer ‚so getan, als ob‘, wie im Drama kommt es im Klassenzimmer zu einer **Reflexion von Lebenswelt**:

» In der Schule wie auf der Theaterbühne dient die Inszenierung dazu, Themen, Inhalte, Konflikte oder Sachverhalte aus dem ursprünglichen (Lebens-)Kontext herauszulösen, mitunter durch Kunstgriffe zu akzentuieren und zu verdichten, um sie einer bewussten Reflexion zugänglich zu machen (Bonnet/Küppers 2011, S. 34).

Wie auf dem Theater, aber ganz anders als im traditionellen Klassenzimmer, spielen die **Körper** der Beteiligten eine wichtige Rolle:

» Nicht nur verbale, sondern auch physische Interaktionen kennzeichnen das Miteinander im Dramaprozess. Den eigenen Körper beim Lernen zu erleben, gehört für etliche Lernende jedoch nicht zu ihren Alltagserfahrungen und auch nicht zu den Erwartungen, die sie an Schule und Unterricht haben. Das erklärt, warum die Dimension der Körperlichkeit als Quelle für großes Unbehagen empfunden wird (ebd., S. 49).

Bei der **Grammatikvermittlung** setzt ein dramapädagogischer Ansatz auf die „Integration von szenischem Handeln und bewusster Spracharbeit" (Even 2003, S. 294). Even (2011) demonstriert am Beispiel der Wechselpräpositionen (Präpositionen wie ‚auf‘, ‚in‘ oder ‚zwischen‘, die manchmal den Dativ und manchmal den Akkusativ fordern) die verschiedenen **Phasen** eines dramapädagogischen Herangehens an grammatische Gegenstände: die durch die Lehrkraft eingeführte Sensibilisierung, die Kontextualisierung, die Einordnungsphase, die Intensivierungsphase, die Präsentationsphase und die Reflexionsphase. Wie stark sich ein derartiges Vorgehen von traditionellem Grammatikunterricht unterscheidet, zeigt die Beschreibung der Intensivierungsphase:

» Nachdem unvertrautes oder bisher undurchschautes Material kontextuell und konzeptuell eingeordnet werden konnte, entwerfen die Lernenden längere, zusammenhängende dramatische Situationen, in denen die in der Einordnungsphase besprochenen grammatischen Strukturen eine zentrale Rolle spielen. Gemeinsam verknüpfen sie sprachliches Wissen mit persönlichen Bildern und Ideen und erarbeiten in Kleingruppen dramatische Inszenierungen (ebd., S. 71).

Der dramapädagogische Ansatz ist im Fach Deutsch als Fremdsprache vor allen Dingen mit dem Namen Manfred Schewe verbunden, der in seiner Dissertation (1993) aufbauend auf der englischen Tradition des *Drama in Education* zusammengestellt hat, inwieweit Fremdsprachenlernen durch Inszenierungen gefördert werden kann. Das Konzept verstand sich zunächst als **Teil des kommunikativen Ansatzes** (s. ▶ Abschn. 4.6) und reagierte auf eine der Schwachstellen dieses Ansatzes, das fehlende Ernstnehmen von kommunikativen Inszenierungen.

Seither hat sich die Diskussion über eine dramapädagogische Herangehensweise an die Vermittlung des Deutschen als Fremdsprache kontinuierlich ausgeweitet, ein erster Höhepunkt war der Versuch von Susanne Even, den in Schewe (1993) ignorierten Bereich der Grammatikvermittlung dramapädagogisch in den Griff zu bekommen (Even 2003). Inzwischen erschien eine Vielzahl von Veröffentlichungen (vgl. z. B. die Beiträge in Küppers/Schmidt/Walter 2011 und in Even/Miladinovic/Schmenk 2019), und eine eigene Zeitschrift – *Scenario* (▶ http://publish.ucc.ie/scenario/current?lang=de) – wurde etabliert. Schewe hat die eigene Konzeption in die allgemeine kulturwissenschaftliche Diskussion zur Performativität eingebettet und dabei vor allen Dingen die Arbeiten von Fischer-Lichte (2004) zur **Ästhetik des Performativen** aufgenommen, um die Rolle von Körper, Stimme, Präsenz, Raum, Ereignis und Inszenierung stärker theoretisch zu verankern (vgl. Schewe 2011).

4.11 Die den Fremdsprachenunterricht leitenden Prinzipien

Die verschiedenen globalen Methoden (ausführlichere Überblicke liefern z. B. Neuner/Hunfeld 1993 oder Biebighäuser 2021), die einen Teil der fremdsprachendidaktischen Diskussion im 20. Jahrhundert bestimmt haben, sind auch im 21. Jahrhundert noch sichtbar. Allerdings auf sehr unterschiedliche Weise. Die GÜM und die direkte Methode leben an manchen Orten und bei manchen Anbietern von Sprachkursen fort, gelten aber in der Fremdsprachenforschung zumeist als 'überwunden'. Elemente der kommunikativen und interkulturellen Ansätze sind zu selbstverständlichen Teilen des Unterrichts geworden.

Nicht geändert hat sich, dass es in der fremdsprachendidaktischen Diskussion eine Verständigung darüber gibt, was als richtige Art des Fremdsprachenlernens zu gelten hat. Nur ist dies nicht mehr die Diskussion um die richtige globale Methode.

Krumm et al. (2010) ist ein Handbuch für Deutsch als Fremd- und Zweitsprache und damit eine wichtige ‚Kanonisierungsinstanz', also ein Buch, in dem festgehalten wird, was bezogen auf bestimmte Aspekte der aktuelle Stand der Dinge ist. Im Kapitel "Methodische Konzepte für den DaF-Unterricht" werden dort zwölf Prinzipien genannt, die das Fremdsprachenlehren und -lernen leiten: Handlungsorientierung, Inhaltsorientierung, Aufgabenorientierung, Individualisierung und Personalisierung, Autonomieförderung,

Interaktionsorientierung, Reflexionsförderung, Automatisierung, Transparenz & Partizipation, Evaluationskultur, Mehrsprachigkeit, Lehr-/Lernkultursensibilität (Funk 2010, S. 943 f.).

Prinzipien wie Handlungsorientierung, Interaktionsorientierung und Aufgabenorientierung sind klar erkennbar aus dem kommunikativen Ansatz in den aktuellen Konsens übernommen worden, Übernahmen aus GÜM und direkter Methode finden sich nicht, ein Prinzip wie Mehrsprachigkeit steht in direktem Gegensatz zur dogmatischen Einsprachigkeit der direkten Methode. Und eine Lehrkraft hätte sich in den 1960er Jahren kaum vorstellen können, dass man zwölf Leitbegriffe für das Fremdsprachenlernen auflistet, ohne dass dabei das Wort ‚Grammatik' vorkommt.

Wie bei derartigen Zusammenstellungen unvermeidbar, ist nicht immer ganz eindeutig, was alles unter dem jeweiligen Begriff gefasst wird. Was ist z. B. ‚**Inhaltsorientierung**'? **Inhaltsorientierung** wird im Handbuch näher beschrieben als: „bedeutungsvoller (aus Lernersicht authentischer Input), Inhaltsverarbeitung vor Form-Fokussierung" (Funk 2010, S. 943). ‚Vor' ist hier doppeldeutig. Ist es hierarchisch gemeint, ist die Beschäftigung mit den Inhalten also wichtiger als die mit der Form? Oder bezieht es sich auf den Unterrichtsablauf, befasst man sich zuerst mit den Inhalten und dann mit der Form? Und wichtiger: Was bedeutet ‚bedeutungsvoll'?

Versteht man unter ‚Inhaltsorientierung', dass Sprache in bedeutungsvollen Kontexten vermittelt wird, könnte man sagen, dass Fremdsprachenunterricht schon immer irgendwie inhaltsorientiert war und eigentlich, von extrem form-fokussierten Aktivitäten wie einem phonetischen Vorkurs oder einem sehr stark grammatikorientierten Kurs abgesehen, auch nicht anders sein kann. Dann ist es ein bewährtes Prinzip. Wenn man darunter versteht, dass es im Unterricht um Inhalte geht, die die Lernenden tatsächlich interessieren, ist die Lage schon weniger eindeutig. Viele Lernende langweilen sich auf den unteren Niveaustufen, weil die dort behandelten Themen sie nicht interessieren oder aufgrund ihres Sprachnotstands in der Zielsprache so behandelt werden, dass sie intellektuell unterfordert sind. Deshalb hat es in der Fremdsprachendidaktik immer wieder sehr unterschiedliche Versuche gegeben, die **inhaltliche Selbstbestimmung** der Lernenden in den Vordergrund zu rücken, im Mainstream in der kommunikativen Orientierung z. B. durch Projektarbeit (vgl. ▶ Abschn. 5.2.2), in alternativen Methoden besonders radikal zum Beispiel im *community language learning* (vgl. ▶ Abschn. 4.9), bei dem die Bestimmung dessen, worüber geredet wird, durch die Lernenden zentral ist. Und wenn Inhaltsorientierung nicht nur bedeutet, dass die behandelten Themen im Unterricht und in den Lehrwerken immer stärker nach den angenommenen Interessen der Lernenden in Freizeit und Beruf ausdifferenziert werden, sondern sich tatsächlich an den Interessen konkreter Lernender an konkreten Orten ausrichten soll,

» dann hat man es statt mit einem bewährten fremdsprachendidaktischen Prinzip meines Erachtens eher mit einer Herausforderung und Aufforderung an die Fremdsprachendidaktik zu tun, die seit 40 Jahren als Leitbegriff hochgehaltene Lernerorientierung auf der Ebene der behandelten Welt tatsächlich endlich in

Angriff zu nehmen. Und dann sind wir meines Erachtens noch lange nicht so weit, dass wir sagen können, dass wir eine Inhaltsorientierung erreicht haben (Rösler 2019, S. 114).

Das Beispiel Inhaltsorientierung zeigt, dass die Festlegung von Prinzipien, die den Unterricht leiten, nicht unproblematisch ist. Für die Prinzipien gilt das gleiche wie für die globalen Methoden: Es handelt sich um allgemeine Festlegungen, die durchaus nicht zu den konkreten Lernzielen und Lernbedingungen an manchen Orten passen mögen. Prinzipien sind deshalb ebenso wie globale Methoden mit Vorsicht zu genießen: Sie sind Versuche, zu einem bestimmten Zeitpunkt einen Konsens zu formulieren, was als Stand der Dinge der Fremdsprachendidaktik zu gelten hat. Sie laufen dadurch jedoch immer Gefahr, durch einen **Methodenexport** Vorstellungen vom Fremdsprachenlernen auch an den Orten und für die Lernenden durchzusetzen, für die vielleicht andere Vorgehensweisen angemessener wären.

Literatur

Barkowski, Hans: *Kommunikative Grammatik und Deutschlernen mit ausländischen Arbeitern.* Königstein i. Ts. 1982.

Biebighäuser, Katrin: „Methodisch-didaktische Konzepte des DaF- und DaZ-Unterrichts". In: Claus Altmayer et al. (Hg.): *Handbuch Deutsch als Fremd- und Zweitsprache.* Heidelberg 2021, S. 233–252.

Bonnet, Andreas/Küppers, Almut: „Wozu taugen kooperatives Lernen und Dramapädagogik? Vergleich zweier populärer Inszenierungsformen". In: Almut Küppers/Torben Schmidt/Maik Walter (Hg.): *Inszenierungen im Fremdsprachenunterricht: Grundlagen, Formen, Perspektiven.* Braunschweig 2011, S. 32–52.

Brill, Lilli Marlen: *Lehrwerke, Lehrwerkgenerationen und die Methodendiskussion im Fach Deutsch als Fremdsprache.* Aachen 2005.

Braun, Korbinian/Nieder, Lorenz/Schmöe, Friedrich: *Deutsch als Fremdsprache.* Stuttgart 1967.

Bui, Thi Thanh Hien: *Eine empirische Untersuchung bei vietnamesischen Deutschlernenden im Niveau A1 im Umgang mit Duolingo.* Tübingen 2022.

Curran, Charles: *Counseling-Learning. A Whole-Person Model for Education.* New York/London 1972.

Eckerth, Johannes: *Fremdsprachenerwerb in aufgabenbasierten Interaktionen.* Tübingen 2003.

Edmondson, Willis J./House, Juliane: „Interkulturelles Lernen: ein überflüssiger Begriff?" In: *Zeitschrift für Fremdsprachenforschung* 9/2 (1998), S. 161–188.

Even, Susanne/Miladinovic, Dragan/Schmenk, Barbara (Hg): *Lernbewegungen inszenieren: Performative Zugänge in der Sprach-, Literatur- und Kulturdidaktik.* Tübingen 2019.

Elek, Tibor von/Oskarsson, Mats (Hg.): *Comparative Method Experiments in Foreign Language Teaching.* Göteburg 1975.

Even, Susanne: *Drama-Grammatik: dramapädagogische Ansätze für den Grammatikunterricht Deutsch als Fremdsprache.* München 2003.

Even, Susanne: „Studiosus cognens und Studiosus ludens – Grammatik inszenieren". In: Almut Küppers/Torben Schmidt/Maik Walter (Hg.): *Inszenierungen im Fremdsprachenunterricht: Grundlagen, Formen, Perspektiven.* Braunschweig 2011, S. 68–79.

Fischer-Lichte, Erika: *Ästhetik des Performativen.* Frankfurt 2004.

Fornoff, Roger: „Die Neukonstituierung der Landeskunde im Fach Deutsch als Fremd- und Zweitsprache als kulturwissenschaftliche Forschungsdisziplin". In: Claus Altmayer et al. (Hg.): *Handbuch Deutsch als Fremd- und Zweitsprache.* Heidelberg 2021, S. 321–340.

Funk, Hermann: „Methodische Konzepte für den DaF-Unterricht". In: Hans-Jürgen Krumm u.a. (Hg.): Deutsch als Fremd- und Zweitsprache. Ein internationales Handbuch. Berlin, New York 2010, S. 940–953.

Funk, Hermann/König, Michael: *Grammatik lehren und lernen*. Berlin [u.a.] 1991.

Habermas, Jürgen: „Vorbereitende Bemerkungen zu einer Theorie der kommunikativen Kompetenz". In: Jürgen Habermas/Niklas Luhmann (Hg.): *Theorie der Gesellschaft oder Sozialtechnologie – Was leistet die Systemforschung?* Frankfurt a. M. 1972, S. 101–141.

Helbig Gerhard: *Geschichte der neueren Sprachwissenschaft*. Reinbek bei Hamburg 1974.

Heringer, Hans Jürgen: „Sprachen lernen mit duolingo? " In: *gfl-journal* 2, 2015, S. 134–141.

Krumm, Hans-Jürgen u.a. (Hg.): *Deutsch als Fremd- und Zweitsprache. Ein internationales Handbuch*. Berlin, New York 2010.

Küppers, Almut/Schmidt, Torben/Walter, Maik (Hg.): *Inszenierungen im Fremdsprachenunterricht: Grundlagen, Formen, Perspektiven*. Braunschweig 2011.

Krashen, Stephen D./Terrell Tracy D.: *The Natural Approach: Language Acquisition in the Classroom*. Hayward, CA 1983.

Kwakernaak, Erik: „Umgang mit der Norm. Grammatik im postkommunikativen Fremdsprachenunterricht". In: *Fremdsprachen und Hochschule* 57 (1999), S. 7–29.

Legutke, Michael: „Projekt Airport – Revisited: Von der Aufgabe zum Szenario". In: Almut Küppers/ Jürgen Quetz (Hg.): *Motivation Revisited. Festschrift für Gert Solmecke*. Berlin 2006, S. 71–81.

Mebus, Gudula [u.a.]: *Sprachbrücke*. Bd. 2. München 1989.

Müller-Hartmann, Andreas/Schocker-von Ditfurth, Marita: „Aufgabenorientierung im Fremdsprachenunterricht. Entwicklungen, Forschung und Praxis, Perspektiven". In: Andreas Müller-Hartmann/Marita Schocker-von Ditfurth (Hg.): *Aufgabenorientierung im Fremdsprachenunterricht. Task-Based Language Learning and Teaching. Festschrift für Michael Legutke*. Tübingen 2005, S. 1–51.

Neuner, Gerhard/Hunfeld, Hans: *Methoden des fremdsprachlichen Deutschunterrichts*. Berlin [u.a.] 1993.

Neuner, Gerhard/Krüger, Michael/Grewer, Ulrich: *Übungstypologie zum kommunikativen Deutschunterricht*. Berlin 1981.

Neuner, Gerd [u.a.]: *Deutsch aktiv. Ein Lehrwerk für Erwachsene. Lehrbuch 1*. Berlin [u.a.] 1979.

Ortner, Brigitte: *Alternative Methoden im Fremdsprachenunterricht: lerntheoretischer Hintergrund und praktische Umsetzung*. Ismaning 1998.

Piepho, Hans-Eberhard: *Kommunikative Kompetenz als übergeordnetes Lernziel im Englischunterricht*. Dornburg-Frickhofen 1974.

Rall, Marlene/Engel, Ulrich/Rall, Dieter: *DVG für DaF*. Heidelberg 1977.

Rogers, Carl R.: *Freedom to Learn*. Columbus 1969.

Rösler, Dietmar: „Audio-linguale oder kognitive Fremdsprachenvermittlung – eine falsche Alternative?" In: *Zielsprache Deutsch* 3 (1977), S. 8–15.

Rösler, Dietmar: „Drei Gefahren für die Sprachlehrforschung im Bereich Deutsch als Fremdsprache: Konzentration auf prototypische Lernergruppen, globale Methodendiskussion, Trivialisierung und Verselbständigung des Interkulturellen". In: *Jahrbuch Deutsch als Fremdsprache* 19 (1993), S. 77–99.

Rösler, Dietmar: „Lernziel kommunikative Kompetenz dreiunddreißig Jahre nach Piepho 1974 – ein kritischer Rückblick aus der Perspektive des Deutschlernens außerhalb des deutschsprachigen Raums". In: Michael Legutke (Hg.): *Kommunikative Kompetenz als fremdsprachendidaktische Vision*. Tübingen 2008, S. 115–129.

Rösler, Dietmar: „Erfüllen Aufgaben ihre Aufgabe? Ein Blick in den akademischen Diskurs". In: *Fremdsprachen lehren und lernen* 42, 2 (2013), S. 41–54.

Rösler, Dietmar: „Grammatik, Kommunikation, Inhalt. Freunde, nicht Gegner". In: Elisabeth Peyer/ Thomas Studer/Ingo Thonhauser (Hg.): *IDT 2017. Band 1. Hauptvorträge*. Berlin 2019, S. 112–122.

Rösler, Dietmar/Würffel, Nicola: *Lehr- und Lernmedien*. Stuttgart 2020.

Schewe, Manfred: *Fremdsprache inszenieren*. Oldenburg 1993.

Schewe, Manfred: „Die Welt auch im fremdsprachlichen Unterricht immer neu verzaubern – Plädoyer für eine performative Lehr- und Lernkultur!". In: Almut Küppers/Torben Schmidt/Maik Walter

(Hg.): *Inszenierungen im Fremdsprachenunterricht: Grundlagen, Formen, Perspektiven.* Braunschweig 2011, S. 20–31.

Schmenk, Barbara: „Mode, Mythos, Möglichkeiten oder: Ein Versuch, die Patina des Lernziels ‚kommunikative Kompetenz' abzukratzen". In: *Zeitschrift für Fremdsprachenforschung* 16, 1 (2005), S. 57–87.

Schulz, Dora/Griesbach, Heinz: *Deutsche Sprachlehre für Ausländer.* München 1955.

Smith, Philip (Hg.): *A Comparison of the Cognitive and Audiolingual Approaches to Foreign Language Instruction. The Pennsylvania Foreign Language Project.* Philadelphia 1970.

Weydt, Harald [u.a.]: *Kleine deutsche Partikellehre: ein Lehr- und Übungsbuch für Deutsch als Fremdsprache.* Stuttgart 1983.

Willis, Jane: *A Framework for Task-Based Learning.* Harlow 1996.

Lehr- und Lernformen

Inhaltsverzeichnis

D. Rösler, *Deutsch als Fremdsprache*,
https://doi.org/10.1007/978-3-476-05863-8_5

Ein Wort wie ‚Präsenzlernen' ist in der Fremdsprachendidaktik erst seit Beginn des 21. Jahrhunderts ein geläufiger Begriff. Auf den Sachverhalt, dass Menschen an einem Ort zusammenkommen, um etwas zu lernen, und dass es dabei eine Person gibt, die das Lernen anleitet, referierte man gemeinhin mit dem Wort ‚Unterricht'. Das Aufkommen von ‚*Präsenz*lernen' deutet daraufhin, dass die gemeinsame **Anwesenheit an einem bestimmten Ort** nicht mehr automatisch Bestandteil eines gesteuerten Lernens in Gruppen sein muss, so dass es sinnvoll ist, diese Anwesenheit bereits im Begriff zu markieren. Die verschiedenen Formen des Lehrens und Lernens an einem gemeinsamen physischen oder virtuellen Ort und das Lernen allein oder in der Gruppe werden in ▶ Abschn. 5.3 beschrieben und im Hinblick auf den Wandel der Lehr- und Lernformen im digitalen Zeitalter diskutiert. Davor werden in den Abschn. 5.1 und 5.2 die sogenannten Arbeits- und Sozialformen behandelt. Den Abschluss bilden ein Abschnitt zur Lernerautonomie und zur Vermittlung von Lernstrategien (5.4) und ein Abschnitt zum Lernen im Tandem (5.5).

Bei ‚Arbeits- und Sozialformen' handelt es sich um eine etwas sperrige Kombination von zwei Begriffen, die sich nicht immer klar trennen lassen. Idealtypisch kann man davon ausgehen, dass sich ‚Arbeitsform' eher auf Aktivitäten bezieht, also z. B. auf die Präsentation eines Grammatikphänomens durch die Lehrenden oder das Gespräch im Unterricht. ‚Sozialform' bezieht sich dann eher auf die Beschreibung der Zusammenarbeit der beteiligten Personen, also z. B. Gruppenarbeit, Partnerarbeit oder, als Sonderfall, auch Einzelarbeit. Offensichtlich haben Arbeits- und Sozialformen etwas miteinander zu tun, die Präsentation eines Grammatikphänomens durch einen Lehrenden als Arbeitsform geht Hand in Hand mit der Sozialform Frontalunterricht. Und ein Unterricht, in dem Projekte als Unterrichtsaktivitäten eine große Rolle spielen, kommt ohne die Sozialform Gruppenarbeit nicht aus.

An manchen Stellen ist die Begrifflichkeit in diesem Bereich intuitiv nachvollziehbar, an anderen eher verwirrend. Es ist aber auf jeden Fall wichtig, die unterschiedlichen Aktivitäten der im Unterricht Handelnden und die unterschiedlichen Möglichkeiten, wie sie miteinander in Beziehung treten können, genauer zu betrachten, um das Repertoire möglicher Unterrichtsaktivitäten ausschöpfen zu können.

5.1 Sozialformen

> **Definition**
>
> Unter **Sozialformen** versteht man generell alle Formen der Zusammenarbeit zwischen Lehrenden und Lernenden sowie zwischen Lernenden und Lernenden und als Sonderfall die Arbeit des einzelnen Individuums.

Wird Einzelarbeit als Sozialform betrachtet, dann bezieht man sich auf Phasen innerhalb eines Unterrichts, an dem ansonsten mehrere Personen beteiligt sind. Wenn der gesamte Lernprozess von einer Person allein durchgeführt wird, dann spricht man nicht von der Sozialform Einzelarbeit, sondern von **Selbstlernen** (s. ▸ Abschn. 5.3.1).

Neben **Einzelarbeit** werden in der Literatur zu den Sozialformen noch als große Abteilungen **Frontalunterricht, Gruppenarbeit** und **Partnerarbeit** unterschieden (vgl. den Überblick von Schwerdtfeger 2003). Diese Sozialformen treten im Unterricht nicht zwangsläufig alternativ zueinander, sondern oft miteinander in verschiedenen Kombinationen auf: So kann ein Phänomen frontal eingeführt und danach in Partner- oder Kleingruppenarbeit weiterbearbeitet werden, die Ergebnisse können in der gesamten Lernergruppe zusammengefasst werden, daraus mag sich als Hausarbeit ein Arbeitsauftrag ergeben, der in Einzelarbeit erledigt wird.

Die verschiedenen Sozialformen sind in unterschiedlichen fremdsprachendidaktischen Konzepten unterschiedlich stark vertreten und haben dort jeweils einen sehr unterschiedlichen Stellenwert. Arbeit in Kleingruppen z. B. hat mit Beginn des kommunikativen Ansatzes besondere Wertschätzung erfahren (s. ▸ Abschn. 4.6), Frontalunterricht ist seit Aufkommen dieses Ansatzes häufig negativ bewertet worden. Es ist aber wichtig, die Vereinnahmung bestimmter Sozialformen durch die globalen Methoden zu trennen von ihrer funktionalen Bestimmung: Welche Sozialform ist wann für welche Lernenden und welche Lernziele angemessen?

5.1.1 Frontalunterricht

> ┌─ Definition ─
>
> **Frontalunterricht** ist eine Sozialform, bei der eine Lehrkraft einer größeren Gruppe von Lernenden, der Klasse, im Unterricht gegenübersteht. Zum Frontalunterricht gehört zum einen, dass die Lehrenden durch Vortrag oder Präsentation bestimmte Informationen in die Gruppe geben, zum anderen, dass sie durch Fragen oder Anweisungen versuchen, den Lernprozess voranzutreiben.

Die Lehrkraft ist im Frontalunterricht die steuernde Person, die den Unterricht geplant hat und den Lernenden Zeit zum Reden zuteilt. Da die Lernenden ihr zumeist direkt antworten, ist das Interaktionsverhältnis sehr stark lehrerzentriert, Kommunikation zwischen den Lernenden findet weniger statt. Eine unvermeidliche Nebenwirkung: Die Lehrkraft nimmt relativ viel **Redezeit** für sich in Anspruch. Frontalunterricht kann relativ gut geplant werden, zwar ist er weniger genau **planbar** als eine reine Vorlesung, aber trotzdem kann er sehr weitgehend durchstrukturiert sein.

Frontalunterricht bezieht sich also auf die Interaktion einer Lehrkraft mit einer größeren Gruppe von Lernenden. Zwar könnte man theoretisch auch sagen, Einzelunterricht sei Frontalunterricht, weil ein einzelner Lerner einem Lehrenden gegenübersteht, in diesem Fall würde man aber nicht von Frontalunterricht sprechen. Zu eindeutig ist dieser Begriff besetzt durch den Bezug der Lehrenden zu einer größeren Gruppe, wobei gerade in der Großgruppendidaktik (s. ▶ Abschn. 5.1.3) interessante Versuche unternommen werden, den durch die Gruppengröße scheinbar unvermeidbaren Frontalunterricht aufzubrechen.

Im Fremdsprachenunterricht findet sich Frontalunterricht z. B. bei der **Präsentation** und Neueinführung bestimmter Phänomene, seien sie grammatischer oder landeskundlicher Art. Aber auch beim Üben von Lautdiskrimination oder der Produktion von Lauten, bei denen ein Lehrender die einzelnen Lernenden nacheinander ‚drannimmt' oder auch beim **Nachsprechen im** Chor findet Frontalunterricht statt. Wenn die Lehrkraft die Präsentation an Medien abgibt, z. B. wenn ein Phänomen über einen Hörtext oder ein Video eingeführt wird, dann wird diese Präsentation zwar nicht mehr durch die Lehrkraft durchgeführt, es bleibt aber bei Frontalunterricht, da dieser Medieneinsatz durch sie gesteuert wird. Aber auch Referate in einem Seminar oder die Delegation der Präsentation an Lernende, die im Vortragsstil bleiben, sind Formen des Frontalunterrichts.

Die starke Lenkung, die für Präsentationen und das Üben von Formen sinnvoll sein kann, führt dazu, dass kreativere Äußerungen von Lernenden, die nur mit Zeit und Muße produziert werden können, durch Frontalunterricht weniger gut unterstützt werden. Je stärker Unterrichtskonzeptionen die Autonomie der Lernenden (s. ▶ Abschn. 5.4) oder auch nur das gemeinsame Erarbeiten von Inhalten oder das **entdeckende Lernen** fördern, desto weniger werden sie Frontalunterricht für ihr Vorgehen für relevant halten.

5.1.2 Gruppenarbeit/kooperatives Lernen

Obwohl das Wort ‚Gruppenarbeit' neutral im Hinblick auf die Größe der Gruppe zu sein scheint, wird damit nicht auf Großgruppen referiert, sondern auf kleine Gruppen von Lernenden, typischerweise auf Teilgruppen eines Kurses, die ungefähr drei bis fünf Personen umfassen. Sind nur zwei Personen an der Zusammenarbeit beteiligt, redet man eher von **Partnerarbeit**. Das gemeinsame Arbeiten der Lernenden wird oft als Gegenmodell zum Frontalunterricht gesehen, es ist deshalb innerhalb der Methodendiskussion besonders mit dem Aufkommen des **kommunikativen Ansatzes** (s. ▶ Abschn. 4.6) in den Mittelpunkt der Diskussion getreten.

Während in den 1970er Jahren im Rahmen des kommunikativen Ansatzes hauptsächlich von Gruppenarbeit geredet wurde, hat sich kurz vor der Jahrtausendwende ein anderer Begriff in der Diskussion in den Vordergrund geschoben, der Begriff des kooperativen **Lernens.** Die Begriffe ‚Gruppenarbeit' und ‚kooperatives Lernen' werden manchmal synonym verwendet (vgl. z. B. Würffel 2007, S. 2), manche Autoren treffen Unterscheidungen (vgl. z. B. Hammoud/ Ratzki 2009 und die Kritik daran in Wicke 2009, S. 41 f.).

Die Bedeutung der Gruppenarbeit wird in der fremdsprachendidaktischen Diskussion auf zwei Ebenen behandelt, auf der sprachlichen und der sozialen.

Die sprachliche Ebene Verglichen mit dem Frontalunterricht soll der Anteil der Sprechzeit der Lernenden erhöht werden, so dass diese sich intensiver aktiv mit der neuen Sprache auseinandersetzen können. Die Lernenden, so die idealtypische Vorstellung, kommunizieren dann tatsächlich miteinander in der Fremdsprache, statt auf Fragen der Lehrkraft zu antworten. Insgesamt hätten Studien gezeigt,

» dass kooperative Lernformen vor allem die Zeit für authentische Kommunikation in der Zielsprache und für Übungsmöglichkeiten der einzelnen Lernenden deutlich erhöhen, wodurch die Sprachproduktion wie auch die Sprachrezeption gefördert werden können (Würffel 2007, S. 3).

Wenn alle Lernenden eine gemeinsame Ausgangssprache haben, stellt sich die, oft kritisch gemeinte, Frage, ob denn in der Gruppe die Ausgangssprache nicht zu häufig verwendet wird. Raindl (2013) hat in einer Studie Partner- und Gruppenarbeitsphasen im Deutschunterricht an japanischen Universitäten per Video aufgezeichnet und dabei ein sehr differenziertes Bild zu Tage gefördert. Die Zielsprache wurde überwiegend dann benutzt, „wenn die Studierenden eine gut zu bewältigende kommunikative Aufgabe lösen sollten [...] oft handelte es sich dabei um Rollendialoge" (ebd., S. 173). Parallel dazu wurde die Ausgangssprache verwendet, „etwa zur Lösung von Wortschatzproblemen, zur Regulierung der Zusammenarbeit und zur Kommentierung des Gesagten" (ebd.). Die Zielsprache Deutsch kam außerdem bei Gesprächen mit fortgeschrittenen Gästen zum Einsatz. Japanisch wurde zur Aushandlung benutzt:

» Dies geschah bei Themen, die den Studierenden sprachlich oder auch inhaltlich zu schwer erschienen, sodass man sich erst in der MS [Muttersprache – dr] auf eine Position verständigte [...] In diesem Fall war die ZS [Zielsprache – dr] nicht das Kommunikationsmittel innerhalb der Gruppe, sondern Gegenstand gemeinsamer Formulierungsarbeit in Hinblick auf noch zu erwartende Kommunikation (z. B. im Plenum) (ebd.).

Die untersuchten Lernenden diskutierten im Unterricht auch, wie sich der Anteil an zielsprachlichen Äußerungen im Unterricht steigern ließe. Das Ergebnis ihrer Überlegungen:

» Die Lernenden haben sich in diesem Projekt für eine Regelung entschieden, bei der nicht die Lehrperson dafür verantwortlich ist, die Sprachenwahl in einer konkreten Unterrichtssituation zu regeln. Das Auszeit-Zeichen, das die Lernenden gewählt haben, um den Übergang von der ZS zur MS zu markieren, kann folgendermaßen verstanden werden: die Lernenden sind sich bewusst, dass das Ziel ihrer Interaktion im Unterricht die ZS ist. Gleichzeitig behalten sie sich vor, wann immer sie es notwendig finden, auf die MS zurückzugreifen. Sie treffen diese Entscheidung im Einzelfall – eigenverantwortlich, jishutekini (ebd., S. 185).

Vertreter einer radikalen Einsprachigkeit im Fremdsprachenunterricht (vgl. ► Abschn. 4.2) werden mit so einer Position nicht einverstanden sein. Folgt man der Formel ‚so viel Zielsprache wie möglich, soviel Ausgangssprache wie nötig‘, dann sind derartige Aushandlungsprozesse, bei denen sowohl akzeptiert wird, dass man möglichst häufig die Zielsprache verwenden soll, als auch, dass es funktionale Gründe für die Verwendung einer gemeinsamen anderen Sprache gibt, eine gute Möglichkeit, in der Gruppenarbeit beide Sprachen so zuzulassen, dass sie den Lernprozess möglichst gut unterstützen.

Die soziale Ebene Die Ziele des kooperativen Lernens sind nicht auf die sprachliche Ebene beschränkt, sie beziehen sich auch auf das soziale Verhalten der Lernenden. Zu den Zielen gehört deshalb auch, dass sie

- miteinander arbeiten lernen,
- voneinander lernen,
- soziale Verantwortung übernehmen und
- lernen, Gruppenprozesse selbst zu steuern.

Um kooperieren zu können, müssen die Lernenden zum einen die Sozialkompetenz für die Interaktion haben und zum anderen in der Lage sein, die Zeit und die vorhandenen Ressourcen gemeinsam so zu planen, dass das Ergebnis möglichst effizient und in einer Weise erreicht wird, die alle Beteiligten zufriedenstellt. Wenn all dies funktioniert, so die Annahme, wird nicht nur ein gutes und komplexes Ergebnis erzielt, die Lernenden haben wahrscheinlich auch eine höhere **Arbeitsmotivation** und an **Selbstbewusstsein** gewonnen. Bei Kooperationen, bei denen Lernende aus verschiedenen kulturellen Kontexten zusammenarbeiten, ist darüber hinaus mit einer Steigerung der **interkulturellen Kompetenz** zu rechnen.

In kooperativen Arbeitszusammenhängen müssen die Lernenden ihr **Wissen** mit anderen **teilen**. Dazu müssen sie ihr eigenes Wissen einschätzen und es so darstellen können, dass die anderen es verstehen. Gleichzeitig müssen bzw. können sie sich

> » Mit den multiplen Perspektiven, die ihnen von ihren Mitlernenden präsentiert werden, auseinandersetzen, und sie profitieren gleichzeitig von deren Wissensbasis (die sich nicht nur auf deklaratives Wissen beziehen muss, sondern auch solche Bereiche wie z.B. Lernstrategien umfassen kann), die ihre eigene erweitert (im Sinne der Ko-Konstruktion von Wissen [...]. Insgesamt kann es also zu einer tiefergehenden Verarbeitung von Wissen kommen (Würffel 2007, S. 2).

Für das **Gelingen von Gruppenarbeit** sind einige Voraussetzungen erforderlich. So muss der Raum den Lernenden ‚Bewegungsspielräume‘ ermöglichen. Fest verschraubte Stühle und Tische oder gar aufsteigende Reihen in einem Klassenzimmer sind nicht die beste **didaktische Innenarchitektur** für Gruppenarbeiten, auch wenn es erfreulich ist zu sehen, wie Lernende sich selbst von abschreckenden Raumgestaltungen nicht von Gruppenarbeit abschrecken lassen, wenn sie sie tatsächlich durchführen wollen. Dass sie dies tatsächlich wollen, ist keinesfalls vorauszusetzen.

Die Lernenden müssen sich etwas zu sagen haben und sich etwas sagen wollen, damit eine Gruppenarbeit sinnvoll ist. Es müssen also **Arbeitsaufträge** oder **Produktionsziele** vorhanden sein, die es für die Mitglieder einer Gruppe plausibel machen, sich wirklich mit einem zu lösenden Problem zu beschäftigen, oder mit einer kreativen Aufgabe auseinanderzusetzen. Ist diese Ausgangslage nicht gegeben, kann Gruppenarbeit auch bedeuten, dass die Lernenden sich in der Ausgangssprache über die Party am nächsten Abend unterhalten, in den sozialen Medien schreiben oder lesen und in routinierter Arbeitsteilung eine Person bestimmen, die das angebliche **Gruppenergebnis** möglichst schnell produziert und vorträgt usw.

Gruppenarbeit und Partnerarbeit sind also weder Selbstläufer noch Selbstzweck, sie sind dann sinnvoll, wenn diese Tätigkeit integriert ist in eine übergreifende Aufgabenstellung, die die Kooperation sinnvoll erscheinen lässt. Sie sind Zeitverschwendung, wenn sie gemacht werden, weil Gruppenarbeit als solche für eine besonders wichtige Aktivität gehalten wird oder wenn sie nicht gut vorbereitet ist.

Für die Lehrenden bedeutet dies, dass sie sich sehr genau Gedanken darüber machen müssen, welche Aufgaben für welche Gruppen von Lernenden auf welchem Sprachstand tatsächlich sinnvoll sind. Dabei ist es egal, ob es sich um Gruppen handelt, die an einem Ort gemeinsam physisch anwesend sind, oder um Gruppen, deren Mitglieder an verschiedenen Orten sitzen, die aber in einer **Lernplattform** gemeinsam arbeiten. Für beide gilt der schon in ► Abschn. 3.5.2. festgehaltene Grundsatz: Wenn man sich nichts zu sagen hat, ist es egal, in welchem Medium man sich nichts zu sagen hat.

Das wichtigste Konzept in der Diskussion um kooperatives Lernen ist das der sogenannten **positiven Interdependenz.** Positive Interdependenz bedeutet, dass die Aktivitäten der Beteiligten miteinander verbunden sind, dass also der **Erfolg** eines Lernenden **abhängig** ist **von den Aktivitäten der anderen.** Die Lernenden sind also in gewisser Hinsicht zur Zusammenarbeit ‚verdammt‘, sie erreichen ihr Ziel nur, wenn sie ihre unterschiedlichen Talente, ihr Wissen und ihre Arbeitsmittel so zusammenführen, dass durch die Kooperation ein für alle befriedigendes Ergebnis zu Stande kommt. Jeder, der schon häufiger an Gruppenarbeit teilgenommen hat, weiß, dass diese durchaus nicht immer erfolgreich ist. Manchmal gibt es die sogenannten **Trittbrettfahrer,** die wenig investieren, aber am Erfolg teilhaben wollen, manchmal gibt es Teilnehmende an der Gruppe, die am liebsten alles allein machen usw. Es gibt also genügend Faktoren, die positive Interdependenz verhindern können.

Die **Aufgabenstellung** und die Art der Reaktion auf das Ergebnis der Aufgabe sind für den Erfolg von kooperativem Arbeiten deshalb von entscheidender Bedeutung: Nur wenn die Aufgabenstellung so gestaltet ist, dass es tatsächlich einer Kooperation von Personen mit unterschiedlichen Kenntnissen, Vorlieben und Wissensbeständen bedarf, um sie erfolgreich auszuführen, wird es tatsächlich zu einer positiven Interdependenz kommen.

Kooperatives Arbeiten dient zum einen dem Erreichen bestimmter sprachlicher Ziele, es ist gleichzeitig immer auch ein Beitrag zum sozialen Lernen. Die Beteiligten müssen lernen, dass alle Mitglieder einer Gruppe gleichberechtigt sind und dass **Zuverlässigkeit** sowohl im Hinblick auf **Zeitmanagement** als auch auf die **Übernahme von Verantwortung** für bestimmte Tätigkeiten eine wichtige Rolle spielt. Ebenso wichtig: Mitglieder der Gruppe müssen wissen, auf welchem Stand sie als Gruppe sind und welche Ressourcen verwendet worden sind. Die **Reflexion**

des eigenen Vorgehens und der erreichten Zwischenstände ist deshalb kein Luxus, auf den verzichtet werden kann, sie ist sowohl für den Fortschritt innerhalb der Bearbeitung einer Aufgabe relevant als auch für die Entwicklung der Persönlichkeit der Beteiligten.

Verglichen mit Frontalunterricht spielen Lehrende beim kooperativen Lernen eine ganz andere Rolle. Sie sind viel stärker Organisator, Aufgabensteller und Materiallieferant, also das, was in ▶ Abschn. 1.2 mit Bezug auf Rogers (1969) unter dem Stichwort **Lernhelfer** diskutiert worden ist. Kooperatives Lernen ist, wenn es gelingt, ein Beitrag zur Lernerautonomie (s. ▶ Abschn. 5.4): „In der Gruppe erhält das Individuum umfangreiche Rückmeldung zu sich selbst, ihm wird gewissermaßen der Spiegel vorgehalten" (Bonnet/Küppers 2011, S. 38).

Kooperatives und kollaboratives Lernen Nicht eindeutig abgegrenzt sind die Begriffe kooperatives und **kollaboratives Lernen.** Würffel (2007) fasst die fachdidaktische Diskussion um diese beiden Begriffe wie folgt zusammen:

》 Bei vielen Autor/innen steht der Begriff des kooperativen Lernens für eine Form des gemeinsamen Lernens, die stark durch die Aufgabe (und eventuell auch durch Angaben zum Prozessverlauf) gesteuert wird; der Begriff des kollaborativen Lernens steht dagegen für ein Lernen, bei dem die Lernenden ihre Ziele und ihre Vorgehensweise weitgehend selbst bestimmen [...]. Auf der lerntheoretischen Ebene bleibt Lernen im Konzept des kooperativen Lernens ein individueller Akt, wohingegen in der Theorie des kollaborativen Lernens Lernen als Ko-Konstruktion von Wissen zwischen den Lernenden stattfindet [...]. Jeder Versuch, diese Abgrenzung auf die unterschiedlichen Aufgabenbearbeitungen in der Unterrichtsrealität zu übertragen, macht schnell deutlich, dass Mischformen oder ‚Formen dazwischen' überwiegen. Deshalb erscheint es mir sinnvoll, Kooperativität als ein Kontinuum zu betrachten und von einem (höheren oder niedrigeren) Grad von Kooperativität zu sprechen (ebd., S. 5).

5.1.3 Arbeit mit Großgruppen

> **Definition**
>
> In der Forschungsliteratur gibt es unterschiedliche Vorstellungen davon, wann von einer **Großgruppe** die Rede sein sollte (vgl. den Überblick von Yang/Loo 2007), manche Definitionen beginnen bereits bei Gruppen mit 30 Personen. Loo (2007) hat eine graduelle Unterteilung in kleine (ca. 30), mittelgroße (ca. 50), große (ca. 60 bis 80) und besonders große Großgruppen (über 80) vorgenommen.

◪ Tab. 5.1. zeigt einen Versuch, diese unterschiedlichen Großgruppen im Hinblick auf institutionelle Faktoren, Zeitaspekte, Ressourcen, Lernziele, Eigenschaften der Lernenden und der Gruppen sowie methodische Implikationen genauer zu charakterisieren.

■ Tab. 5.1 Charakterisierung unterschiedlicher Großgruppen (nach Loo 2007, S. 26)

Factors	Regularly sized classes	Large classes			
		Small	Medium	Large	Extra large
Size	28	25–35	50+	60–80	80–150+
Institutions	Secondary schools	Semi-public or private; adult education	Partly secondary schools in highly populated areas, developing countries	Colleges and universities (second) foreign language courses for students from all departments	As in ‚large‘
Resources	Regular	Regular	Poor to regular, even excellent	Poor to good	Poor to good
Time	One school year	1–3 months	One to several school years	1–2 semesters/terms	1–2 semesters/terms
Learning and educational goals	L.g.: long-term, frequently unclear e.g.: often in foreground	L.g..: fast applicability; functional	L.g.: long-term, frequently unclear e.g.: often in foreground	L.g.: diverse; official/inofficial e.g.: often in foreground	As in ‚large‘
Learner characteristics	13-year-olds (puberty). girls more mature, new intake from various primary schools	High diversity (age, education, motivation, strategies)	Low diversity/increased diversity (age, ethnicity, levels)	High diversity, differing motivation	High diversity, low to very strong motivation
Group	Very low cohesion	Low cohesion	Subgroups; low to good cohesion	Subgroups; low to reasonable cohesion	Subgroups; low cohesion; ‚organism‘
Primary methodological principles required	Collaboration, differentiation, motivation, learner development	Differentiation and personalization, collaboration, sustaining motivation, learner development	Motivation, activation, differentiation and personalization	Activation, motivation, differentiation and personalization, collaboration, learner development	Activation, differentiation and personalization (difficult), motivation, collaboration, learner development (difficult)

Die Diskussion um eine spezielle **Didaktik für Großgruppen** hat im Fach Deutsch als Fremdsprache besonders mit Bezug auf Lernende in **Asien** stattgefunden. Als mögliche Probleme des Fremdsprachenlernens in Großgruppen werden z. B. genannt, dass

— die Lernenden zu wenig Chancen haben zu üben,
— ein positives Lernklima schwierig herzustellen sei,
— Kooperation im Unterricht schwer zu organisieren sei,
— die Lehrenden weniger stark auf individuelle Lernende eingehen können und dass
— die Lehrenden auf Grund der hohen Zahl der Lernenden überlastet werden könnten (vgl. den Überblick von Yang/Loo 2007).

Bei Großgruppen besteht also die Gefahr, dass Lehrende monologisieren und Lernende passiv reagieren. Als Möglichkeiten, dem entgegenzuwirken, werden genannt:

— Arbeit in kleineren Gruppen, die zur Präsentation von Gruppenergebnissen im Plenum führt,
— schnelle Frage-Antwort-Aktivitäten und
— Partnerarbeit.

Wichtig sei Abwechslung durch Methodenwechsel. Das ganze Instrumentarium von lerneraktivierenden Konzepten kann also auch in der Großgruppe eingesetzt werden, wichtig seien nicht in erster Linie spezielle neue Methoden, sondern Abwechslung und Aktivierung der Lernenden, die allerdings für eine Großgruppe speziell geplant werden müssen (vgl. ausführlicher Yang/Loo 2007).

5.2 Arbeitsformen

Im Folgenden werden ausgewählte Arbeitsformen vorgestellt, zunächst Übungen und Aufgaben, danach Projekte und Spiele. **Portfolios,** die Lernentwicklungen dokumentieren, werden in ▶ Kap. 13 (Diagnose und Bewertung) ausführlicher behandelt. Sie sind aber auch unter dem Gesichtspunkt der Arbeitsformen interessant: Da Lernende sich bei der Erstellung ihres Sprachportfolios Gedanken darüber machen müssen, was sie bisher wie gelernt haben, wird dadurch eine Reflexionsfähigkeit gefördert, die für das weitere selbstständige Lernen hilfreich ist (vgl. als kurzen Überblick Burwitz-Melzer 2016 und als größere empirische Studie zum Gelingen von Schreibportfolios Ballweg 2015).

5.2.1 Übungen und Aufgaben

Sind die Begriffe ‚Übungen' und ‚Aufgaben' gleichbedeutend? Ist der eine ein Oberbegriff für den anderen? Kann man sie eindeutig voneinander unterscheiden? Eine klare Antwort auf diese Fragen gibt es ist leider nicht. Zu unterschiedlich ist die Verwendung dieser Begriffe in der fremdsprachendidaktischen

Diskussion. Erschwerend kommt hinzu: In der Fremdsprachendidaktik werden die beiden Begriffe seit den 1970er Jahren unterschiedlich gewertschätzt, man erhält den Eindruck, Aufgaben seien ‚etwas Besseres' als Übungen.

Der mit Abstand ausführlichste und umfassendste Versuch, für den Bereich des Fremdsprachenlernens eine Typologie des fremdsprachlichen Übens zu erstellen, findet sich bei Segermann (1992). Sie arbeitet mit den Merkmalskategorien ‚Zielsetzung', ‚Schülertätigkeit', ‚Materialgestaltung', ‚Art der Steuerung' und ‚Arbeitsweise'. In der umfassendsten Sammlung von Beispielen (in Häussermann/Piepho 1996, S. 195) ist ‚Aufgaben' ein Oberbegriff, ‚Übungen' sind eine Teilmenge. Übungen werden von diesen beiden Autoren als bindend, Aufgaben als freisetzend beschrieben (vgl. ebd., S. 196). Dies ist intuitiv nachvollziehbar, wenn auch an einigen Stellen dem Sprachgebrauch widersprechend: Viele Haus*aufgaben* im DaF-Unterricht müssten dann eher Haus*übungen* sein. Und was hat es mit dem schönen deutschen Wort ‚Übungsaufgabe' auf sich?

Man kann Übungen und Aufgaben auf verschiedenen Ebenen klassifizieren, z. B. danach,

- auf welchen Lerngegenstand oder welche Fertigkeit sie sich beziehen und
- ob sie geschlossen, offen oder halboffen oder
- ob sie eher mitteilungs- oder formbezogen sind.

Nach **Lerngegenstand** sortiert, lassen sich z. B. unterscheiden: Übungen und Aufgaben

- zur Schulung der Aussprache,
- zur Vermittlung des Wortschatzes,
- zur Vermittlung von Grammatik oder
- zur Erweiterung faktischer Kenntnisse über den deutschsprachigen Raum.

Werden Übungen und Aufgaben nach **Fertigkeiten** sortiert, lassen sich z. B. unterscheiden: Übungen und Aufgaben

- zur Förderung des Leseverstehens,
- zur Unterstützung und Herausbildung von Hörverstehensstrategien,
- zur Förderung des Schreibens bestimmter Textsorten oder
- zur Förderung des freien Sprechens.

Dieser Sortierversuch sagt nichts über die Form der Übungen und Aufgaben aus oder über die ausgelösten Aktivitäten der Lernenden. Unter dem Gesichtspunkt der Zuordnung zu bestimmten Gegenständen oder Fertigkeiten und zur **Förderung bestimmter Strategien** werden Übungen und Aufgaben in den jeweiligen Kapiteln (s. ► Kap. 6, 8, 9 und 10) behandelt.

Eine andere Möglichkeit besteht darin, Übungen und Aufgaben nach den **zeitlichen Abläufen** zu klassifizieren. Bei den Hör- und Leseverstehensaufgaben wird z. B. zwischen Aufgaben vor dem Hören bzw. Lesen, während des Hörens bzw. Lesens und nach dem Hören bzw. Lesen unterscheiden (s. ► Abschn. 6.2.4).

Quer zu einer Einteilung nach Gegenständen liegt die Unterteilung nach **mitteilungsbezogenen** und **formorientierten** Aktivitäten. Es gibt Aktivitäten, bei denen es eindeutig darum geht, dass die Lernenden einen bestimmten Formenbestand üben. Die Endungen eines Verbs abhängig von einem gewählten Personalpronomen einzusetzen, ist eine eindeutig formbezogene Aktivität. Sich in sozialen Medien mit einer Partnerklasse zu verabreden und mit ihr über einen selbst gewählten Inhalt zu kommunizieren, wobei man über die eigene Lebenswelt spricht, ist eine eher mitteilungsbezogene Aktivität.

Wenn in einer Übung das Verb ‚gehen' vorgegeben ist und die Arbeitsanweisung lautet, dass die Lernenden die zweite Person Singular bilden müssen, heißt die einzig richtige Antwort ‚gehst'. Dies ist eine **geschlossene** Aktivität, bei der es eine vorhersagbare richtige Lösung gibt. Beim gemeinsamen Gespräch von zwei Partnergruppen gibt es keine eindeutig richtige oder falsche Verhaltensweise: Zwar können beim Reden über die eigene Welt falsche Formen verwendet werden, aber wenn es das Ziel der Aktivität ist, sich mitzuteilen, dann kann nicht vorhergesagt werden, was die Kommunikationsteilnehmer sagen werden und welche ihrer Mitteilungen richtig oder falsch sind. Derartige Aktivitäten nennt man **offene** oder **freie** Aktivitäten.

> **Definition**
>
> Wenn eine Aktivität geschlossen und formorientiert ist, wird sie meist **Übung** genannt, wenn sie offen und mitteilungsbezogen ist, eher **Aufgabe**.

Das klingt einfach und relativ eindeutig, aber leider lassen sich viele Aktivitäten im Unterricht nicht so eindeutig einordnen. Was sind Schreibaktivitäten, bei denen ein Text mit einem ziemlich klaren Gerüst vorgegeben wird, bei denen die Lernenden aber eigene inhaltliche Ergänzungen machen dürfen? Und wäre nach dieser Definition der in ◨ Abb. 5.1 wiedergegebene Ausschnitt aus einem Lehrwerk eine Übung oder eine Aufgabe?

In diesem Ausschnitt aus dem Lehrwerk soll etwas angekreuzt werden, formal sieht dies so aus wie eine geschlossene Übung. Aber diese Übung ist auch mitteilungsorientiert, die Lernenden geben Informationen über sich selbst, es gibt also keine vorhersagbare richtige oder falsche Antwort. Deshalb bietet das

3) Was für ein Lerntyp sind Sie?

Kreuzen Sie an, was für Sie stimmt und diskutieren Sie mit Ihrem Nachbarn / Ihrer Nachbarin.

	Stimmt	Stimmt nicht
1. Ich mache mir Vokabellisten und lerne die Wörter auswendig.		
2. Ich versuche so viel wie möglich zu sprechen – auch wenn ich Fehler mache.		
3. Ich spreche erst, wenn ich ganz sicher bin, dass ich keine Fehler mache.		
4. Ich lese viele deutsche Texte, z.B. in der Zeitung, im Internet, in Büchern.		
5. Ich sehe viel deutsches Fernsehen.		
6. Ich mache mir grammatische Tabellen und schreibe grammatische Übungen.		

◨ **Abb. 5.1** Einfache geschlossene Ankreuzübung, die zur Auseinandersetzung mit dem eigenen Lernweg einlädt (aus dem Lehrbuch *Sage und Schreibe* von Fandrych/Tallowitz 2002, S. 131)

Lehrbuch *Sage und Schreibe,* das einen Lösungsschlüssel enthält, bei dieser geschlossenen Übung auch keine Lösung.

Aktivitäten können mitteilungsbezogen und inhaltlich offen sein, und trotzdem kann es sich um eine sehr stark steuernde Aufgabengestaltung handeln. ◘ Abb. 4.1 in ► Abschn. 4.7 zeigt einen Text, in dem Wörter zur Versprachlichung von Nähe-Distanz-Beziehungen (*mein Freund, ein Freund von mir, ein Bekannter*) eingeführt werden, in der Auswertung müssen die Lernenden die Wörter in eine richtige Reihenfolge von Nähe und Distanz bringen (hier gibt es also eindeutige richtige oder falsche Antworten), sie müssen aber auch für die eigene Sprache mögliche Überschneidungspunkte und Abweichungen benennen. Die Lernenden werden also aufgefordert, intensiv über die eigene Sprache und die Gemeinsamkeiten und Unterschiede zur deutschen Zielsprache nachzudenken. Was richtig oder falsch ist, ist in diesem zweiten Schritt weitaus weniger eindeutig als im ersten.

Die Unterteilung in offen und geschlossen bzw. mitteilungsbezogen und formbezogen ist auf jeden Fall hilfreich, auch wenn sie nicht immer zur eindeutigen Abgrenzung von Übungen und Aufgaben führt. Die Frage, wie stark formbezogen und wie stark mitteilungsbezogen der Fremdsprachenunterricht ist und sein sollte, ist in der Fremdsprachendidaktik zu verschiedenen Zeitpunkten unterschiedlich beantwortet worden (s. die Beschreibung der unterschiedlichen Ansätze in ► Kap. 4). Hier soll nun etwas genauer auf die Unterscheidung von offenen und geschlossenen Aktivitäten eingegangen werden.

Geschlossene Formen Was machen die Lernenden bei geschlossenen Übungen? (vgl. Rösler 2003, S. 9). Sie

— wählen aus einer Reihe von Vorschlägen die richtige Lösung aus,
— kennzeichnen etwas als richtig oder falsch,
— ergänzen in einem Text oder Satz vorhandene Lücken, wobei einzelne Wörter oder Gruppen von Wörtern oder auch Teile von Wörtern wie z. B. Endungen von Substantiven oder Verben ergänzt werden können,
— ordnen Elemente nach bestimmten Kriterien an, z. B. dadurch, dass sie die richtige Reichenfolge von Sätzen in einem Text festlegen oder Wörter verschiedenen Kategorien zuordnen, oder sie
— formen vorgegebene Sätze um wie z. B. bei der Umwandlung von Aktivsätzen in Passivsätze.

Diese Aktivitäten werden durch bestimmte Übungsformate ausgelöst wie z. B.:
— Multiple-Choice-Übungen,
— Lückentexte,
— Zuordnungsübungen,
— Umformungsübungen,
— Spiele wie z. B. Kreuzworträtsel oder Galgenmännchen,
— Diktate oder
— Sprachlabordrills.

Die Vielfalt dieser Formate erlaubt unterschiedliche Vorgehensweisen: Präpositionen sind nicht nur dadurch zu üben, dass in einem Satz mit einer Lücke diese mit der richtigen Präposition gefüllt wird. Präpositionen lassen sich auch durch ein sog. Picasso-Diktat üben, bei dem die Lernenden zeigen, dass sie die Bedeutung einer Präposition verstanden haben, weil sie etwas Gehörtes richtig zeichnen, beispielsweise in einer Wegbeschreibung oder einer Raumbeschreibung.

Geschlossene Übungsformate finden sich besonders häufig in den globalen Methoden Grammatik-Übersetzungs-Methode und audiolinguale Methode (s. ► Abschn. 4.1 und 4.3), sie sind die am häufigsten vorkommenden Aktivitäten in vielen didaktischen Übungsgrammatiken (s. ► Abschn. 8.6).

Offene Aufgaben setzen voraus, dass die Lernenden

5

» sprachlich aus dem, was sie schon beherrschen, selbständig auswählen, und sie greifen dabei inhaltlich auf das eigene Weltwissen, eigene Vorstellungen usw. zurück. Halboffene und offene Aufgaben enthalten dabei mehr oder weniger ausgeprägt mitteilungsorientierte Komponenten. (Rösler 2003, S. 13).

Offene Aufgaben enthalten weniger Vorgaben als halboffene. Für offene Aufgaben gibt es in Lehrwerken meist keine Lösungen, höchstens Musterlösungen, die die Lernenden mit ihren eigenen Antworten vergleichen sollen. Im Gegensatz zu Projekten, die den Rahmen eines Lehrwerks sprengen (s. ► Abschn. 5.2.2), sind offene Aufgaben in Lehrwerke integrierbar. Die Aufnahme offener Aufgaben in Lehrwerke begann mit dem kommunikativen Ansatz, sie wurden vor allen Dingen im interkulturellen Ansatz mit seiner Vorliebe für Vergleiche intensiv genutzt.

2   **Ein Missverständnis**

Kang Jae-Won ist Profi beim Handballverein GC Zürich. Er fühlt sich in der Schweiz sehr wohl. Nur an das Essen musste er sich zuerst gewöhnen. Er verträgt kein Käsefondue. „Lieber nicht noch einmal!", ist sein Kommentar. Er lebt gern in Zürich und weiß, dass das Publikum ihn mag. Beim Spiel gegen den BSV Bern gab es aber ein Problem.

2.1   Betrachten Sie das Foto. Wie interpretieren Sie dieses Handzeichen?

2.2   Lesen Sie diesen Text aus der Zeitschrift „Schweizer Illustrierte". Was ist das Problem? Glauben Sie die Geschichte?

ANDERE LÄNDER, ANDERE SITTEN
Der Zeigefinger am Kopf brachte ihm die erste rote Karte
Im Spiel gegen den BSV Bern schickte der Luzerner Schiedsrichter Max Staub den GC-Star Kang Jae-Won vorzeitig vom Platz. Das Tippen mit dem Zeigefinger an den Kopf hatte er als Unsportlichkeit empfunden. In Südkorea aber kennt man das „Vogelzeigen" in dieser Form gar nicht. In der Kabine erklärte der todunglückliche Kang: „Meine erste rote Karte. Bei uns in Südkorea bedeutet dieses Zeichen, dass ich nachdenke."

◨ **Abb. 5.2**   Offene Aufgabe zu interkulturellen Missverständnissen (aus Funk/König 1998, S. 126)

Texte und Bilder als Gesprächsanlässe, die konkrete Kontrastsituationen aufnehmen wie der in ◘ Abb. 5.2 wiedergegebene Text aus dem Lehrwerk *Eurolingua,* sind bei in Deutschland produzierten Lehrwerken aufgrund deren Einsprachigkeit eher selten. Dieser Text liefert zum einen ein beinahe klassisches interkulturelles Missverstehensthema: Ein Koreaner macht eine Geste, die im Deutschen falsch verstanden wird. Durch die offene Anweisung „Glauben Sie die Geschichte?" in der zweiten Aufgabe wird zum anderen jedoch auf einer Metaebene thematisiert, inwieweit die sogenannten **interkulturellen Missverständnisse** eventuell auch als Strategien des individuellen Gesichtsbewahrens oder Sich-Herausredens verwendet werden können.

Wie eine konkrete Gruppe von Deutschlernenden auf diese Frage reagiert, ist nicht vorhersagbar. Auch eine eindeutig richtige oder falsche Antwort auf diese Frage gibt es nicht, es wird ja gerade um eine subjektive Einschätzung gebeten. Offene Aufgaben dieser Art laden die Lernenden dazu ein, das sprachliche Material, das sie bereits erworben haben, zu verwenden, um sich mitzuteilen. Geschlossene Übungen zur Form können den Lernenden helfen, das sprachliche Material zu erweitern, mit dem sie sich mitteilen können. Offene oder geschlossene Übungen und Aufgaben sind also nicht als solche besser oder schlechter. Aber sie können für ein bestimmtes Lernziel angemessen oder unangemessen sein. Wer Lehrwerke produziert oder mit ihnen unterrichtet, muss deshalb genau bestimmen, wann welche Art von Übung oder Aufgabe wichtig ist und wann das Weglassen der einen oder anderen Art den Lernfortschritt behindert.

Wer ist ‚ich‘? Das Wort ‚ich‘ kommt in Übungen und Aufgaben relativ häufig vor, allerdings mit unterschiedlichen Arten von Bezügen zum jeweiligen Sprecher oder Schreiber (vgl. den Überblick in Rösler 2012). Es gibt Übungen, bei denen völlig klar ist, dass ein „ich" oder „wir" in der Übung relativ wenig oder nichts mit der Person, die im Fremdsprachenunterricht die Sprache lernt, zu tun hat; das gilt besonders für geschlossene Übungen zur Form.

» Peter ist mein Freund. Ich frage Peter: ‚Geh ... in die Schule? – Arbeit ... viel?‘ (Schulz/Griesbach 1955, S. 7).

In dieser Übung aus dem Lehrwerk *Deutsche Sprachlehrer für Ausländer* sind die Lernenden, die die Lücken füllen, weder mit diesem Peter im Text befreundet noch wollen sie ihm Fragen stellen. Sie üben die Konjugation der Verben. Andererseits gibt es Aufgaben, bei denen die Lernenden sich tatsächlich als sie selbst ausdrücken sollen, z. B. in allen Begegnungsaktivitäten, bei denen die Lernenden selbst über sich und ihre Welt sprechen. Dazwischen gibt es Aufgaben, bei denen ein „ich" ein eindeutig fiktionalisiertes „ich" ist. Dies geschieht z. B. in Ansätzen der Literaturdidaktik, bei denen Lernende einen Text schreiben, in dem sie die Perspektive einer der Figuren aus dem Text einnehmen und z. B. als diese Person an eine andere Person im Text schreiben (s. ► Kap. 10). Der dafür notwendige Blick aus einer anderen Perspektive gilt generell als guter Versuch, interkulturelles Lernen zu befördern.

Anders ist die Situation in den sogenannten **globalen Simulationen** (vgl. Maak 2011), bei denen die Lernenden auf zwei Ebenen so tun müssen als ob:

Sie müssen so tun, als seien sie an einem anderen Ort, und sie müssen so tun, als seien sie eine zielsprachige Person. Hier wird im Gegensatz zu einem klassischen **kurzen Rollenspiel**, das dem Einüben bestimmter sprachlicher Verhaltensweisen dient, von den Lernenden verlangt, dass sie sich in eine zielsprachige Person hineinversetzen und versuchen, diese Person zu sein. Dieser Ansatz, der im Hinblick auf ein Ausprobieren von Sprache und den Versuch des **Eintauchens** in eine zielkulturelle Situierung tatsächlich viele Vorteile aufweist, ist ein wenig naiv im Hinblick auf die Vorstellung, dass ein Lernender im Klassenzimmer, bloß weil er simuliert, er sei im Wohnhaus X im Land Y, diese Identität auch tatsächlich annimmt. Auch diese **fiktionale Identität** bleibt von der sprechenden und schreibenden Person entfernt. Reflektierter mit den verschiedenen Rollenübernahmen gehen stattdessen dramapädagogische Ansätze vor, die das Fremdsprachenlernen inszenieren (s. ▶ Abschn. 4.10).

5.2.2 Projekte

Definition

Ein **Projekt** ist eine offene Arbeitsform. Es ist auf einen bestimmten Inhalt fokussiert, die Lernenden sind für ihren Lernprozess verantwortlich, Planung und Aushandlung der Vorgehensweise liegen in ihrer Hand. Verglichen mit Übungen und vielen Aufgaben erfordern Projekte einen größeren Zeit- und Arbeitsaufwand.

Ausführlich hat schon Krumm (1991) die Charakteristika von Projekten beschrieben:
1. „Ein konkretes Ziel, das es erlaubt, Sprache in kommunikativer Funktion zu verwenden, das es erlaubt, Neues, Fremdes zu entdecken und zu erfahren;
2. gemeinsame Planung und Ausführung durch Lehrer und Schüler, wobei zunächst einmal die Schüler versuchen, mit ihren vorhandenen Sprachkenntnissen zurechtzukommen. Der Lehrer ist der sprachliche und sachliche Helfer, der Sprachunterricht liefert diejenigen sprachlichen Mittel, die zur Bewältigung der Aufgabe gebraucht werden;
3. die Hereinnahme der Außenwelt in den Unterricht bzw. die Erweiterung des Unterrichts in die Außenwelt hinein, wobei die Einheit von Sprache und Handeln und von Sprache und Situation konkret erfahrbar wird;
4. die selbständige Recherche und Aktion der Schüler unter Benutzung aller verfügbaren Hilfsmittel, zu denen z. B. Wörterbücher und Grammatiken ebenso gehören, wie evtl. Schreibmaschine, Computer, Mikrophon oder Kamera;
5. ein präsentables Ergebnis, das auch über das Klassenzimmer hinaus als Poster, Zeitung, Korrespondenz, Aufführung o. ä. vorgezeigt werden kann und im günstigsten Fall (z. B. bei der Klassenkorrespondenz) weitere Aktionen nach sich zieht. Spracharbeit (d. h. Fehlerkorrektur, Grammatikarbeit, Schreiben) vollzieht sich dabei in Form der Überarbeitung und Verbesserung des Produktes, d. h. die Klasse wird, wie von Freinet gefordert, zur ‚Werkstatt‘ " (ebd., S. 6).

Projekte sind der Versuch, die in der kommunikativen Didaktik angestrebten ‚**kommunikativen Ernstfälle**' zu erreichen, und zwar in zwei Richtungen:

» Projekte lassen sich auf einem Kontinuum von reinen Textprojekten bis zu komplexen Begegnungsprojekten anordnen. Erstere bearbeiten Textensembles im Klassenzimmer und an nichtschulischen Lernorten [...], letztere suchen direkte Begegnungen mit Sprechern der Zielsprache in der unmittelbaren Umgebung [...] sowie im Rahmen von Klassenfahrten und Austauschprogrammen. Zwischen diesen Polen lässt sich ein Spektrum medial vermittelter Begegnungen mit klassischer und digital gestützter Korrespondenz platzieren. (Legutke 2016, S. 352)

Begegnungsprojekte Bei realen Begegnungsprojekten treffen die Lernenden mit Sprechern oder anderen Lernenden der Zielsprache direkt zusammen, sei es, dass diese zu Besuch in ihr Klassenzimmer kommen, sei es, dass die Lernenden Orte in der Umgebung aufsuchen, an denen sie diese Personen treffen. Mit dem Auftauchen der digitalen Medien hat sich ein Typ von Begegnungsprojekten, die **Korrespondenzprojekte**, erheblich ausgeweitet. Der Austausch per Brief und Kassette wird von der gemeinsamen Arbeit in Lernumgebungen oder der gemeinsamen Kommunikation in sozialen Netzwerken, per Mail usw. abgelöst (s. ► Abschn. 3.5.2 und den Überblick in Dooly/O'Dowd 2018). Aus den alten Klassenkorrespondenzen werden *virtual exchanges*.

Textproduktion Projekte, die sich auf die Produktion von Texten im weitesten Sinne beziehen, haben durch die digitalen Medien ebenfalls Aufwind genommen. Die Suche nach einem **Ernstfall-Publikationsort** (Ausstellung in der Schule, Aufführung eines Stücks usw.), ist durch die digitalen Medien scheinbar sehr vereinfacht worden, die Publikation eines Podcast, einer Seite im Netz usw. ist ohne weiteres möglich (s. ► Abschn. 3.5.2). Mit dieser technischen Erleichterung der Publikationsmöglichkeiten ist jedoch nur der formale Rahmen geschaffen: Die Idee des Projekts geht davon aus, dass das für den Ernstfall geschaffene Produkt nicht nur irgendwo publiziert wird, sondern dass es seine intendierten Rezipienten auch tatsächlich erreicht.

Damit Projekte dieser Art eine Chance zur Realisierung haben, müssen die Lernenden in der Lage sein oder in die Lage gebracht worden sein,

– selbständig Informationsmaterialien zu finden,
– Problemlösungen zu formulieren,
– die vorhandene Zeit einigermaßen realistisch einzuschätzen und
– die Arbeitsteilung und die Zusammenführung individueller Arbeit in das gesamte Projekt auszuhandeln.

Sie müssen also die sozialen Fähigkeiten des **kooperativen Lernens** (s. Abschn. 5.1.2) erworben haben bzw. müssen sie im Laufe der Projektarbeit erwerben.

Je stärker Projektarbeit als Leitkonzept des Unterrichts verstanden wird, desto stärker zeichnen sich Konflikte mit der Organisation des Lernens ab. Projektarbeit kann mit individueller **Leistungsbeurteilung** kollidieren, die zeitlichen Ansprüche der Projektarbeit können mit dem **Stundenplan** in Konflikt geraten, die Projekte können den Raum **Klassenzimmer** überschreiten und dazu führen, dass sich die Lernenden außerhalb des Klassenzimmers in der Bibliothek oder gar außerhalb der Schule aufhalten müssen. Projekte sind also, wenn sie nicht gerade als ‚Pausenfüller' für die Zeit zwischen Zeugniskonferenz und Ferien gedacht sind, ‚Störenfriede', die einen traditionellen Unterricht, der von zeitlich klar getakteten Stunden und der Arbeit mit einem Lehrwerk ausgeht, durcheinanderbringen können.

Projektarbeit und Lehrwerk Ein gedrucktes Lehrwerk hat schon aus Platzgründen keine Chance, Projektarbeit wirklich zu integrieren. Stattdessen besteht die Gefahr, dass es sich mit ‚Projekten' schmückt, die keine sind. So gibt es z. B. im Lehrwerk *Tangram* (Dallapiazza/Jan/Schönherr 1998, S. 133) einen Text mit der Überschrift „Projekt". Darin wird ein sehr sinnvoller Vorschlag zur selbständigen Verbesserung des Hörens gemacht, aber gemäß der Krumm'schen Charakterisierung von ‚Projekt' ist dies kein Projekt, sondern ‚nur' der Vorschlag für eine Lerneraktivität.

Lehrwerke können, wenn man die thematische und lernprozessbezogene Selbstbestimmung der Lernenden als Teil der Projektdefinition ernstnimmt, auch gar keine Projekte anleiten, sie könnten höchstens dadurch Platz schaffen für Projekte, dass sie Projektarbeit im Lehrwerk verankern durch eine **Arbeitsanweisung zum Projektmachen** und/oder durch ausführliche **Hilfen im Lehrerhandbuch** zur Projektarbeit. Das ist dort besonders wichtig, wo Lehrwerke unterrichtsdeterminierend sind (s. Abschn. 3.2.4). Aber da Lehrwerke, wie ▶ Abschn. 3.2 gezeigt hat, notwendigerweise thematisch fremdbestimmend sind, müssen sie mit den Forderungen nach thematischer Selbstbestimmung der Lernenden bei der Projektarbeit kollidieren.

5.2.3 Spiele

Kleppin (2003) zählt auf, nach welchen Kriterien Spiele von Übungen und Aufgaben zu unterscheiden sind:
— „Spiele müssen vor allem ein Spielziel haben, nicht nur ein Lernziel.
— Sie müssen so konzipiert sein, dass sie zur Lust an der Erfindung, am Entdecken, am Darstellen und an der konkreten Betätigung anregen.
— Sie müssen einen Spannungsbogen enthalten.
— Sie müssen offen sein, d. h. ihr Ausgang und ihre konkrete Ausgestaltung dürfen nicht vorgeschrieben werden.
— Sie können Wettbewerbscharakter haben und müssen dann Gewinn- und Verlierkriterien besitzen; das Spielziel kann aber auch allein durch Kooperation mit anderen zu erreichen sein.
— Sie müssen ihren eigenen Bewertungscharakter haben und die Möglichkeit zur Selbstevaluation bieten.
— Spiele dürfen nicht vom Lehrer bewertet oder gar benotet werden, sie sind sanktionsfrei" (ebd., S. 264).

Spiele werden häufig auf Grund ihrer hohen oder vermeintlich **hohen Motivati-onskraft** eingesetzt, diese ist aber nicht automatisch gegeben. Spiele können sogar demotivierend wirken, wenn sie nicht zur Adressatengruppe passen, zu viel Zeit oder Vorbereitungszeit verlangen usw.

Als Teil der kommunikativen Orientierung (s. ► Abschn. 4.6) erhielten Spiele ab den späten 1970er und frühen 1980er Jahren im Fremdsprachenunterricht große Aufmerksamkeit. Eine Vielzahl von wissenschaftlichen Arbeiten, praxis-orientierten Handreichungen und Sammlungen von Spielen wurde veröffentlicht (vgl. z. B. Kleppin 1980; Wegener/Krumm 1982 und Spier 1981). Nach dieser ersten Hochphase der fachdidaktischen Beschäftigung mit Spielen wurde die Publikationsdichte zu diesem Thema zwar geringer, sie wurden aber weiter be-handelt (vgl. z. B. Kilp 2003) und erhielten mit der allgemeinen Tendenz zur *Ga-mification* verschiedener Aspekte gesellschaftlichen Handelns erneut große Be-achtung. Blume/Schmidt/Schmidt (2017) haben die Diskussion um Lernspiele zusammengefasst, Kriterien für deren Analyse entwickelt und viele der zum Ana-lysezeitpunkt vorhandenen Spiele klassifiziert. Ihr Fazit: Immer noch dominant sind Spiele, die behavioristischen Drills nachempfunden sind. Diese erfüllten eine bestimmte Funktion, aber wenn das Potenzial von Lernspielen und *Seri-ous Games* für das Fremdsprachenlernen genutzt werden soll, müsse eine Weiter-entwicklung stattfinden:

» Ultimately, applications that emphasize authentic skills over isolated ones and that embed tasks in sophisticated game structures and enable collaborative game-play will be better able to engage both serious learners and enthusiastic gamers. Going forward, the goal for language learning games is to find the skilled match-makers who can marry these complex language tasks with such sophisticated game mechanics (ebd., S. 227).

Spiele sind also seit den 1970er Jahren zu einem selbstverständlichen Teil des Fremdsprachenunterrichts geworden, besonders zu Beginn des kommunikativen Ansatzes hatten die sogenannten **Rollenspiele** Hochkonjunktur, bei denen die Lernenden mit mehr oder weniger ausführlichen Beschreibungen des Kontextes und der Rollen in die Lage versetzt werden sollten, **situationsangemessen kom-munizieren** zu können. An diesen eingeschränkten Inszenierungen wurde relativ schnell Kritik geübt, vor allem aus der Perspektive eines umfassenderen drama-pädagogischen Konzepts (s. ► Abschn. 4.10).

Manchmal werden Spiele als **Tätigkeit, die Spaß macht,** als Gegensatz zum Fremdsprachenlernen als Arbeit propagiert. Dies ist eine problematische Gegen-überstellung, denn zum einen ist Fremdsprachenlernen nicht ohne Arbeit mög-lich, zum anderen kann nicht automatisch angenommen werden, dass jedem Lernenden sofort einleuchtet, dass Spielen im Fremdsprachenunterricht ein sinn-voller Teil des gesteuerten Fremdsprachenlernens ist, der Spaß macht, und nicht Zeitverschwendung ist.

Ob Spielen im Fremdsprachenunterricht sinnvoll ist, hängt nicht zuletzt davon ab, dass angemessene Spiele für die jeweiligen **Lernziele** und die beteiligten Personen ausgewählt werden und dass sie zum **Sprach- und Kenntnisstand** der be-teiligten Personen passen. Außerdem muss auch im Fremdsprachenunterricht der

Spielcharakter der Spiele gewahrt bleiben: Wenn Lehrende dauernd unterbrechen und sprachliche Korrekturen einführen, wird sich die Begeisterung der meisten Lernenden in sehr engen Grenzen halten.

Bei der Vielzahl vorhandener Spiele ist eine Klassifikation nicht einfach möglich; unterscheiden kann man danach, inwieweit sie stärker **formbezogenen Übungen** oder mitteilungsbezogenen kooperativen Aktivitäten ähneln. Ein traditionelles Kinderspiel wie ,Galgenmännchen', bei dem zum Beispiel mit Formen des Partizip Perfekt gespielt wird, zeigt den Lernenden, dass bestimmte Buchstaben und Kombinationen von Buchstaben in einem deutschen Partizip mit einer gewissen Wahrscheinlichkeit vorkommen, es ist durch den Wettbewerbscharakter vielleicht motivierender als eine entsprechende Einsetzübung. Ebenso ist Gedächtnistraining beim **Wortschatzerwerb** per **Memory-Spiel** vielleicht unterhaltsamer als andere Formen. Seit Aufkommen der digitalen Medien finden sich nicht nur größere Sammlungen von Spielen in digitalisierter Form, den Lehrenden stehen auch Möglichkeiten zur Verfügung, ohne allzu großen Aufwand spielerische Übungsaktivitäten für ihre Lernenden selbst zu produzieren.

5.3 Allein und gemeinsam lernen, virtuell und an einem Ort

In diesem Kapitel werden zwei Bestimmungselemente des Fremdsprachenlernens zusammengebracht: die Anzahl der beteiligten Personen und der Ort, an dem das Fremdsprachenlernen stattfindet. Dabei handelt es sich eigentlich um zwei klar voneinander getrennte Faktoren, die allerdings seit Beginn des 21. Jahrhunderts vermehrt zusammen behandelt werden: Eine klassische Einzellerner-Situation wie das Fernlernen erhält durch digitale Kommunikationskanäle Kooperationsmöglichkeiten für an verschiedenen Orten sich aufhaltende Lernende. Der traditionelle Unterricht im Klassenzimmer erhält durch die Digitalisierung nicht nur die Möglichkeit, über das Klassenzimmer hinaus mit anderen Gruppen zu kommunizieren, sondern auch das Konzept der Individualisierung über klassische Einzelarbeiten wie Stillarbeit oder Hausarbeiten hinaus zu integrieren.

5.3.1 Allein und gemeinsam lernen

In der fremdsprachendidaktischen Diskussion werden, leider uneinheitlich und nicht immer klar voneinander getrennt, eine Reihe von Begriffen verwendet, mit denen auf das Lernen von Individuen oder das Lernen in der Gruppe referiert wird.

- **Individuelles Lernen:** Jedes Lernen ist individuell, unabhängig davon, ob es in sozialen Kontexten oder beim Selbstlernen stattfindet. Es findet im Kopf von Individuen statt. Jede Art von Fremdsprachenunterricht, Sprachlernberatung oder wie auch immer gearteter Organisation von sprachlichem Input muss so ausgerichtet sein, dass es dem individuell Lernenden die Chance gibt, möglichst effektiv zu lernen.

- **Alleinlernen:** Dieses gibt es sowohl beim Selbstlernen als auch als Teil eines sozial organisierten Lernens. Es findet im Klassenzimmer (Üben im Sprachlabor, Stillarbeit) und außerhalb des Klassenzimmers (Hausarbeit) statt.

- **Einzelunterricht:** Eine besondere Form des Alleinlernens ist der Einzelunterricht, bei der ein lernendes Individuum von einer individuellen Lehrkraft betreut wird. Traditionell war es der Hauslehrer für die höheren Stände, im Kontext des Lernens mit digitalen Medien ist es z. B. ein Online-Tutor, der ein allein lernendes Individuum betreut.

- **Selbstlernen:** Im Gegensatz zum Alleinlernen, das einen Teil eines sozial organisierten Lernens darstellt oder bei dem das Individuum im Einzelunterricht von einem Lehrenden betreut wird, bezieht sich Selbstlernen auf die Organisationsform. Entweder der gesamte Lernprozess oder zumindest größere Teile davon finden unabhängig von Lehrkräften und Institutionen statt. Das Selbstlernen kann sehr stark gesteuert sein, z. B. mit Materialien des programmierten Unterrichts; es muss aber auch Elemente der Selbststeuerung enthalten. Selbstlernen profitiert von einer guten Sprachlernberatung (vgl. Mehlhorn u. a. 2005).

- **Selbststeuerung:** Selbststeuerung und Fremdsteuerung sind zwar begrifflich ein Gegensatzpaar, man kann aber davon ausgehen, dass beim Fremdsprachenlernen beide immer vorkommen. Innerhalb des fremdgesteuerten Unterrichts kann es selbstgesteuerte Elemente geben, innerhalb von stärker selbstgesteuertem Lernen kann es verschieden starke Fremdsteuerungen geben, bezogen auf Lernorte, Lernzeitpunkte, Lerntempo, Verteilung, Gliederung oder materielle Repräsentation des Lernstoffs.

- **Lernerautonomie:** Eigentlich gehört dieser Begriff gar nicht in diese Reihe, denn bei ihm handelt es sich um ein altehrwürdiges Konzept, das sowohl in Bereichen wie der politischen Bildung als auch in der Fremdsprachendidaktik eine wichtige Rolle spielt und zunächst einmal wenig mit der Frage zu tun hat, ob eine Person alleine oder in einer Gruppe eine Fremdsprache lernt. Lernerautonomie wird deshalb auch in ▶ Abschnitt 5.4 separat behandelt. Zu Beginn der 1990er Jahre wurde jedoch die Diskussion um das Lernen mit digitalen Medien mit der um Lernerautonomie vermischt. In einer sehr trivialen Weise wurde dabei zunächst schon von Lernerautonomie gesprochen, wenn es darum ging, darauf hinzuweisen, dass mit digitalen Medien Lernende einfacher den Ort und die Zeit des Lernens selbst bestimmen konnten. Dabei wurde übersehen, dass ein zeitlich selbstbestimmtes Arbeiten mit einer CD an einem selbstbestimmten Ort nichts daran ändert, dass die Inhalte auf dieser CD genauso ‚fremdbestimmt' sind wie ein Lehrwerk, das im traditionellen Unterricht verwendet wird. Und auch die eigenständige Auswahl der Lernpfade auf dieser CD, ein weiteres Argument für die ‚Autonomie' des Lerners, ist wenig autonom, wenn sie sich auf sehr wenige Optionen beschränkt.

- **Fernlernen:** Auch dieser Begriff ist eigentlich auf einer anderen Ebene angesiedelt als die anderen hier angesprochenen Begriffe, wird aber oft mit diesen vermengt. Fernlernen ist traditionell das Gegenstück zum Unterricht in Bildungsinstitutionen, das gewählt wird, weil die Teilnehmenden aus bestimmten Gründen nicht an diesem teilnehmen können oder wollen. Fernlernen ist traditionell eher ein Alleinlernen, bei dem es nur ab und an zu einem Treffen mit einem Tutor kommt. Fernlernen war immer medial, egal ob Studienbriefe oder Kassetten zur Vermittlung dienten oder Fernsehsendungen. Im Kontext der Digitalisierung können die Lernenden nun vermehrt synchron und asynchron mit ihren Mitlernenden und ihren Tutoren kommunizieren; die Lernplattformen ermöglichen in einem viel stärkeren Maße als beim traditionellen Fernlernen kooperatives Lernen.

Mit dem Aufkommen der digitalen Medien gehen zwei Tendenzen gleichzeitig einher, die sich eigentlich auszuschließen scheinen: Es gibt sowohl eine Tendenz zur **stärkeren Individualisierung** als auch eine Tendenz zur **Erweiterung kooperativen Arbeitens.** So grundlegende Fragen wie die Bedeutung des Alleinlernens und des Lernens in sozialen Verbänden müssen deshalb erneut intensiv diskutiert werden (vgl. dazu ausführlicher Rösler 2010).

5.3.2 Präsenzlernen, virtuelles Lernen, Blended Learning

Wenn Menschen an einem Ort zusammenkommen, um dort unter Anleitung zu lernen, nennt man das traditionell ‚Unterricht‘. Dieses Wort ist weiterhin der dafür verwendete Begriff, aber die zunehmende Verwendung von ‚Präsenzlernen‘ zeigt, dass eine Verschiebung stattgefunden hat. Dadurch, dass ‚Lernen‘ Teil des Begriffs wird, hat ein **Perspektivenwechsel** weg vom Vermitteln und hin zum lernenden Individuum stattgefunden. Und dass die physische Anwesenheit der handelnden Personen als Teil des Begriffs explizit thematisiert wird, spricht dafür, dass das ursprünglich Selbstverständliche – im Unterricht sind Personen physisch präsent – nun in Abgrenzung zu anderen Formen des Lernens benannt werden muss.

Es handelt sich bei ‚Präsenzlernen‘ also um einen Begriff, der sich in die fremdsprachendidaktische Diskussion zunächst eingeschlichen hatte als **Gegenbegriff zum virtuellen Lernen,** also dem Lernen in einem Kontext, an dem die Lernenden nicht mehr physisch gemeinsam an einem Ort präsent sind. Virtuelles Lernen wird manchmal mit Alleinlernen gleichgesetzt, was aber nicht der Fall sein muss: Ebenso wie es im Präsenzlernen kooperative Phasen und Phasen der Stillarbeit, also des individuellen Lernens, gibt, lassen sich auch beim virtuellen Lernen individuelles Lernen z. B. mit einer Aufgabe, die automatisch generiertes Feedback produziert, und kooperatives Lernen, z. B. wenn eine Gruppe von Lernenden auf einer Lernplattform in einem Forum oder in einem Wiki gemeinsam einen Gegenstand diskutiert, unterscheiden. Mit Beginn der Pandemie zu Beginn der 2020er Jahre wurde aus der spezialisierten Diskussion um Präsenzlernen und virtuelles Lernen von einem Tag auf den anderen eine gesamtgesellschaftliche, und auch Lehrkräfte, die nie gedacht hätten, dass sie einmal *remote* unterrichten würden, führten ihren Unterricht per Videokonferenz durch. Dass es während dieser Zeit zu sehr unterschiedlichen synchronen und asynchronen Aktivitäten kam, die nicht immer funktional für die jeweiligen

Gegenstände waren, zeigte, dass (noch) nicht überall die Auseinandersetzung mit den Vor- und Nachteilen des virtuellen Lernens geführt worden war und man nicht davon sprechen konnte, dass sich bereits ein digitaler Habitus herausgebildet hatte (vgl. Oswalt/Rösler 2021). Die vielfältigen kreativen Aktivitäten der Lehrkräfte haben aber dazu geführt, dass sich die Diskussion um das Lernen mit digitalen Medien qualitativ und quantitativ entwickelte.

Blended Learning hat im klassischen Fremdsprachenunterricht schon immer stattgefunden, es wurde nur nicht so genannt: Im Unterricht gab es Phasen des Arbeitens in einer Gruppe und Phasen der Einzelarbeit, z. B. im Sprachlabor oder wenn in Stillarbeit Übungen bearbeitet wurden. Auch alternierte soziales Arbeiten im Klassenzimmer mit individuellen Arbeitsphasen außerhalb der Institution, z. B. bei den klassischen Hausaufgaben. Man könnte diese Kombinationen als Blended Learning beschreiben, aber dieser Begriff hat erst mit dem Aufkommen der digitalen Medien ernsthaft in die fremdsprachendidaktische Diskussion Eingang gefunden.

Definition

„Beim **Blended Learning** wird entweder individuell oder gemeinsam in der Lerngruppe, im Unterricht oder außerhalb des Unterrichts, mit dem Computer oder ohne, gleichzeitig oder zeitversetzt, mit vielen verschiedenen oder eher wenigen Medien Deutsch gelernt" (Rösler/Würffel 2020, S. 159). Für die Beschreibung von Formen des Blended Learning sind also mindestens Angaben über den Lernort, die gewählte Sozialform, den Grad an Synchronizität/Asynchronizität, über virtuelle und nicht-virtuelle Anteile und die verwendeten Medien erforderlich.

In der Diskussion um Präsenzlernen, Blended Learning und virtuelles Lernen im Kontext der digitalen Medien ist eine Verschiebung zu beobachten. Nicht mehr der Unterricht ist das Maß aller Dinge, auf den sich die Phasen der Alleinarbeit beziehen müssen, sondern nun wird gefragt, was **die optimale Kombination** und das angemessene Verhältnis **von Präsenz- und virtuellen Arbeitsphasen** ist, wann Alleinlernen sinnvoll ist und wann kooperative Formen, egal ob in Präsenz oder virtuell, das angemessene Vorgehen für einen Lerngegenstand sind.

Das Mischungsverhältnis kann sehr unterschiedlich sein. Für das Fremdsprachenlernen kann es z. B. bedeuten, dass am Anfang und am Ende eines Kursabschnittes eine Präsenzphase stattfindet und dazwischen Aufgaben virtuell bearbeitet werden müssen, z. B. auf einer **Lernplattform**. Diese Aufgaben können individuell bearbeitet werden, es können aber auch Aufgaben sein, zu deren Lösung sich die Lernenden **synchron** oder **asynchron** in einem Chat oder in einem Forum auf eine Lösung einigen müssen, bei denen sie gemeinsam Antworten auf Rechercheaufgaben formulieren, ein landeskundliches Thema diskutieren (vgl. z. B. Becker 2018) und einen gemeinsamen Text in einem Wiki schreiben müssen usw. (zu den Möglichkeiten des **kooperativen Arbeitens** mit digitalen Medien s. ▶ Abschn. 3.5.2). Umgekehrt wird aber auch schon von einem Blended Learning-Szenario gesprochen, wenn die Präsenzphasen viel umfassender sind und die Online-Phasen stärker Zulieferungscharakter haben, indem z. B. mit Materialien, die online verfügbar sind, gearbeitet wird, oder wenn parallel zur Unterstützung der Präsenzveranstaltung internetgestützte Kommunikationsformen eingesetzt werden.

E-Learning Sowohl virtuelles Lernen als auch Blended Learning werden manchmal unter dem Oberbegriff ‚E-Learning‘ zusammengefasst, ein Begriff, der allerdings so schillernd ist, dass er in seiner weitesten Version alle Vorkommensweisen von digitalen Medien beim Lernen umfasst und damit keinerlei begriffliche Trennschärfe mehr aufweist (als Überblick über die Bandbreite des Begriffs ‚E-Learning‘ und die verschiedenen Arten des individuellen und sozialen Fremdsprachenlernens im Kontext der digitalen Medien vgl. Rösler 2007, S. 7–47).

5.4 Lernstrategien und Lernerautonomie

Lernende sind für ihren Lernprozess letztendlich selbst verantwortlich. Dies ist eine Binsenwahrheit. Im Unterricht jedoch scheint die Verantwortung für das Lernen oft bei den Lehrenden zu liegen, die versuchen müssen, mit allerlei Tricks und Motivierungsaktivitäten die Lernenden zum Lernen zu bewegen. Auf diesen Widerspruch ist in Pädagogik und Didaktik häufig und auf unterschiedliche Weise reagiert worden, insbesondere von den alternativen Methoden (s. ▶ Abschn. 4.9), die besonderen Wert auf die inhaltliche Selbstbestimmung der Lernenden legen.

In der Fremdsprachendidaktik ist seit den 1980er Jahren als Reaktion auf diesen Widerspruch die **Eigenverantwortung der Lernenden für den Lernprozess** in den Mittelpunkt der Diskussion gerückt:

- dadurch, dass im Unterricht zunehmend **Lernstrategien** und **Lerntechniken** eine wichtige Rolle spielten,
- dadurch, dass das Konzept der **Lernerautonomie** zum Gegenstand der Überlegungen wurde.

Lernerautonomie In ▶ Abschn. 5.3.1 zeigte sich, dass vor allem in der ersten Phase des Aufkommens der digitalen Medien der Begriff ‚Lernerautonomie‘ eine Trivialisierung dadurch erfuhr, dass das Konzept auf zeitliche und räumliche Unabhängigkeit reduziert wurde. Wenn Lernerautonomie ernstgenommen werden soll, müssen – über die selbstbestimmte Wahl von Lernort und **Lernzeit** hinaus – die Lernenden in die Lage versetzt werden, Entscheidungen über eigene Lernziele und **Lernpfade** zu treffen und das eigene Lernen zu kontrollieren. Lernerautonomie, lässt sich

>> in der Art der Beziehung, die Lernende zum Lerninhalt und zum Lernprozess Fremdsprache herstellen und weniger als ein inhärentes Charakteristikum einer lernenden Person kennzeichnen. Autonome Lerner sind diejenigen, die eine tiefe und breite Informations- und Sprachdatenverarbeitung bevorzugen und initiieren und tiefenorientierte Lernstrategien erfolgreich anwenden (Martinez 2008, S. 305).

Für Martinez spielen „außerschulische Sprachlernerfahrungen sowie Auslandsaufenthalte eine bedeutende Rolle in der Sprachlernbiografie autonomer Lerner" (ebd., S. 308). Die Autonomiediskussion ist verbunden mit **konstruktivistischen Vorstellungen** vom Lernen und wird in sehr unterschiedlichen theoretischen und praktischen Kontexten diskutiert. Schmenk (2008) zum Beispiel unternimmt eine ausführliche Bestandsaufnahme der Geschichte des Begriffs ‚Lernerautonomie', eine Kritik an der **Trivialisierung** dieses Konzepts sowie einen Versuch, das komplizierte Zusammenspiel von Selbstbestimmung und Fremdbestimmung im Fremdsprachenunterricht differenziert zu beschreiben. Sie spricht von einer **Sloganisierung** des Konzepts (vgl. die Beiträge in Schmenk/Breitbach/Küster 2018). Eine Zusammenfassung der vielfältigen Definitionsversuche von ‚Autonomie' und eine tabellarische Aufstellung verwandter Begriffe zur Lernerautonomie findet sich u. a. bei Tassinari (2010). Zwei der größeren deutschsprachigen empirischen Untersuchungen zur Autonomie stammen aus dem Bereich der Didaktik der romanischen Sprachen (vgl. Martinez 2008 und Schmelter 2004).

Das Konzept Lernerautonomie ist überwiegend positiv besetzt, nur selten werden die Gefahren der Verselbständigung dieses Konzepts und damit verbunden die Bedeutung des **Zusammenspiels von Selbstbestimmung und Fremdbestimmung** für das Fremdsprachenlernen diskutiert. Für Schmenk bietet das Fremdsprachenlernen

» einzigartige Möglichkeiten zur Erkundung von Grenzen, Grenzüberschreitungen, Autonomiepotentialen und Heteronomie [...] Hier könnte das Fremdsprachenlernen Anlässe und Anknüpfungspunkte bieten, zu einer Erziehung beizutragen, die Autonomie als kritische Reflexionsfolie versteht, und die solche pädagogischen und didaktischen Ansätze entwickelt, die Lernenden dazu verhelfen, die eigenen Verstrickungen und Freiheitsgrade besser kennen, ein- und abschätzen zu lernen. Dazu gehören reflexive Fähigkeiten ebenso wie der spielerisch-kreative Umgang mit Medien und mit medialen Darstellungen (Schmenk 2008, S. 395).

Lernstrategien und Lerntechniken In stärker praxisbezogenen Diskussionen wird die abstrakte Frage nach der Autonomie der Lernenden häufig konkretisiert. Hier geht es darum, wie mit bestimmten Lernstrategien zum autonomen Lernen hingeführt werden kann, bzw. wie diese vermittelt werden können:

» Von autonomem Lernen sprechen wir, wenn Lernende die zentralen Entscheidungen über ihr Lernen selbst treffen. Autonome Lernende entscheiden z. B. selbst, dass sie lernen wollen, wie sie beim Lernen vorgehen, welche Materialien und welche Hilfsmittel sie zum Lernen verwenden, welche Lernstrategien sie einsetzen, ob sie allein oder mit anderen lernen, wie sie ihre Lernzeit einteilen, wie sie kontrollieren, ob sie erfolgreich gelernt haben (Bimmel/Rampillon 2000, S. 33).

Bei der Diskussion um Lernstrategien kommen in den systematisierenden Blick der Fremdsprachendidaktiker nun auch Aktivitäten, die nicht neu sind, die aber gebündelt unter dem Gesichtspunkt der **Förderung der Autonomie** betrachtet werden. Dazu gehören bewährte Aktivitäten wie:

— eine Vokabeldatei verwenden,
— Strukturen markieren,
— Satzmuster erkennen,

— das Wörterbuch verwenden,
— sich über die eigenen Ziele klar werden oder
— ein Lerntagebuch führen.

Ziel der Vermittlung der Lerntechniken und der Thematisierung von Lernstrategien ist es, die Lernenden selbständiger mit ihrem Lernprozess umgehen
zu lassen, sie sollen also mehr und schneller lernen können. Bimmel/Rampillon
(2000, S. 65 f.) geben einen tabellarischen Überblick über verschiedene Lernstrategien, Rampillon (2000) bietet eine ausführliche Sammlung von **Aufgaben**,
mit denen die Lernenden Lerntechniken und Lernstrategien erwerben sollen.
    Die Diskussion über Lernstrategien bezieht sich häufig auf Oxford (1990)
oder O'Malley/Chamot (1990). Von manchen Autoren wird zwischen Lerntechniken und Lernstrategien unterschieden, andere sehen keine klare Trennung:
— **Lerntechniken** sind, so Rampillon (1996, S. 17), „Verfahren, die vom
    Lernenden absichtsvoll und planvoll angewandt werden, um sein fremd-
    sprachliches Lernen vorzubereiten, zu steuern und zu kontrollieren."
— Der Begriff ‚**Lernstrategie**' bewegt sich für Rampillon (1996) auf einer etwas
    abstrakteren Ebene: Von einer Lernstrategie könne gesprochen werden, wenn
    die Lernenden bei ihren Versuchen, Lerntechniken anzuwenden, bewusst und
    absichtlich einen mentalen Plan einsetzen (ebd., S. 20). Bei einer Lernstrategie
    handele es sich also um mehr als eine Einzelmaßnahme, in ihr könnten ver-
    schiedene Lerntechniken zusammengefasst sein (ebd.).

Würffel (2006) kommt nach einer ausgiebigen Würdigung der Forschungsliteratur
zu der Einschätzung:

» Die Einordnung von Prozessen in die hierarchiehöhere und die hierarchieniedrigere
    Ebene sowie die Zuordnung der Prozesse zueinander ist also zum großen Teil eine
    Interpretationsleistung des Forschenden. Die Abgrenzung von hierarchiehöheren
    und hierarchieniedrigeren Prozessen ist allemal schwierig; es erscheint mir
    deshalb nicht sinnvoll, auf terminologischer Ebene eine Möglichkeit zur klaren
    Unterscheidung von Techniken und Strategien vorzugeben (ebd., S. 82).

Claußen 2009 (S. 49–63) gibt einen Überblick über verschiedene Studien zu Lernstrategien und stellt fest: „Als wichtigstes Ergebnis kann festgehalten werden,
dass Lernstrategien vermittelt werden können, auch wenn der Erfolg des Lern-
strategientrainings unterschiedlich ausfällt und sich in einigen Studien gar nicht
einstellte" (ebd., S. 62). Das **Strategientraining** kann durch **individuelle Lernberatung** sinnvoll ergänzt werden: „Mit einem Gespräch unter vier Augen
könnten unter Umständen auch eher ‚unreflektierte' Lerner unterstützt werden,
die durch ein Strategientraining in einer größeren Gruppe nicht erreicht werden"
(ebd., S. 193).

5.5 Lernen im Tandem

Alltagssprachlich ist ein Tandem ein Fahrrad, das zwei Personen zugleich benutzen. Beide treten, einer lenkt. Beim Fremdsprachenlernen im Tandem ist die Situation weniger eindeutig. Zwei Personen mit **unterschiedlicher Erstsprache** kommen zusammen und helfen sich gegenseitig beim Lernen der jeweils anderen Sprache als Fremdsprache. Beide treten also, um bei der Fahrradmetapher zu bleiben, gemeinsam. Aber ob nur einer lenkt und inwieweit überhaupt gelenkt wird, ist im Vergleich zum Fahrradfahren weniger eindeutig.

Der Tandembegriff umfasst unterschiedliche Formen des Lernens: Es gibt Tandems von **zwei Individuen,** die Kontakt aufnehmen, heutzutage meist über das Internet. Darüber hinaus gibt es jedoch auch sogenannte **Tandemkurse,** bei denen Gruppen von Lernenden zusammenkommen; eine Form von **Sprachbegegnungen** innerhalb eines institutionellen Rahmens. Hier gibt es eine anleitende Person, während bei dem Tandem von zwei Individuen zwar auch Steuerung von außen durch die Lektüre von Leitfäden oder durch eine **Sprachlernberatung** stattfinden kann, aber eine klassische Art der institutionellen Steuerung ist nicht gegeben. Lernen im Tandem ist also unter theoretischen Gesichtspunkten hochinteressant, weil hier unterschiedlich weitgehende Prozesse von gesteuertem und ungesteuertem Lernen parallel verlaufen.

Verwendung der Sprachen Im Hinblick auf die Verwendung der Sprachen gibt es unterschiedliche Varianten:

- Beide Tandempartner sprechen in einer Sprache (die dann für den einen die Erstsprache, für den anderen eine Fremdsprache ist) und wechseln von Zeit zu Zeit.
- Jeder spricht in der für ihn jeweils fremden Sprache. Das heißt, beide üben maximal die Sprache, die sie lernen wollen, beide haben aber dadurch den Nachteil, dass sie nicht mit einem Erstsprachler der Zielsprache kommunizieren.
- Theoretisch ist es auch möglich, dass jeder in seiner Erstsprache spricht. Das ist aber nur dann sinnvoll, wenn das primäre Interesse beider darin besteht, die für ihn fremde Sprache hauptsächlich rezeptiv zu lernen.

Diese drei **prototypischen Konstellationen** können natürlich gemischt werden, zumindest beim Tandem von zwei Individuen sind es allein diese beiden, die entscheiden, was für sie bei welchem Thema und in welcher Situation das angemessene Vorgehen ist.

Eine Einführung in die wichtigsten Themen des Lernens im Tandem liefern Brammerts/Kleppin (2001) in Form von Antworten auf Fragen:

- **Geeignet für Anfänger?** Auf die Frage „Ist Tandemlernen auch etwas für Anfänger?" lautet die Antwort: „Eigentlich nicht, denn im Tandem sollen ja beide Sprachen zur Verständigung dienen. Wie viel muss man denn mindestens können, um sinnvoll im Tandem zu lernen? Sie sollten den Partner zumindest verstehen können, wenn er sich in seiner Muttersprache einfach ausdrückt" (ebd., S. 96).

— **Lehrerrolle?** „Kann der Tandempartner wirklich den Lehrer ersetzen? Nein, aber das soll er auch nicht. Sie können von ihrem Partner erwarten, dass er seine Sprache für den eigenen Bedarf gut beherrscht und sich in der ihm vertrauten Lebensumgebung [...] gut auskennt. Diese Fähigkeiten und Kenntnisse bringt er in die Tandempartnerschaft ein. Er kann Ihnen als Modell dienen, d. h., Sie können aus seiner Art sich auszudrücken und aus seinem Verhalten lernen. Er kann Ihnen auch helfen, Sie korrigieren und viele Fragen beantworten. Von Ihnen wird Ihr Partner dasselbe erwarten. Weder Sie selbst noch Ihr Partner können jedoch sicher sein, dass sie alles beherrschen oder wissen, was der Partner lernen will. Vor allen Dingen können Sie voneinander keine Leistungen verlangen, die eine Lehrerausbildung voraussetzen, wie etwa grammatische Erklärungen, Übungsvorschläge oder Tests. Sie müssen selbst entscheiden, was Sie im Tandem als nächstes lernen wollen, und Sie müssen Ihrem Partner sagen können, wie er Ihnen dabei helfen kann. Für beides können Sie sich aber bei Lernberatern, Lehrern und in Fachbüchern Rat holen" (ebd., S. 97).

— **Korrektheit:** „Lernt man vom Tandempartner nicht auch Falsches? Ja natürlich – aber das ist nicht schlimm. Der Tandempartner benutzt wie jeder Sprecher regionale, soziale oder ganz persönliche sprachliche Varianten, die möglicherweise nicht immer mit dem im Unterricht gelehrten Normen übereinstimmen und natürlich begeht er auch ab und zu Fehler" (ebd., S. 98; Hervorh. im Orig.).

— **Verwendung der Muttersprache:** „Ist die Verwendung der Muttersprache im Tandem nicht Zeitverlust? Im Gegenteil. Wenn beide Tandempartner nur die Fremdsprache benutzen, machen sie einen großen Fehler. Sie verzichten auf die wichtigste Möglichkeit, im Tandem zu lernen. Man lernt vor allem aus dem Modell des Partners, also aus dem, was der Partner in seiner Muttersprache sagt oder schreibt. Man lernt aus dem fremdsprachlichen Input, wie Fachleute sagen" (ebd., S. 100).

Literatur

Ballweg, Sandra: *Portfolioarbeit im Fremdsprachenunterricht. Eine empirische Studie zu Schreibportfolios im DaF-Unterricht*. Tübingen 2015.

Becker, Christine: *Kulturbezogenes Lernen in asynchroner computervermittelter Kommunikation*. Tübingen 2018.

Bimmel, Peter/Rampillon, Ute: *Lernerautonomie und Lernstrategien*. Berlin [u. a.] 2000.

Blume, Carolyn/Schmidt, Torben/Schmidt, Inke: „An imperfect union? Enacting an analytic and evaluative framework for digital games for language learning". In: *Zeitschrift für Fremdsprachenforschung* 28, 2 (2017), S. 209–231.

Bonnet, Andreas/Küppers, Almut: „Wozu taugen kooperatives Lernen und Dramapädagogik? Vergleich zweier populärer Inszenierungsformen". In: Almut Küppers/Torben Schmidt/Maik Walter (Hg.): *Inszenierungen im Fremdsprachenunterricht: Grundlagen, Formen, Perspektiven*. Braunschweig 2011, S. 32–52.

Brammerts, Helmut/Kleppin, Karin: „Hilfen für face-to-face-Tandem". In: Helmut Brammerts/Karin Kleppin (Hg.): *Selbstgesteuertes Sprachenlernen im Tandem. Ein Handbuch*. Tübingen 2001, S. 95–107.

Burwitz-Melzer, Eva: „Sprachenportfoliios". In: Eva Burwitz-Melzer u.a. (Hg): *Handbuch Fremdsprachenunterricht*. 6. völlig überarbeitete und erweitere Aufl. Tübingen 2016, S. 416–420.

Claußen, Tina: *Strategietraining und Lernberatung. Auswirkungen auf das Kommunikations- und Lernerverhalten ausländischer Studierender an deutschen Hochschulen*. Tübingen 2009.

Dallapiazza, Rosa-Maria/Jan, Eduard/Schönherr, Till: *Tangram Deutsch als Fremdsprache. Kursbuch 1B*. Ismaning 1998.

Dooly, Melinda/O'Dowd, Robert (2018): „Telecollaboration in the foreign language classroom: A review of its origins and its application to language teaching practices". In: Melinda Dooly/ Robert O'Dowd (Hg.): *In this together: Teachers' experiences with transnational, telecollaborative language learning projects*. New York/Bern, S. 11–34.

Fandrych, Christian/Tallowitz, Ulrike: *Sage und Schreibe. Übungswortschatz Grundstufe Deutsch*. Stuttgart 2002.

Hammoud, Antje/Ratzki, Anne: „Was ist kooperatives Lernen?" In: *Fremdsprache Deutsch* 41 (2009), S. 5–13.

Häussermann, Ulrich/Piepho, Hans-Eberhard: *Aufgaben-Handbuch Deutsch als Fremdsprache. Abriß einer Aufgaben- und Übungstypologie*. München 1996.

Kilp, Elóide: *Spiele für den Fremdsprachenunterricht. Aspekte einer Spielandragogik*. Tübingen 2003.

Kleppin, Karin: *Das Sprachlernspiel im Fremdsprachenunterricht. Untersuchungen zum Lehrer- und Lernerverhalten in Sprachlernspielen*. Tübingen 1980.

Kleppin, Karin: „Sprachspiele und Sprachlernspiele". In: Karl-Richard Bausch/Herbert Christ/Hans-Jürgen Krumm (Hg.): *Handbuch Fremdsprachenunterricht*. Tübingen [u.a.] [4]2003, S. 263–266.

Krumm, Hans-Jürgen: „Unterrichtsprojekte – praktisches Lernen im Deutschunterricht". In: *Fremdsprache Deutsch* 4 (1991), S. 4–8.

Legutke, Michael: „Projektunterricht". In: Eva Burwitz-Melzer u.a. (Hg): *Handbuch Fremdsprachenunterricht*. 6. völlig überarbeitete und erweitere Aufl. Tübingen 2016, S. 350–354.

Loo, Angelika: *Teaching and Learning Modern Languages in Large Classes*. Aachen 2007.

Maak, Diana: „Geschützt im Mantel eines Anderen" – Die globale Simulation als Methode im DaF-Unterricht". In: *InfoDaF* 38/5 (2011), S. 551–565.

Martinez, Hélène: *Lernerautonomie und Sprachlernverständnis. Eine qualitative Untersuchung bei zukünftigen Lehrerinnen und Lehrern romanischer Sprachen*. Tübingen 2008.

O'Malley, J. Michael/Chamot, Anna Uhl: *Learning Strategies in Second Language Acquisition*. Cambridge 1990.

Oxford, Rebecca: *Language Learning Strategies. What Every Teacher Should Know*. New York 1990.

Oswalt, Vadim/Rösler, Dietmar: „(Noch?) Kein digitaler Habitus beim Lehren und Lernen in Bildungsinstitutionen – fünf Thesen". In: Andreas Langenohl/Katrin Lehnen/Nicole Zillien (Hg.): *Digitaler Habitus. Zur Veränderung literaler Praktiken und Bildungskonzepte*. Frankfurt/ New York 2021, S. 263–280.

Raindl, Marco: „`Jishutekini ist gut' – wann benutzen japanische Lernende in der Gruppenarbeit die Zielsprache und wie kann man das fördern?" In: Michael Schart/Makiko Hoshii/Marco Raindl (Hg): *Lernprozesse verstehen – empirische Forschungen zum Deutschunterricht an japanischen Universitäten*. München 2013, S. 157–187.

Rampillon, Ute: *Lerntechniken im Fremdsprachenunterricht*. Ismaning [3]1996.

Rampillon, Ute: *Aufgabentypologie zum autonomen Lernen Deutsch als Fremdsprache*. Ismaning 2000.

Rogers, Carl R.: *Freedom to Learn*. Columbus 1969.

Rösler, Dietmar: „Geschlossene Übungen, halboffene und offene Aufgaben. Leistungen und Grenzen von Übungen und Aufgaben in gedruckten Lehrwerken und in digitalem Lernmaterial". In: *Deutsch als Fremdsprache in Korea. Zeitschrift der Koreanischen Gesellschaft für DaF* 12 (2003), S. 7–27.

Rösler, Dietmar: *E-Learning Fremdsprachen. Eine kritische Einführung*. Tübingen [2]2007.

Rösler, Dietmar: „Die Funktion von Medien im Deutsch als Fremd- und Deutsch als Zweitsprache-Unterricht". In: Hans-Jürgen Krumm [u.a.] (Hg.): *Deutsch als Fremd- und Zweitsprache. Ein internationales Handbuch*. Bd. 2. Berlin/New York 2010, S. 1199–1214.

Rösler, Dietmar: „So echt wie möglich und/oder so tun als ob? Aufgaben im Kontext sich verändernder Privatheitskonzepte". In: Katrin Biebighäuser/Marja Zibelius/Torben Schmidt (Hg.): *Aufgaben 2.0 – Konzepte, Materialien und Methoden für das Fremdsprachenlehren und -lernen mit digitalen Medien*. Tübingen 2012, S. 93–119.

Rösler, Dietmar/Würffel, Nicola: *Lehr- und Lernmedien*. Stuttgart 2020.

Schmelter, Lars: *Selbstgesteuertes oder potenziell expansives Fremdsprachenlernen im Tandem*. Tübingen 2004.

Schmenk, Barbara: *Lernerautonomie: Karriere und Sloganisierung des Autonomiebegriffs*. Tübingen 2008.

Schmenk, Barbara/Breidbach, Stephan/Küster, Lutz (Hg.): *Sloganization in Language Education Discourse*. Bristol 2018.

Schwerdtfeger, Inge: „Sozialformen: Überblick". In: Karl-Richard Bausch/Herbert Christ/Hans-Jürgen Krumm (Hg.): *Handbuch Fremdsprachenunterricht*. Tübingen [u. a.] [4]2003, S. 247–251.

Schulz, Dora/Griesbach, Heinz: *Deutsche Sprachlehre für Ausländer*. München 1955.

Segermann, Krista: *Typologie des fremdsprachlichen Übens*. Bochum 1992.

Spier, Anne: *Mit Spielen Deutsch lernen*. Königstein 1981.

Tassinari, Maria Giovanna: *Autonomes Fremdsprachenlernen. Komponenten, Kompetenzen, Strategien*. Frankfurt a. M. 2010.

Wegener, Heide/Krumm, Hans-Jürgen: „Spiele – Sprachspiele – Sprachlernspiele. Thesen zur Funktion des Spielens im Deutschunterricht für Ausländer". In: *Jahrbuch Deutsch als Fremdsprache* 8 (1982), S. 189–203.

Wicke, Rainer: „Alter Wein in neuen Schläuchen? Wie heißt das nun wirklich – Kooperatives Lernen oder Gruppenarbeit?". In: *Fremdsprache Deutsch* 41 (2009), S. 41–44.

Würffel, Nicola: *Strategiegebrauch bei Aufgabenbearbeitungen in internetgestütztem Selbstlernmaterial*. Tübingen 2006.

Würffel, Nicola: „Kooperatives Lernen im Fremdsprachenunterricht". In: Susanne Schneider/Nicola Würffel (Hg.): *Kooperation & Steuerung. Fremdsprachenlernen und Lehrerbildung mit digitalen Medien*. Tübingen 2007, S. 1–32.

Yang, Jianpei/Loo, Angelika: „Vom Notfall zur Innovation? Zur Großgruppendidaktik im chinesischen DaF-Unterricht". In: *gfl-journal* 7 (2007), S. 72–90.

Rezeption und Produktion von gesprochenen und geschriebenen Texten

Inhaltsverzeichnis

Eine ziemlich umständliche Überschrift, könnte man einwenden. Reicht es nicht, dieses Kapitel einfach ‚Fertigkeiten' zu nennen? Tatsächlich ist dies der gängigere Begriff. Vier Fertigkeiten werden in fremdsprachendidaktischen Kontexten am häufigsten genannt: Hören, Sprechen, Lesen, Schreiben. Allerdings ist auch des öfteren von einer fünften Fertigkeit die Rede: Manchmal wird das Hörverstehen unterteilt in Hörverstehen im engeren Sinne und eine fünfte Fertigkeit, das Hörseh-Verstehen, manchmal wird das Übersetzen bzw. Sprachmitteln (s. ▶ Abschn. 6.4) als fünfte Fertigkeit bezeichnet.

6.1 Klassifizierung der Fertigkeiten

Produktive und rezeptive Fertigkeiten In älteren Texten zum Fremdsprachenlernen findet sich manchmal noch die Unterteilung in **aktive und passive Fertigkeiten.** Zu den aktiven gehörten das Schreiben und Sprechen, zu den passiven das Lesen und Hören. Diese Begrifflichkeit ist irreführend, denn das Verstehen, egal ob beim Lesen oder beim Hören, ist keinesfalls passiv, die Individuen sind beim Verstehen sehr aktiv. An die Stelle dieses Begriffspaares wurde deshalb die Unterscheidung von **produktiven** und **rezeptiven Fertigkeiten** gesetzt: Produktiv sind das Schreiben und das Sprechen, rezeptiv das Hören und das Lesen.

Innerhalb der produktiven und rezeptiven Fertigkeiten wird nur eine **mediale Unterscheidung** vorgenommen. Das Lesen und das Schreiben beziehen sich auf die geschriebene Sprache, das Sprechen und Hören auf die gesprochene Sprache. Die **Fertigkeit ‚Hören'** umfasst somit das Verstehen eines Vortrags im Radio, einer Vorlesung in der Universität, das Gespräch mit einer Freundin in einer Kneipe oder das Hören bei einem Voice-Chat als Avatar in einer virtuellen Welt. Die **Fertigkeit ‚Schreiben'** bezieht sich auf das Tippen in einem Chat ebenso wie auf das Abfassen einer Examensarbeit.

Was gehört oder geschrieben werden soll, unterscheidet sich also im Hinblick auf seine textuellen Eigenschaften sehr voneinander, die in der Linguistik vorgenommene Unterteilung von konzeptioneller und medialer Schriftlichkeit und Mündlichkeit (s. ▶ Abschn. 3.1.1) ist in der Diskussion um die sprachlichen Fertigkeiten im Fremdsprachenunterricht erst spät aufgenommen worden.

Im Alltag außerhalb des Klassenzimmers kommen diese Fertigkeiten zwar manchmal auch isoliert vor, häufig werden sie aber miteinander verbunden sein. Man hört etwas in den Nachrichten im Radio und reagiert darauf mit einer Bemerkung; man liest einen Text und redet darüber oder reagiert auf ihn schriftlich, man tippt im Chat und liest gleichzeitig in einem anderen Fenster eine Erklärung in Wikipedia usw. Im Alltag produzieren oder rezipieren Menschen Texte, weil sie etwas wissen wollen oder weil sie etwas mitteilen wollen, und nicht, weil sie eine Fertigkeit realisieren wollen. In der Fremdsprachendidaktik ist die Situation weniger einfach: Auf der einen Seite sollen die Lernenden die verschiedenen Fertigkeiten miteinander verbinden, weil sie etwas wissen oder sich mitteilen wollen, wie im Alltag. Auf der anderen Seite kann es unter klar definierten Umständen aber sinnvoll sein, dass eine Fertigkeit **isoliert geübt** wird, z. B. wenn die Lernenden ausprobieren sollen, dass sie beim Lesen in einer Fremdsprache nicht jedes unbekannte Wort nachschauen müssen, wenn sie nur eine bestimmte Information aus einem Text herausholen oder sich in einem Text nur grob orientieren möchten.

Es darf aber nicht sein, dass die Fertigkeiten im Fremdsprachenunterricht nur oder auch nur überwiegend isoliert geübt werden, dass sich also auf dem Stundenplan eines Sprachkurses überwiegend Fertigkeiten separierende Unterrichtsstunden wie Schreiben oder Konversationsklassen befinden. In ▶ Abschnitt 6.3.3 wird am Beispiel des Sprechens gezeigt, zu welchen Problemen dies führen kann. In den meisten Fällen wird es dagegen sinnvoll sein, den Unterricht **fertigkeitenübergreifend** zu strukturieren (als praktisches Beispiel dazu vgl. Rösler 1998).

6.2 Die rezeptiven Fertigkeiten

Texte im Fremdsprachenunterricht, das hat ▶ Abschn. 3.1 gezeigt, können sehr unterschiedlich sein. Sie dienen dazu, den Lernprozess selbst zu unterstützen. Die Texte führen neuen Wortschatz ein, sie sind Vehikel, um bestimmte grammatische Phänomene zu verdeutlichen, sie erklären Lernenden bestimmte **Formaspekte**. In dieser Funktion werden Texte zumeist **Wort für Wort durchgenommen.**

Eine weitere Funktion von Texten im Unterricht, die dem Umgang mit Texten außerhalb des gesteuerten Lernens ähnelt, ist die **Entnahme von Informationen** für einen bestimmten Zweck. Die Lernenden wollen Informationen über den deutschsprachigen Raum haben, um ihr Wissen zu erweitern, aus Eigenmotivation oder weil sie sie für ein Projekt brauchen; sie entnehmen einem Text also Informationen, um für ein Thema, das sie interessiert und über das sie mit anderen kommunizieren, besser Bescheid zu wissen usw.

6.2.1 Das Lesen von fremdsprachigen Texten

Lange Zeit war das sogenannte **Lernlesen**, das zum Erwerb von neuem Wortschatz und neuen Strukturen beiträgt, das bevorzugte Lesen im Unterricht. Dieses Lesen erfolgte zumeist Wort für Wort, unbekannte Wörter wurden nachgeschlagen. Es ist in vielen Situationen im Anfängerbereich immer noch das häufigste, aber es unterscheidet sich von der Art, wie Lernende in ihrer Erstsprache oder in Fremdsprachen, die sie gut beherrschen, lesen. Da das Lesen Wort für Wort nicht notwendigerweise dazu beiträgt, dass ein Text tatsächlich in seiner Aussage verstanden wird, weil viel zu viel Aufmerksamkeit auf lexikalische oder grammatische Details gerichtet wird, ist es auch für das Fremdsprachenlernen auf einer relativ frühen Stufe notwendig, dass neben das Lernlesen **ein interesse- und informationsgeleitetes Lesen** tritt.

Seit den 1980er Jahren versuchte die Fremdsprachendidaktik, unterschiedliche Arten des Lesens und Hörens möglichst früh in den Fremdsprachenunter-

Vornamen in Deutschland

Vornamen für Jungen	Vornamen für Mädchen
1. *Daniel*	1.
2.	2.
3.	3.

In der Bundesrepublik Deutschland sind
Daniel und Anna die Vornamen Nummer 1.
Bei den Jungen folgen Christian und Alexander.
Bei den Mädchen stehen Christine und
Katharina auf Platz 2 und 3.

◨ **Abb. 6.1**   Aufgaben-gesteuerte Informationsentnahme in Lektion 1 (aus Mebus u. a. 1987, S. 20)

richt einzubringen und diese Art des Leseverstehens und Hörverstehens im Laufe des Curriculums auszudifferenzieren. ◨ Abb. 6.1 ist ein Beispiel für einen Versuch aus den 1980er Jahren aus dem Lehrwerk *Sprachbrücke* (s. ▶ Abschn. 4.7): Schon in Lektion 1 sollen die Lernenden aus einem Text, der zu diesem Zeitpunkt für sie noch unbekannte Wörter und Strukturen enthält, die Information entnehmen, welches die beliebtesten Vornamen für Jungen und Mädchen sind. Bereits in einer der ersten Unterrichtsstunden einem Text erfolgreich Informationen entnommen zu haben, ist für die Lernenden ein motivierendes **Erfolgserlebnis.** Dieses vermittelt eine für das weitere Lernen wichtige Erfahrung: Bezogen auf eine bestimmte Fragestellung kann man einen Text auch dann ‚verstehen‘, wenn man nicht jedes Wort und jede Struktur kennt und sie auch nicht im Wörterbuch bzw. in der Grammatik nachschlägt.

Leseprozess Aus der psycholinguistischen Forschung zum Leseprozess (vgl. den zusammenfassenden Überblick von Ehlers 1998) weiß man, dass Lesen ein sehr komplexer Vorgang ist, bei dem die Lesenden unterschiedliche Aktivitäten parallel bzw. sehr schnell hintereinander ausführen und dass diese Aktivitäten sich gegenseitig beflügeln. Das Wissen über die Sprache und das Wissen über die Welt spielen zusammen und sorgen dafür, dass die Lernenden einen Text sehr schnell, sehr langsam oder auch gar nicht verstehen. Ein kleines Beispiel aus O'Sullivan/Rösler (2013, S. 13) soll dies demonstrieren.

▶ **Ein kleiner Versuch**

Lesen Sie bitte schnell laut vor, was in der nachfolgenden Abbildung steht.
Sie werden wahrscheinlich sehr schnell ‚Guten Tag‘ gesagt haben. Nun lesen Sie bitte genauso schnell vor, was in der unteren Abbildung steht. Wahrscheinlich – falls Sie nicht gerade ein Sprecher einer keltischen Sprache sind – haben Sie jetzt größere

Schwierigkeiten. Sie sehen zwar in beiden Abbildungen ungefähr gleich viel von dem, was Sie vorlesen sollen, aber nur in der oberen Abbildung haben Sie ausreichend Vorwissen, das Ihnen hilft, die unvollständigen Buchstaben zu ergänzen. (Der Text in der unteren Abbildung stammt aus der irischen Sprache und lautet komplett: *Go raibh maith agat,* was so viel bedeutet wie ‚es möge dir Gutes geschehen' und funktional äquivalent zu ‚Danke' ist).

Guten Tag

Go raibh maith agat

Halb verdeckter Text aus einer bekannten und einer unbekannten Sprache (aus O'Sullivan/Rösler (2013, S. 13). ◄

Vorhandenes Wissen über Sprache und Welt Dies ist ein sehr simples Beispiel, aber es zeigt das Prinzip: Beim Verstehen kommen verschiedene Prozesse zusammen. Was man gerade liest oder hört, wird analysiert und mit dem vorhandenen Wissen über die Sprache und die Welt verbunden. Das Wissen über eine Sprache bezieht sich auf verschiedene Ebenen: Man weiß z. B., welche Buchstaben besonders häufig kombiniert werden, man weiß, dass bestimmte Wörter mit anderen Wörtern ‚befreundet' sind (die sogenannten **Kollokationen**, zum Beispiel, dass man sich im Deutschen die Zähne nicht wäscht, sondern putzt) usw.

Zum Vorwissen gehört auch das Wissen um bestimmte **Konventionen für** bestimmte **Textsorten**, dass also z. B. in einer wissenschaftlichen Hausarbeit Modalpartikeln nicht gehäuft vorkommen, in einem Kneipengespräch hingegen schon. Ebenso spielt das Wissen über die Welt, über die in einem Text gesprochen oder geschrieben wird, beim Verstehen eine große Rolle. Das hat jeder erfahren, der einmal einen Fachtext aus einem Gebiet gelesen hat, in dem er sich nicht auskennt.

Wer eine neue Sprache erlernt, setzt sich auch mit neuen Aspekten von Welt auseinander. Lernende können in ihren schon vorhandenen Sprachen sehr gute Leser sein, sie werden aber zu Beginn des Erwerbs der neuen Fremdsprache zunächst zögerliche Leser sein, die lieber ein Wort mehr als ein Wort weniger nachschlagen, sich vergewissern, ob sie eine grammatische Struktur richtig verstanden haben, ob zum Beispiel ein Pronomen sich tatsächlich auf den Teil im vorhergehenden Satz bezieht, den sie annehmen usw. Das ist unvermeidlich, denn ihnen fehlen sowohl Wissen über die Sprache als meistens auch Wissen über die Welt, die einem erstsprachlichen Leser dieser Sprache das Lesen leicht machen.

In der psycholinguistischen Forschung wird die Frage, ob und wie ein Leser in der fremden Sprache seine in anderen Sprachen schon vorhandene Fähigkeit zu lesen für die neue Sprache nutzbar macht, unter den Stichwörtern ‚**Schwellenhypothese**' und ‚**Interdependenz**' diskutiert. Die sogenannte Schwellenhypothese geht davon aus, dass auch ein in seiner Muttersprache guter Leser in der Fremdsprache erst einen bestimmten **Sprachstand** erreicht haben muss, um effektiv lesen zu können.

Die als Gegenposition zur Schwellenhypothese geführte **Interdependenz-Hypothese** geht davon aus, dass kompetente Leser der Erstsprache schwachen Lesern in der Erstsprache beim Lesen in der Fremdsprache überlegen sind, der **Transfer von Lesefähigkeiten** könne also auch fehlende sprachliche Kenntnisse überspielen. Eine Vielzahl von empirischen Studien ist zu diesen Hypothesen durchgeführt worden, Ehlers hat in ihrer Zusammenfassung ein kritisches Fazit gezogen:

» Die Aussagen der bisher erörterten Fachliteratur zu der Frage, ob fremdsprachiges Lesen stärker lese- oder sprachabhängig ist, sind nicht eindeutig. Und dort, wo vermeintlich Evidenzen für die eine oder andere Hypothese gefunden wurden, unterliegen sie den methodischen Beschränkungen, nicht beiden Kompetenzbereichen in der Mutter- und Fremdsprache – Sprachkenntnisse und Lesefähigkeit – Rechnung getragen zu haben. Entweder wurde die Sprachkompetenz geprüft, ohne zugleich die Lesefähigkeit in der Muttersprache zu testen [...], oder umgekehrt die fremdsprachliche Lesefähigkeit, ohne zugleich unterschiedliche Sprachkompetenzniveaus zu berücksichtigen [...] Ein weiterer Mangel einiger Studien besteht darin, keinen Vergleich zwischen der Lesefähigkeit in der Erst- und Fremdsprache durchgeführt zu haben. [...] Die Aussagekraft von Untersuchungen wird zudem eingeschränkt durch Techniken der Datensammlung [...] und das Außerachtlassen von weiteren Variablen, die Leseperformanzen beeinflussen: Textsorten, Textstrukturen, Wissen, Leserinteressen und Thema (Ehlers 1998, S. 121 f.).

6.2.2 Hörverstehen

Ähnlich wie beim Lesen interagieren auch beim Hören *top down* und *bottom up*-Prozesse. Die akustischen Zeichen werden wahrgenommen und verarbeitet. Wissen wird zur Interpretation herangezogen. Das Hören unterscheidet sich vom Lesen jedoch durch das Medium der gesprochenen Sprache. Viel stärker als beim Lesen muss ein Hörer auf die individuellen Unterschiede des Sprechens achten und **Nebengeräusche** ausblenden. Das ist nicht nur bei der oft zitierten Durchsage auf dem Bahnhof so, bei der man aus all den Störgeräuschen die Angabe des Bahnsteigs des gesuchten Zuges heraushören muss, das gilt für jede Gesprächssituation.

Beim Hören werden die Informationen aus dem Kurzzeitgedächtnis so verarbeitet, dass die relevante Bedeutung herausgefiltert und gespeichert wird. Im Gegensatz zum Lesen, bei dem die Lernenden die Lektüre unterbrechen und nach einer Pause wieder neu ansetzen können, muss beim realen Hören in **Echtzeit** auf das Gehörte reagiert werden. Radiosprecher, Gesprächspartner, Vorleser bei einer Lesung usw. reden in einem bestimmten Tempo, die Hörenden müssen die akustischen Zeichen innerhalb der Sprechzeit entschlüsseln und können nur in dialogischen Situationen um eine Wiederholung bitten.

Steht ein Hörtext **medial** gespeichert zur Verfügung, kann ein Hörer den Text anhalten oder ihn erneut hören, es entsteht eine dem Lesen angenäherte Rezeptionsweise. Das wiederholte Hören ist auch Teil des didaktischen Umgangs mit Hörtexten. Wobei zu beachten ist: Um im kommunikativen Alltag nicht zu oft störende Nachfragen der Art „Können Sie das bitte noch einmal sagen" stellen zu müssen, sollten beim Hörtraining Texte nicht nur wiederholt gehört werden, es sollte auch das Hören von Sprechern mit sehr unterschiedlicher individueller Aussprache und regionaler Färbung geübt werden.

Manche Lehrwerke verzichten in ihren Hör-Komponenten zunächst darauf, die **regionale und soziale Vielfalt** des deutschsprachigen Raums in der Auswahl der Sprecher und Sprecherinnen und der Situationen, in denen gesprochen wird, abzubilden. Dadurch ist es zunächst einfacher für die Lernenden, einer Art ‚gereinigter' Variante folgen zu können, allerdings wird dadurch auch die Distanz zwischen Lehrmaterial und dem Hören von Podcasts oder dem Hören in realen Kommunikationssituationen, die nicht didaktisch aufbereitet sind, größer.

Zum **Training des Hörverstehens** gehört es also, über die relativ einfachen Hörsituationen hinaus die Lernenden auf komplexere Hörsituationen vorzubereiten. Das bedeutet nicht notwendigerweise, dass immer kompliziertere ganzheitliche Hörsituationen durchgespielt werden müssen, es ist genauso wichtig, bestimmte Übungen zu das Hören entlastenden Aktivitäten wie z. B. Wahrnehmung der Wortbetonung oder von langen und kurzen Vokalen durchzuführen. Ebenso wichtig wie diese Übungen zu Teilaspekten des Hörens ist es, den Lernenden zu jedem Zeitpunkt klarzumachen, dass es unterschiedliche **Hörstile** gibt, dass sie also je nach Ziel ihrer Aktivität unterschiedlich an einen Text herangehen (vgl. als Überblicke zum Hörverstehen Badstübner-Kizik (2016) oder Aguado (2021).

6.2.3 Verstehensstile und -strategien

Zur Unterstützung der möglichst schnellen Entwicklung von eigenständigem Hören und Lesen, das über das Identifizieren und Nachschlagen von einzelnen Wörtern hinausgeht, ist es erforderlich, dass die Lernenden sich bei der Arbeit mit Lesetexten, Hörtexten oder Hör-Sehtexten klarmachen, dass es für unterschiedliche Texte und Interessenslagen unterschiedliche Verstehensstile geben kann und dass es sinnvoll ist, diese im Unterricht auszuprobieren.

Definition

Beim **globalen bzw.** kursorischen Hören oder Lesen wollen die Hörer bzw. Leser erkennen, worum es im gehörten oder gelesenen Text geht. Diese Art von Hören und Lesen ist z. B. wichtig, um sich einen ersten Eindruck vom Inhalt eines Textes zu verschaffen.

Beim **selektiven bzw. selegierenden** Hören bzw. Lesen werden diejenigen Informationen aus einem Text herausgefiltert, die für die Rezipienten relevant bzw. interessant sind. Bei diesem Vorgehen ignorieren die Hörer bzw. Leser also alles, was aus ihrer Sicht nicht relevant oder interessant oder generell nicht wichtig ist.

Im Gegensatz zu diesen beiden Stilen steht **das detaillierte bzw. totale** Lesen bzw. Hören, bei dem der Inhalt und meist auch die Form möglichst vollständig erfasst werden sollen.

Innerhalb der Fremdsprachendidaktik hat die Erkenntnis, dass man im Unterricht über das Verstehen eines Textes durch das Verstehen jedes einzelnen Wortes und der Strukturen hinausgehen muss, zu zwei Entwicklungen geführt. Zum einen wurde intensiv über **Verstehensstrategien** und deren Vermittlung diskutiert, zum anderen erfolgte eine Ausdifferenzierung von **Aufgabentypen** zum Verstehen, die weit über die traditionellen Fragen zu einem Text hinausgehen.

Besonders intensiv wurde diese Diskussion bezogen auf das Leseverstehen geführt. Grob unterteilt werden **Lesestrategien** in kognitive und metakognitive Strategien.

Zu den **kognitiven Strategien** gehören z. B.:

- Fokussierung auf den Kontext, um die Bedeutung noch unbekannter Wörter zu erschließen,
- Analyse von schwierigen Wörtern, um aus den Teilen der Wörter und den Wortbildungsregeln Bedeutungen herzuleiten,
- rückwärtsgerichtetes Lesen, um Bezüge innerhalb des Textes herzustellen,
- Systematisieren/Zusammenfassen von Informationen,
- Nutzung von textuellen Kontextinformationen wie Statistiken, Bildern usw., um Hypothesen zu bilden bzw. zu überprüfen,
- Verknüpfen von neu erfassten Informationen mit schon vorhandenem eigenem Wissen (das nennt man ‚Elaborieren‘) und, besonders wichtig für viele Fremdsprachenlerner,
- das Ignorieren von unbekannten Wörtern, sofern sie für das Verständnis nicht wichtig sind.

Metakommunikative Strategien beziehen sich auf einer übergeordneten Ebene auf den Leseprozess, zu ihnen gehören z. B.:

- die Planung des eigenen Lesevorgangs, zum Beispiel durch eine bewusste Festlegung der kognitiven Strategien,
- die Steuerung der eigenen Schritte im Leseprozess (z. B. etwas wiederholen) und
- die Kontrolle und Bewertung der Ergebnisse, die dazu führen soll, dass man beim nächsten Mal noch besser und schneller liest.

Um den Lernenden diese Strategien nahezubringen, die sie in ihrer ersten Sprache zwar häufig anwenden mögen, deren sie sich aber nicht notwendigerweise bewusst sind, sind seit den 1980er Jahren eine Vielfalt von Aufgaben entwickelt worden, die Verstehensstrategien einüben sollen.

6.2.4 Aufgaben zur Förderung des Verstehens

Die Aufgaben zu den verschiedenen Strategien werden häufig nach ihrem Vorkommen auf einer Zeitachse unterteilt. Es gibt Aufgaben:

- **vor** dem Hören bzw. Lesen,
- **während** des Hörens bzw. Lesens und
- **nach** dem Hören bzw. Lesen.

Diese rein zeitliche Orientierung ist hilfreich, mit ihr ist aber noch nicht gesagt, welche Funktion die entsprechenden Aufgaben eigentlich haben. Aufgaben vor, während und nach dem Lesen bzw. Hören können also sehr unterschiedlich sein und müssten eigentlich nicht nur auf der Zeitachse sondern auch nach ihren jeweiligen Funktionen klassifiziert werden. Unterschieden werden müsste dann eher in Aufgaben,

- „die das Textverstehen vorbereiten, indem sie Vorwissen aktivieren oder erweitern,
- die das Verstehen unterstützen,
- und die zu einer (weiterführenden oder vertiefenden) Auseinandersetzung mit den Inhalten anregen" (Rösler/Würffel (2020, S.134).

Die psycholinguistischen Forschungen zur Bedeutung des vorhandenen Wissens für das Verstehen (s. Abschn. 6.2.1) haben in der Didaktik dazu geführt, dass für das Hör- und Leseverstehen Aufgaben entwickelt wurden, die die Lernenden bearbeiten sollen, bevor sie den eigentlichen Text hören oder lesen. Diese Aufgaben dienen der sogenannten **Vorentlastung;** die Lernenden sollen sich bewusst machen, was sie zu einem bestimmten Thema, zu einer bestimmten Textsorte o. ä. schon wissen. Bei **Aufgaben vor dem Lesen** können zur Vorentlastung im Bereich Wortschatz z. B. Strategien zur **Arbeit mit Wörterbüchern** (gedruckt oder elektronisch) geübt oder Bezüge zu visuellen Informationen hergestellt werden, die zur Entschlüsselung von Bedeutung beitragen.

Andere Aufgaben vor dem Lesen und Hören zur Vorbereitung des Verstehens dienen der **Aktivierung von Vorwissen,** dazu können zum Beispiel Bilder oder die Erstellung von **Assoziogrammen** eingesetzt werden. Vorwissen kann sich dabei auf Fakten oder sprachliche Phänomene beziehen. Wieder andere Aufgaben stellen erste Versuche dar, die kulturelle Bedingtheit eigener Erfahrung oder unterschiedliche emotionale Bewertungen ins Bewusstsein zu rücken. Die meisten Aufgaben vor dem Lesen oder Hören halten die Lernenden dazu an, **Hypothesen zu bilden** über das, was sie im Text erwartet, ausgelöst z. B. durch visuelle Informationen, durch Textausschnitte, durch *drag and drop*-Zuordnungen von Bildern und Texten usw.

Aufgaben vor der Verstehensaktivität können sich beim **Lesen und Hören** durchaus **ähneln** oder sogar identisch sein, solange sie sich auf die Aktivierung des Vorwissens oder auf das Einstimmen auf ein bestimmtes Thema mit seinen landeskundlichen Komponenten und seinem Wortschatz beziehen.

Aufgaben während des Lesens oder Hörens hingegen unterscheiden sich deutlich: Das gesprochene Wort ist flüchtig, es kann zwar dadurch, dass es den Lernenden zumeist medial dargeboten wird, mehrfach präsentiert und auch in der Präsentation angehalten werden, aber trotzdem geht es beim Hörverstehen überwiegend darum, das Verstehen von etwas Flüchtigem zu üben. Im Gegensatz dazu steht der geschriebene Text in seiner Gesamtheit den Lernenden während der gesamten Aufgabenstellung zur Verfügung. Eine interessante Zwischenstellung nehmen in diesem Zusammenhang Übungen zum Lesen ein, bei denen der gedruckte Text medial so präsentiert wird, dass er nach einer bestimmten Zeit verschwindet, zum Beispiel bei Lesetexten in einer Aufgabe in einer Lernsoftware, bei der eine Sanduhr abläuft, die den Lernenden zeigt, dass ihnen nur noch ein bestimmter Zeitraum zur Verfügung steht, um den Text zu verstehen bzw. die Verstehensaufgabe zu lösen.

Wie schon bei den Aufgaben vor dem Lesen können auch die **Aufgaben während des Lesens** sehr unterschiedliche Funktionen haben. Es kann sich zum Beispiel handeln um:

- Arbeit mit dem Kontext zur Entschlüsselung der Bedeutung von unbekannten Wörtern,
- Erweiterung des Wortschatzes,
- Aufgaben, die selektives Lesen fördern,
- Aufgaben, die vermitteln, wie man sich schnell einen ersten Eindruck von einem Text verschafft,
- Arbeit mit Schlüsselwörtern, z. B. Schlüsselwörter des Texts bestimmen,
- Abgrenzung von wichtigen und unwichtigen Informationen,
- Hypothesen aufstellen,
- Rekonstruktion des Aufbaus eines Textes, entweder durch Gliederungspunkte oder durch Visualisierungen wie z. B. mit einer Mind-Map,
- Arbeit mit Zwischenüberschriften,
- Antworten geben auf inhaltsbezogene Fragen,
- Antworten geben auf inhaltsunabhängige Fragen, die auf alle Texte anwendbar sind wie z. B. Wer? Wie? Was?,
- Überprüfen von vorgegebenen Hypothesen,
- Verbinden von Vorwissen mit neuen Informationen aus dem Text,
- Bewusstmachung von Lesestrategien.

Auch bei den **Aufgaben während des Hörens** sind sehr unterschiedliche Formate möglich. Neben dem Beantworten von Fragen in Stichworten findet man Ankreuzübungen, bei denen angegeben werden soll, ob eine Aussage stimmt oder nicht oder ob über einen Gegenstand überhaupt geredet wurde. Auch im Bereich des Hörens sind Aufgaben zum Detailverstehen, zum Globalverstehen oder zum selektiven Verstehen möglich.

Die Texte, die den Aufgaben zum Hörverstehen zugrunde liegen, können unterschiedliche sprachliche Varietäten bieten, sie können sich im Sprechtempo unterscheiden, sie können mit und ohne Umgebungsgeräusche aufgenommen worden sein. Gerade bei Texten mit nicht verlangsamtem **Sprechtempo** ist es wichtig, die Aufgaben so zu stellen, dass die Lernenden in der Hörzeit tatsächlich eine Chance haben, die Aufgabe zu bearbeiten. Eine Aufgabe, bei der aus einer Liste von Wörtern markiert werden soll, in welcher Reihenfolge Wörter im gesprochenen Text auftauchen, scheint auf den ersten Blick relativ einfach zu sein. Im Stress des Hörens kann es aber sehr verwirrend sein, auf der Liste nach einem Wort zu suchen. Bis man es gefunden hat, sind eventuell schon die nächsten Wörter akustisch vorbeigerauscht. Noch wichtiger als bei Aufgaben zum Leseverstehen ist es deshalb beim Hörverstehen, die Machbarkeit der Aufgabe innerhalb einer bestimmten Zeitspanne zu testen.

Die **Aufgaben nach dem Verstehen** des Textes unterstützen schwerpunktmäßig nicht mehr das Verstehen selbst. Grob unterteilt haben sie zwei Funktionen:

— Überprüfung des Lese- oder Hörverstehens oder
— Förderung der Anschlusskommunikation.

Aufgaben nach dem Hören oder Lesen fördern die Anschlusskommunikation, wenn die dem Text entnommenen Informationen in einen anderen Zusammenhang eingebettet werden, z. B. in eine einfache Schreibaufgabe oder wenn die durch das Lesen oder das Hören gefundenen Informationen in ein größeres Projekt eingebracht werden. Dietz (2021) kritisiert die Dominanz der Verstehensorientierung und stellt die Forderung nach einer stärkeren Auseinandersetzung mit spontansprachlichen Hörmaterialien, wodurch Dekodierungsprozesse besser trainiert werden können.

6.3 Die produktiven Fertigkeiten

Die produktiven Fertigkeiten **Sprechen** und **Schreiben** konfrontieren die Lernenden mit der Aufgabe, die passenden sprachlichen Mittel zu finden, mit denen sie etwas so ausdrücken können, dass es der intendierte Hörer bzw. Leser verstehen kann. Zu unterschiedlichen Zeitpunkten in der Entwicklung der Fremdsprachendidaktik (s. ► Kap. 4) sind sie unterschiedlich stark gefördert oder vernachlässigt worden. Während das Sprechen in einem sich stärker auf Grammatikvermittlung, Lektüre und das Übersetzen konzentrierenden Vorgehen nicht immer ausreichend gefördert wurde, wurde dem Schreiben von den Vertretern der direkten Methode und der audiovisuellen Methode nicht immer ausreichend Aufmerksamkeit geschenkt.

Wie auch die rezeptiven Fertigkeiten haben das Schreiben und das Sprechen sowohl eine **unterstützende Funktion für den Lernprozess**, z. B. bei der mündlichen oder schriftlichen Bearbeitung von formfokussierten Aufgaben, als auch eine **mitteilungsbezogene Dimension**: Die Lernenden schreiben oder sprechen, weil sie einer anderen Person etwas mitteilen möchten. Bei der Planung des Curriculums oder von Lehrwerken müssen beide Komponenten berücksichtigt werden.

6.3.1 Schreiben

Im Verlauf des Lernens einer fremden Sprache, innerhalb und außerhalb des Unterrichts, wird viel geschrieben. Lernende machen sich Notizen, sie füllen Lücken in geschlossenen Aufgaben, sie schreiben ein Diktat, einen Aufsatz oder einen kurzen Text, für den sie eine Vorgabe, eine Art **Gerüst** erhalten, sie schreiben in kleinen Gruppen, um gemeinsam einen Text zu erstellen, sie tippen das, was sie anderen Lernenden in einem Chat mitteilen wollen, in ihre Computer, sie verfassen Beiträge zu einem Text, den die Lernergruppe in einem Wiki schreibt, sie schreiben vielleicht einen Kommentar in einem Blog usw. Manchmal schreiben sie vielleicht auch ganz altmodisch einen Zettel, den sie an ihren Nachbarn weiterreichen. Das machen sie dann aber vielleicht nicht unbedingt auf Deutsch. Diese Schreibaktivitäten sind notwendige **Schreibaktivitäten als Teil des Lernprozesses.** Ebenso notwendig ist es zu lernen, wie Texte in der Zielsprache realisiert werden. Man lernt also nicht neu zu schreiben, man lernt, Texte nach den Konventionen zu schreiben, die in dem neuen Kontext gelten (zur Fertigkeit Schreiben vgl. Krings 2016 und Roll 2021).

Das gilt keinesfalls nur für die unteren Niveaustufen. Wer die Ebene B2 oder C1 erreicht hat und in den deutschsprachigen Raum an eine Universität geht, um dort zu studieren, trifft auf eine Textsorte, mit der er bisher keinen Kontakt hatte, nämlich die **wissenschaftliche Hausarbeit.** Wer an die deutsche Universität wechselt, hat vielleicht im eigenen Land schon erfolgreich einen BA-Studiengang absolviert und gelernt, wissenschaftliche Texte zu produzieren. Allerdings gelten an der deutschen Universität andere Vorgaben und Kriterien für wissenschaftliche Hausarbeiten als zum Beispiel für einen **Essay** an einer englischen Universität. Es reicht also unter Umständen nicht aus, die richtigen Wörter und grammatischen Strukturen zu verwenden und inhaltlich zu argumentieren. Selbst auf sprachlich sehr fortgeschrittener Ebene gibt es für Schreibende also immer noch etwas zu lernen (zum wissenschaftlichen Schreiben in der Fremdsprache s. ▶ Abschn. 12.3).

Schreiben außerhalb des Lernprozesses Es gibt verschiedene Gründe, warum Menschen Texte produzieren. Jemand will einkaufen gehen und schreibt sich auf, was er braucht, um später nichts zu vergessen. Oder man schreibt einem Freund oder einer Freundin einen Brief oder eine E-Mail. Sowohl der Einkaufszettel als auch der Brief an den Freund oder die Freundin werden **freiwillig** geschrieben. Nur der Verfasser bestimmt, was geschrieben wird.

Manche Menschen schreiben Gedichte oder einen Roman oder sonst einen **literarischen** Text, der veröffentlicht wird oder auch nicht. In diesem Falle gehört es wahrscheinlich zum Selbstverständnis des Autors, dass er allein Form und Inhalt des Textes bestimmt. Wieder andere Menschen schreiben gegen Bezahlung für eine Zeitung. In diesem Fall wird man von ihnen Texte eines gewissen Umfangs und auch einer bestimmten Textsorte erwarten, und wahrscheinlich erhalten sie auch den **Auftrag,** über ein bestimmtes Ereignis zu berichten. In diesem Fall bestimmen die Verfasser zwar selbst, was sie schreiben, aber die Rahmenbedingungen legen ihnen nahe, um welche Art Text es sich handeln wird. Texte, die man schreibt, sind in **Form und Inhalt also unterschiedlich stark selbstbestimmt**, aber es ist immer der Schreibende, der letztendlich dafür verantwortlich ist, dass ein Text geschrieben wird und wie er geschrieben wird.

Lernprozessbezogenes Schreiben im Unterricht ist notwendig: Es ist richtig, im Fremdsprachenunterricht all die Schreibaktivitäten vorzusehen, die das Sprachenlernen unterstützen, und das Schreiben von Textsorten, wie sie im Deutschen realisiert werden, zu fördern. Es geht also nicht darum, einen Gegensatz zu konstruieren zwischen lernprozessbezogenem Schreiben und mitteilungsbezogenem Schreiben, aber bei der Konzentration auf die Unterstützung des Lernprozesses und die Form von Texten wird im Fremdsprachenunterricht häufig vergessen, dass Schreiben ja eigentlich eine sehr selbstbestimmte Aktivität ist, die im Alltag zumeist dazu dient, jemandem etwas mitzuteilen.

Wie kann ein Unterricht aussehen, in dem die Lernenden möglichst früh möglichst selbstbestimmt Texte verfassen, für die sie inhaltlich selbst verantwortlich sind? Beim **kreativen Schreiben** werden z. B. nur wenige Vorgaben gemacht, und die Lernenden haben viel Raum für eine inhaltliche Selbstbestimmung. Möglich sind kleine Gedichte schon auf der Anfängerstufe, bei denen zum Beispiel zu jedem Buchstaben des eigenen Namens ein Wort geschrieben wird, das etwas über die Person, die diesen Namen trägt, aussagt. Man nennt diese Form **Akrostichon.** Auch Elfchen, kurze Gedichte, die aus genau elf Wörtern bestehen, die in bestimmter Weise auf fünf Zeilen verteilt werden müssen, lassen sich früh einsetzen. ◘ Abb. 10.1. in ▶ Abschn. 10.2 liefert ein Beispiel für die Aufnahme eines Elfchens in ein Lehrwerk.

Bei der Förderung selbstbestimmten Schreibens kommt es darauf an, für **authentische Schreibanlässe** zu sorgen: Es muss etwas geben, worüber die Lernenden schreiben möchten, und jemanden, von dem sie annehmen, dass er es lesen möchte. Dies ist eigentlich eine sehr einfache Bestimmung, aber durch die **Künstlichkeit der Unterrichtsituation** wird das, was im Alltag so selbstverständlich erscheint, zu einer Herausforderung für Lehrende und Lernende.

Zumeist können sich ja allen Personen im Klassenzimmer untereinander in einer anderen Sprache schriftlich oder mündlich viel besser verständigen als mit der neu zu lernenden. Wenn Lernende in dieser Situation also etwas sagen oder schreiben, dann tun sie ‚so als ob‘, weil eine Art **didaktischer Vertrag** besteht, etwas gemeinsam zu lernen. Wer als Lernender in der neuen Sprache jemandem etwas schreiben möchte, weil er wirklich etwas zu sagen hat, dann müsste dies eigentlich eine Person außerhalb des Klassenzimmers sein. Wichtig sind also ein Schreibanlass und ein Kontakt, damit mitteilungsbezogenes Schreiben realisiert werden kann. In der Fremdsprachendidaktik hat vor allen Dingen die **Projektdidaktik** (s. ▶ Abschn. 5.2.2) versucht, **Ernsthaftigkeitsbedingungen** festzulegen, die erfüllt sein müssen, damit inhaltlich selbstbestimmte Mitteilungen möglich werden können.

Schreiben und digitale Medien Seit digitale Medien verfügbar sind, wird mehr geschrieben. Allerdings ist dabei nicht jedes Schreiben auch ein Schreiben im klassischen Sinne – das Schreiben per WhatsApp ist oft ein getipptes Sprechen, es handelt sich in der Terminologie von ▶ Abschn. 3.1.1 um mediale Schriftlichkeit, aber konzeptionelle Mündlichkeit. Trotzdem erlauben die digitalen Medien eine ganze Reihe von Schreibaktivitäten, die für das Fremdsprachenlernen von großem Interesse sind. Zum einen bietet das Internet sich an als Ort für **Publikationen**, als Ort, an dem ein Ergebnis präsentiert werden kann. Während im traditionellen Klassenzimmer das Schreiben als Teil des Lernprozesses oder das simulierte Schreiben eines angeblich mitteilungsbezogenen Textes, der aber tatsächlich nur an die Lehrkraft zum Zwecke der Benotung gerichtet war, im Vordergrund stand, ist es durch die Publikationsmöglichkeiten der digitalen Medien in Blogs, Foren usw. tatsächlich einfacher realisierbar, dass Lernende sich in der Zielsprache mitteilen.

Zum anderen kann aber auch die Schreibaktivität selbst durch die digitalen Medien verändert werden: So können zum Beispiel in **Wikis** Texte von Personen gemeinsam produziert werden, die sich gar nicht an einem gemeinsamen Ort aufhalten (s. dazu ▶ Abschn. 3.5.2). Mit **Blogs** und ihrer Kommentarfunktion besteht die Möglichkeit unmittelbarer schriftlicher Kommunikation in einer Weise, wie sie vor dem Aufkommen der digitalen Medien nicht möglich war. Es ist heute kaum noch vorstellbar, dass es vor gar nicht so langer Zeit noch etwas aufregend Neues war, dass man sich E-Mails schicken konnte und dass man an diese E-Mails sogar Dateien anhängen konnte. Diese Möglichkeiten wurden von der Fremdsprachendidaktik begeistert aufgenommen, um raumüberwindende kooperative Projekte leichter durchführen zu können (s. ▶ Abschn. 3.5.2).

6.3.2 Mündliche Kommunikation

In der konzeptionell und medial mündlichen Sprache werden häufiger Wörter wie *ja, eigentlich, schon,* also sogenannte **Modalpartikeln**, verwendet als in der geschriebenen Sprache. Findet das Gespräch an einem Ort statt, an dem beide Sprecher anwesend sind, tragen **Gesichtsausdruck** und Handbewegungen viel zum Verständnis bei, und wahrscheinlich wird die **direkte Umgebung mit ins Gespräch einbezogen.** Meistens wissen die Sprecher, was die Hörer wissen, und sie werden das **gemeinsame Wissen** nicht noch einmal ausführlich versprachlichen. Auch sind Sprechen und Hören im Prinzip flüchtig, auch wenn man beim Hören von medial dokumentierten gesprochenen Texten diese natürlich anhalten und/oder wiederholt hören kann. Das Sprechen von Angesicht zu Angesicht, egal ob per Videokonferenz oder in Präsenz stattfindend, geschieht in **Echtzeit** hingegen mit einem bestimmten **Sprechtempo**, das zwar bei einzelnen Individuen und, so hat man manchmal den Eindruck, auch bei bestimmten Gruppen variiert – der stereotype Spanier spricht schnell, der stereotype Finne langsam. Es ist aber so hoch, dass es Anfängern in einer neuen Fremdsprache zunächst als Herausforderung erscheint.

Ein weiteres wichtiges Merkmal des Gesprochenen: Es gibt keinen Radiergummi. **Was gesagt ist, ist gesagt,** ganz egal, wie viele falsche Endungen sich in der Nominalphrase befinden mögen. Diese simple Feststellung ist für die Fremdsprachendidaktik von Bedeutung: Lernende, in deren Einstellung zur Zielsprache es besonders wichtig ist, nur korrekte Texte zu produzieren, werden vielleicht lieber schreiben als sprechen, und wenn sie sprechen, werden sie vielleicht so lange über den richtigen Ausdruck nachdenken, dass der Zeitpunkt des Sprechens eigentlich schon vorüber ist, wenn sie endlich loslegen wollen.

Umgekehrt ist es für andere Lernende gerade sehr günstig, dass ihr Sprechen keine Spuren hinterlässt. Im Gegensatz zum Schreiben, bei dem Fehler sichtbar werden, vertrauen sie darauf, dass sie sich verständigen können, egal wie gut oder schlecht in ihrem Satz beim Subjekt oder beim Objekt Numerus, Genus und Kasus aufeinander abgestimmt sind. Im Unterricht müssen Lehrende deshalb antizyklisch vorgehen: Lernende, die gern schnell und viel reden, sollten für ihren Mut gelobt und gleichzeitig ermuntert werden, mehr zu schreiben und an der Form zu arbeiten. Lernende, die sehr zurückhaltend oder am liebsten gar nicht mündlich kommunizieren, müssen hingegen ermutigt werden, auch dann loszureden, wenn es eher wahrscheinlich ist, dass nicht alle ihre Äußerungen den Normen der geschriebenen Sprache entsprechen werden (vgl. als Überblicke zur Mündlichkeit im Fremdsprachenunterricht und zur Förderung des Sprechens und Interagierens in der neuen Sprache Aguado 2021, Rösler 2016 und Schmidt 2016).

Im Unterricht. B wird in der neu zu lernenden Sprache über die neu zu lernende Sprache gesprochen, z. bei Erklärungen zur Grammatik und Fragen zu den Erklärungen oder bei Nachfragen der Lernenden zur Bedeutung von Wörtern. Traditionell gab es im Unterricht häufig Situationen, in denen die Lehrenden zu viel und die Lernenden zu wenig gesprochen haben. Zum Selbstverständnis des kommunikativen Ansatzes gehört es, dieses Auseinanderklaffen zu verringern. Wie weitgehend dies gelungen ist, kann man nicht allgemein sagen. Schart/Legutke (2012, S. 123) referieren eine Studie zum Englischunterricht, bei der die deutschen Englischlehrer unter anderem gebeten wurden, ihren eigenen **Anteil an der Sprechzeit im Unterricht** einzuschätzen. Die Studie zeigte

» dass Lehrende dazu neigen, ihre eigene Sprechzeit zu unterschätzen […]: nur ein Drittel der befragten Personen meinte, mehr als 60 % der Sprechzeit für sich in Anspruch zu nehmen. Tatsächlich trifft dies aber auf den überwiegenden Teil der beobachteten Lehrenden zu (ebd.).

Hemmungen im Anfangsunterricht Das Sprechen in der fremden Sprache ist vor allem auf den unteren Niveaustufen eine große Herausforderung. Die Lernenden möchten etwas sagen und dabei vor den Hörern nicht allzu dumm dastehen, sie haben vielleicht sehr kluge Gedanken im Kopf oder eine kreative Idee, sind aber mit den äußerst beschränkten Mitteln in der neuen Sprache konfrontiert. Und selbst die Wörter und Strukturen, die sie schon gelernt haben, wollen nicht so einfach über die Lippen gehen. Für manche Lernenden ist deshalb das Sprechen in der neuen Sprache eine große Herausforderung. Wenn sie nach einem Unterrichtskonzept unterrichtet werden, das das korrekte Produzieren von grammatischen Formen an erste Stelle stellt, kann es sein, dass sich die Hemmungen bei der Produktion der ersten Sätze langfristig zu größeren Störungen bei der mündlichen Produktion insgesamt entwickeln (vgl. Nerlicki/Riemer 2012).

Es ist deshalb im Unterricht besonders in den ersten Stunden wichtig, dass sich bei den Lernenden die Einstellung herausbildet, dass sie in der neuen Sprache auch etwas sagen dürfen, was nur annähernd so klingt wie das, was die Lehrenden oder die Sprecher auf der CD produziert haben, weil dies ein normaler Bestandteil des Lernprozesses und der Annäherung an die neue Sprache ist. Das Aussprachetraining in der Anfangsphase (s. ▶ Abschn. 8.3) ist deshalb nicht nur ein Training der richtigen Lautformen und Satzmelodien, es sollte immer begleitet werden von einem Training der Produktion von mündlicher Kommunikation, die anderen etwas mitteilen möchte.

Gerade in der Anfangsphase ist es beim Üben der mündlichen Ausdrucksfähigkeit also wichtig, den **Mut, sich auszudrücken,** auch wenn es zunächst komisch klingt, zu fördern. Noch wichtiger als bei den anderen Fertigkeiten ist es beim Sprechen, dass **Vermeidungshaltungen** sich nicht einschleifen. Insbesondere

zu Zeiten, als Fremdsprachenunterricht in vielen Teilen der Welt noch hauptsächlich als das Vermitteln von korrekten Formen verstanden wurde, haben Vertreter alternativer Methoden ausprobiert, mit welchen spielerischen und gruppen-
dynamischen Vorgehensweisen die Lernenden möglichst stressfrei zum Sprechen
geführt werden können und wie das Entstehen von Hemmungen beim Sprechen
verhindert werden kann (s. ▶ Abschn. 4.9).

Gesprächsthema und Sprachstand Eine große Herausforderung bei der Förderung
der mündlichen Kommunikation liegt in der Wahl der Gesprächsgegenstände. Ist es in den ersten Stunden aufregend genug, einigermaßen unfall-
frei sagen zu können, wer man ist und woher man kommt, beginnt bald danach
für die Lernenden die Frustration, aufgrund des zu einem bestimmten Zeitpunkt erreichten Sprachstands sich zu einem Thema in der Zielsprache nicht so
differenziert ausdrücken zu können, wie sie das in anderen Sprachen können.
Bei allen Vorzügen einer möglichst weitgehenden Einsprachigkeit mag es bei
manchen Themen, die den Lernenden sehr am Herzen liegen, sinnvoll sein, für
kurze Zeit in die Ausgangssprache umzuschalten, um einen Gegenstand inhaltlich differenziert genug besprechen zu können. Aber das ist nur eine Notlösung,
die aus der Perspektive des Sprachenlernens eine manchmal unvermeidbare
zweitbeste Lösung ist. Die Herausforderung für Lehrende besteht darin, die Gesprächsgegenstände so auszuwählen, dass die Lernenden eine Chance haben, sie
auf ihrem jeweiligen Sprachstand zu bewältigen.

Aber auch bei fortgeschritteneren Lernenden bleibt es eine Herausforderung,
überhaupt eine angemessene Thematik zu finden. Was die Personen im Klassenzimmer gemeinsam haben, ist, dass sie die neue Sprache Deutsch lernen wollen.
Darüber hinaus können sie durchaus sehr unterschiedliche Interessen haben, so
dass außerhalb des Klassenzimmers eventuell keine gemeinsame Kommunikation
entstehen würde. Zu den Konventionen des Unterrichts gehört es zwar, sich
trotzdem über einen von der Lehrkraft eingebrachten Text oder eingebrachtes
Thema zu unterhalten, aber trotzdem weiß jede Lehrkraft, dass es je nach Thema
sehr unterschiedliche Grade des **kommunikativen Engagements** oder Nicht-
Engagements gibt.

6.3.3 Eigenständiger Gesprächsunterricht?

Konversation zu betreiben, kann zwar in bestimmten gesellschaftlichen Kontexten
eine hohe Kunst und etwas sehr Nützliches sein. Aber im Fremdsprachenunterricht kann sie auch zum Problem werden, wenn sie curricular verordnet
wird, wenn es also eine regelmäßig wiederkehrende Unterrichtsstunde auf dem
Stundenplan gibt, die ‚Konversationsunterricht‘ oder Gesprächsunterricht‘ heißt.

Mit dem Aufkommen des kommunikativen Ansatzes in den 1970er Jahren
wendet sich die Fremdsprachendidaktik dem Phänomen **Gesprächsunterricht** verstärkt zu. Lektoren, die an ihren Universitäten diesen Platz im Stundenplan aus-
zufüllen hatten, diskutierten in Fachzeitschriften ihre Erfahrungen (vgl. z. B.
Steinig 1978; Rösler 1980 oder Wegener 1982).

Dietrich (1980) skizzierte die Probleme, die auftreten, wenn Lehrende und Lernende Gespräche in einer Sprache führen, die nicht die Muttersprache der Lernenden ist, „wobei diese Veranstaltungen Teil der Fremdsprachenausbildung sind und nicht in dem fremdsprachlichen Land stattfinden" (ebd., S. 7). Die Sprechanlässe seien nicht echt, der Gebrauch der Fremdsprache also nicht motiviert. Besonders problematisch sei es, wenn die im Gespräch gemachten Äußerungen in Wirklichkeit an die Lehrkraft gerichtet und ihr quasi zur Sprachkontrolle vorgelegt würden. Die große Herausforderung für diese Unterrichtsstunden, die nur durch die Sprechertätigkeit, aber nicht durch irgendwelche Inhalte definiert waren, war die Frage: Worüber reden wir? Sehr unterschiedliche **Sprechanlässe** wurden vorgeschlagen, u.a Rollenspiele. Allen guten Vorsätzen und Sprechanlässen zum Trotz gelang es dem Konversationsunterricht für Schewe (1988) nicht, die Künstlichkeit der Situation weitgehend genug zu überwinden:

» Abgesehen von einzelnen Sternstunden gerät er in der Regel zum künstlichen Sprechduell, wobei der Lektor als Sekundant fungiert, indem er in Form fotokopierter Blätter argumentative Munition vom Kaliber landeskundlicher und literarischer Inhalt nachschiebt. Die meisten Konversationsstunden kranken daran, daß die Studenten sich persönlich nicht betroffen fühlen. Es mangelt an bedeutungsvoller Interaktion im entsinnlichten Unterrichtsraum (ebd., S. 430).

Schewe plädierte stattdessen für dramapädagogische Lehr-/Lernverfahren:

» Fortgeschrittene DaF-Lerner an Universitäten fühlen sich von solchen reinen sprachfunktionalen Rollenspielen in der Regel unterfordert. Für sie müssen m.E. anspruchsvollere szenische Verfahren entwickelt werden, die mehr Raum lassen für individuelle und gemeinsame kreative Ausgestaltung (ebd., S. 431).

Durch **dramapädagogische Verfahren**(s. ▶ Abschn. 4.10) sei es möglich, ein Lernen in Gang zu setzen, das prozessorientiert und ganzheitlich sei, bildhaftes Denken und vor allem Selbsterfahrung befördere durch Arbeit an eigenen Erlebnissen, Phantasien und Haltungen (vgl. ebd., S. 440). In der Englischdidaktik hat besonders Kurtz (2001) in einer ausführlichen empirischen Studie gezeigt, wie mithilfe von **Improvisationen** möglichst authentische sprachliche Interaktionen ins Klassenzimmer geholt werden können.

Mit dem Aufkommen der digitalen Medien lässt sich Gesprächsunterricht auch in Chats oder anderen virtuellen Begegnungsräumen durchführen (s. ▶ Abschn. 3.5.2), und über das Klassenzimmer hinaus können auch Gesprächspartner von außen hinzugezogen werden. Mit Hilfe von Emoticons können die Gesprächsteilnehmer dabei sogar ausdrücken, dass sie glücklich sind, lachen, etwas nicht lustig finden, traurig oder verärgert sind oder dass etwas ironisch gemeint ist und mit einem Augenzwinkern zu versehen ist. Die Bereitstellung von Chats alleine ist für das Fremdsprachenlernen weder Fortschritt noch Rückschritt, es wird lediglich ein anderes Medium ausprobiert. Die entscheidende Frage bleibt: Wer redet mit wem wann warum worüber?

Verantwortungsübertragung auf die Lernenden Je nach dem Grad der Vertrautheit innerhalb der Gruppe und zwischen der Gruppe und dem Lehrenden sind verschiedene Themen auf unterschiedliche Weise diskutierbar. Wenn weder ein völlig freies Gespräch ohne festgelegte Thematik noch lehrerdominierte Gespräche oder Rollenspiele sinnvoll sind, empfiehlt es sich, die Lernenden zumindest die **Themen selbst bestimmen** zu lassen, entweder von Stunde zu Stunde oder mit einem längerfristigen Plan. Dabei können die Lernenden die jeweiligen Stunden durch einen Aufhänger (Minivortrag, Sketch usw.) einleiten. In jedem freien Gespräch sollen **neue Informationen** verarbeitet werden, sie dürfen jedoch nicht als Sachinformationen den Gesprächsfluss dominieren. Manchmal sind Konversationsklassen von Lektoren, die beginnen, im Ausland zu unterrichten, besonders gelungen, da ihnen ihre natürliche Ignoranz über das neue Land hilft, an einem tatsächlichen Informationsaustausch teilzuhaben. Dasselbe im nächsten Jahr wiederholt, ist weitaus weniger erfolgreich. Die Grazie natürlicher Ignoranz scheint schwer spielbar.

Im Hinblick auf die Themenwahl hilft vielleicht die Erinnerung an Goethes Definition der Novelle als sich ereignete unerhörte Begebenheit. Eine im doppelten Sinne unerhörte, eine neuartige und provozierende, und auf den Alltag Bezug nehmende Themenstellung scheint gut geeignet zu sein, ein Gespräch, an dem sich die Lernenden freiwillig beteiligen, zu initiieren.

Über die allmähliche Verfertigung der Gedanken beim Reden Eher nur für fortgeschrittene Gruppen ist der folgende Vorschlag gedacht. Ich habe sehr gute Erfahrungen mit einem (etwas zu langen) literarischen Text für die ersten beiden Stunden einer ganzen Semesterreihe von Konversationsklassen gemacht, mit Kleists „Über die allmähliche Verfertigung der Gedanken beim Reden". Obwohl sehr anspruchsvoll, sprachlich schwierig und daher zuerst Protest herausfordernd, hat er einer Lernergruppe, die bis dahin eher Frontalunterricht gewohnt war, gute Dienste erwiesen, da in ihm unter anderem die Thematik des **freien Sprechens** diskutiert wird. Die Diskussion des **literarischen Textes** kann überleiten zur **Reflexion der eigenen Erfahrung.** Die Parallelen zur Situation, in der sich die Lernenden im Unterricht gerade befinden, sind offensichtlich, und sie werden gerade nicht von der Lehrkraft eingeführt, sondern stellen sich durch die Beiträge der Lernenden während der Diskussion des Textes ein. Mit der Wahl dieses Textes weicht man allerdings für eine lange Anfangsphase vom traditionellen Konversationsunterricht ab, da zuerst intensiv am Textverständnis gearbeitet werden muss.

Integration der mündlichen Kommunikation in Projekte Trotz all der vielen guten Ideen, die in der Fremdsprachendidaktik seit den 1970er Jahren für den Gesprächsunterricht gesammelt worden sind: Je mehr das Miteinanderreden als selbstverständlicher Teil **gemeinsamen Handels** in einem **Projekt** als sinnvoll erfahren wird und je mehr der Konversationsunterricht im Lehrplan verdrängt wird von **themengeleiteten, fertigkeitenintegrierten Sprachlerneinheiten** (vgl. als Beispiel Rösler 1998a), desto größer ist die Chance, dass die Zahl der geglückten Gespräche zunimmt. Im Gegensatz zu dem Sprechen, das der Übung der Aussprache oder dem Kennenlernen und Memorieren von Wörtern, Wendungen oder Strukturen gilt, ist die curricular beste Lösung eine, die Gespräche in der Fremdsprache nicht als einen eigenständig ausgewiesenen Teil eines Lehrplans sieht, sondern das Sprechen über Themen integriert hat in größere, thematisch gesteuerte Tätigkeiten. Die Förderung der Interaktion in der fremden Sprache (vgl. ► Abschn. 8.7) mit Bezug auf einen Gesprächsgegenstand, zu dem die Lernenden tatsächlich etwas sagen möchten, zu sagen haben und auf ihrem erreichten Sprachniveau auch tatsächlich sagen können, bleibt eine der großen Herausforderungen der Fremdsprachendidaktik.

6.4 Übersetzen/Sprachmitteln

Übersetzen und Übersetzungen sind im akademischen Kontext auf verschiedenen Ebenen Gegenstand der Forschung:
- Übersetzen ist ein kulturwissenschaftliches Konzept,
- Übersetzungswissenschaftler/innen beschäftigen sich mit Übersetzungsprozessen und Produkten, mit Übersetzungen von Sachtexten und literarischen Texten.

Diese beiden Übersetzungskontexte sind auch für Deutsch als Fremdsprache relevant, und zwar dort, wo **in kulturkundlichen vergleichenden Kontexten** mit Übersetzungen gearbeitet wird, und dort, wo das Fremdsprachenlehren mit dem Ziel betrieben wird, zukünftige **Dolmetscher oder Übersetzer auszubilden.** Diese beiden Bereiche können im Folgenden allerdings nicht weiter behandelt werden. Im engeren Sinne für das Fremdsprachenlernen relevant sind die beiden folgenden Ebenen:
- Übersetzen als Bestandteil des individuellen Sprachlernprozesses und
- Übersetzen als Aktivität im Fremdsprachenunterricht.

Lernende, das zeigte sich u. a. in ► Abschn. 4.7, haben ein Interesse daran, neue Wörter und Strukturen in der Zielsprache an bereits Vertrautes anzudocken, z. B. ein neues Wort zu übersetzen und ihm ein direktes Äquivalent in der eigenen Sprache zuzuordnen. Lernende schauen in zweisprachigen **Wörterbüchern** nach, was das direkte Äquivalent in der eigenen Sprache zu einem neuen Wort ist, sie suchen also eine Übersetzung. Manche Lernende glauben, im Land der Zielsprache heute nicht mehr ohne ihren kleinen Übersetzungscomputer aus dem Haus gehen zu können. Diese Aktivitäten der Lernenden finden statt, weil sie ein unbewusster Teil des Lernprozesses sind oder weil die Lernenden sie als hilfreich erleben. Diese Aktivitäten werden mehr oder weniger stark befördert oder behindert durch die Übersetzungskonzepte, die in der Fremdsprachendidaktik diskutiert werden.

Übersetzen in der Methodendiskussion In den globalen Methoden wurde die Rolle des Übersetzens sehr unterschiedlich gesehen. In der Grammatik-Übersetzungs-Methode (s. ► Abschn. 4.1) war das Übersetzen Teil des Namens dieser Methode, es spielte eine wichtige Rolle. Konsequent hatte die Gegenbewegung, die direkte Methode (s. ► Abschn. 4.2), das Übersetzen aus dem Klassenzimmer verbannt. In McLelland (2020) wird ausführlich nachgezeichnet, welche Rolle Übersetzungen im 16. und 17. Jahrhundert spielten, wie die Übersetzung im 18. Jahrhundert zusammen mit der Grammatikvermittlung in das Zentrum der Fremdsprachenvermittlung rückt, wie sie im 20. Jahrhundert durch das Einsprachigkeitspostulat und die kommunikative Orientierung an den Rand gedrückt wird und im Kontext der Mehrsprachigkeitsdiskussion neu als relevant erkannt wird.

Obwohl die **radikale Befürwortung und Ablehnung des Übersetzens** nun schon über hundert Jahre zurückliegen, sind diese Positionen in vielen Kontexten noch sehr lebendig. Reformen von universitären Curricula im Fremdsprachenbereich provozieren nicht selten besonders dann heftige Diskussionen, wenn es um die Frage geht, ob der Anteil der Übersetzungen an den Unterrichtsstunden und den Prüfungen reduziert oder ganz abgeschafft werden soll: Übersetzungen sind je nach Position entweder der **Königsweg** zur differenzierten Beherrschung der Fremdsprache oder der **Bremsklotz** auf dem Weg zur kommunikativen Kompetenz.

Argumente für und gegen Übersetzungen Diskussionen für und gegen das Übersetzen werden häufig schnell ‚grundsätzlich' (als ausführlichen Überblick über die Argumente vgl. Königs 2001). Die **Gegenargumente** liegen auf unterschiedlichen Ebenen:

- Wenn der Einsatz der Erstsprache im Unterricht ohnehin kritisch gesehen wird, dann werden Übersetzungen, die ausgangssprachliche Texte in den Unterricht bringen, eher abgelehnt.
- Übersetzungen, die im Unterricht vorkommen, sind häufig Übersetzungen isolierter Texte ohne klares Ziel und ohne Kontext; das Konzept des Übersetzens wird also ohnehin nicht ernstgenommen, die Übersetzungen werden zur verkleideten Grammatikübung.
- Die Fokussierung auf die Suche nach den korrekten lexikalischen Ausdrücken und grammatischen Strukturen blockiert Zeit, die eher für das Training kommunikativer Interaktionen verwendet werden könnte.
- Übersetzungen im Unterricht fördern die Bildung von Interferenzen.

Auch **für das Übersetzen** werden Argumente auf unterschiedlichen Ebenen angeführt:

- Nur beim Übersetzen werden die Lernenden gezwungen, eine bestimmte Mitteilungsabsicht tatsächlich in der Zielsprache zu realisieren, Vermeidungsstrategien, die bei Aufsätzen oder mündlichen Redebeiträgen möglich sind, können nicht verwendet werden.
- Nur durch die Übersetzung und die gemeinsame anschließende Besprechung der Übersetzung wird es möglich, intensiv an Nuancen des Ausdrucks in der Zielsprache zu arbeiten.
- Die Zielsprache und die Erstsprache sind im Unterricht in den Köpfen der Lernenden vorhanden, es wäre also künstlich, den bei Lernenden ohnehin stattfindenden Austauschprozess zwischen den beiden Sprachen zu ignorieren; mit dem Übersetzen gelingt es, das Spiel mit den beiden Sprachen zu reflektieren.

Undogmatische Einsprachigkeit Dogmatische Vertreter von Einsprachigkeit werden sich von den Pro-Argumenten nicht überzeugen lassen, und für Anhänger der

Grammatik-Übersetzungs-Methode mögen die Kontra-Argumente verwunderlich wirken. Jenseits dieser dogmatischen Positionen, in einem Verständnis von Fremdsprachenunterricht, der die Forderung nach größtmöglicher Verwendung der Zielsprache im Unterricht vereinbaren kann mit einer sinnvollen Verwendung der Erstsprache überall dort, wo sie hilfreich ist – eine Position, die in Deutschland prominent quer durch alle Methodendiskussionen von Wolfgang Butzkamm mit seiner Forderung nach aufgeklärter Einsprachigkeit vertreten wurde (vgl. Butzkamm 1978; 2002; Butzkamm/Caldwell 2009) – ist die entscheidende Frage nicht, ob übersetzt werden soll oder nicht, sondern wann welche Art von Übersetzungsaktivität sinnvoll ist.

Die radikale Frage „Übersetzen ja oder nein?" wird dann ersetzt durch eine differenzierte Auseinandersetzung mit der **Funktionalität von Übersetzungen.** Zunächst muss unterschieden werden zwischen Übersetzungen in die neu zu lernende Sprache (oft ‚Hinübersetzung' genannt) und Übersetzungen aus der neuen Sprache in die Erstsprache (‚Herübersetzung').

Die **Herübersetzung** ist eine Art **Verständnisüberprüfung,** allerdings gibt es relativ wenige authentische Kontexte, in denen das Verständnis durch eine Übersetzung eines Textes überprüft wird. Ein mögliches anderes Argument für die Beibehaltung von Herübersetzungen ist, zumindest, wenn das Fremdsprachenlernen in universitären Kontexten stattfindet, die durch Herübersetzungen mögliche **Überprüfung und Förderung der Sprachkompetenz der Lernenden in** ihrer Erstsprache. Wer längere Zeit Herübersetzungen korrigiert hat, weiß, dass die sprachliche Eleganz der Herübersetzungen sehr unterschiedlich ausfallen kann. Und da Universitäten allgemeinbildende Institutionen sind, zu deren Aufgaben auch die Förderung von sprachlicher Differenzierungsfähigkeit generell gehört, kann man diesem Argument durchaus etwas abgewinnen (zur universitären Verankerung des Übersetzungsunterrichts am Beispiel Norwegen vgl. Lindemann 2001).

Wirklich funktional sind Übersetzungen aus der Fremdsprache in die eigene Sprache aber eigentlich immer nur dann, wenn Lesern der eigenen Sprache etwas so detailliert mitgeteilt werden soll, dass es sich lohnt, diesen Text in die eigene Sprache zu übersetzen. Dies kann zum Beispiel in **Begegnungsprojekten** (s. ▶ Abschn. 5.2.2) der Fall sein, wenn Informationen der Projektpartner für den eigenen Kontext im Detail wiedergegeben werden sollen. Herübersetzungen sind selten der Stein des Anstoßes in der Diskussion um Übersetzungen; die hitzigen Diskussionen entzünden sich vielmehr an den Hinübersetzungen.

Lernende machen bei **Hinübersetzungen** zwangsläufig eine größere Zahl an **Fehlern,** solche, bei denen Verstöße gegen grammatische Regeln vorliegen, die sie eigentlich schon erworben haben, ebenso wie Verstöße gegen Normen, die sie noch nicht erworben haben, zum Beispiel im Bereich Wortschatz bei den sog. **Kollokationen.** Das heißt, sie kombinieren Wörter so miteinander, wie sie ein kompetenter Sprecher der Sprache nicht zusammenstellen würde. Korrigierte Übersetzungen sehen deshalb häufig sehr rot und für viele Lernende damit auch sehr entmutigend aus.

Dies lässt sich dadurch abmildern, dass **Korrekturen** in mehreren Farben notiert werden: Rote Korrekturen werden dann z. B. nur für solche Abweichungen von der Norm verwendet, die Verstöße gegen bereits erworbene morphologische und syntaktische Normen und klare Fehler im Bereich der Semantik darstellen. In grün oder in anderen Farben werden alternative Formulierungen vorgeschlagen. Eine derartige Vorgehensweise ist in Absprache zwischen Lehrenden und Lernenden organisierbar, sie ist aber keine Antwort auf die grundlegende Frage: Wie sinnvoll ist es überhaupt, Hinübersetzungen durchzuführen.

Wie sieht eine stärker funktionale Herangehensweise an Übersetzungen aus, die es den Lernenden erlaubt, Übersetzungsaktivitäten bezogen auf ein bestimmtes Ziel durchzuführen?

» Die Beschäftigung mit der Form dient dabei weniger der Durchdringung und angestrebten Internalisierung einer isolierten sprachlichen Form, sondern der Erfassung des kommunikativen Gehalts in Verbindung mit der sprachlichen Form einer Äußerung. Integrative Sprachmittlungsaufgaben bestehen aus einer kommunikativ und situativ aufeinander abgestimmten Folge von sprachlichen Handlungen, in denen neben dem Sprachmitteln auch andere sprachliche Fertigkeiten angemessen berücksichtigt werden. So kann z. B. eine Übersetzung – verstanden als schriftliche, vorlagengebundene Form der Übertragung – innerhalb eines Ensembles von Sprachhandlungen eine Aufgabe darstellen (Königs 2010b, S. 99).

‚Sprachmitteln' als begrifflicher Ausdruck der Neuorientierung Die Fremdsprachendidaktik hat die Abwendung von einem stärker an Sätzen und isolierten Texten orientierten Vorgehen hin zu einem Übersetzungsunterricht, der sich an authentischen **Sprachmittlungssituationen** orientiert, auch terminologisch begleitet, so dass häufig statt von ‚Übersetzen' von ‚Sprachmitteln' die Rede ist (zur Begründung der terminologischen Veränderung und zur Problematik dieser Begriffswahl vgl. Königs 2008, S. 303).

Je stärker das Übersetzen in **Projekte**, in denen eine übersetzende Tätigkeit funktional ist, integriert werden kann (als Beispiel für die Integration von Übersetzungen in größere Zusammenhänge vgl. den Kontext einer Städtepartnerschaft in Königs 2000, S. 11–13), desto weniger schwer wiegen die oben aufgezählten Nachteile, desto stärker treten die Vorteile in den Vordergrund und desto wahrscheinlicher ist es auch, dass Übersetzungen als Teil des Fremdsprachenunterrichts auch äquivalent zu den Ausgangstexten sein können:

» Eine Übersetzung kann dann äquivalent mit ihrem Original sein, wenn sie eine Funktion hat, die der Funktion des Originals äquivalent ist – Funktion hier zu verstehen als die Verwendung des Textes in einem bestimmten situativen Kontext. Diese Textfunktion besteht aus zwei Funktionskomponenten, einer kognitiv-referenziellen, auf Kommunikation über bestimmte Sachverhalte ausgerichteten und einer expressiv-emotiven, interpersonalen auf Kommunikation ‚von Mensch zu Mensch' ausgerichteten Komponente. (House 2003, S. 108).

Die Integration des Übersetzens in größere Projekte wird in manchen Unterrichtkontexten nicht so ohne weiteres möglich sein. Von didaktischem Interesse sind deshalb auch Veränderungen der Praxis im Übersetzungsunterricht unterhalb der ‚großen Lösungen'. Zu selten wird im Übersetzungsunterricht noch der systematische **Vergleich von verschiedenen Lerner-Übersetzungen** eines Textes durchgespielt (als Beispiel für eine kooperative Herangehensweise vgl. Rösler 1998b, S. 149–152). Verglichen werden können auch von professionellen Übersetzern übersetzte Texte mit dem Original (vor allem dann, wenn Originale mehrfach übersetzt worden sind), um die Lernenden für sprachliche Vielfalt und Nuancen jenseits der Frage ‚richtig oder falsch?‘ zu sensibilisieren. Kirschnick (2003) hat für Übersetzungen ins **Chinesische** eine Materialsammlung von Phraseologismen in deutschsprachigen literarischen Werken vorgelegt, die für deutsch-chinesische Unterrichtssituationen eine interessante Ausgangsbasis darstellt.

Deutsche Lehrwerke für andere Fremdsprachen enthalten, nachdem sie längere Zeit übersetzungsbezogene Übungen und Aufgaben eher ignoriert hatten, nun wieder Übungsangebote:

» Dabei reicht die Palette von einzelsatzbezogenen Übersetzungen zur Verdeutlichung von syntaktischen oder lexikalischen Strukturen über die Systematisierung einer zweisprachigen Wortschatzarbeit bis hin zur Übersetzung von (zumeist kürzeren) Texten in einem spezifischen situationellen Rahmen. Für die in Deutschland entwickelten Lehrmaterialien Deutsch als Fremdsprache gilt diese Feststellung nur mit großen Einschränkungen, da sich diese Lehrwerke zumeist an einen Adressatenkreis mit unterschiedlichen Muttersprachen wenden, so dass sich spezifische übersetzungsbezogene Aufgaben und Übungen zu verbieten scheinen (Königs 2010a, S. 1044).

Überall da, wo mit einsprachigen Lehrwerken (s. ► Abschn. 3.2.3) gearbeitet wird, muss die Integration von für den Spracherwerb funktionalen Übersetzungen von den Lehrenden geleistet werden.

Literatur

Aguado, Karin: „Sprachliche Teilkompetenzen (1): Mündlichkeit". In: Claus Altmayer u.a. (Hg.): *Handbuch Deutsch als Fremd- und Zweitsprache.* Heidelberg 2021, S. 253–267.

Badstübner-Kizik, Camilla: „Hör- und Hör-Sehverstehen". In: Eva Burwitz-Melzer u.a. (Hg.): *Handbuch Fremdsprachenunterricht.* 6. völlig überarbeitete und erweitere Aufl. Tübingen 2016, S. 93–97.

Butzkamm, Wolfgang: *Aufgeklärte Einsprachigkeit. Zur Entdogmatisierung der Methode im Fremdsprachenunterricht.* Heidelberg ²1978.

Butzkamm, Wolfgang: *Psycholinguistik des Fremdsprachenunterrichts: Von der Muttersprache zur Fremdsprache.* Tübingen/Basel ³2002.

Butzkamm, Wolfgang/Caldwell, John A.W.: *The Bilingual Reform: a Paradigm Shift in Foreign Language Teaching.* Tübingen 2009.

Dietrich, Rainer: „Natürlichkeit im gesteuerten Fremdsprachenerwerb". In: *Zielsprache Deutsch* 1 (1980), S. 2–10.

Dietz, Gunther: „Fremdsprachliches Hörverstehen: Schwächen der traditionellen Hörverstehensdidaktik – Perspektiven der Vermittlung für Deutsch als Fremdsprache". In: *Deutsch als Fremdsprache*, 2 (2021), S. 67–75.

Ehlers, Swantje: *Lesetheorie und fremdsprachliche Lesepraxis.* Tübingen 1998.

House, Juliane: „Übersetzen und Missverständnisse". In: *Jahrbuch Deutsch als Fremdsprache* 29 (2003), S. 107–134.

Kirschnick, Stephanie: *In China wirft man keine Perlen vor die Säue. Probleme bei der Übersetzung von Phraseologismen in deutschsprachigen literarischen Werken ins Chinesische.* München 2003.

Königs, Frank: „Übersetzen im Deutschunterricht? Ja, aber anders!" In: *Fremdsprache Deutsch* 23 (2000), S. 6–13.

Königs, Frank: „Übersetzen". In: Gerhard Helbig [u. a.] (Hg.): *Deutsch als Fremdsprache – Ein internationales Handbuch.* Berlin/New York 2001, S. 955–962.

Königs, Frank: „Vom Kopf auf die Füße stellen? Vom Sinn und Unsinn des Sprachmittelns im Fremdsprachenunterricht". In: Kazimiera Myczko/Barbara Skowronek/Wladislaw Zabrocki: *Perspektywy glottodydaktyki i jezykoznawstwa. Tom jubileuszowy z okazji 70. urodzin Profesora Waldemara Pfeiffera.* Poznan 2008, S. 297–312.

Königs, Frank: „Übersetzen und Sprachmitteln im Deutsch als Fremdsprache-Unterricht". In: Hans-Jürgen Krumm [u. a.] (Hg.): *Deutsch als Fremd- und Zweitsprache. Ein internationales Handbuch.* Bd. 1. Berlin/New York 2010a, S. 1040–1047.

Königs, Frank: „Sprachmittlung". In: Wolfgang Hallet/Frank Königs (Hg.): *Handbuch Fremdsprachendidaktik.* Seelze-Velber 2010b, S. 96–100.

Krings, Hans P.: „Schreiben". In: Eva Burwitz-Melzer u.a. (Hg.): *Handbuch Fremdsprachenunterricht.* 6. völlig überarbeitete und erweitere Aufl. Tübingen 2016, S. 107–111.

Lindemann, Beate: „Zum universitären Übersetzungsunterricht im Bereich DaF (am Beispiel Norwegen)". In: *Deutsch als Fremdsprache* 38, 3 (2001), S. 153–158.

McLelland, Nicola: „Translation and ideology in the history of language learning and teaching: changing purposes, practices and prejudices in the teaching and learning of modern languages". In: *Zeitschrift für Fremdsprachenforschung* 31,1 (2020), S. 23–40.

Mebus, Gudula [u. a.]: *Sprachbrücke.* Bd. 1. Stuttgart 1987.

O'Sullivan, Emer/Rösler, Dietmar: *Kinder- und Jugendliteratur im Fremdsprachenunterricht.* Tübingen 2013.

Roll, Heike: „Sprachliche Teilkompetenzen (2): Schriftlichkeit". In: Claus Altmayer u.a. (Hg.): *Handbuch Deutsch als Fremd- und Zweitsprache.* Heidelberg 2021, S. 268–281.

Rösler, Dietmar: „Konversationsklassen". In: *Zielsprache Deutsch* 3 (1980), S. 2–10.

Rösler, Dietmar: „Walter Benjamin und Paul Klee treffen Laurie Anderson in der Einheit der Engel – themengeleitete, Fertigkeiten integrierende Sprachkurse für Fortgeschrittene an der Universität". In: DAAD (Hg.): *Germanistentreffen Deutschland –Spanien – Portugal 13.–18.09.1998. Dokumentation der Tagungsbeiträge.* Bonn 1998a, S. 245–254.

Rösler, Dietmar: *Deutsch als Fremdsprache außerhalb des deutschsprachigen Raums. Ein (überwiegend praktischer) Beitrag zur Lehrerfortbildung.* Tübingen 1998b.

Rösler, Dietmar: „Nähe und Distanz zur Mündlichkeit in der fremdsprachendidaktischen Diskussion. Versuch einer Annäherung". In: *Deutsch als Fremdsprache* 53, 3 (2016), S. 135–149.

Rösler, Dietmar/Würffel, Nicola: *Lehr- und Lernmedien.* Stuttgart 2020.

Schewe, Manfred: Fokus Lehrpraxis: „Für einen integrierten, dramapädagogischen Deutsch als Fremdsprache-Unterricht für Fortgeschrittene". In: *Info DaF* 4 (1988), S. 102–106.

Schmidt, Torben: „Sprechen und Interagieren". In: Eva Burwitz-Melzer u.a. (Hg.): *Handbuch Fremdsprachenunterricht.* 6. völlig überarbeitete und erweitere Aufl. Tübingen 2016, S. 93–97.

Steinig, Wolfgang: „Deutscher Gesprächsunterricht mit ausländischen Studenten". In: *Jahrbuch Deutsch als Fremdsprache* 4 (1978), S. 127–137.

Wegener, Heide: „Gruppengespräche im Deutschunterricht für Ausländer – Zur Strukturierung von Konversationskursen nach Sprechintentionen". In: *Zielsprache Deutsch* 3 (1982), S. 12–20.

Norm, Fehler, Korrektur

Inhaltsverzeichnis

© Der/die Autor(en), exklusiv lizenziert an Springer-Verlag GmbH, DE, ein Teil von Springer Nature 2023
D. Rösler, *Deutsch als Fremdsprache*,
https://doi.org/10.1007/978-3-476-05863-8_7

Dialekte, Soziolekte, verschiedene Register, gesprochene und geschriebene Sprache – die Vielfalt dessen, was zur deutschen Sprache gehört (vgl. den Überblick in Venohr 2021), stellt für die Unterrichtsplanung und Lehrmaterialproduktion, vor allen Dingen im Anfängerbereich, eine große Herausforderung dar, denn es muss entschieden werden, womit sich die Lernenden in einem vorgegebenen Zeitraum beschäftigen sollen. Diese Problematik wird in ▶ Abschn. 7.1 behandelt. Auf dem Weg zum Erwerb der im Unterricht vermittelten Sprache weichen die Lernenden von der Norm ab, sie machen Fehler. Mit diesen und den Möglichkeiten der Korrektur befassen sich die ▶ Abschn. 7.2, 7.3 und 7.4.

7.1 Lernziel schriftsprachlicher Standard?

Beim Erstspracherwerb oder doppelten Erstspracherwerb (vgl. ▶ Abschn. 2.2) lernt ein Kind aus der Interaktion mit seinen Bezugspersonen eine oder mehrere Sprachen, deren Standard und/oder regionale Varietäten. Mit Eintritt in das Schulsystem werden bestimmte Normen vermittelt, z. B., dass man im Deutschen *Fahrrad* schreibt und nicht *farat*. Im Laufe der Schulzeit, während des Studiums oder der Ausbildung verfeinert sich die **Beherrschung sprachlicher Normen,** je nach Lebensweg wird man lernen, ein Rettungsprotokoll zu schreiben, herausfinden, wie an deutschen Universitäten eine geisteswissenschaftliche Hausarbeit zu verfassen ist usw.

Wer als Jugendlicher oder Erwachsener Deutsch als Fremdsprache lernt, wird zumeist schon wissen, dass es im Deutschen Regeln dafür gibt, wie man richtig schreibt oder Texte verfasst, und wahrscheinlich auch, dass es verschiedene Varietäten gibt – er oder sie kennt diese Phänomene aus den bisher gelernten Sprachen. Aber er oder sie weiß nicht, wie diese Regeln im Deutschen aussehen. Er oder sie muss darauf vertrauen, dass die Personen, die das Sprachenlernen organisieren, die für den Unterricht, die Prüfungen und die Lehrwerke zuständig sind, eine **angemessene Auswahl aus der Vielfalt des Deutschen** treffen, und zwar so, dass die angestrebten Lernziele, die ja sehr unterschiedlich sein können, und der jeweils erreichte Sprachstand möglichst gut berücksichtigt werden.

Diese Auswahl zu treffen, ist eine große Herausforderung. Lange schien es so, als sei sie keine, es sei doch klar, dass die deutsche Standardsprache die Norm sein müsse. Bevor zu Beginn des 21. Jahrhunderts der Europäische Referenzrahmen (vgl. ▶ Abschn. 13.1.) mit seinen Beschreibungen der Niveaustufen Lehrmaterialmacher anleitete, war das *Zertifikat Deutsch als Fremdsprache* (Deutscher Volkshochschul-Verband/Goethe-Institut 1977) mit seinen Wortschatz- und Strukturenlisten die entscheidende Instanz. Dort wird Alltagskommunikation in der Standardsprache als Ziel (vgl. ebd. S. 123) festgelegt und explizit festgestellt, dass die Vielfalt des Deutschen mit seinen regionalen und sozialen Varietäten ausgeblendet bleiben muss:

» Als Ausdrucksmittel wurde dabei auf die überregionale, intergruppale, öffentliche deutsche Standardsprache gezielt. Dies hatte zur Folge, daß spezielle regionale, gruppensprachliche und fachsprachliche Gebrauchsweisen (Umgangssprachen, Jargons, Fachsprachen, Sondersprachen) von vornherein ausgespart blieben. Auch die Literatursprache und alle veralteten Gebrauchsweisen mußten zurücktreten. Im Hinblick auf die erwarteten kommunikativen Bedürfnisse des Ausländers wurde mehr der öffentliche Bereich als der private berücksichtigt. Dabei stehen die kommunikativen Themen und Situationen des deutschsprachigen Stadtbewohners im Vordergrund (ebd. S. 124).

Heute würde man dies sicher nicht mehr so formulieren, und vor allem keinen Unterschied zwischen dem deutschsprachigen Stadtbewohner und dem in dieser Formulierung ausgeklammerten Landbewohner machen, aber der Fokus auf Alltagskommunikation und schriftsprachlichen Standard ist geblieben. In der fremdsprachendidaktischen Diskussion entstanden jedoch **Gegenreden.** In der D-A-CH Diskussion (vgl. ► Abschn. 9.8) wurde kritisiert, dass die sprachliche Vielfalt Österreichs und der Schweiz ausgeblendet wird. Im Hinblick auf mündliche Kommunikation wurde festgehalten, dass es sich dabei oft nur um die mündliche Realisierung der schriftsprachlichen Normen handele und nicht um tatsächliche mündliche Kommunikation (vgl. ► Abschn. 3.1.1). Das kann dazu führen, dass jemand grammatisch alles richtig macht, und trotzdem unangemessen kommuniziert. Am Ende seiner Analyse des (fehlenden) Umgangs mit Varietäten in Lehrwerken hielt der englische Linguist Martin Durrell bereits 2004 fest:

» Das Ergebnis kann sein […], dass die Lernenden informelle sprechsprachige Varianten in ihrem geschriebenen Deutsch verwenden oder umgekehrt, wie es vor siebzig Jahren der Fall gewesen sein muss, dass sie auf unangebrachte Weise Varianten beim Sprechen verwenden, die, wie etwa der Gebrauch von Konjunktiv I in der indirekten Rede, nur in formellen geschriebenen Registern vorkommen (Durrell 2004, S. 75).

Wer heute Lehrwerke und Unterricht plant, steckt in einer **Zwickmühle.** Auf der einen Seite ist es sinnvoll und wünschenswert, die Vielfalt der deutschen Sprache zu vermitteln, auf der anderen Seite haben Lernenden vor allem im Anfangsunterricht, in dem sie sich permanent in einem sprachlichen Notstand befinden, das Interesse, möglichst schnell möglichst viele kommunikative Situationen bewältigen zu können. Es ist meist nicht in ihrem Interesse, Grußformeln und die Wörter für bestimmte Obst- und Gemüsesorten in möglichst vielen verschiedenen Varianten zu beherrschen, sondern eher, möglichst viele unterschiedliche Sprechakte realisieren zu können, Textsorten zu verstehen und zu produzieren usw. Je stärker Lehrwerke und Unterrichtsplanungen auch im Anfängerbereich auf konkrete Lernziele und vielleicht sogar auf bestimmte regionale Ziele bezogen werden können, desto besser können Varietäten ausgewählt werden.

Trotzdem bleibt ein Spannungsfeld, nicht nur im Bereich der sprachlichen Normen sondern auch im großen Bereich **Landeskunde/Kulturstudien** (vgl. ► Kap. 9.): Auf der einen Seite gibt es das Ziel, die Lernenden mit der Vielfalt des deutschsprachigen Raums vertraut zu machen, sich also auf deren und dessen

Heterogenität einzulassen, auf der anderen Seite muss man überlegen, inwieweit man Lernenden, von denen manche zu Beginn ihres Deutschlernens sehr wenig über den deutschsprachigen Raum (und vielleicht auch über Europa) wissen, und die sich sprachlich permanent in einer kommunikativen Notstandssituation befinden, mit einer reduzierten Vielfalt, einer konstruierten Homogenität, beim Deutschlernen hilft (vgl. Rösler 2013).

Zumindest im produktiven Bereich ist auf der Niveaustufe A eine Konzentration auf schriftsprachliche Normen eine Möglichkeit, das Lernen der deutschen Sprache voranzutreiben, wobei man allerdings die Nebenwirkung eines Sprechens, das nicht zur Kommunikationssituation passt, in Kauf nimmt. Und bei der Rezeption ist es ohnehin nicht möglich, die Lernenden vor Varietäten zu ‚beschützen‘, wenn man den Umgang mit der deutschen Sprache für die Lernenden nicht nur auf die Welt des Lehrwerks beschränken will. Dies ist jedoch wenig sinnvoll, wenn man gleichzeitig versucht, die didaktischen Bemühungen zur Ernstfall-Kommunikation (vgl. ▶ Abschn. 5.2.2) zu verstärken und wenn man sieht, wie die Lernenden durch die Digitalisierung früher und einfacher sie inhaltlich interessierende deutschsprachige Texte im Internet rezipieren und sich an deutschsprachiger Kommunikation im Netz beteiligen können (vgl. ▶ Abschn. 3.5). Es gibt also keine einfache Antwort auf die Frage, welches sprachliches Material für den Unterricht ausgewählt werden muss; aber je besser man sich bei der Auswahl auf Lernende und Lernziele einstellen kann, desto größer ist die Chance, die für den gewählten Beruf oder das Studienfach angemessenen Varietäten zu berücksichtigen.

7.2 Abweichungen von der Norm

Die sieben Zeilen in ◨ Abb. 7.1 enthalten viele Abweichungen von der Norm der geschriebenen deutschen Sprache. Trotzdem würden die meisten Leser wohl nicht sagen, dass dieser Text voller Fehler sei. Vielmehr wird dem Autor zugestanden, dass er in einem Gedicht mit den Normen der deutschen Sprache spielt. Ein Text von Lernenden hingegen, in dem diese häufig gegen die Regeln des Deutschen verstoßen, würde man als fehlerhaft ansehen. Bei einer ähnlichen Anhäufung

> *Bevor ich ein Wort spreche aus*
> *nachdenke ich gründlich darüber*
> *Mir soll laufen unter kein Fehler*
> *damit ich nicht falle auf*
> *vor einem so erlesenen Publikum*
> *als unkundiger Trottel*
> *der sich benimmt immer daneben.*
> *Ivan Tapia Bravo*

◨ **Abb. 7.1**   Ivan Tapia Bravo: „Das bin ich mir schuldig" (aus Ackermann 1983, S. 233)

falsch verwendeter trennbarer Verben in Aufsätzen von Lernenden würde man normalerweise sagen, diese enthielten Fehler.

Der Unterschied: Beim Text in ◨ Abb. 7.1 handelt es sich um **bewusste Abweichungen von der Norm,** bei den Aufsätzen der Lernenden wird angenommen, dass die Schreibenden es nicht besser wissen. Eine erste Annäherung an eine Definition lautet deshalb:

> **Definition**
>
> **Fehler** sind unbewusste Abweichungen von der Norm.

Eine solche Definition wirft natürlich Fragen auf: Was genau ist die geltende linguistische Norm? Eine pragmatische Antwort lautet für viele Lehrkräfte: das, was im *Duden* steht. Der *Duden* gilt als Kodifizierung der Norm und dadurch, dass er bei Korrekturen herangezogen wird, wenn Lehrende sich nicht sicher sind, gilt er gemeinhin als die Instanz, die Auskunft darüber gibt, was richtig ist.

Aber hinter diesem *Duden* liegt eine umfangreiche Diskussion darüber, was zu einem bestimmten Zeitpunkt als richtig gilt. Sprachen wandeln sich, und nur selten, wie z. B. bei der **Rechtschreibreform**, ist von einem Tag auf den anderen klar, dass etwas plötzlich falsch ist, was gestern richtig war, und umgekehrt, z. B. dass man statt ‚daß' ‚dass' schreibt. Diese Änderung war möglich, weil am Ende einer langen und hitzigen Diskussion eine Gruppe von Personen eine Entscheidung durchgesetzt hat.

Sprachwandel Der Alltag des Sprachwandels ist ein anderer: Bestimmte Sprech- oder Schreibweisen beginnen, in die Sprache einzusickern: Zu einem bestimmten Zeitpunkt gelten sie als falsch, unangemessen, schlechtes Deutsch usw., dann beginnen sie, Teil der Norm zu werden. Umgekehrt verblassen bestimmte Normen oder wirken lächerlich. Wer heute einen Brief an eine Frau mit „Liebes Fräulein" beginnt und dies nicht ironisch meint, verstößt gegen die aktuellen Normen des Briefanfangs. Und wer den Brief mit „Hochachtungsvoll Ihr Ergebener …" beendet, schreibt in einer Weise, die nicht der aktuellen neutralen Schlussfloskelnorm für einen Brief entspricht.

Normen ändern sich also, und es ist daher nicht immer ganz eindeutig, was jeweils die korrekte Form des Deutschen ist. Häufig sind diese Änderungen schleichend, man merkt erst mit einigem zeitlichen Abstand, dass sich die Norm geändert hat. In seltenen Fällen, wie bei der Diskussion um die Rechtschreibreform oder bei der Diskussion um geschlechtergerechte Sprache (vgl. ▸ Abschn. 1.6.) sind Normveränderungen Teil der öffentlichen Diskussion. Abgesehen von zu bestimmten Zeiten kontrovers diskutierten Phänomenen existiert in den meisten Fällen ein relativ eindeutiges Verständnis davon, was, bezogen auf eine bestimmte Situation und ein bestimmtes Register, die angemessene Art zu schreiben und zu sprechen ist.

Fehler als ‚unbewusster Verstoß gegen die linguistische Norm' ist also eine mögliche Definition, die für den Fremdsprachenunterricht von Bedeutung ist. In Kleppin (1997) werden auch andere mögliche Definitionen gegeben, so z. B.:

„Ein Fehler ist das, was ein Kommunikationspartner nicht versteht [...] Ein Fehler ist das, was ein Muttersprachler nicht versteht" (ebd., S. 20). Dies ist ein anderer Fehlerbegriff; ein Muttersprachler wird vieles verstehen, was nicht der linguistischen Norm entspricht. Wenn ein Sprecher z. B. innerhalb der Nominalphrase die Endungen an Adjektiven nicht korrekt setzt, wird ein Muttersprachler ihn im Gespräch trotzdem verstehen. Und auch geschriebene Texte mit derartigen Abweichungen von der Norm sind verständlich. Als weitere Fehlerdefinition führt Kleppin die pragmatische Norm an, dass das fehlerhaft ist, was ein Muttersprachler in einer bestimmten Situation nicht sagen würde (vgl. ebd., S. 21).

Eine andere Fehlerdefinition ist strikt auf den Unterricht bezogen: „Ein Fehler ist das, was ein Lehrer als Fehler bezeichnet" (ebd., 21). Dies entspricht der Sportlerweisheit, nach der ein Foul dann ein Foul ist, wenn der Schiedsrichter pfeift. Im Alltag des Unterrichts ist es tatsächlich so, dass die Lehrkraft entscheidet, was als Fehler angesehen wird und was nicht, wobei man hoffen muss, dass die Kompetenz der Lehrenden weitgehend mit der sprachlichen Norm übereinstimmt.

Die **Rolle der Lehrenden** bei der Fehlerbestimmung ist besonders aus einem Grund interessant: Muttersprachliche Lehrende werden manchmal mit ihrer Intuition argumentieren und einem Lernenden, der nach einer Begründung fragt, die für diesen nicht besonders befriedigende Antwort ‚Das ist halt so' geben. Eine nicht-muttersprachliche Lehrkraft, die Deutsch selbst als Fremdsprache gelernt hat, wird vielleicht eher eine explizit formulierte sprachliche Norm zur Erklärung von Fehlern heranziehen. Dies kann durchaus dazu führen, dass in einer Korrektursituation eine nicht-muttersprachliche Lehrkraft darauf besteht, etwas sei ein Fehler, während der Muttersprachler eine Äußerung noch für zulässig hält (zum unterschiedlichen Korrekturverhalten von muttersprachlichen und nicht-muttersprachlichen Lehrenden vgl. Rösler/Würffel 2010, S. 198–203).

7.3 Ursachen für Fehler

Fehler sind Teil des Lernprozesses, sie sind produktiv und unvermeidlich. Lernende machen aus einer ganzen Reihe von Gründen Fehler.

Eine wichtige Fehlerquelle ist der Einfluss der bisher gelernten Sprachen, die sogenannte **Interferenz** (vgl. ausführlicher ▶ Kap. 11). Eine Interferenz aus einer bereits gelernten Sprache erscheint oft als naheliegende Ursache für Fehler, wenn man die beteiligten Sprachen kennt. Als Lehrkraft ‚sieht man doch', dass es sich um eine Interferenz handeln muss, wenn Lernende, in deren erster Sprache es keine bestimmten Artikel gibt, in einem deutschen Aufsatz Artikel weglassen, wo sie doch hingehören, oder manchmal auch zu viele Artikel in ihren Text einbauen. Diese Erklärung ist verführerisch, aber mit Vorsicht zu genießen: Haberzettl (2021) fasst nach ihrer Auseinandersetzung mit der entsprechenden Forschungsliteratur die Problematik zusammen:

» Es ist schwer zu beweisen, dass fehlende Artikel auf den Einfluss einer artikellosen Erstsprache zurückzuführen sind, denn wie oben bereits angesprochen wurde, ist der

Verzicht auf Funktionswörter ein typisches allgemein lernersprachliches Phänomen […]. Die Übergeneralisierung des definiten Artikels könnte auch nichts anderes als eine allgemein lernersprachliche Übergeneralisierung ohne speziellen L1-Einfluss sein. Es wäre jedoch zu prüfen, ob sie nicht gerade bei Lernern mit artikellosen Erstsprachen als Hyperkorrektheit besonders häufig oder hartnäckig vorkommt (ebd. S. 152).

Eine andere mögliche Fehlerquelle liegt in der Systematik der Fremdsprache selbst. Lernende entdecken die Regel für ein Phänomen und wenden sie auf alle sprachlichen Elemente an, für die es ihrer Meinung nach infrage kommt. Dabei wird es Phänomene geben, auf die die Regel zutrifft, und solche, auf die sie nicht zutrifft. Diese Art der Fehlerursache wird als **Übergeneralisierung** bezeichnet. Sie ist ein Teil des natürlichen Spracherwerbs. Kinder erwerben grammatische Regeln durch Imitieren und Generalisieren, und das Übergeneralisieren ist dabei ein selbstverständlicher Teil, wobei es im Verlauf des Erwerbs durch weiteren Sprachkontakt zu einer Ausdifferenzierung führt (s. Abschn. 2.2.1).

Wenn ein Lernender beispielsweise ein Phänomen wie die regelmäßige Bildung des Präteritums erworben hat, dann wird er eventuell auch an unregelmäßige Verben die Endung ‚–te' anfügen, also z. B. *er gehte* sagen. Diese Art der Generalisierung wird manchmal auch Regularisierung genannt (vgl. Kleppin 1997, S. 33). Andere in der Fachdiskussion genannte Ursachen von Fehlern sind der **Einfluss von Lern- und Kommunikationsstrategien** (vgl. ebd., S. 34–36) und natürlich eine ganze Reihe von Faktoren, die sich auf das lernende Individuum beziehen, wie z. B. Übermüdung oder Prüfungsstress.

Eine in der Fremdsprachendiskussion wichtige Unterscheidung ist die in **Kompetenzfehler und Performanzfehler**. Ein Kompetenzfehler ist ein Fehler, der den Lernenden nicht ‚anzulasten' ist, weil sie das entsprechende Phänomen noch gar nicht gelernt oder falsch verstanden haben. Performanzfehler sind solche, die die Lernenden ‚eigentlich' schon vermeiden könnten, häufig werden sie in der Lage sein, diese Fehler selbst zu korrigieren.

Eine andere Art der Klassifikation von Fehlern ist die nach Gegenständen. Unterschieden wird zwischen Aussprachefehlern, Wortschatzfehlern, Grammatikfehlern, Pragmatikfehlern oder auch Fehlern im Hinblick auf faktische Falschheit.

7.4 Korrektur

Fehler können von Lehrenden im Zuge einer Leistungsbeurteilung in einem Text der Lernenden entdeckt werden. Diese Fehler werden ‚angestrichen' und gehen in die Bewertung ein. Fehler können aber auch zur **Diagnose des Sprachstands** und damit letztlich zur Förderung von Lernfortschritt nützlich sein. In diesem Fall ist es wichtig, sich darüber Gedanken zu machen, wie durch Korrekturen den Lernenden ein **Feedback** zu ihrem bisherigen Lernstand gegeben wird.

Was genau als Fehler gilt, ist manchmal gar nicht so einfach festzustellen, das haben die Überlegungen zur Definition von ‚Fehler' oben gezeigt. Die fremdsprachendidaktisch über die reine Feststellung eines Fehlers hinausgehende Frage lautet: Was soll einem Lernenden eigentlich als Fehler angestrichen werden?

Kann es z. B. sinnvoll sein, in einer bestimmten Phase des Sprachunterrichts eine Abweichung von der Norm gar nicht als Fehler zu markieren? Oder sollten zumindest alle Abweichungen von der Norm auch markiert werden, selbst wenn nicht alle als Fehler bei der Benotung angerechnet werden? Die Antwort auf diese Frage hängt ein wenig davon ab, ob es sich um gesprochene oder geschriebene Texte handelt und in welcher Unterrichtssituation man sich befindet.

Zu den impliziten Vereinbarungen der am Unterricht Beteiligten gehört: Im Unterricht gilt es als akzeptabel, dass Lehrende Lernenden ins Wort fallen und in ihrem geschriebenen Text markieren dürfen, was sie falsch gemacht haben. Im normalen Miteinander von Menschen würde ein derartiges Verhalten eher sanktioniert werden: Wer permanent andere kritisiert, wird eventuell sozial isoliert. Je stärker eine Kommunikationssituation im Unterricht nun an reale Interaktion hinanreicht, z. B. durch das besonders emotionale Engagement eines Lernenden, desto wichtiger ist es, dass die **Korrekturvereinbarung** des Unterrichts zurücktritt hinter die soziale Dimension dieser Interaktion. Die Frage, wer wann wen wie korrigiert, ist also nicht allgemein beantwortbar, die Antwort ist abhängig von der Situation in der Klasse.

Allgemein gilt, dass in einer **formfokussierten** Aktivität wie dem Nachsprechen eines Lautes oder einer Satzmelodie oder dem Üben einer grammatischen Form das Korrigieren fast immer sinnvoll sein wird, in einer rein **mitteilungsbezogenen** Phase, z. B. in einer Diskussion, bei der ein Lernender emotional engagiert etwas über sich selbst sagt, dagegen meistens eher nicht.

Selbst- und Fremdkorrektur Lernende können sich selbst korrigieren, sie können von ihren Mitlernern (in der Fachdiskussion verwendet man dafür meist das englische Wort *peers*) oder von den Lehrenden korrigiert werden. Ob **Korrekturen von Mitlernern** kommen sollen oder nicht, ist wiederum nicht allgemein zu bestimmen. In Szenarien des **kooperativen Lernens** (s. ► Abschn. 5.1.2) können z. B. ‚Spezialisten‘ für bestimmte Gegenstandsbereiche ihre Mitlerner auf Fehler hinweisen, in Partnerarbeit oder Kleingruppenarbeit kann gemeinsam an den Normabweichungen in Texten einzelner Lernender oder in von der Gruppe erstellten Texten gearbeitet werden. Unter sozialen Gesichtspunkten kann die Korrektur durch Mitlerner aber auch problematisch sein, z. B. wenn dadurch das **Klima in der Gruppe** verschlechtert wird oder wenn derartige Korrekturen zu Profilierungen von Lernenden auf Kosten anderer Lernender führen.

Korrekturen können durch die Lernenden selbst oder durch die anderen am Unterricht beteiligten Personen initiiert werden, so dass sich die folgende Kombinatorik ergibt:

Beispiele für sprachliche Realisierungen von Selbst- und Fremdkorrekturen		
	Selbstkorrektur	Fremdkorrektur
Selbstinitiiert	„Äh, ich meine…“	„Nein, wie heißt …?“
Fremdinitiiert	z. B. über Geste	„Nein, das heißt …“

Korrekturen bei geschriebenen und gesprochenen Texten Korrekturen können bei schriftlichen Texten ebenso erfolgen wie bei gesprochenen, wobei bei schriftlichen Texten der große Vorteil ist, dass die Texte der Lernenden vorliegen, dass die Lehrenden also Zeit haben, sich mit diesen auseinanderzusetzen und die Fehler zu markieren, während die Lernenden die Zeit haben, die Fehler zu berichtigen. Zu den verschiedenen Möglichkeiten der mündlichen und schriftlichen Fehlerkorrektur vgl. Bausch/Kleppin (2016) und Kleppin (2016).

Fehlerkorrektur bei mündlichen Texten Wenn die Gespräche nicht aufgezeichnet und danach Gegenstand einer Sprachbetrachtung werden, sind mündliche Texte zunächst einmal **flüchtig,** man kann sie also nicht nachträglich anschauen. Diese Ausgangssituation führt zu der Frage: Soll überhaupt korrigiert werden oder stört die Korrektur den Gesprächsfluss?

Es gibt bei der gesprochenen Sprache der Lernenden eine ganze Reihe von Korrekturmöglichkeiten. Während der Ausspracheschulung, bei der Produktion von Lauten ebenso wie beim genauen Zuhören zur Identifizierung von Einheiten, werden die Lehrenden ebenso intensiv korrigieren wie bei Grammatikübungen; es handelt sich bei beiden Aktivitäten um Arbeit an der Form. Weniger eindeutig ist die Situation in Gesprächskontexten, bei denen die Lernenden ihre Sprechfähigkeit dadurch üben, dass sie anderen etwas mitteilen möchten (s. ► Abschn. 6.3.2).

Hier gibt es unterschiedlich stark ,störende' Arten der Korrektur, beginnend mit der das Gespräch kaum störenden Selbstkorrektur durch die Lernenden selbst. Ebenfalls relativ wenig invasiv ist die **direkte Reaktion eines Gesprächspartners,** der etwas nicht verstanden hat. Dies ist eine natürliche Rückmeldung, die einem Sprecher zeigt, dass er sich nicht verständlich genug ausgedrückt hat. Schon etwas stärker invasiv und notwendigerweise konventionalisiert ist das **Signalisieren** durch bestimmte Zeichen, z. B. indem eine bestimmte Geste einen Verstoß gegen die Wortstellungsregeln im Deutschen signalisiert.

Eine andere Möglichkeit besteht darin, dass die Lehrkraft das, was der Lernende sagen wollte, aufnimmt, die vom Lernenden gewählte Sprache soweit wie möglich übernimmt, dabei aber die von diesem nicht korrekt gebrauchten Phänomene korrekt wiedergibt. Diese Vorgehensweise wird häufig ,**Reparatur**' genannt. Ihr Vorteil: Sie passt sich dem Fluss des Gesprächs an. Ihr Nachteil: Der Hörer nimmt eventuell die Reparatur gar nicht wahr, weil er den Redebeitrag der Lehrkraft inhaltlich als Bestätigung des Gesagten versteht.

Wie invasiv derartige Korrekturen während des Gesprächs sein sollten, hängt von vielen Faktoren ab, z. B. von den Einschätzungen, die eine bestimmte Abweichung von der Norm bei den Hörern auslöst (vgl. im Bereich Aussprache Settinieri 2011) oder vom Grad der **Schüchternheit oder Extrovertiertheit** der Person, die einen Fehler gemacht hat. Solange das Gespräch über einen Gegenstand sich nicht in ein Lehrgespräch über die Formen des Deutschen verwandelt, sind unterschiedlich starke und schwache Korrekturformen möglich. Das ausführlichere **Gespräch über die Form** sollte hingegen einen eigenen Platz bekommen – in einer elaborierten Weise dadurch, dass gesprochene Sprache medial gespeichert und im Anschluss an das Unterrichtsgespräch gemeinsam betrachtet wird. Oder alltäglicher wohl dadurch, dass eine erfahrene Lehrkraft sich die wichtigsten

Abweichungen von der Norm, die im Gespräch auftauchen, merkt und sie den Lernenden an anderer Stelle ins Bewusstsein ruft. Erfahrenen Lehrkräften steht also ein umfangreiches Repertoire an Korrekturmöglichkeiten zur Verfügung, und sie entscheiden bezogen auf eine konkrete Situation, wer im Hinblick auf welches sprachliche Verhalten wann wie und wie intensiv korrigiert wird. Spannend ist die Frage, wer wen wann korrigiert und ob überhaupt, im Kontext von **Tandems** (vgl. ► Abschn. 5.5) und **Begegnungsprojekten** (vgl. ► Abschn. 5.2.2), egal ob in Präsenz oder digital. Hier handeln die beteiligten Personen aus, ob und gegebenenfalls welche Korrekturaktivitäten gewünscht werden.

Problematisch ist das Thema Feedback/Korrektur beim **Lernen mit digitalen Medien.** Nicht beim Unterricht, der per Videokonferenz stattfindet und auch nicht bei digitalen Kooperationsprojekten, bei denen schon sehr früh diskutiert wurde, wie in ihnen Korrekturvorgänge aussehen könnten (vgl. Tamme 2001). Problematisch ist dieses Thema im Bereich Lernsoftware, wo immer noch häufig bei den dominierenden geschlossenen Übungen recht elementare Feedbacks gegeben werden (vgl. Rösler 2010, S. 177–194) und wo elaborierteres Feedback, das bei offenen Aufgaben zum Beispiel über die Bereitstellung von Musterlösungen hinausgeht und Lernerantworten analysiert, erst durch *learning analytics* (vgl. Schmidt 2016, S. 206) und die Integration von künstlicher Intelligenz in die Lernsoftware (vgl. Meurers u. a. 2018) möglich werden wird.

Literatur

Ackermann, Ingrid (Hg.): *In zwei Sprachen leben.* München 1983.
Bausch, Karl-Richard/Kleppin, Karin: "Prozesse schriftlicher Fehlerkorrektur,". In: Eva Burwitz-Melzer u.a. (Hg): *Handbuch Fremdsprachenunterricht.* 6. völlig überarbeitete und erweiterte Aufl. Tübingen 2016, S. 407–411.
Deutscher Volkshochschul-Verband/Goethe-Institut: *Das Zertifikat Deutsch als Fremdsprache.* 2. Aufl. Bonn-Bad Godesberg/München 1977.
Durrell, Martin: "Variation im Deutschen aus der Sicht von Deutsch als Fremdsprache,". In: *Der Deutschunterricht* 20,1 (2004), S. 69–77.
Haberzettl, Stefanie: "Kontrastive Linguistik,". In: Claus Altmayer u.a. (Hg.): *Handbuch Deutsch als Fremd- und Zweitsprache.* Heidelberg 2021, S. 148–162.
Kleppin, Karin: *Fehler und Fehlerkorrektur.* München 1997.
Kleppin, Karin: "Prozesse mündlicher Fehlerkorrektur,". In: Eva Burwitz-Melzer u.a. (Hg): *Handbuch Fremdsprachenunterricht.* 6. völlig überarbeitete und erweiterte Aufl. Tübingen 2016, S. 412–416.
Meurers, Detmar u.a.: "Digitale Differenzierung benötigt Informationen zu Sprache, Aufgabe und Lerner. Zur Generierung von individuellem Feedback in einem interaktiven Arbeitsheft,". In: *Flul* 47,2 (2018), S. 64–82.
Rösler, Dietmar: *E-Learning Fremdsprachen. Eine kritische Einführung.* Tübingen. [3]2010.
Rösler, Dietmar: "Sprachnotstandsgebiet A – Herausforderungen an die Fremdsprachenforschung,". In: *Zeitschrift für Fremdsprachenforschung* 24,2 (2013), S. 149–168.

Rösler, Dietmar/Würffel, Nicola: *Online-Tutoren. Kompetenzen und Ausbildung.* Tübingen 2010.

Schmidt, T. (2016): "Chocolate-covered Drill & Practice? Möglichkeiten und Grenzen des 'gamifizierten', adaptiven Übens in Fremdsprachenlern-Apps,. In: Eva Burwitz-Melzer u.a. (Hg.): *Üben und Übungen beim Fremdsprachenlernen: Perspektiven und Konzepte für Unterricht und Forschung.* Tübingen 2016, S. 200–210.

Settinieri, Julia: "Soziale Akzeptanz unterschiedlicher Normabweichungen in der L2-Aussprache Deutsch,. In: *Zeitschrift für Interkulturellen Fremdsprachenunterricht* 16: 2, (2011), S. 66–80.

Tamme, Claudia: *E-Mail-Tutorien: eine empirische Untersuchung E-Mail-vermittelter Kommunikationen von Deutschstudierenden und Deutsch-als-Fremdsprache-Lehrenden in der Ausbildung.* Dissertation Gießen 2001 [Online]. In: ► http://geb.uni-giessen.de/geb/volltexte/2003/1009/.

Venohr, Elisabeth: "Varietäten- und Soziolinguistik in DaF/DaZ unter besonderer Berücksichtigung von Fachsprachen,. In: Claus Altmayer u.a. (Hg.): *Handbuch Deutsch als Fremd- und Zweitsprache.* Heidelberg 2021, S. 163–179.

Sprache und Kommunikation als Lerngegenstand und Teil des Lernprozesses

Inhaltsverzeichnis

© Der/die Autor(en), exklusiv lizenziert an Springer-Verlag GmbH, DE, ein Teil von
Springer Nature 2023
D. Rösler, *Deutsch als Fremdsprache*,
https://doi.org/10.1007/978-3-476-05863-8_8

Wer Deutsch als Fremdsprache lernt, befasst sich mit einer Vielzahl von Gegenständen, z. B. mit Lauten und Wörtern, Sätzen, Texten und Gesprächen. Das ist die sprachliche Seite. Außerdem gibt es Informationen zu Kultur, Geschichte, Wirtschaft, Gesellschaft usw. des deutschsprachigen Raums. Und nicht nur faktische Informationen – die Beschäftigung damit, wie Lernende aus einem anderen kulturellen Kontext das Verhalten von Deutschen, deren Einstellungen, die Beziehungen des eigenen Landes zu den deutschsprachigen Ländern usw. wahrnehmen und bewerten, ist ebenso Gegenstand des DaF-Unterrichts. Häufig findet man diese Gegenstände in zwei Bereiche unterteilt – Sprache und Landes-/Kulturkunde.

8.1 Sprache und Welt im Fremdsprachenunterricht

Um in einer Einführung wie dieser auf die vielen Gegenstände eingehen zu können, ist es sinnvoll, sie nacheinander zu behandeln. Daraus folgt aber nicht, wie das in der Unterrichtspraxis manchmal geschehen ist, dass Sprache und Landeskunde strikt voneinander getrennt werden sollten oder auch nur könnten. Zwar finden sich manchmal Unterrichtskonzepte oder auch ältere Lehrwerke, bei denen auf eine längere Beschäftigung mit einem bestimmten sprachlichen Phänomen dann als eine Art Bonbon ein landeskundlicher oder ein literarischer Text folgt. Aber das ist eine sehr künstliche Trennung: Selbst eine geschlossene Übung (s. ► Abschn. 5.2.1) zu einem grammatischen Phänomen wird in den Übungssätzen landeskundliche Informationen enthalten, und die Sachtexte oder die literarischen Texte sind meist voll von sprachlich interessanten Phänomenen, die man parallel zum Inhalt und als Beitrag zum Verstehen des Inhalts behandeln kann.

Und manchmal sind die beiden Bereiche ohnehin nicht auseinanderzuhalten. Bei einem Thema wie Höflichkeit beschäftigt man sich oft gleichzeitig mit sprachlichen Phänomenen und gesellschaftlichen Konventionen. Und beim Thema regionale Vielfalt des deutschsprachigen Raums spielen sprachliche Phänomene, Dialekte, ebenso eine Rolle wie politische und gesellschaftliche Fakten und Einstellungen. Diese beiden Gegenstände werden in diesem Buch im 9. Kapitel „Landeskunde/Kulturstudien" behandelt, sie hätten ebenso gut in diesem Kapitel unter den Überschriften ‚Pragmatik' und ‚Varietäten' behandelt werden können. Wichtig ist dabei nicht die Frage, ob sie eher zur Landeskunde oder zur Sprache gehören, sondern die Feststellung, dass es sich dabei um gute Beispiele dafür handelt, dass Sprache und Welt immer miteinander verbunden sind und im Fremdsprachenunterricht, wo sie manchmal aus didaktischen Gründen getrennt voneinander behandelt werden (müssen), auch so weitgehend wie möglich zusammengedacht werden sollten.

8.2 Didaktische Herangehensweisen

In ▶ Kap. 4 wurden unterschiedliche methodische Konzeptionen, in ▶ Kap. 5 unterschiedliche Arbeits- und Sozialformen und in ▶ Kap. 6 fertigkeitsbezogene Aktivitäten vorgestellt und auf bestimmte Lerngegenstände bezogen. In diesem Kapitel wird nun systematisch von den Gegenständen ausgegangen, aber natürlich wird der Blick auf die Gegenstände auch zu Aussagen über Unterrichtsaktivitäten führen. Vor dem Blick auf die einzelnen Gegenstände sollen kurz **vier generelle Aspekte** vorgestellt werden, die auf die Art der Behandlung der Gegenstände großen Einfluss haben.

1. Lerngegenstand und Lernprozess: Zu den Besonderheiten des Lernens von Fremdsprachen gehört, dass die jeweilige Sprache gleichzeitig Lerngegenstand und Teil des Lernprozesses ist. Man kann die neu zu lernende Sprache als reinen Gegenstand betrachten und sich in der schon beherrschten Sprache über die Eigenarten dieser Sprache verständigen. Damit hat man aber weder gelernt, die neue Sprache zu sprechen noch sie zu schreiben, es muss also auf jeden Fall ein Ausprobieren des Gelernten hinzutreten. Das Betrachten einer neuen Sprache und das Ausprobieren sind im Laufe der Geschichte der Fremdsprachendidaktik unterschiedlich gewichtet worden. Es gibt sowohl Ansätze, die eher mit dem Schlagwort ‚**Kennen statt Können**' charakterisiert werden können, bei denen das Betrachten und Analysieren der Elemente der Sprache eine ganze Zeit lang im Vordergrund steht, als auch Vorgehensweisen, die mit dem Satz ‚**Kommunizieren lernt man nur durch Kommunizieren**' gekennzeichnet werden können, bei denen das sprachliche Handeln, die Auseinandersetzung mit der Zielsprache in Interaktionen, von Anfang an stärker gefördert wird.

2. Kognitive und sprachlich handelnde Vorgehensweisen: Diese unterschiedlichen Grundpositionen prallen vor allem bei der Diskussion um die sogenannten globalen Methoden aufeinander (s. ▶ Kap. 4), im Alltag des Fremdsprachenlernens trifft man sie meist nicht in Reinkultur an, aber sie sind immer noch einflussreich genug, um dafür zu sorgen, dass es in der fremdsprachendidaktischen Diskussion große Unterschiede gibt im Hinblick auf Zeitpunkte und Intensität von Sprech- und Schreibaktivitäten, im Hinblick auf Umfang und Art des kognitiven Zugangs zu Phänomenen, z. B. im Hinblick auf die Art und Weise, wie Grammatik erklärt bzw. nicht erklärt wird, usw. In den Teilkapiteln dieses Kapitels wird diese **Grundspannung zwischen einer stärker kognitiv erklärenden und einer stärker interaktiv ausprobierenden Leitkonzeption** bei der Behandlung der sprachlichen Lerngegenstände spürbar werden. Interessant ist, dass zu Beginn des 21. Jahrhunderts die Bedeutung der Reflexion, nachdem sie in der zweiten Hälfte des 20. Jahrhunderts in einigen Ansätzen eher misstrauisch betrachtet wurde, wieder wächst. Eine Reihe unterschiedlicher fremdsprachendidaktischer Vorgehensweisen arbeiten heute mit der Annahme, dass Lernende von systematischen Reflexionen profitieren. Königs (2012) nennt als Belege dafür:

- Im Rahmen der Lernerautonomie (s. ► Abschn. 5.4) wird mit der Annahme gearbeitet, „dass der Rückgriff auf vorhandenes Wissen der Selbstbestimmung und der Selbstreflexivität unterliegt" (ebd., S. 78).
- Die Arbeit mit Portfolios und Lernertagebüchern leitet „zum Nachdenken über das eigene fremdsprachliche Wissen und Können an" (ebd.).
- Zu den Annahmen der Aufgabenorientierung (s. ► Abschn. 4.8) gehört die „reflektierte Auseinandersetzung mit Lerngegenstand, Lernvorgang und [...] Systematisierung aller Schritte, die Lernende zur erfolgreichen Bearbeitung von Aufgaben übernehmen" (ebd.).
- Reflexion wird in **Lehrmaterialien** gefördert.
- Bei der mündlichen **Fehlerkorrektur** (s. ► Abschn. 7.4) „wird die Selbstkorrektur als die der ureigenen Lernereinsicht entspringende kritische Evaluierung der eigenen Sprachproduktion als besonders effektiv angesehen" (ebd.) und auch
- die Mehrsprachigkeitsdidaktik (s. ► Abschn. 2.2.3) operiert mit der Annahme, „dass sich systematisches fremdsprachliches Wissen, das aus dem eigenen [...] Wissensbestand rekrutiert und aufgebaut wird, bei der Aneignung einer typologisch ähnlichen Sprache gewinnbringend [...] zum Einsatz bringen lässt" (ebd.).

3. Language Awareness: Explizite Grammatikvermittlung und die Schaffung von Bewusstheit über Sprache sind traditionell Bestandteile von Erst- und Fremdsprachenunterricht im deutschsprachigen Raum gewesen. Warum benötigt die Fremdsprachendidaktik einen neuen Begriff, und auch noch einen englischen? Er wird in den 1980er Jahren in die Diskussion eingeführt, ist in gewisser Weise also auch als Reaktion auf die Vernachlässigung von Formaspekten im kommunikativen Ansatz zu sehen. Wichtiger noch ist aber, dass diese begriffliche Neubildung **über die traditionell eher grammatikorientierte Sprachreflexion hinausgeht.** Der Anglist Claus Gnutzmann begründet das Aufkommen von *Language Awareness* mit fünf Thesen:
   1. Der Erwerb einer instrumentellen Sprachkompetenz zur mündlichen Kommunikation ist zu hoch veranschlagt worden.
   2. Nachdenken über Sprache ist als Lernbereich vernachlässigt worden.
   3. Nachdenken über Sprache kann und soll bereits in der Grundschule einsetzen und bis zum Ende der Schulzeit fortgeführt werden.
   4. Nachdenken über Sprache heißt auch ‚Nachdenken über die Beziehungen von Mutter- und Fremdsprache und Mutter- und Fremdsprachenunterricht'.
   5. Nachdenken über Sprache muss bezogen werden auf den Gebrauch von Sprache in kulturellen Zusammenhängen und ist somit auch interkulturelles Lernen (Gnutzmann 2010, S. 116).

4. Sprachwissenschaft und Sprachdidaktik: Die folgenden Unterkapitel müssen mit einem Dilemma leben. Bei der Beschäftigung mit Fragen der Aussprache des Deutschen, mit der Wortbildung oder der Bildung von Sätzen, bei der Unterstützung des Erwerbs der Bedeutung von deutschen Wörtern usw. müssen Lehrende **Kenntnis von der sprachwissenschaftlichen Beschreibung des Deutschen** haben, von Phonetik und Phonologie, von Morphologie und

Syntax, von Semantik usw. Aber wenn eine Einführung in Deutsch als Fremdsprache ausführlich in den sprachwissenschaftlichen Zugang zu diesen Bereichen einführen würde, dann würde sie den Rahmen dessen, was man einer
Einführung an Umfang zumuten kann, sprengen. Wenn sie die sprachwissenschaftliche Beschäftigung mit den Phänomenen des Deutschen nur ganz kurz
ansprechen würde, dann wäre sie keine Einführung, sondern nur eine Art
Katalog, der zumindest denjenigen nicht hilft, die wirklich eine Einführung
in die sprachwissenschaftliche Beschäftigung mit Phänomenen des Deutschen
benötigen.

Das Deutsche ist erfreulicherweise eine sehr gut erforschte Sprache, und es gibt
nicht nur Fachpublikationen zu Einzelfragen, sondern zu den verschiedenen Bereichen auch ausführliche Einführungen (vgl. z. B. die ▶ Kap. 8, 9, 10 und 11 in
Altmayer u. a. 2021, S. 105–179). Diese Einführung in den Bereich Deutsch als
Fremdsprache wird deshalb nicht versuchen, Mini-Fassungen von sprachwissenschaftlichen Einführungen zu bieten, sondern an den jeweils relevanten Stellen
auf vorhandene ausführliche Einführungen verweisen. Damit bleibt genügend
Platz, um sich mit den für Deutsch als Fremdsprache relevanten Fragen zu beschäftigen.

Wie ausführlich muss welches sprachliche Phänomen des Deutschen für
welche Lernenden mit welchen Lernzielen auf welchem schon erreichten
sprachlichen Niveau mit welchen Mitteln dargestellt und geübt werden, damit
didaktische Interventionen den Erwerbsprozess sinnvoll unterstützen? Diese
Frage und das Dilemma der Verwendung des zur Verfügung stehenden Platzes
in einer Einführung spiegeln die Problematik des Verhältnisses von Sprachwissenschaft und Fremdsprachendidaktik generell. **Lehrmaterialmacher und Lehrende müssen Sprache und Kultur sehr genau kennen,** wenn sie Lernende beim Erwerb dieser Sprache unterstützen wollen, und zwar unabhängig davon, ob **explizite Sprachbeschreibungen bei der Vermittlung** eine Rolle spielen oder nicht. Der
audiolinguale Ansatz zum Beispiel (s. ▶ Abschn. 4.3), in dem die Lernenden
sprachliche Muster imitierend und gerade nicht deduktiv über die Vermittlung
von sprachlichem Wissen erwerben sollten, basierte auf einer sprachwissenschaftlichen Analyse, auch wenn er nicht mit terminologischen Einführungen begann.

Die **Sprachwissenschaft** ist also eine ‚**besonders gute Freundin**' der Fremdsprachendidaktik. Aber diese ist nicht von jener abhängig. Entwicklungen in
der Sprachwissenschaft haben zwar bis in die 1970er Jahre manchmal zu ‚Anwendungen' für das Fremdsprachenlernen geführt – so wurde Fremdsprachendidaktik häufig auch als ‚**angewandte** Linguistik' verstanden. Aber seither (s.
genauer ▶ Abschn. 4.5) ist doch klargeworden, dass das Vermitteln und erfolgreiche Lernen von Fremdsprachen von einer Vielzahl von Faktoren abhängt, so
dass eine Anwendung von sprachwissenschaftlichen Forschungsergebnissen auf
das Fremdsprachenlernen nicht notwendigerweise zu besserem Fremdsprachenunterricht führt. Diese Einsicht hat nach den 1970er Jahren manchmal zu einer

ungestümeren **Abgrenzung der** Sprachlehrforschung, wie sich die emanzipierte Fremdsprachendidaktik nannte, **von** der Linguistik geführt, als das dem Bestreben nach Optimierung des Fremdsprachenlernens gut tat. Diese kontroverse Beziehung zwischen den beiden Disziplinen hat sich im 21. Jahrhundert eher zu einem kooperativen Miteinander gewandelt.

Wichtig ist, dass die **unterschiedlichen Funktionen von Erklärungen sprachlicher Phänomene** deutlich sind: Fremdsprachliche Klassenzimmer und Lehrwerke sind keine linguistischen Seminarräume oder Fachtexte; metasprachliche **Erklärungen** von sprachlichen Phänomenen sind im Fremdsprachenunterricht immer dann sinnvoll, wenn es für eine Gruppe von Lernenden bezogen auf ein bestimmtes sprachliches Phänomen hilfreich ist, dass dieses ihnen mithilfe einer metasprachlichen Beschreibung nähergebracht wird. Dabei gibt es nicht nur große Unterschiede zwischen Lernenden an verschiedenen Orten und mit verschiedenen Vorkenntnissen, auch bei sprachlichen Lerngegenständen gibt es Unterschiede im Hinblick auf die Akzeptanz metasprachlicher Erklärungen, was im Folgenden am Vergleich von Ausspracheschulung und Grammatikvermittlung deutlich werden wird.

8.3 **Aussprache**

Natürlicher Erwerb und erwachsene Lernende Ein Kind, das zwei Sprachen von Anfang an gleichzeitig erwirbt, wird sich normalerweise in beiden Sprachen eine muttersprachliche Aussprache aneignen. Ebenso ein Kind, das eine zweite Sprache sehr früh in der Interaktion mit Sprechern dieser Sprache lernt, bei dem also ein ungesteuerter früher Zweitspracherwerb erfolgt (s. ▶ Abschn. 2.2). Dass Kinder Aussprache so schnell und so perfekt erwerben, Erwachsene hingegen häufiger größere Schwierigkeiten haben, eine muttersprachenähnliche Aussprache zu erreichen, hat dazu geführt, dass das Thema Aussprache ein wichtiger Gegenstand bei der Auseinandersetzung um die Frage war, ob es einen angeborenen Spracherwerbsmechanismus und eine kritische **Phase** gibt, ab der dieser nicht mehr wirkt (s. ▶ Abschn. 1.1.5).

Natürlich gibt es Erwachsene, die auch bei spätem Lernbeginn noch eine muttersprachenähnliche Aussprache erreichen, sie sind aber eine – häufig bewunderte –Minderheit. Daher ist zu vermuten, dass es sowohl richtig ist zu sagen, dass Kinder eindeutig besser eine muttersprachenähnliche Aussprache erwerben, als auch, dass es nicht nur der Alterungsprozess im biologischen Sinne ist, der Erwachsene vom Erwerb der muttersprachenähnlichen Aussprache abhält, sondern dass darüber hinaus auch Fragen der Identität usw. eine Rolle spielen.

Lernziel: Muttersprachenähnlich oder kommunikativ funktional? Verbunden mit dieser psycholinguistischen Diskussion ist die Frage nach den **Lernzielen,** also die Frage danach, was für Erwachsene und ältere Jugendliche im Bereich Aussprache eigentlich das angemessene Lernziel ist:

— eine muttersprachenähnliche Beherrschung der Aussprache oder ‚nur'

— eine kommunikativ funktionale, bei der ein Hörer zwar merken kann, dass eine Person kein Muttersprachler ist und vielleicht sogar identifizieren kann, woher sie kommt, bei der es aber keine oder kaum Probleme im Hinblick auf das Verstehen der gesprochenen Sprache dieser Person gibt.

Das Wort ‚nur‘ in diesem Satz ist dabei sehr problematisch: Je nach Ausgangssprache haben viele Lernende größere Schwierigkeiten, dieses kommunikativ funktionale Ziel zu erreichen, weil sie falsche Wortakzente setzen, am Ende eines Satzes mit der Stimme nach oben gehen, bestimmte Laute bzw. Lautverbindungen schlecht realisieren usw. Wer als Fremdsprachenlerner in der Zielsprache so kommuniziert, dass er ohne Schwierigkeiten verstanden wird und so spricht, dass seine Aussprache zwar vielleicht ab und an ein freundliches Lächeln, aber nie ein (Aus-)Lachen produziert, der hat viel erreicht.

Das **Lernziel kommunikative Funktionalität** ist also schon ein ziemlich hoch angesiedeltes Ziel, aber es ist eines, hinter das man nicht zurückgeht: Kaum jemand wird als Ausspracheziel formulieren, man wolle die Aussprache nur so weit erwerben, dass man ein bisschen verstanden wird. Bei der Formulierung von Lernzielen kann es bei erwachsenen Individuen also größere Unterschiede geben im Hinblick auf den eigenen Ehrgeiz, möglichst muttersprachenähnlich zu klingen oder nicht, was u. a. mit der Einstellung einhergehen kann, dass es einem egal ist oder sogar vorteilhaft erscheint, als Nicht-Muttersprachler identifiziert zu werden.

Imitation Eine radikale Annahme zur Ausprachevermittlung lautet, die Lernenden erwerben die Aussprache genau wie ein Kind durch **reine** Imitation. Die Konsequenz daraus ist: Es muss vielfältige Sprachvorbilder geben, die imitiert werden können. Imitation im Klassenzimmer ist zum einen die Imitation der **Lehrenden,** zum anderen die Imitation von über **Tonträger** gelieferten Sprachbeispielen. Dabei kann es zu einer Situation kommen, in der das gesprochene Deutsch auf den Tonträgern von dem der Lehrenden im Klassenzimmer abweicht.

Bei einem nur imitierenden Vorgehen ist bereits die Ausgangsannahme problematisch: Es kann nicht davon ausgegangen werden, dass das Imitieren, das bei einem Kleinkind so gut funktioniert, bei einem Erwachsenen zu einem ähnlichen Erfolg führen wird. Ein Lernender, der keinen Unterschied in der Aussprache zwischen ‚drucken‘ und ‚drücken‘ oder ‚Höhle‘ und ‚Hölle‘ hört, wird diese Unterscheidung auch nicht den Sprachvorbildern entnehmen können. Und da zwischen den Sätzen ‚Ich fahre zur Höhle‘ und ‚Ich fahre zur Hölle‘ ja doch ein beträchtlicher Unterschied besteht, sollte dies nicht passieren (zur Bedeutung der Wahrnehmung der Äußerungen anderer Sprecher und der eigenen lautlichen Produktion für den Aufbau korrekter artikulatorischer Muster vgl. den Überblick in Grotjahn 1998, S. 53–57).

Sinnvoller ist es deshalb, das imitierende Lernen durch Interventionen zu unterstützen. Die Art der Intervention kann dabei sehr verschieden sein. Der reinen Imitation noch am nächsten kommt es, wenn im **Klassenzimmer** die Lehrenden nur auf konkrete Äußerungen der Lernenden reagieren: Die

Lehrenden hören, was die Lernenden sagen, reagieren darauf, indem sie ihnen das Gesagte neu vorsprechen, sie auffordern nachzusprechen, die Ausspracheversuche der Lernenden korrigieren, die Lernenden wieder sprechen lassen usw. Über diese Unterstützung des reinen Imitierens hinaus könnten die Interventionen der Lehrenden gehen, wenn sie ihre Reaktionen durch metasprachliche Beschreibungen begleiten würden.

Bei einem derartigen Vorgehen erfolgt die Steuerung nur über eine kompetente Lehrkraft, die individuelle Ausspracheprobleme erkennen und ihnen entgegenarbeiten kann. Das Problem dieser Intervention liegt auf der Hand: Alle Verantwortung liegt bei den Lehrenden vor Ort, die diese Art der Intervention nur leisten können, wenn sie im Bereich Ausspracheschulung so gut ausgebildet sind, dass sie die Probleme der Lernenden nicht nur erkennen, sondern auch wissen, auf welche Weise und mit welchen Hilfsmitteln sie diesen begegnen können. Die Lehrenden müssten also gut ausgebildet sein im Hinblick auf:

- Kenntnisse im Bereich der Phonetik und Phonologie des Deutschen (als Überblicke vgl. Altmann/Ziegenhain 2010 oder Hirschfeld 2010),
- die sich aus dem Kontrast zur Ausgangssprache der jeweiligen Lernenden ergebenden **Lernprobleme und Vermittlungsweisen** (vgl. zu möglichen Schwierigkeiten den Überblick in Bryant 2021, S. 124-129) und zu Übungsaktivitäten bezogen auf eine bestimmte Ausgangssprache am Beispiel Korea vgl. Chung 2001 und Hirschfeld 2006), und
- das **Repertoire an Vermittlungsmöglichkeiten** (als Einführungen vgl. Cauneau 1992 oder Dieling/Hirschfeld 2000, als Überblick Settinieri 2010, zu Übungsformen Reinke 2016, zu den Prioritäten in der Vermittlung Hirschfeld 1995 und zur Berücksichtigung des schon erfolgten Englischerwerbs Hirschfeld 2011).

Leider ist die Ausspracheschulung in der Ausbildung von Fremdsprachenlehrkräften – nicht nur im Fach Deutsch als Fremdsprache – zu bestimmten Zeiten sehr stiefmütterlich behandelt worden. Grotjahn (1998) stellte in seinem Überblick über Forschung und Praxis der Ausspracheschulung fest, seit den späten 1970er Jahren habe „die Ausspracheschulung – vor allem in ihrer kognitiven, phonetikbasierten Variante – eine vergleichsweise geringe Rolle gespielt" (ebd., S. 35). Das klingt auf den ersten Blick paradox, denn seit dieser Zeit ist das Lernziel kommunikative **Kompetenz** in den Mittelpunkt der fremdsprachendidaktischen Diskussion gerückt (s. ▶ Abschn. 4.6) und der kommunikative Ansatz, so könnte man meinen, müsste doch ein besonderes Interesse an Ausspracheschulung haben. Dass dies nicht so ist, hat etwas damit zu tun, dass die Hinwendung zum übergeordneten Lernziel kommunikative Kompetenz eben auch die **Abwendung von formorientierter Spracharbeit** bedeutete, dass eine kognitive Beschäftigung mit Wortakzent oder der Aussprache von Lauten aber eine formbezogene Aktivität ist. Für das Fach Deutsch als Fremdsprache muss man bei der Einschätzung der Entwicklung unterschiedliche Einordnungen im Hinblick auf West und Ost vornehmen, in der **DDR** blieb die Ausspracheschulung Gegenstand der didaktischen Diskussion.

Schon bei einem schnellen Durchblättern von unterschiedlichen DaF-Lehrwerken seit den 1960er Jahren fällt auf, dass es im Bereich der Unterstützung des Ausspracheerwerbs offenbar große Unterschiede gibt. Es gibt Lehrwerke, die den Bereich Aussprache systematisch Lektion für Lektion behandeln und Lehrwerke, die anscheinend annehmen, dass es reicht, wenn sie sprachliches Material bereitstellen, aber keine systematisierenden Darstellungen oder Übungen anbieten. Derart extreme Schwankungen bei der Behandlung eines Phänomens in Lehrwerken, wie man sie im Bereich Aussprache antrifft, sind ungewöhnlich: Kein Lehrwerk würde auf die Idee kommen, Perfekt oder Präteritum überhaupt nicht zu behandeln oder vielleicht nur Perfekt, aber nicht Präteritum. Im Bereich der Ausspracheschulung sind derartige Schwankungen möglich. Woran liegt das?

Experiment
Schreiben Sie bitte den oder die Buchstaben auf, die dazu verwendet werden, im Deutschen einen stimmlosen palatalen Frikativ schriftsprachlich zu realisieren. Haben Sie das geschafft? Sehr schön, dann gehören Sie zu der – wahrscheinlich sehr kleinen – Gruppe von Personen, die ein Seminar in der Germanistik zur Phonetik nicht nur belegt, sondern auch erfolgreich absolviert haben. Falls nicht: Die Lösung finden Sie am Ende dieses Abschnitts.

Viele Lernende (und auch einige Lehrende) werden mit dieser Begrifflichkeit nicht vertraut sein. Während man im Bereich der Grammatikvermittlung zumindest hoffen kann, dass Lernende mit Wörtern wie ‚Verb‘ oder ‚Subjekt‘ etwas anfangen können, und im Bereich des Wortschatzes systematische Begriffe wie ‚Oberbegriff‘, vielleicht sogar ‚Antonym‘, kennen, ist der **alltagssprachliche Zugang zum Bereich** Aussprache **relativ gering**: ‚Vokal‘ und ‚Konsonant‘, so kann man hoffen, sind vielleicht bekannt, in Analogie zur Musik möglicherweise auch ein Wort wie ‚Satzmelodie‘, aber wenn es an die Artikulationsorte geht, dann kann wahrscheinlich keine Terminologie vorausgesetzt werden, wenn die Deutschlernenden nicht gleichzeitig auch Studierende der Germanistik sind und in diesem Studium Phonetik und Phonologie eine Rolle spielen.

Was bedeutet das für die systematische Vermittlung von Aussprache? Die radikale Antwort einiger Lehrwerkmacher war es, die systematische Vermittlung wegzulassen. Eine andere Möglichkeit ist es, zwar systematisch Aussprachevermittlung in jeder Lektion anzubieten, dabei aber keine oder nur sehr wenig Terminologie zu verwenden und stattdessen hauptsächlich mit Visualisierungen zu arbeiten: Pfeile, die über einem Satz stehen und die fallende oder steigende Satzmelodie anzeigen, oder z. B. kleine Bällchen, die in einer Animation einen gesprochenen Satz verfolgen und die Wortakzente durch Hochhüpfen anzeigen, oder lange und kurze Vokale, die durch eine entsprechende Konvention von Strichen angezeigt werden, all dies sind Möglichkeiten, Terminologie zu umgehen.

Darüber hinaus ist es zumindest für bestimmte Lernergruppen möglich, mit metasprachlichen **Mitteln** zu arbeiten, zum Beispiel mit dem internationalen

phonetischen Alphabet (IPA). Dessen Einführung eröffnet den Lernenden die Möglichkeit einer unabhängigen Suche nach der richtigen Aussprache im Wörterbuch. Inwieweit diese Verschriftlichung der Digitalisierung zum Opfer fallen wird, weil in jedem **digitalen Wörterbuch** die Aussprache als Audiodatei abgerufen werden kann, wird noch zu sehen sein, aber zumindest ist durch die systematisierende Kraft der Metasprache die Möglichkeit eröffnet worden, unabhängig von einer Person oder einer Datei, die man imitiert, sich einen Zugang zur Lautwelt der Zielsprache zu verschaffen.

Es gibt sehr unterschiedliche Materialien zur Unterstützung des Ausspracheerwerbs, die alle zumindest eine Audio-Komponente enthalten. Erklärungen und Übungen in einem traditionellen gedruckten Lehrwerk wurden von einer Hörkassette oder später von einer CD begleitet. Da die Ausspracheschulung in Lehrwerken sehr unterschiedlich ausfällt, wird in manchen Kontexten die Arbeit mit Zusatzmaterialien (vgl. z. B. den umfangreichen Aussprachekurs von Kaunzner 1997) hilfreich sein. Manche Zusatzmaterialien wie zum Beispiel *Simsalabim* (Hirschfeld/Reinke 1998) arbeiten mit einer Videokomponente, bei der sich didaktisch-spielerisch verhaltende, Sprache präsentierende Menschen, Visualisierungen und interessante Aufgaben kombiniert werden.

Zusatzmaterialien können auch dazu führen, dass das Repertoire an **Unterrichtsaktivitäten** über das individuelle Nachsprechen oder das **Nachsprechen im Chor** und über Hörübungen hinaus durch alternative Aufgabenvorschläge erweitert wird, z. B. durch einen **spielerischen Zugang** zum Aussprachetraining wie in *33 Aussprachespiele* (Hirschfeld/Reinke 2009).

Seit Aufkommen der Digitalisierung haben sich die Möglichkeiten der Ausspracheschulung weiterentwickelt: Nun ist es möglich, für geschriebene Texte und einzelne Wörter darin Audiodateien zu liefern, die ein Lernender genau dann abruft, wenn er sie braucht (und nicht, wenn eine Lehrkraft meint, die gesamte Klasse brauche sie). Durch Podcasts (s. ► Abschn. 3.5) und andere digitale Verbreitungen von Hör- und Hörseh-Texten können individuelle Lernende und auch Gruppen von Lernenden sehr unterschiedliche Sprachvorbilder abrufen. Jahns/ Schröter (2012) beschreiben, wie die Entwicklung der Aussprachekompetenz in Web 2.0-Lernumgebungen aufgabenorientiert gefördert werden kann. Vorgestellt wird die Arbeit mit *Vokis,* mit animierten Bildern und im Rahmen der virtuellen Welt *Second Life* (s. ► Abschn. 3.5). Manche Lernsoftware ermöglicht es den Lernenden zu testen, wie gut ihre Aussprache im Verhältnis zu Muttersprachlern bereits ist (vgl. die kritischen Überblicke von Richter 1999 und 2000). Eine Spracherkennungssoftware, die die Aussprache von Lernenden angemessen einschätzen und didaktisch darauf reagieren könnte, wäre tatsächlich ein großer Schritt voran in Richtung einer individualisierenden Aussprachevermittlung. Würffel (2021, S. 296) referiert die Schwachstellen derartiger Programme und auch Reinke (2016) rät zu einem vorsichtigen Umgang mit derartiger Software: Derartige Programme

» sollten jedoch nicht ohne Unterstützung durch eine erfahrene Lehrperson eingesetzt werden, da Aussprache in ihrer Komplexität und Variabilität noch kaum angemessen technisch dargestellt wird und (teilweise aus diesem Grund) das programmierte Feedback nicht ausreicht (ebd., S. 454)

> **Experiment: Lösung**
> Schreiben Sie bitte den oder die Buchstaben auf, die dazu verwendet werden, im Deutschen einen stimmlosen palatalen Frikativ schriftsprachlich zu realisieren: ch.

8.4 Flüssigkeit

‚Flüssigkeit' ist eines der Wörter, mit denen man im Alltag über die Sprachkompetenz von Individuen urteilt, die aber selbst sehr schwierig zu bestimmen sind. Oft wird ‚Flüssigkeit' mit der Aussprache in Verbindung gebracht, z. B. wenn Lernende für ihre ‚flüssige Aussprache' gelobt werden. In das Konzept ‚Flüssigkeit' gehen aber sehr unterschiedliche Komponenten ein.

Auch in der fachdidaktischen Diskussion ist umstritten, was genau unter ‚Flüssigkeit' zu verstehen ist. Im Europäischen Referenzrahmen (s. ▶ Abschn. 13.1) findet man z. B. die folgenden Formulierungen:

» Der/die Lernende kann sich so spontan und fließend verständigen, dass ein normales Gespräch mit Muttersprachlerinnen ohne größere Anstrengung auf beiden Seiten gut möglich ist,

heißt es z. B. auf der Niveaustufe B2. Auf C1 findet man ‚fließend' in der folgenden Formulierung:

» Der/die Lernende kann sich spontan und fließend ausdrücken, ohne öfter deutlich erkennbar nach Worten suchen zu müssen.

Und auf der höchsten Stufe schließlich, bei C2, heißt es:

» Der/die Lernende kann sich spontan, sehr flüssig und genau ausdrücken und auch bei komplexeren Sachverhalten feinere Bedeutungsnuancen deutlich machen.

Was genau unter ‚Flüssigkeit' zu verstehen ist und welche Dimensionen des Verhaltens eines Sprechers eine Rolle spielen, ist in der linguistischen und fremdsprachendidaktischen Diskussion nicht eindeutig geklärt. Götz 2013 versucht, die Faktoren, die in dieses komplexe Konzept eingehen, auf drei Ebenen zu beschreiben.

Das sprachlichen Verhalten des Lernenden selbst bildet die erste Ebene. Hierzu gehören Variablen wie:
- das Sprechtempo,
- die ungefüllten Pausen,
- die durchschnittliche Länge des Beitrags eines Sprechers,
- die formelhaften Ausdrücke,
- die Diskursmarker und
- die Partikel, die ein Sprecher verwendet.

Einschätzungen der Sprecher durch ihre Umgebung liegen auf einer zweiten Ebene. Hier werden Faktoren herangezogen wie:

— die Korrektheit einer sprachlichen Äußerung,
— die Intonation und der Akzent,
— der Grad an idiomatischer Angemessenheit und
— eine Reihe von pragmatischen Faktoren im Hinblick auf die Gesprächssituation wie die Angemessenheit des Registers, Mannigfaltigkeit des lexikalischen Ausdrucks und auch der kreative Umgang mit sprachlichen Strukturen.

Nonverbale Faktoren spielen ebenfalls eine Rolle, z. B.:

— die Gestik,
— die Körpersprache und
— die Gesichtsausdrücke.

All diese Faktoren hat die Linguistik als relevant für die Einschätzung der Flüssigkeit eines Sprechers identifiziert. Es ist leicht nachvollziehbar, dass das Zusammenspiel dieser Faktoren sehr komplex ist und daher die intuitive Einschätzung, eine Person beherrsche eine Sprache flüssig, zu einer riesigen Herausforderung wird, wenn man versucht, sie wissenschaftlich zu operationalisieren.

8.5 Wortschatz

Beim natürlichen **Erwerb** des Deutschen (vgl. ▶ Abschn. 2.1.1) wird jemand, der an der in ◼ Abb. 8.1 wiedergegebenen Verkaufsstelle vorbeigeht, aus dem, was er sieht, schließen, dass diese roten Beeren im Deutschen *Spargel* oder *frischer* oder *frischer Spargel* genannt werden. Eine sehr sinnvolle Annahme auf der Basis der zu diesem Zeitpunkt vorhandenen Daten. Ein sofortiger Blick in das Online-Wörterbuch auf dem Handy würde diese Annahme ebenso korrigieren wie ein Marktbesuch an einem der nächsten Tage, bei dem die Schilder, die bei Erdbeeren und Spargel zu sehen sind, nicht zu der vorgenommenen Zuordnung passen. Vielleicht erfolgt die Korrektur aber auch beim gemeinsamen Lachen in einem Gespräch, in dem die Person ihr neu erworbenes Wort *Spargel* in einem Kontext verwendet, in dem eindeutig von Erdbeeren die Rede sein sollte. Zum natürlichen Wortschatzerwerb aus der Interaktion mit der Umgebung gehört, dass Wörter zunächst falsch, ungenau oder nur teilweise erworben werden können und dass sich dies früher oder später durch bewusste Suchaktivitäten oder durch weitere Verwendungen des jeweiligen Wortes in unterschiedlichen Kontexten korrigiert. Das ist manchmal zeitaufwendig und umständlich, hat aber den Vorteil, dass auf diese Weise nur Wortschatz erworben wird, der in der Welt der lernenden Person vorkommt und relevant ist.

Wenn jemand hingegen aus einer **Unterrichtsstunde** mit einem Lehrwerk zum Thema Obst mit der Vorstellung herauskommt, diese roten Beeren hießen *Spargel*, dann muss in diesem Unterricht etwas ziemlich schiefgelaufen sein. Lehr-

■ Abb. 8.1 Natürlicher Erwerb: Sagt man zu dieser roten Beere *Spargel?*

kräfte, Curriculumsplaner und Lehrwerkmacher werden schließlich dafür be-
zahlt, dass so etwas nicht vorkommt und dass der korrekte Wortschatzerwerb von
Anfang an mit didaktischen Mitteln unterstützt wird. Der offensichtliche Nachteil: Im Unterricht lernt man auch eine Reihe von Wörtern, von denen man nicht
unbedingt meint, dass man sie lernen müsste, sie stehen halt im Lehrwerk. Eine
der wichtigen didaktischen Fragen lautet deshalb: Welchen (meist recht kleinen)
Teil des großen Wortschatzes sollte man in welcher Reihenfolge vermitteln?

Umfang des Wortschatzes Wie viele Wörter hat die deutsche Sprache überhaupt?
Dies ist eine schwierig zu beantwortende Frage, denn der Wortschatz einer Sprache
ändert sich dauernd. Wenn Sie heute im alltäglichen Gespräch scherzhaft sagen,
da müssten Sie erst ihren Telefonjoker fragen, dann werden die meisten Hörer Sie
verstehen. Hätten Sie diesen Satz in den 1980er Jahren gesagt, dann hätte man Sie
wahrscheinlich verständnislos angeschaut: Das Fernsehquiz, durch das dieser Begriff in den deutschen Sprachalltag gewandert ist, gab es damals noch nicht.

Welche Wörter es tatsächlich schaffen, in den allgemein akzeptierten Wortschatz des Deutschen überzugehen, scheint eine populäre Frage zu sein: Wann
immer eine neue Ausgabe des Duden-Wörterbuchs erscheint, liest man in
den Zeitungen meistens nur, welche neuen Wörter es „geschafft" haben – und
manchmal wird dann auch das neue Lieblingswort des Rezensenten, das es nicht
in das Wörterbuch geschafft hat, als Beleg dafür angeführt, wie schwierig Wörterbucharbeit doch sei.

Wie viele Wörter enthalten Wörterbücher? Sie bewegen sich zumeist in einem
Bereich zwischen 50.000 und 250.000 Wörtern. Was genau die Obergrenze für den
Gesamtwortschatz ist, ist schwer zu sagen. Linguisten trauen sich ab und an, eine
Marke zu setzen, z. B. eine Million. ■ Tab. 8.1 gibt einen Überblick über einige

◘ **Tab. 8.1**   Tabellarischer Überblick über verschiedene Versuche, den Wortschatzumfang zu schätzen, aus Kilsbach (2018, S. 46)

Quelle	Schätzungen des einzelsprachlichen Wortschatzumfangs	davon (individuell) aktiv	davon (individuell) passiv
Bußmann 2002, 755	500.000	6.000–10.000	keine Angabe
Bohn 2000, 9	300.000–500.000	12.000	100.000
Tschirner 2010, 237 u.240	Allgemeinwortschatz: 250.000 inkl. Fachwortschatz und Varietäten: 10.000.000	10.000–50.000	
Brockhaus 1957, (Bd. 12), 598	keine Angabe	50.000 (Angabe bezieht sich auf den ‚gesellschaftlichen Durchschnitt')	
Knipf-Komlósi, Rada & Csilla 2006, 14f	600.000–800.000	6.000–10.000	50.000
Klein 2013, 34	5.328.000	keine Angabe	
Pinker 2000, 3	keine Angabe	60.000	
Aitchison 2003, 7	keine Angabe	50.000–80.000, abhängig von der zugrundeliegenden Wortdefinition	

Schätzungen, die in der Linguistik vorgenommen wurden. Je mehr die Linguistik in der Lage ist, größere Textmengen digital auszuzählen, desto eher ist sie in der Lage, derartige Zahlen zu nennen, trotzdem bleiben genaue Zahlenangaben immer problematisch: Ab wann sagt man, ein Wort gehöre zum Wortschatz einer Sprache? Wenn ich an dieser Stelle in diesem Buch vorschlage, man solle aus Gründen der Geschlechtsneutralität das deutsche Wort *man* durch *gnup* ersetzen, das sei eine Abkürzung für ‚**g**eschlechts**n**eutrales **u**npersönliches **P**ronomen' – gehört *gnup* dann zum Wortschatz des Deutschen, weil *gnup* nun in einem Buch zu belegen ist, das in einem wichtigen deutschen Verlag erschienen ist? Oder müssten erst noch viele andere Schreibende des Deutschen dieses Wort auch verwenden? Wenn ja, wie viele? Und was ist mit Wörtern, die nicht mehr mitgezählt werden, weil angenommen wird, dass sie inzwischen nur noch zum historischen Wortschatz gehören?

Wortschatzauswahl für Lernende Für die Fremdsprachendidaktik sind diese für Linguisten sehr wichtigen Fragen zweitrangig. Unter didaktischen Gesichtspunkten wichtiger ist die Frage, wie viele und welche Wörter zu lernen sind, um sich einigermaßen gut in der deutschen Sprache verständigen zu können. Gesucht wird also eine Art Grundwortschatz (als frühen Text zu Grundwortschatzsammlungen vgl. Schumacher 1978; zur späteren Entwicklung der Diskussion um den Wortschatz für das Fremdsprachenlernen vgl. Tschirner 2005; 2008a und 2010). Für die Didaktik relevanter als die allgemeinen sprachwissenschaftlichen Aussagen zum Gesamtwortschatz sind also Aussagen wie die, mit 1000 bis 5000 Wörtern könne ein beträchtlicher Teil der Texte des Deutschen abgedeckt werden. So schreibt Tschirner (2008b) am Anfang seiner Einführung in den Grund- und Aufbauwortschatz, dass empirische Studien darauf hindeuteten, dass

» ca. 95-97 Prozent der laufenden Wörter eines Textes verstanden werden müssen, um den Text zu verstehen. Mit den häufigsten 2000 Wörtern einer Sprache erreicht man im Durchschnitt eine Textdeckung von ca. 90 Prozent der laufenden Wörter in Alltagsgesprächen und einfacheren literarischen Werken, mit den häufigsten 4000 Wörtern erreicht man eine Textdeckung von ca. 95 Prozent. (ebd., S. 3)

Diese frequenten Wörter sind zunächst einmal unter fremdsprachendidaktischen Gesichtspunkten besonders interessant (vgl. als zurzeit aktuellstes Frequenzwörterbuch des Deutschen Tschirner/Möhring 2020). Allerdings ist die Frequenz der Wörter in Texten des Deutschen kein alleiniges Kriterium für die Auswahl von Wörtern für den Fremdsprachenunterricht. Wörter sind schließlich dazu da, dass Menschen etwas ausdrücken können, und wenn sie etwas über ihre Lebenswelt ausdrücken möchten, dann kann es durchaus sein, dass die Wörter, die sie dafür brauchen, gerade nicht in dieser Frequenzliste vertreten sind. Ein Deutschlerner in China, der einem deutschen Besucher chinesisches Essen erklären möchte, braucht vielleicht Wörter wie *Klebreisrolle, Blätterteiggebäck, gefüllte Dampfnudel* usw., die nicht zu den häufigsten Wörtern gehören, die für seine Kommunikationssituation aber sehr wichtig sind. Deshalb ist es sinnvoll, dass chinesische Lehrwerke für Deutsch diese Wörter auch früh einführen. Eine Lehrwerkseite wie die aus ◻ Abb. 8.2 ist deshalb für chinesische Deutschlernende sehr sinnvoll, für andere hingegen nicht unbedingt.

Je stärker man akzeptiert, dass die Lernenden nicht nur Deutsch lernen, damit sie im deutschsprachigen Raum im Alltag Deutsch reden, sondern auch, weil sie in der Kommunikation mit Deutschen über ihre eigene Welt reden wollen, desto wichtiger sind also Wörter, mit denen man den **eigenen kulturellen Kontext,** die eigene Religion, das eigene Wertesystem usw. beschreiben kann, die aber in Frequenzlisten oft erst weit hinten vorkommen. Und auch wenn schon zu Beginn des Deutschlernens klar ist, dass dieses Lernen mit dem Ziel verbunden ist, in einem bestimmten Berufsfeld zu arbeiten (vgl. dazu ausführlicher ► Kap. 12) oder im deutschsprachigen Raum zu studieren, sollte so früh wie möglich der dazu passende Wortschatz gelernt werden, auch wenn er ebenfalls auf Frequenzlisten erst weit hinten zu finden ist. Für den sog. Bildungswortschatz hat Augst (2019, S. 17 f.) gezeigt, dass dieser in Frequenzlisten nicht sehr weit vorn vorkommt. Neben den Frequenzlisten sind also auch die **Interessen der Lernenden** und die Lernziele entscheidend für die Wortschatzauswahl. Es kann dabei durchaus zu einem Konflikt zwischen Frequenz und Alltagsorientierung auf der einen und Orientierung an Berufszielen und Versprachlichung der eigenen Umgebung auf der anderen Seite kommen (vgl. Rösler 2021a).

Die Antwort auf die Frage ‚Welchen Wortschatz braucht der Lerner?‘ lautet also: ‚Das kommt darauf an …‘. Abgesehen von der Anfängersituation, in der mit Begrüßung, Vorstellungen von Wohnort, Beruf und Namensnennung meist

2. Frühstück (早點)

In Deutschland und in Taiwan

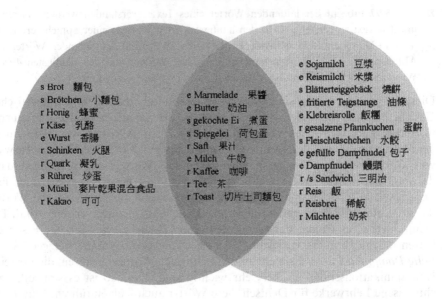

s Brot 麵包
s Brötchen 小麵包
r Honig 蜂蜜
r Käse 乳酪
e Wurst 香腸
r Schinken 火腿
r Quark 凝乳
s Rührei 炒蛋
s Müsli 麥片乾果混合食品
r Kakao 可可

e Marmelade 果醬
e Butter 奶油
s gekochte Ei 煮蛋
s Spiegelei 荷包蛋
r Saft 果汁
e Milch 牛奶
r Kaffee 咖啡
r Tee 茶
r Toast 切片土司麵包

e Sojamilch 豆漿
e Reismilch 米漿
s Blätterteiggebäck 燒餅
e fritierte Teigstange 油條
e Klebreisrolle 飯糰
r gesalzene Pfannkuchen 蛋餅
s Fleischtäschchen 水餃
e gefüllte Dampfnudel 包子
e Dampfnudel 饅頭
r /s Sandwich 三明治
r Reis 飯
r Reisbrei 稀飯
r Milchtee 奶茶

◫ **Abb. 8.2**   Kontrastierende Wortschatzeinführung (aus Chang u. a. 2000, S. 24)

eine relativ **homogene Wortschatzverwendung** vorliegt, differenziert sich der Wortschatz nach Interessenlage relativ schnell, wenn die Lernenden über die Dinge reden wollen, die sie tatsächlich interessieren, so wie es auch im natürlichen Spracherwerb der Fall ist. Zwei Austauschstudierende, die nach ein paar Jahren Deutschunterricht erstmals in den deutschsprachigen Raum kommen, werden in dem Jahr in Deutschland, Österreich oder der Schweiz in mancher Hinsicht zwar ihren Wortschatz in gleicher Weise erweitern, aber überwiegen werden die individuenspezifischen Differenzierungen, abhängig davon, welche Medien sie verwenden, welche kulturellen Ereignisse sie besuchen, in welchen sozialen Kontexten sie sich aufhalten usw.

Je weiter der Deutscherwerb fortschreitet, desto individueller wird häufig der Wortschatz sein. Kilsbach (2018) stellt sich deshalb die Frage, wie Lernende, die im deutschsprachigen Raum leben, neuen Wortschatz, auf den sie in ihrer Lebenswelt treffen, systematisch lernen können und wie man sie dabei unterstützen kann. Was für diese Personen in ihrer jeweiligen Lebenswelt relevanter Wortschatz ist, sei nicht antizipierbar und in didaktischen Materialien auch nicht umfassend abbildbar. Gesucht werde deshalb eine Lösung, die fortgeschrittenen Lernenden dabei hilft, den für sie in ihren konkreten kommunikativen Kontexten relevanten Wortschatz so systematisch und effizient wie möglich zu lernen. Diese Hilfe besteht für Kilsbach in der Entwicklung eines **personalisierten Wörterbuchs,** das sowohl wortrelations- als auch varietätenspezifische Verbindungen der neuen Sprache Deutsch transparent macht.

Generell gibt es im gesteuerten Deutschlernen also ein **Spannungsfeld:** Unter Normierungsaspekten, unter dem Gesichtspunkt von zentralen Lehrwerk- und Prüfungsentwicklungen, besteht ein Interesse, dass für möglichst viele Lernende auf einer bestimmten Niveaustufe ein einheitlicher Wortschatz vermittelt und geprüft wird. Unter dem Gesichtspunkt der **Individualität der Lernenden** kollidiert dieser Normierungsaspekt mit dem Grundsatz, jedem Lernenden so viel inhaltliche Selbstbestimmung wie möglich zu eröffnen.

Das Problem der 1:1-Entsprechung Ein Lernender hat zunächst das Bedürfnis, ein neues Wort der Fremdsprache möglichst 1:1 einem Wort in einer ihm schon bekannten Sprache zuzuordnen. Das macht die Sache ‚einfach‘. Ein derartiges Vorgehen ist bei Wörtern wie ‚Flasche‘ oder ‚Stuhl‘ noch relativ unproblematisch, auch wenn man natürlich auf der Welt unterschiedliche Formen von Stühlen und Flaschen findet.

Ein französischer Deutschlerner, der zum ersten Mal in einer deutschen Bäckerei steht und vorher beim Vokabellernen ‚Brot‘ als deutsches Wort für ‚pain‘ als 1:1-Entsprechung gelernt hat, wird nicht verhungern, wenn er ein Schwarzbrot nach Hause trägt. Aber er wird vielleicht mit Erstaunen oder Verwunderung die anderen Formen von Brot wahrnehmen, die er nun vor Augen hat. Im interkulturellen Ansatz (s. ► Abschn. 4.7) wurde ein Beispiel wie ‚Brot‘ von Müller (1994) dazu verwendet zu zeigen, wie unterschiedlich die Bilder im Kopf sind, die mit einem Begriff einhergehen.

Die **Wortschatzdidaktik** ist hier herausgefordert, eine Balance zu finden: Sie kann nicht bei jedem neuen Wort mit umfangreichen landeskundlichen Ausführungen arbeiten, wenn sie in einer gegebenen Zeit möglichst viel neuen Wortschatz einführen will, sie muss also auch mit 1:1-Entsprechungen arbeiten, zum Beispiel durch Bilder mit Bildunterschrift oder durch Übersetzungen in eine bereits bekannte Sprache (vgl. Nowak 2000).

Sie muss jedoch zumindest exemplarisch die Problematik der 1:1-Entsprechungen behandeln, um bei den Lernenden eine Sensibilisierung für die Problematik voreiliger Äquivalenzannahmen zu schaffen. Dabei ist die Ebene des Konkreten wie z. B. ‚Brot‘ nicht das eigentliche Problem. Eine größere Herausforderung für das Fremdsprachenlernen sind die Wörter, die etwas mit den unterschiedlichen Wertesystemen, mit der subjektiven Befindlichkeit usw. zu tun haben. Wenn ein Deutschlerner die Wörter ‚mein Freund‘, ‚meine Freundin‘, ‚mein bester Freund‘, ‚meine beste Freundin‘, ‚ein Freund von mir‘, ‚eine Freundin von mir‘ oder ‚ein Bekannter‘ bzw. ‚eine Bekannte‘ hört, dann kann es sehr problematisch werden, wenn er den Entsprechungen, die ein Wörterbuch liefert, zu schnell vertraut.

Ein Mann kann im deutschsprachigen Raum ohne Schwierigkeiten mit einer ‚guten Freundin‘ eine Fahrradtour unternehmen, eine ‚Bekannte‘ in der U-Bahn freundlich grüßen und mit ‚seiner Freundin‘ gemeinsam in Urlaub fahren. Eine Frau kann sich im deutschsprachigen Raum ohne Schwierigkeiten mit ‚einem Freund‘ verabreden, um gemeinsam Sport zu treiben o. ä. Je nach den kulturellen Kontexten, die die Lernenden gewohnt sind, sind derartige Aktivitäten bei ihnen genauso gut möglich oder gesellschaftlich ungewöhnlich oder unmöglich. In so einem solchen Fall sind **Spracharbeit und** Landeskunde **untrennbar miteinander verbunden** (s. ▶ Abschn. 8.1).

Die Lernenden müssen die im deutschsprachigen Raum möglichen **sozialen Beziehungen** verstehen und versprachlichen können, positiv bewerten müssen sie sie aber nicht. Und sie müssen in der Lage sein, die im deutschsprachigen Raum mit Wörtern wie ‚mein Freund‘, ‚meine Freundin‘, usw. versprachlichten Verhältnisse in den Sprachen, die sie schon kennen, wiederzugeben.

Wortschatzarbeit in diesem Wortfeld kann (s. ◻ Abb. 4.1. in ▶ Abschn. 4.7) den Lernenden zeigen, wo auf einem semantischen Differenzial von **Nähe und Distanz** Begriffe wie ‚mein Freund‘, ‚mein bester Freund‘ usw. liegen, und welche Gebrauchsbedingungen damit verknüpft sind. Dann können die Lernenden in ihrer eigenen Sprache ein ähnliches semantisches Differenzial aufbauen und überlegen, welcher Begriff im Deutschen ungefähr dem in der eigenen Sprache entsprechen könnte, wofür es keine direkten Äquivalente gibt, für welche bestimmten Aspekte es direkte Äquivalente gibt, für andere Aspekte aber keinesfalls usw.

Diese Art von Wortschatzarbeit ist zwar aufwendig, es ist aber wichtig, sie an ein oder zwei kontrastiv problematischen Begriffen ausführlich durchzuführen, damit die Lernenden für ihren weiteren Lernprozess das Prinzip verstanden haben: Es ist unvermeidbar, dass man als Lernender versucht, 1:1-Entsprechungen zu finden, aber bei manchen Begriffen, vor allen Dingen bei mit subjektiven Bewertungen verbundenen Konzepten, ist es wichtig, sich klarzumachen, dass es von dem, was im Wörterbuch als 1:1-Entsprechung angeboten wird, durchaus sehr unterschiedliche Lesarten gibt.

Individuelles Erwerben und systematisches Üben Wörter werden sowohl bewusst als Teil einer Leseaktivität oder einer übenden Aktivität gelernt als auch **inzidentell,** zum Beispiel, weil einem beim Kontakt mit der deutschen Sprache ein Wort gefallen hat, weil es in einem für einen wichtigen Kontext auftauchte, weil eine Person es so nett ausgesprochen hat usw. Inzidenteller Erwerb (vgl. ▶ Abschn. 2.1.3) funktioniert umso besser, je relevanter für die Lernenden der sprachliche Input ist, der ihnen zur Verfügung gestellt wird. Erwerb und systematisches Üben sind also keine Gegensätze, sondern sich ergänzende Aktivitäten.

Übungen zum Wortschatz haben die Aufgabe, das Memorieren der neuen Wörter zu unterstützen und ein möglichst differenziertes Verständnis der Bedeutung zu fördern. Die in ▶ Abschn. 5.2 gezeigte Vielfalt der Arbeitsformen kommt auch bei der Wortschatzarbeit zum Einsatz. Möglich ist beispielsweise:

- die aktive Erarbeitung von neuem Wortschatz in inhaltlich selbstbestimmten Aufgaben und Projekten,
- die Unterstützung der Bedeutungserschließung aus dem Kontext,
- die Hinführung zur Arbeit mit Wörterbüchern,
- Übungen zum Sprachvergleich und
- Übungen, die dem Sortieren und Einordnen der neu gelernten Wörter dienen.

Übungen und Aufgaben können also offen und geschlossen und stärker form- oder mitteilungsorientiert sein. Dass auch scheinbar ganz einfache Übungen interessante Herausforderungen landeskundlicher Art darstellen können, sei an einem Experiment gezeigt (vgl. als kurzen Überblick über Lehrmaterialien und Medien zum Wortschatzerwerb Kurtz 2016).

Experiment: Scheinbar geschlossene Übungen mit unterschiedlichen Lösungen

Geschlossene Übungen der Art „Welches Wort passt nicht in die Reihe?" erfordern normalerweise eine eindeutig richtige Antwort. Aber auch eine derart geschlossene Form kann zu einem Diskussionsanlass werden. Machen Sie ein Experiment: In einer Übung der Art „Welches Wort passt nicht in die Reihe?" werden die Lernenden bei der Reihe „Einfahrt-Ausfahrt-Durchfahrt-Abfahrt-Kreuzfahrt" wahrscheinlich schnell ‚Kreuzfahrt' anstreichen. Und wie ist es bei der Reihe „Leipzig-Hannover-Köln-Frankfurt/Main-Emden"? Was würden Sie warum auswählen? Ein Lernender mag z. B. Emden auswählen, weil Emden kleiner ist als die vier anderen Städte, oder weil das der einzige Ort ist, den er nicht kennt. Ein anderer mag Leipzig auswählen, weil Leipzig der einzige Ort in der früheren DDR war. Das wären drei mögliche Begründungen.

Wenn man allerdings als Kontext angibt, dass diese Aufgabe aus einem Lehrwerk für die Vermittlung der Fachsprache Wirtschaft stammt und dort in der Lektion zum Thema ‚Messe' vorkommt – sie stammt tatsächlich aus einem Lehrwerk mit dem Titel *Business auf Deutsch* –, werden Sie wahrscheinlich wieder Emden auswählen. Diesmal werden Sie sehr schnell begründen können, Emden sei die richtige Antwort, weil das keine Messestadt sei. Hier zeigt sich, dass die Art und Weise, wie Lernende etwas sortieren, von Kontexten und Interessen abhängt.

Wörterbücher Neben der Sensibilisierung für die Tatsache, dass 1:1-Entsprechungen durchaus zu kommunikativen Problemen führen können und dass der eigentlich interessante Teil der Wortschatzarbeit oft mit landeskundlichen Aspekten verbunden ist, ist es wichtig, die Lernenden möglichst früh an die Arbeit mit dem Wörterbuch heranzuführen.

Das Wörterbuch ist zunächst einmal ein **Hilfsmittel in einer Notsituation**. Wenn man nicht weiß, was ein Wort aus der eigenen Sprache in der Zielsprache bedeutet oder wenn die Bedeutung eines zielsprachigen Worts nicht aus dem Kontext zu erraten ist, hilft das Nachschlagen im Wörterbuch. Entsprechend wichtig ist es, dass die Lernenden sehr früh lernen, wie mit einem Wörterbuch umzugehen ist, damit sie selbständig arbeiten können. Allerdings ist die Arbeit mit dem Wörterbuch in der Fremdsprachendidaktik nicht unumstritten. Positionen, die den Erwerb aus kommunikativen Kontexten in den Mittelpunkt stellen, legen weniger Wert auf Wörterbucharbeit als solche, bei denen Lernerautonomie und Sprachreflexion einen hohen Stellenwert haben. Und je stärker Einsprachigkeit propagiert wird, desto misstrauischer ist man gegenüber zweisprachigen Wörterbüchern.

Vor diesem Hintergrund sind eher die einsprachigen Wörterbücher akzeptabel. Für Deutsch als Fremdsprache bedeutete das lange Zeit die Arbeit mit ‚dem Wahrig' (Wahrig 1968). Inzwischen haben die wichtigen Didaktik-Verlage weitere unterschiedlich umfangreiche einsprachige Wörterbücher auf den Markt gebracht. Ein- und zweisprachige Wörterbücher haben aus der Perspektive der Lernenden **Vor- und Nachteile:**

- **Zweisprachige Wörterbücher** stellen eine Beziehung zwischen dem unbekannten lexikalischen Material und dem schon bekannten her und sind daher meist die schnelleren Helfer. Dafür sind die Äquivalenzbeziehungen manchmal nicht klar genug – zum Beispiel bei Modalpartikeln oder bei komplizierten Wörtern, die zum Ausdruck von Nähe und Distanz verwendet werden.
- **Einsprachige Wörterbücher** sind in derartigen Fällen meistens genauer und damit hilfreicher: Sie beschreiben ein zielsprachliches Phänomen in der Zielsprache selbst. Dieser Vorteil wird immer dann zum Nachteil, wenn die Lernenden die Einträge nicht gut genug verstehen oder wenn sie ihrer Meinung nach viel Zeit für dieses Verstehen aufwenden müssen.

Für die Hinführung zur Arbeit mit dem Wörterbuch im DaF-Unterricht gibt es zwei Varianten. Entweder hat man es mit Lernenden zu tun, die überhaupt zum ersten Mal in die **Funktionsweise eines Wörterbuchs** eingeführt werden, dann ist dies ein etwas größerer Arbeitsschritt. Oder die Lernenden sind die Arbeit mit Wörterbüchern aus dem Umgang mit ihnen schon bekannten Sprachen gewohnt, dann müssen sie ‚nur noch' auf die speziellen Aspekte der Arbeit mit einem Wörterbuch zur deutschen Sprache vorbereitet werden. Sie müssen lernen, welche Auswirkungen die Umlaute und das ‚ß' auf die Anordnung haben, dass sie bei trennbaren Verben auf jeden Fall den Infinitiv ermitteln müssen, dass sie also in dem Satz „Der Unterricht fällt aus" weder mit der Bedeutung von „fällen" noch mit der Bedeutung von „fallen" allein etwas anfangen können. Und wie bei jeder Wörterbucharbeit gilt auch für das Deutsche, dass gedruckte Wörterbücher dadurch, dass sie verschiedene mögliche Entsprechungen eines Wortes nun mal in einer bestimmten Reihenfolge anordnen müssen, den Lernenden, die immer gleich die **erste abgedruckte** Bedeutung wählen, gelegentlich die ‚falsche' Bedeutung liefern.

Über die Hinführung zur Arbeit mit einem Wörterbuch als Nothelfer hinaus können Wörterbücher selbst einen Beitrag zur systematischen Vermittlung des Wortschatzes leisten, indem sie versuchen, den Wortschatz des Deutschen in einer für die Lernenden und ihren Lernprozess interessanten Weise systematisch **nach Wortfeldern oder kommunikativen Kontexten** aufzubereiten (vgl. als jüngstes Beispiel Augst/Kilsbach 2022).

Bildwörterbücher haben den Vorteil, dass sie zum Wortschatz Abbildungen der Gegenstände liefern. Damit sind sie offensichtlich für Wörter wie ‚Frieden' und ‚Freude' wenig geeignet, aber für ‚Eierkuchen' und ‚Erdbeeren', und natürlich sind Bildwörterbücher vor allen Dingen für viele Fachwörter eine große Hilfe. Sie haben eine interessante Konkurrenz in der digitalen Welt dadurch, dass man über Suchmaschinen Bilder finden kann, und dass diese Bilder auch noch in unterschiedlichen Kontexten auftauchen. Wer z. B. das Wort ‚Türdrücker' noch nie gehört hat (das gilt auch für sehr viele Muttersprachler) und glaubt, das Wort müsse etwas anderes sein als das Wort ‚Türklinke', das er schon gelernt hat, wird bei einem Suchlauf im Netz nicht nur viele Bilder finden, die ihn glauben lassen, dass Türdrücker doch nur ein Synonym für Türklinke ist, er wird auch Verwendungskontexte finden, z. B. wenn er in Ebay nicht nur eine abgebildete Klinke findet, sondern auch mögliche Preise dafür.

Digitale Medien und Wortschatzarbeit Oben stellte sich die Frage, ob das internationale phonetische Alphabet, das für die Lautvermittlung in Wörterbüchern so wichtig war, langfristig digital durch mitgelieferte Audiodateien ersetzt wird. Diese Frage stellt sich auch für Bildwörterbücher: Es wird sich im Laufe der Zeit zeigen, inwieweit sie durch digitale Medien, durch Online-Recherchen einfach ersetzt werden. Und inwieweit insgesamt digitale Wörterbücher und Wortschatzportale (vgl. z. B. ▶ http://wortschatz.uni-leipzig.de/) durch den enormen Platz, der ihnen in ihren Online-Varianten zur Verfügung steht, langfristig in der Lage sein werden, **landeskundliche Informationen stärker mit der Wortschatzarbeit zu verbinden,** als dies ein traditionelles Wörterbuch leisten kann, das durch seinen Umfang beschränkt ist. Mit dem Aufkommen der digitalen Medien wird es auch immer wichtiger, zunächst hinzuschauen, wie Lernende tatsächlich Wortschatz lernen, ob sich mit dem Aufkommen von Online-Nachschlagewerken, die man auf dem Handy immer dabei hat, im Vergleich zu gedruckten Wörterbüchern die Nutzung von Wörterbüchern im Hinblick auf Häufigkeit und Art der Nutzung verändert hat und ob die tatsächlichen Aktivitäten der Lernenden und die von der Didaktik empfohlenen übereinstimmen. Krauß (2021) analysiert anhand des Wortschatzlernens englischer Germanistikstudierender während ihres gesamten Studiums das tatsächliche Lernverhalten und den Einfluss didaktischer Interventionen. Verwendet werden sowohl digitale als auch nicht-digitale Ressourcen, Es gibt nicht eine klar dominierende Strategie; die fünf am häufigsten genannten Strategien sind: Notieren in Listenform, Wort in Konversation benutzen, Übersetzen in die Muttersprache und wiederholtes Lesen, Abdeckmethode und wiederholtes Schreiben.

8.6 Grammatik

Definition

Mit dem Begriff **Grammatik** verbinden sich unterschiedliche Vorstellungen. Er referiert zum einen auf das, was eine Person im Kopf hat – und zwar unabhängig davon, ob diese Person Auskünfte darüber geben kann. Zum anderen sind Grammatiken mögliche Beschreibungen der Strukturen einer Sprache, die im Idealfall das abbilden, was ein Sprecher einer Sprache im Kopf hat. Diese Beschreibungen wiederum kann man unterteilen in **sprachwissenschaftliche und didaktische Beschreibungen.** Von einer wissenschaftlichen Grammatik einer Sprache wird erwartet, dass sie so umfassend, so präzise und so knapp wie möglich ist. Und dass sie beschreibend (**deskriptiv**) und nicht vorschreibend (**präskriptiv**) ist.

Wer anfängt, Deutsch als Fremdsprache zu lernen, stellt im Vergleich zu den bisher gelernten Sprachen fest, dass das Deutsche an manchen Stellen **ziemlich ungewöhnlich** ist. Das Verb scheint recht beweglich zu sein, im Nebensatz steht es am Ende, im Hauptsatz an zweiter Stelle. Und dann diese Satzklammer! Manchen Verben kann man den Kopf abhacken und ihn weiter rechts im Satz ablegen, bei anderen Verben, die so ähnlich oder sogar gleich aussehen, geht das nicht. Und was man alles beachten muss, um einen Satz im Perfekt zu bilden! Man muss nicht nur das Prinzip Satzklammer kennen, es gibt auch keine einfache Weise, um an einem Verb zu markieren, dass es sich um ein Perfekt handelt. Man muss wissen, wie das Verb sein Partizip bildet und dann muss man auch noch entscheiden, ob man *sein* oder *haben* hinzufügt, dazu muss man sich mit der Semantik des Verbs beschäftigen.

Und wer Deutsch lernt, um richtig Deutsch schreiben zu können, erlebt in der Nominalphrase die größten Herausforderungen. Schon wieder gibt es eine Klammer, zwischen Artikel und Substantiv können theoretisch endlos viele Attribute stehen. Und die Arbeitsteilung zwischen Artikel, Adjektiv und Substantiv in der Nominalphrase, um die Informationen über Genus, Numerus und Kasus zu transportieren, kommt manchen Lernenden erst einmal vor wie reine Schikane. Das System wirkt ziemlich chaotisch: Wieso kann der bestimmte Artikel ‚der', kaum dass man verstanden hat, dass er anzeigt, dass ein Substantiv maskulin ist, ein paar Lektionen später bei femininen Substantiven auftauchen, bloß in einem anderen Kasus?

Und warum braucht man so viele Möglichkeiten, den Plural zu markieren, wenn andere Sprachen dafür einfache Lösungen haben, sodass es am besten ist, die richtige Pluralform bei jedem Substantiv gleich mitzulernen, statt eine Regel zu lernen, wie man Plural markiert? Und Lernende mit Erstsprachen, in denen es keine Artikel gibt, fragen sich manchmal, selbst wenn sie auf C-Niveau elaborierte Aufsätze schreiben, ob sie vielleicht ein paar Artikel vergessen oder vorsichtshalber zu viele in den Text gepackt haben.

Die Grammatik des Deutschen mutet den meisten Lernenden also einiges an **Herausforderungen** zu, liefert aber auch, positiv gesehen, viele Einsichten darüber, wie unterschiedlich Sprachen gebaut sein können (zum Sprachvergleich vgl. Zifonun 2021, eine sehr schön geschriebene Auseinandersetzung mit der Grammatik der deutschen Sprache liefert Macheiner 1991). Kein Wunder, dass das Deutsche manchmal als schwer zu lernende Sprache angesehen wird, was entweder dazu führt, dass man diese Sprache lieber nicht wählt, oder gerade dazu, dass man sich, weil man sich etwas zutraut, für diese Sprache entscheidet (vgl. zur Auseinandersetzung mit der Frage, ob Deutsch eine schwer zu lernende Sprache sei, Földes 2003). Für die Lernenden ist es sehr wichtig, dass ihnen für den Grammatikerwerb Beschreibungen der deutschen Sprache zur Verfügung stehen, die sie verstehen, und Material, mit dem sie die Besonderheiten des Deutschen gut üben können.

Meistens ist sehr gut zwischen wissenschaftlichen und didaktischen Grammatiken zu unterscheiden. Einen interessanten Sonderfall stellt der Band *Deutsche Grammatik. Ein Handbuch für den Ausländerunterricht* (Helbig/Buscha 2001) dar. Bei dieser Grammatik signalisiert der Untertitel eine didaktische Grammatik: *Für den Ausländerunterricht.* Hingegen deutet *Handbuch* auf einen gewissen Umfang und eine Vollständigkeit, der den ‚normaler‘ didaktischer Grammatiken sprengt. Unter dem Gesichtspunkt der Vollständigkeit handelt es sich eher um eine wissenschaftliche Grammatik, die an einigen Stellen aber auch Elemente einer didaktischen Grammatik enthält, wenn sie z. B. bei vermuteten Lernschwierigkeiten ausführliche Listen liefert, wie es wissenschaftlichen Grammatiken eher nicht tun würden. So werden zum Beispiel die Modalpartikeln auf dreizehn Seiten abgehandelt (vgl. ebd., S. 486–499), in einer wissenschaftlichen Grammatik wie Engel (2009, S. 423 f.) stehen diesem Gegenstand zwei Seiten zur Verfügung.

Dieses Vorgehen macht das *Handbuch* zwar noch nicht zu einer didaktischen Grammatik, da ein Bezug zum Lernprozess damit noch nicht hergestellt worden ist, es ist aber ein Indiz dafür, dass diese Grammatik unter den wissenschaftlichen Grammatiken die größte Affinität zu didaktischen Grammatiken hat, weshalb sie auch für eine interessante Misch-Zielgruppe – fortgeschrittene Lernende der deutschen Sprache, die gleichzeitig als Germanistik-Studierende linguistische Leser des Buches sind – von besonderem Interesse sein kann.

8.6.1 Didaktische Grammatik

Für Sprachbeschreibungen, die sich an Lernende unterschiedlichen Alters, unterschiedlicher Sprachbeherrschung und unterschiedlicher metasprachlicher Kenntnisse richten, haben sich als Begriffe ‚didaktische Grammatik‘, ‚pädagogische Grammatik‘, manchmal auch ‚Lernergrammatik‘ durchgesetzt. Diese didaktischen Grammatikbeschreibungen streben nicht wie die sprachwissenschaftliche Grammatik Vollständigkeit, Präzision und Kürze an, ihre Hauptfunktion ist es, dafür zu sorgen, dass die Lernenden die Sprache besser lernen, und zwar mit Hilfe einer wie auch immer gearteten Beschreibung der Bereiche Morphologie und Syntax (zur Unterscheidung der verschiedenen Grammatikbegriffe vgl. Helbig 1992, ein früher einflussreicher Artikel zum Konzept der didaktischen Grammatik ist Schmidt 1990, einen Überblick über die Leistungen und Schwächen der didaktischen Grammatiken und zu deren Ausdifferenzierung findet sich in Rösler 2021b).

Didaktische Grammatiken sollen also einen Beitrag zur **Bildung der Regeln im Kopf** leisten und zwar so, dass die Phänomene der Zielsprache nicht nur begrifflich erkannt, sondern auch beherrscht werden. Didaktische Grammatiken sind also eigentlich hauptsächlich für die Lernenden geschrieben, häufig werden sie allerdings auch von Lehrenden nicht nur zur Vorbereitung auf den Unterricht, sondern auch für die Erweiterung ihres eigenen Wissens verwendet.

Im Gegensatz zur Lektüre einer wissenschaftlichen Grammatik ist die didaktische Beschäftigung mit Grammatik konzentrisch, d. h. Phänomene werden nicht nur einmal systematisch abgehandelt, sondern in unterschiedlicher Quantität und Komplexität zu verschiedenen Zeitpunkten wieder aufgenommen. Werden beispielsweise in Lektion 2 des ersten Bandes eines Lehrwerks Personalpronomen eingeführt, so werden dabei die Anredepronomen nur knapp im Hinblick auf ihre Funktion als Höflichkeitsmarkierung und die sozialen Parameter der Auswahl erklärt werden können; in Lehrwerken für Fortgeschrittene wird dieses Phänomen entsprechend differenzierter ein weiteres Mal behandelt werden.

Bei den didaktischen Grammatiken kann zunächst grob unterschieden werden zwischen:

- Grammatiken, in denen die Lernenden bestimmte sprachliche Phänomene nachschlagen können, den sogenannten Referenzgrammatiken, und
- Grammatiken, die die Darstellung eines Phänomens mit Übungen verbinden, den sogenannten Übungsgrammatiken.

Referenzgrammatiken und Übungsgrammatiken, können sehr unterschiedlich ausgerichtet sein. Sie können sich z. B. unterscheiden im Hinblick auf:

- das Sprachniveau, auf das sie sich beziehen: „für Anfänger", „für Fortgeschrittene",
- die Tatsache, dass sie einsprachig oder kontrastiv sind oder
- die Art und Weise, in der sie sprachwissenschaftliche Fachterminologie verwenden.

Übungsgrammatiken unterscheiden sich untereinander u. a. durch:

- die Art von Übungen, mit denen sie hauptsächlich arbeiten,
- den Umfang und die Art der Erklärungen der Regeln und
- die Einbeziehung bzw. fehlende Einbeziehung von Texten.

Die **traditionelle Vorstellung vom Üben** geht davon aus, dass ein Phänomen zuerst präsentiert und verstanden werden muss, dass der Lernstoff danach in speziellen Übungen verinnerlicht werden muss, bevor er im dritten Schritt in einer Transferphase in Situationen angewandt werden kann. Zum traditionellen Übungskonzept gehört als letzter Schritt dann noch eine Kontrollaktivität, bei der überprüft wird, ob das Üben erfolgreich war. Die Annahmen dieses Vorgehens sind nicht unproblematisch.

Wer eine Fremdsprache gelernt hat, weiß, dass er bestimmte grammatische Phänomene verstehen und sie in einer Grammatikübung und auch in einem daran anschließenden Test korrekt wiedergeben kann, dass er vielleicht in einer an die Übung anschließenden Transferaktivität die entsprechende Form auch noch richtig verwenden kann, dass er aber ein paar Wochen später diese Form durchaus falsch verwendet und manchmal sogar regelmäßig falsch verwendet.

Offensichtlich ist der Zyklus **Präsentieren, Üben, Transferieren** allein nicht so erfolgversprechend. Mit Bezug auf diese Beobachtung ist das Üben seit den 1970er Jahren in der fremdsprachendidaktischen Diskussion häufig kritisiert und in kommunikativen Unterrichtskonzeptionen marginalisiert worden. In der Unterrichtspraxis hat diese Diskussion aber das Üben nicht verdrängen können, denn seit den 1970er Jahren sind eine ganze Reihe sehr unterschiedlicher Übungsgrammatiken entstanden.

Beide Arten von didaktischen Grammatiken, Referenzgrammatiken und Übungsgrammatiken, müssen damit leben, dass sie verglichen mit sprachwissenschaftlichen Grammatiken bestimmte Gegenstände gar nicht oder weniger vollständig behandeln. Dies ist zunächst einmal kein Defizit, weil Vollständigkeit kein Kriterium für die Qualität einer didaktischen Grammatik ist. Zum Defizit werden fehlende oder unvollständig behandelte Gegenstände nur, wenn diese für die mit einer bestimmten didaktischen Grammatik angesprochenen Lernenden mit ihren Lernzielen relevant gewesen wären. Eine ausführliche Diskussion und kritische Auseinandersetzung mit der Funktion von Übungsgrammatiken findet sich in den Beiträgen in Kühn (2004). Die umfangreichste **Analyse didaktischer Grammatiken** findet sich in Puato/Di Meola 2017 und Di Meola/Puato 2021: Auf der Basis eines Korpus von vierundzwanzig didaktischen Grammatiken liefern sie Fallstudien zum Umgang mit ausgewählten sprachlichen Phänomenen in diesen. Didaktische Grammatiken können sich auf den Erwerb der Form beschränken, sie können aber auch die gleichzeitige Vermittlung von Form und Funktion versuchen.

— Die zunächst verwirrende Vielfalt von Übungs- und Referenzgrammatiken für Deutsch als Fremdsprache ist eigentlich ein Vorteil. Diese didaktischen Grammatiken unterscheiden sich durch die Annahmen, die sie über ihre Lernenden machen, z. B. im Hinblick auf den erreichten Sprachstand, ihren Motivationsgrad und auf ihr kategorielles Vorwissen: So arbeiten klassische Übungsgrammatiken wie *Lehr- und Übungsbuch der deutschen Grammatik* (Dreyer/Schmitt 2009) und *Übungsgrammatik Deutsch* (Helbig/Buscha 2000) hauptsächlich mit terminologisch anspruchsvollen Beschreibungen und **geschlossenen** Übungen und unterscheiden sich dadurch z. B. von Übungsgrammatiken, die versuchen, geschlossene und offene Übungen zu anzubieten, die Phänomene in **Texten** einzuführen und zu erklären, welchen Beitrag sie zur Kommunikation leisten, wie z. B. *Grammatik mit Sinn und Verstand* (Rug/Tomaszewski 2001). Der Vorteil von *Grammatik mit Sinn und Verstand,* von kommunikativen Ereignissen auszugehen und dabei unterschiedliche Phänomene gleichzeitig zu behandeln und diese auch noch anhand von Texten zu präsentieren, führt dazu, dass die entsprechenden Kapitel sehr umfangreich sind. Damit laufen sie Gefahr, in manchen institutionellen Kontexten nicht in den Zeitplan zu passen, so dass Lehrende aus den Kapiteln häufig Auswahlen treffen werden, was aber gerade den großen Vorteil, die zusammenhängende Beschäftigung mit verschiedenen sprachlichen Mitteln, die etwas ausdrücken, wieder zerstören kann. Am Beispiel der Vermittlung von erweiterten Partizipialattributen werden in Rösler (2007) die Vor- und Nachteile dieser beiden Vorgehensweisen beschrieben.

- Während diese drei Bücher eine relativ gute Kenntnis von Metasprache voraussetzen, geht eine didaktische Grammatik wie *Grammatik sehen* (Brinitzer/Damm 2003) gerade von Lernenden aus, die im Hinblick auf die Beschreibung von sprachlichen Phänomenen sehr unerfahren sind.
- Eine didaktische Grammatik wie *Die Schöne ist angekommen* (Brand/Kresin-Murakami/Pechatscheck 1995) verpackt ihren Lernstoff in einen Fließtext, einen **Krimi,** und bietet damit Lernenden, für die Grammatikübungen eher langweilig sind, die Möglichkeit, mit den Phänomenen im Rahmen einer Geschichte umzugehen.
- Eine Übungsgrammatik wie *Klipp und Klar* (Fandrych/Tallowitz 2000), die 99 Lerngegenstände jeweils doppelseitig behandelt – eine Seite Präsentation, eine Seite Übung – kann natürlich einen Gegenstand nicht umfassend behandeln, aber dafür hat sie den Vorteil, dass man kurz und knapp zu einem Thema eine Beschreibungs- und Übungssequenz zur Verfügung hat.
- Unterscheidungen gibt es auch im Hinblick auf die Niveaustufen, so gibt es didaktische Grammatiken für Anfänger (vgl. Buscha/Szita 2010 oder Reimann 2021) und für Fortgeschrittene (vgl. Buscha/Szita 2013 oder Hall/Scheiner 2014).
- Eine weitere Unterscheidung bezieht sich darauf, ob sich eine Übungsgrammatik auf ein Lehrwerk bezieht (vgl. Funk/König/Rohrmann 2006 zum Lehrwerk *studio d*) oder wie die bisher angeführten Beispiele lehrwerkunabhängig ist.

Wenn Lehrende einen guten Überblick über die vorhandenen didaktischen Grammatiken haben und einschätzen können, welche von ihnen für welche Lernergruppe interessant sind und was die Vor- und Nachteile der jeweiligen didaktischen Grammatiken sind, dann ist diese auf den ersten Blick verwirrende Vielfalt eine günstige Ausgangslage, um für die jeweilige Gruppe von Lernenden die am besten geeignete didaktische Grammatik zu finden.

8.6.2 Präsentation der Grammatik

Die Suche nach der angemessenen Präsentationsform für grammatische Phänomene wirft eine Reihe von Fragen auf:
- Welche Form der Grammatikdarstellung ist für welche Lernergruppe angemessen?
- Wie viel und welche Terminologie kann verwendet werden?
- Wie hilfreich sind welche Visualisierungen?
- Wie vollständig kann und soll die Darstellung sein?
- Gibt es Phänomene, die gar nicht dargestellt werden sollten, bei denen man darauf vertraut, dass sie besser inzidentell erworben werden?

Auf diese Fragen hat es zu unterschiedlichen Zeiten der Entwicklung der Fremdsprachendidaktik unterschiedliche Antworten gegeben. Die Geschichte der

Grammatikdarstellung im Deutschen hat z. B. mit der Verwendung der Valenzgrammatik für didaktische Zwecke einen Visualisierungsschub erhalten, der für viele Lerner eine kognitive Hilfe darstellt. So wurden z. B. Satzglieder durch Rechtecke und Ellipsen visualisiert. Gleichzeitig wurden Lernende zu diesem Zeitpunkt mit für sie neuen Termini konfrontiert, z. B. durch die Ersetzung des vertrauten Begriffs ‚Subjekt‘ durch ‚Nominativergänzung‘, und auch die Lehrkräfte hatten eventuell Schwierigkeiten damit, ihre klassische Unterscheidung von Objekten und adverbialen Bestimmungen aufzugeben zu Gunsten von Ergänzungen und Angaben.

Während in der sprachwissenschaftlichen Diskussion die Einführung neuer Termini gerechtfertigt ist, wenn sie zu einer angemesseneren Beschreibung der Sprache führen, ist in didaktischen Kontexten darüber hinaus noch zu berücksichtigen, dass diese **verständlich und lernfördernd** sein müssen. Was das konkret bedeutet, ist bei Lernenden unterschiedlich. Für manche wirkt eine neu eingeführte Terminologie zunächst einmal bedrohlich, andere profitieren davon, dass sie ihr metasprachliches Wissen, das sie in der Beschäftigung mit anderen Sprachen erworben haben, nutzen können. Ob, welche und wie viel Terminologie in Lehrwerken und Unterricht vorkommen soll, ist also keine Frage, die allgemeingültig beantwortet werden kann, sondern nur in Abhängigkeit von den Voraussetzungen der Lernenden.

Visualisierung Grammatik kann auf unterschiedliche Weisen visualisiert werden, Pfeile helfen vielleicht bei der Beschreibung von Aktiv und Passiv, Fettdruck und Farben verweisen auf Neues, bestimmte Formen stehen für bestimmte Phänomene. Eine besonders interessante Art der Visualisierung ist die Bildmetapher, wenn z. B. die Stellung der Satzglieder im Satz durch die Waggons eines Zugs oder die Satzklammer durch eine Art Schraubzwinge repräsentiert werden. Gelingen die **Bildmetaphern,** können sie dazu beitragen, die ewige Streitfrage ‚kognitive explizite Vermittlung von Grammatik‘ vs. ‚implizite durch Nachahmung oder induktives Verstehen‘ ein wenig zu entschärfen, weil zusätzlich zu metasprachlichen Erklärungen ein Bild versuchen kann, Konzepte zu vermitteln. Dass dies nicht immer gelingt, ist kein Argument gegen Bildmetaphern; Lehrwerkmacher müssen sich nur darüber im Klaren sein, dass Lernende mit unterschiedlichen Sprachlernerfahrungen und unterschiedlichen Bildwahrnehmungen die gewählten Bildmetaphern nicht immer so rezipieren, wie sie es intendiert haben.

Ein interessanter nächster Schritt im Bereich der Visualisierung, der durch die digitalen **Medien** ermöglicht wird, ist die Entwicklung animierter Grammatikdarstellungen. Dabei besteht die Gefahr, dass die Überladung der Lernenden mit beweglichen Bildern dazu führt, dass ihre Aufmerksamkeit für das zu Lernende reduziert wird. Es muss also bei der Entwicklung von animierter Grammatik sehr genau darauf geachtet werden, dass Bewegung tatsächlich nur dann eingesetzt wird, wenn den Lernenden dadurch eine kognitive Entlastung geliefert wird, z. B. dadurch, dass Raumkonzepte erfahrbar werden oder dass Bewegungen im Satz bei den Stellungsregeln tatsächlich nachvollziehbar werden. Die Arbeiten von

Scheller (2008) und Roche/Scheller (2004) haben gezeigt, wo die Vor- und Nachteile animierter Grammatik liegen können. Eine praktische Anwendung findet sich in Roche/EL-Bouz (2019).

Zeyer (2018) hat in einer empirischen Studie anhand von auf der Lernplattform *Deutsch für dich* des Goethe-Instituts bereitgestellten Einheiten einer interaktiven animierten Grammatik untersucht, ob und wie Lernende bereits auf dem Anfängerniveau grammatische Phänomene mit einer interaktiven animierten Grammatik selbstständig entdecken und lernen können. Ihr Fazit: Es könne festgehalten werden,

> » dass das abgestimmte Zusammenspiel der folgenden Faktoren lernfördernd ist: die Transparenz der Programmstruktur, die Nachvollziehbarkeit der Funktionsweise aller Elemente, die durch die sukzessive Verbindung der sprachlichen und multimodalen bzw. visuellen Informationen erreicht werden kann und die Interaktivität der Lernsoftware, die auf unterschiedliche Art und Weise für Selbstlernende in verschiedenen Lernphasen unterstützend ist. Gewährleistet ein Lernprogramm Unterstützung dieser Art, ist den Lernenden eine selbstständige Beschäftigung mit grammatischen Inhalten bereits auf der Anfängerstufe zuzutrauen. Dabei erfolgt die Aktivierung der Lernenden von der Entdeckung über die Regelformulierung hinaus zum Wissenstransfer. Die Lernenden sind bereits auf der Niveaustufe A in der Lage, sich selbstständig mit grammatischen Lerninhalten in der Fremdsprache auseinanderzusetzen. Dank der Unterstützung durch die interaktiven und (audio-)visuellen Elemente wird das Verstehen erleichtert, das Behalten gefördert sowie die Lernmotivation unterstützt. (ebd., S. 279f)

Entdeckendes Lernen und *data-driven learning* Dass in dieser Arbeit analysierte entdeckende **Lernen** ist eine Alternative zu einer lehrer- und lehrbuchzentrierten Grammatikvermittlung. Während bei dieser den Lernenden Phänomene und Regeln fertig präsentiert werden, werden beim entdeckenden Lernen sprachliche Daten so angeboten, dass die Lernenden in der Lage sind, die entsprechenden Regeln selbst zu entdecken und zu formulieren.

Eine besondere Art von entdeckendem Lernen wird dadurch möglich, dass mit dem Aufkommen der digitalen Medien die Linguistik in die Lage versetzt wurde, mit großen Mengen sprachlicher Daten zu arbeiten. Die **Korpuslinguistik** ist für das Fremdsprachenlernen auf mindestens zwei Ebenen von Interesse: Zum einen erhalten durch die linguistische Arbeit an großen Korpora Lehrmaterialmacher Einsichten in die Sprache und authentisches Material. Zum anderen ist es möglich, die Korpora selbst durch ein Konzept, das sich *data-driven learning* nennt, für das Lernen zu nutzen (vgl. ▸ Abschn. 2.3).

Diese Art von Lernen kann funktionieren, wenn das vorhandene Sprachniveau der Lernenden, die zur Verfügung stehenden Korpora und die gestellten Aufgaben gut zueinander passen. Dies ist für fortgeschrittene **Lerner** einfacher vorstellbar als für Anfänger. Die Diskussion über die Bedeutung der Korpusanalyse für das Fremdsprachenlernen wurde anfangs vor allem im Bereich Englisch geführt (vgl. den Überblick von Mukherjee 2008; frühe auf Deutsch als Fremdsprache bezogene Beiträge finden sich u. a. bei Fandrych/Tschirner 2007; Schmidt 2008 oder Schneider/Ylönen 2008, einen aktuellen Überblick liefert Flinz 2021).

Langfristig besonders interessant ist die Entwicklung sogenannter **Lernerkorpora,** die, wenn sie umfangreich und ausreichend differenziert annotiert sind, interessante Einblicke in die sprachliche Entwicklung der Lernenden erlauben, die wiederum die Basis für eine zielgenauere Produktion von Aufgaben und die Bereitstellung von Input ist. So ließe sich zum Beispiel mit dem Vergleich eines Lernerkorpus und eines Korpus mit Texten von Muttersprachlern herausfinden, welche Strukturen die Lernenden häufig und welche sie zu wenig nutzen oder wo die Lernenden Vermeidungsstrategien verwenden. Das Pionierprojekt für Deutsch als Fremdsprache ist das Lernerkorpus „FALKO" (vgl. Lüdeling u. a. 2008). Vgl. die Bestandsaufnahme zu gesprochenen Lernerkorpora Wisniewski (2022).

Kontrastives Vorgehen Sollen Grammatikphänomene kontrastiv, also im Vergleich mit anderen Sprachen, behandelt werden? Das hängt nicht nur davon ab, inwieweit die Ausgangssprache der Lernenden in den Beschreibungen und Übungsanweisungen vorkommen. Es spielt auch die Auswahl und die Art der Beschreibung der Gegenstände und die Intensität der Beschäftigung mit ihnen eine Rolle. Für die Fremdsprache Deutsch findet man sehr viele einsprachige Materialien, was zum einen etwas mit ökonomischen Faktoren zu tun hat, aber auch damit, dass die Vor- und Nachteile eines kontrastiven Vorgehens in der Geschichte der Fremdsprachendidaktik sehr unterschiedlich gesehen worden sind. Das wird in ▶ Kap. 11 genauer behandelt.

8.6.3 Grammatikprogression

Zumindest überall da, wo Lehrwerke stark unterrichtsteuernd sind (s. ▶ Abschn. 3.2.4), sind sie die wichtigsten Instanzen bei der Grammatikvermittlung: Sie legen fest, welche grammatischen Phänomene wann wie und wie intensiv behandelt werden. In diesem Zusammenhang spielt der in ▶ Abschn. 3.2.2 bei der Behandlung des Aufbaus eines Lehrwerks schon angesprochene **Progressionsbegriff** eine große Rolle. Es gibt ihn in einer doppelten Bedeutung:

- Zum einen bezieht er sich auf den Grad oder die Intensität der Arbeit mit einem bestimmten Phänomen, hier spricht man von einer **steilen oder flachen Progression** (s. ▶ Abschn. 3.2.2).
- Zum anderen bezieht er sich auf die **Reihenfolge,** in der Phänomene behandelt werden.

Theoretisch kann sich die Reihung dabei auf unterschiedliche Phänomene beziehen, z. B. Wortschatzprogression oder Textsortenprogression, de facto geht es meist um die Grammatikprogression, wenn in der Fremdsprachendidaktik von Progression geredet wird, auch wenn seit den 1970er Jahren in der Methodendiskussion der grammatischen Progression programmatisch eine kommunikative Progression entgegengesetzt wurde (s. ▶ Abschn. 3.2.2 und 4.6).

Während ‚steile und flache Progression' zumeist eher beschreibend im Hinblick auf die Intensität der Stoffverteilung verwendet werden, ist der zweite, häufiger gebrauchte Progressionsbegriff ein in Sprachlehrforschung, Spracherwerbsforschung und Didaktik sehr umkämpfter Begriff. Hier meint ‚Progression' nämlich entweder, dass es eine **natürliche Reihenfolge des Erwerbs** gibt, oder dass es eine **bestimmte Reihenfolge** gibt, nach der im Unterricht die Phänomene vermitteln werden sollen. Idealtypisch fallen beide zusammen, die Vermittlung folgt dem natürlichen Erwerb, und eine bestimmte Richtung der Spracherwerbsdiskussion postuliert, dass eine Progression im Unterricht gar nichts anderes vorgeben kann, als natürlichen Erwerbssequenzen zu folgen, weil in anderen Sequenzen ohnehin von den Lernenden nicht gelernt werden kann.

Es wäre ideal, wenn klare Erkenntnisse über natürliche Erwerbssequenzen dazu führen könnten, dass der Unterricht entsprechend dem natürlichen Erwerb aufgebaut wird. In den ▶ Abschn. 2.2.1 und 2.2.2 wurde die Problematik dieser Annahme diskutiert: Ein Migrant, der den Ausdruck von Vergangenheit z. B. als erstes durch ein Temporaladverb erwirbt, kann sich seiner Umgebung kommunikativ schön früh im Erwerb durch die Äußerung „Gestern fernsehen" mitteilen. Im Fremdsprachenunterricht wird dagegen in der knappen Zeit, die im Klassenzimmer zur Verfügung steht, nicht in einem ersten Schritt gelehrt werden, dass mit einem Infinitiv und einem Temporaladverb Informationen über Vergangenes transportiert werden können.

Unter kommunikativen Gesichtspunkten ist dies durchaus eine interessante Möglichkeit, aber die Künstlichkeit des Unterrichts im Klassenzimmer, die die Lernenden im Gegensatz zum natürlichen Erwerb ja nicht dazu zwingt, sofort ‚überlebensrelevant' kommunizieren zu müssen, kann sich den ‚Luxus' leisten, bestimmte Phänomene zunächst nicht in den Diskurs einzuführen und Strukturen auf Vorrat zu lernen. Der Preis dafür kann allerdings hoch sein: Anderen erzählen, was man am Vortag gemacht hat – eine ziemlich verbreitete alltägliche Aktivität, die zumeist mit der Verwendung von Vergangenheitsformen einhergeht – wird schwierig, wenn keine Abweichungen von der sprachlichen Norm wie „gestern fernsehen" produziert werden sollen, die dafür notwendigen sprachlichen Mittel, die Vergangenheitsformen, aber noch nicht zur Verfügung stehen.

Die Geschichte des Fremdsprachenunterrichts zeigt, dass mit diesem **Grammatiklernen** auf Vorrat gravierende Nebenwirkungen verbunden sind: das Fehlen der inhaltlichen Selbstbestimmung der Lernenden, die mögliche Langeweile oder gar der Motivationsabbruch durch ein zu stark auf Grammatik fokussiertes Lernen usw. Es war deshalb fast zwangsläufig, dass mit dem kommunikativen Ansatz (s. ▶ Abschn. 4.6) ein weitgehend erfolgreicher Versuch unternommen wurde, das Primat der Grammatikvermittlung in Frage zu stellen und der Grammatik eine ‚dienende Funktion' zuzuweisen. Trotzdem ist es wichtig festzuhalten, dass es innerhalb des Klassenzimmers möglich ist, Phänomene in einer anderen Reihenfolge zu lernen als es im natürlichen Zweitspracherwerb einer vergleichbaren Gruppe geschehen würde. Und wenn dies zum Wohl der Lernenden passiert und nicht dazu führt, dass Kommunikation vernachlässigt wird, dann ist es sinnvoll, dass sich die Fremdsprachendidaktik Gedanken um die Progression macht.

Kriterien für die Festlegung der Reihenfolge Es gibt unterschiedliche Kriterien für die Festlegung der Reihenfolge. Zunächst gibt es eine Art intuitive Einschätzung von sinnvollen Reihenfolgen, die solange einigermaßen funktioniert, wie sie innerhalb eines bestimmten sprachlichen Bereichs bleibt.

Niemand wird dem widersprechen, dass Indikativ Präsens im Fremdsprachenunterricht vor dem Konjunktiv II behandelt werden müsse. Auch dass Nominativ und Akkusativ in Lehrwerken vor dem Genitiv auftauchen, ist im Bereich der Kasus einsichtig. Es gibt also offensichtlich eine Art geteilter Vorstellung davon, dass **Einfacheres vor Komplexerem** kommt, bezogen auf eine **innersprachliche** Systematik. Dieses Kriterium funktioniert aber nur innerhalb von bestimmten Teilbereichen; eine Entscheidung ‚Dativ oder Fragesatz zuerst?‘ ist mit dieser Vorstellung von innersprachlicher Systematik nicht fällbar.

Und selbst eine scheinbar einfache Frage wie ‚Perfekt oder Präteritum zuerst‘, die vielleicht mit Blick auf ein Kriterium wie ‚synthetisch vor analytisch‘ mit ‚Präteritum vor Perfekt‘ beantwortet werden könnte, zeigt, dass die innersprachliche Systematik nicht das einzige Kriterium sein kann. Wenn eine Lernergruppe als wichtiges Lernziel die Lektüre von geschriebenen Texten hat, dann ist dies eine sinnvolle Reihenfolge. Ist die Förderung der mündlichen Kommunikationsfähigkeit ein hervorgehobenes Lernziel, ist es hingegen notwendig, das Perfekt zusammen mit dem Präteritum von ‚haben‘ und ‚sein‘ zuerst einzuführen, obwohl diese Entscheidung eine Reihe von ‚Nebenwirkungen‘ auf der systematischen Ebene hat: Aus ihr folgt, dass die Bildung der Partizipien früh eingeführt und auch die für manche Lernende des Deutschen etwas ungewöhnliche Tatsache vermittelt werden muss, dass im Deutschen das Perfekt sowohl mit ‚haben‘ als auch mit ‚sein‘ gebildet werden kann. Es sind also auch zumindest elementare Angaben über die Klassifizierung von Verben einzuführen. Die Entscheidung, das komplexere Perfekt vor dem Präteritum zu behandeln, ist trotzdem richtig, wenn man **kommunikative Relevanz** als Kriterium nimmt und dieses Kriterium höher gewichtet als systematische Erwägungen.

Innersprachliche Einfachheit vs. innersprachliche Komplexität und kommunikative Notwendigkeit sind also Kriterien, die auf unterschiedlichen Ebenen wirken. Ein weiteres Kriterium bei der Auswahl lautet ‚leicht vs. schwierig‘, was intuitiv sehr überzeugend klingt. Man fängt im Mathematikunterricht ja auch mit den Grundrechenarten an und nicht mit schwierigen Formeln. Aber was bedeutet ‚schwierig‘? Wie beim Kriterium der innersprachlichen Systematik könnte wieder als Beispiel angeführt werden, der Indikativ Präsens sei leichter zu lernen als der Konjunktiv II, aber im Gegensatz zum Versuch, die Schwierigkeit aus der innersprachlichen Systematik heraus zu bestimmen, ist bei diesem Kriterium häufiger ein Blick auf den Kontrast zu den bisher gelernten Sprachen erforderlich.

Deutschlernende, die nur Sprachen beherrschen, in denen es keine Artikel gibt, werden den Artikelgebrauch für eine Herausforderung halten. Wer hingegen mit der Kategorie ‚Artikel‘ vertraut ist, wird sich vielleicht darüber wundern, welches Genus manchen Substantiven im Deutschen im Vergleich zu seinen bisherigen Sprachen zugeordnet ist, wird aber in dem Artikelgebrauch als solchem keine besondere Herausforderung sehen. Sollte man nun den bisher ‚artikellosen‘ Lernern Artikel erst später präsentieren, weil sie für sie schwieriger sind?

Wohl nicht. Eher würde man sagen, sie müssten so schnell wie möglich mit dieser Schwierigkeit konfrontiert werden, damit sie nicht versuchen, Artikel zu vermeiden. Das Vorhandensein bzw. Fehlen von bestimmten Kategorien in den vorhandenen Sprachen und die damit verbundenen Einschätzungen davon, wie schwierig bzw. leicht zu lernen ein bestimmtes sprachliches Phänomen sei, werden also weniger bedeutsam für die Bestimmung der Reihenfolge sein als Einfluss haben auf den Grad der Intensität, mit der man sich mit einem bestimmten Phänomen beschäftigen muss.

Zusammenspiel der Kriterien (Kontrastive) Überlegungen zur Schwierigkeit, innersprachliche systematische Fragen zu Einfachheit vs. Komplexität und kommunikative Relevanz eines Phänomens sind also drei unterschiedliche Ebenen, auf denen über die Festlegung der Progression diskutiert werden kann. Sie werden bei der Gestaltung eines Lehrwerks nicht als Alternativen gegeneinander ins Feld geführt; vielmehr wird mit Blick auf mögliche Lernergruppen versucht, aus einer Mischung dieser Kriterien eine sinnvolle Reihenfolge zu konstruieren. Schaut man sich DaF-Lehrwerke der letzten 50 Jahre an, dann lässt sich feststellen, dass es anscheinend häufig Konsens darüber gibt, ungefähr in welcher Reihenfolge welche grammatischen Phänomene des Deutschen eingeführt werden sollten. Bei einigen Phänomenen gibt es allerdings gravierende Unterschiede im Hinblick darauf, wann sie eingeführt werden und wie intensiv sie behandelt werden.

8.7 Interaktion

Erstspracherwerb, doppelter Erstspracherwerb und früher Zweitspracherwerb erfolgen aus der Interaktion mit der Umgebung und sind meist sehr erfolgreich (vgl. ► Abschn. 2.1 und 2.2). Auch beim ungesteuerten Zweitspracherwerb älterer Lernender spielt die Interaktion mit der Umgebung eine wichtige Rolle, je nach Intensität und Qualität der Interaktionen kann dieser Zweitspracherwerb glücken oder auch nicht. Wenn Interaktion so wichtig für den Spracherwerb ist, dann ist es nicht verwunderlich, dass auch für die Fremdsprachenforschung, vor allem seit sie kommunikative Lernziele und Handlungsorientierung als wesentliche Bestandteile des Fremdsprachenlernens sieht (vgl. ► Abschn. 4.6), Interaktion ein wichtiges und immer wiederkehrendes Thema ist.

Einflussreich war bereits die Einführung in das Thema durch Henrici (1995), 2000 nahm sich die einzelsprachenübergreifende Frühjahrskonferenz der Fremdsprachendidaktiker dieses Themas an (vgl. Bausch u. a. 2000). Kilsbach (2016) hat die Entwicklung von Begriffen wie *interaktiv, Interaktion* und *Interaktivität* anhand so unterschiedlicher allgemeiner oder fachlicher Korpora wie GoogleBooks (German), dem Deutschen Referenzkorpus und dem Knapptextkorpus des Informationszentrums für Fremdsprachenforschung analysiert und dabei für die Knapptexte aus dem Bereich Fremdsprachenforschung festgestellt, dass es eine hochfrequente Nutzung in den 1990er Jahren gab, während die Nutzung in den 2000er Jahren volatil gewesen sei (vgl. ebd.,

S. 59 f.). Ab den 2010er Jahren scheint das Interesse an diesem Thema wieder angewachsen zu sein, was u. a. die Gründung einer auf dieses Thema fokussierten Zeitschrift belegt. In ihrem Eröffnungsbeitrag begründen die Herausgeberinnen diese Neugründung mit der besonderen Bedeutung von Interaktionen für das Fremdsprachenlernen:

» Die lernförderliche Wirkung von handlungsbezogenen, authentischen Interaktionen in der Fremdsprache, die eine aktive Teilhabe am Unterrichtsgeschehen (und darüber hinaus) ermöglichen, ist in der Sprachlehr- und -lernforschung inzwischen allgemein anerkannt. So besteht Konsens darüber, dass der Erwerb interaktionaler Kompetenzen auf Seiten der Lernenden ein wesentliches Ziel des Fremdsprachenunterrichts darstellt, in dem erste Selbstwirksamkeitserfahrungen gemacht werden können, die einen anschließenden Transfer auf außerunterrichtliche Interaktionssituationen erleichtern. (Aguado/Siebold 2021, S. 6)

Mit den etablierten Werkzeugen der linguistischen Gesprächsanalyse, die sich seit Aufkommen der linguistischen Pragmatik im letzten Viertel des 20. Jahrhunderts intensiv mit menschlichen Interaktionen befasst hat, wird im 21. Jahrhundert versucht, für den Fremdsprachenunterricht wichtige Interaktionen zu analysieren. Für die Herausgeberinnen der neuen Zeitschrift bedeutet dies vor allem die Beschäftigung mit authentischen Interaktionssituationen in lernrelevanten Kontexten, der Vergleich kommunikativ-interaktionaler Praktiken in den Herkunftssprachen bzw. anderer zuvor gelernter Sprachen mit denen in der Zielsprache Deutsch, die Analyse der Lernersprachen zur Feststellung der Entwicklung der interaktionalen Kompetenz, die Erforschung der Interaktionen im Unterricht und die Auseinandersetzung mit der Frage, welche Rolle authentische Interaktionen in Lehrmaterialien spielen (vgl. ebd. S. 6 f.).

Ein Blick in die Vergangenheit von Lehrwerken wie zum Beispiel auf die als Dialog getarnte Grammatikeinführung in ▶ Abschn. 3.1.1. zeigt, dass sehr viele in Lehrwerken präsentierte Interaktionen, so relevant sie für andere Lerngegenstände auch sein mögen, nicht unbedingt die besten Sprachvorbilder im Hinblick auf gelungene Interaktionen sind. Es ist deshalb nicht verwunderlich, dass zum Beispiel bei der Frage, inwieweit genuin mündliche Interaktion in Lehrwerken auftauchen sollte, auch diskutiert werden muss, inwieweit Lernenden Transkripte zuzumuten sind (vgl. ▶ Abschn. 3.1.1).

Mit dem Aufkommen der Pandemie und dem damit erzwungenen Wechsel des Lernorts bei synchronem Unterricht – die Lernenden gingen nicht mehr in einen Raum der veranstaltenden Bildungsinstitutionen, der Unterricht drang in die Privaträume der Lernenden ein – wurden auch Interaktionen im **Online-Unterricht** im Hinblick auf die Frage analysiert, welche Gemeinsamkeiten und Unterschiede beim Vergleich von Präsenz und *remote* festzustellen seien, welchen Einfluss zum Beispiel die Tatsache, dass die Lernenden, die dem Unterricht auf sehr unterschiedlichen Endgeräten folgen und von daher ihre Mitlernenden, Einträge im Chat usw. unterschiedlich wahrnehmen, auf die Interaktion im digitalen Klassenzimmer hat (vgl. Rösler/Zeyer 2021).

Das wiedererstarkte Interesse an Interaktionen hat zu einer Vielzahl von **linguistischen oder linguistisch inspirierten Analysen** geführt, die für sich in Anspruch nehmen können, relevant für das Fremdsprachenlernen zu sein (vgl. z. B. Imo/Moraldo 2015 oder Günthner/Schopf/Weidner 2021). Deren Ergebnisse können produktiv für die Entwicklung von Lehrmaterialien ebenso genutzt werden wie für die Planung einzelner Unterrichtsstunden. Je genauer die analysierten Interaktionen zu den Lernzielen und den kommunikativen Umgebungen der Lernenden passen, desto relevanter werden sie für die jeweilige Praxis sein. Aber wie auch alle anderen Versuche, linguistisch oder didaktisch zu bestimmen, was für ein Lehrwerk relevantes Material sein soll, müssen auch die Ergebnisse linguistischer Interaktionsanalysen mit zwei Spezifika des gesteuerten Lernens konfrontiert werden: Aufgrund ihrer Analyse allein können die Gegenstände nicht festgelegt werden, weil sie zumeist nicht genau genug auf die konkreten Lernenden und Lernziele bezogen sind (zur Problematik des geringen Zielgruppenbezugs von Lehrmaterial vgl. ▶ Abschn. 3.2.3). Und im Gegensatz zu den Interaktionen außerhalb des Klassenzimmers führt ein Scheitern einer Interaktion in diesem zwar eventuell zu einer schlechten Note, hat aber im Vergleich zu einer nicht geglückten Interaktion im Ernstfall keine kommunikativen Konsequenzen.

8

Gesprächsgegenstände Während im ungesteuerten Erst- und Zweitspracherwerb Menschen miteinander kommunizieren, weil es etwas gibt, worüber sie kommunizieren möchten oder aus bestimmten Gründen müssen, auch wenn sie es gar nicht möchten, hat der **Fremdsprachenunterricht im Klassenzimmer** eine Besonderheit: Die Teilnehmenden sind dort, weil sie eine Sprache lernen möchten, nicht notwendigerweise, weil sie mit den anderen Personen im Raum etwas besprechen möchten. Zum didaktischen Vertrag gehört es jedoch, dass man so tut, als wolle man mit diesen Personen reden und zwar meist nicht in der Sprache, in der man sich mit diesen am besten verständigen könnte, sondern in der neuen Sprache, die man lernen möchte.

Dies kann besonders auf der Niveaustufe A eine ziemliche Zumutung sein, wenn ein Thema zur Debatte steht, über das man tatsächlich – und vielleicht sogar emotional sehr engagiert – reden möchte, wobei einem in der neuen Sprache aber noch viel zu wenig Mittel zur Verfügung stehen, um differenziert mit einem spannenden Thema umzugehen. Die Alternative ist aber auch nicht viel besser: das Reden über Belanglosigkeiten in einfachen Sätzen ist nicht gerade motivierend.

Kein Wunder also, dass die Frage, wie man die Lernenden zum Reden bringt, immer wieder Gegenstand fremdsprachendidaktischer Diskussionen ist, mal bezogen auf ein Veranstaltungsformat wie die nur für diesen Zweck auf den Stundenplan gesetzten Konversationsklassen (vgl. ▶ Abschn. 6.3.3), mal bezogen auf Lernervariablen wie bei der Diskussion, ob asiatische Lernende aufgrund ihrer Lerntraditionen besondere Schwierigkeiten haben, in der neuen Sprache zu sprechen (vgl. ▶ Abschn. 11.6), mal bezogen auf Aktivitäten wie Rollenspiele, Projekte oder dramapädagogische Inszenierungen (vgl. ▶ Abschn. 5.2) usw. Zumindest theoretisch ist klar: Je stärker sich die Kommunikation im Klassenzimmer der Kommunikation im Ernstfall annähert, desto größer ist die Chance, dass die Lernenden nicht nur so tun als ob, sondern dass sie versuchen, tatsächlich inhaltlich engagiert mit bestimmten Gesprächsgegenständen umzugehen. Besonders innerhalb der Projektdidaktik und der Aufgabenorientierung, bei Begegnungen und dramapädagogischen Inszenierungen, besteht die Chance, zu versuchen, die prinzipielle Unhintergehbarkeit der Künstlichkeit des Klassenzimmers doch ein bisschen zu hintergehen.

Im Fremdsprachenunterricht wird viel gesprochen – beim Nachsprechen, um die richtige Aussprache zu lernen, beim lauten Aussprechen von auswendig gelernten Chunks, um diese besser zu behalten, oder von auswendig gelernten Rollen bei einer Inszenierung, beim stark gelenkten Antworten auf bestimmte Fragen der Lehrkraft, die häufig ‚im ganzen Satz' erfolgen sollen, oder auch bei einer Präsentation, also beim monologischen Sprechen. Das bedeutet jedoch nicht, dass die Fähigkeit, in der fremden Sprache zu interagieren, gefördert wird. Die Fremdsprachendidaktik braucht Aufgabenstellungen, die dazu führen, dass Lernende auf dem zu einem bestimmten Zeitpunkt erreichten Sprachstand sich verständlich machen und gemeinsam etwas aushandeln können, wobei sie sich gegenseitig etwas erklären, andere Positionen verstehen usw. Durch derartige Aufgabenstellungen, so ist zu hoffen, werden die Lernenden versuchen, das, was sie schon gelernt haben, so einzusetzen, dass man sie versteht, und, wenn dies nicht gelingt, zu überlegen, woran es gelegen haben könnte, sodass sie sich für die nächste kommunikative Situation mit neu zu lernenden Strukturen, Höflichkeitsformen, Redewendungen usw. ausrüsten können.

Literatur

Aguado, Karin/Siebold, Kathrin: „Einführung zur ersten Ausgabe der Zeitschrift für Interaktionsforschung in DaFZ". In: *Zeitschrift für Interaktionsforschung in DaFZ* 1, 1 (2021), S. 3–11.

Altmann, Hans/Ziegenhain, Ute: *Prüfungswissen Phonetik, Phonologie und Graphemik.* Göttingen 2010.

Altmayer, Claus u.a. (Hg.): *Handbuch Deutsch als Fremd- und Zweitsprache.* Heidelberg 2021.

Augst, Gerhard: *Der Bildungswortschatz. Darstellung und Wörterverzeichnis.* Hildesheim 2019.

Augst, Gerhard/Kilsbach, Sebastian: *Auf Deutsch gesagt. Eine Wortschatzkunde für Deutsch als Fremdsprache.* Hildesheim 2022.

Bausch, Karl-Richard u.a. (Hg.): *Interaktion im Kontext des Lehrens und Lernens fremder Sprachen.* Tübingen 2000.

Brand, Linda/Kresin-Murakami, Jutta/ Pechatscheck, Karl: *Die Schöne ist angekommen.* Stuttgart 1996.

Brinitzer, Michaela/Damm, Verena: *Grammatik sehen: Arbeitsbuch für Deutsch als Fremdsprache.* Ismaning 2003.

Bryant, Doreen: „Die deutsche Sprache aus der Lernendenperspektive". In: Claus Altmayer u.a. (Hg.): *Handbuch Deutsch als Fremd- und Zweitsprache.* Heidelberg 2021, S. 124–147.

Buscha, Anne/Szita, Szilvia: *A-Grammatik.* Leipzig. 2010.

Buscha, Anne/Szita, Szilvia: *C-Grammatik.* Leipzig. 2013.

Cauneau, Ilse: *Hören, Brummen, Sprechen. Angewandte Phonetik im Unterricht DaF.* München 1992.

Chung, Wan Shik: „Die Rolle der Bilder im Ausspracheunterricht für Anfänger – am Beispiel der koreanischen Germanistikstudierenden des 1. Semesters". In: *Deutsch als Fremdsprache in Korea* 8 (2001), S. 64–80.

Chang, San-lii [u.a.]: *Deutsch für Schulen in Taiwan.* Taipeh 2000.

Di Meola, Claudio/Puato, Daniela (Hg): *Semantische und pragmatische Aspekte der Grammatik. DaF-Übungsgrammatiken im Fokus.* Berlin u.a. 2021.

Dieling, Helga/Hirschfeld, Ursula: *Phonetik lehren und lernen.* München 2000.

Dreyer, Hilke/Schmitt, Richard: *Lehr- und Übungsbuch der deutschen Grammatik – aktuell.* Ismaning 2009.

Engel, Ulrich: *Deutsche Grammatik. Neubearbeitung.* München 2009.

Fandrych, Christian/Tallowitz, Ulrike: *Klipp und klar. Übungsgrammatik Grundstufe Deutsch in 99 Schritten.* Stuttgart 2000.

Fandrych, Christian/Tschirner, Erwin: „Korpuslinguistik und Deutsch als Fremdsprache. Ein Perspektivenwechsel". In: *Deutsch als Fremdsprache* 44/4 (2007), S. 195–204.

Flinz Carolina. „Korpora in DaF und DaZ: Theorie und Praxis". In: *Zeitschrift für Interkulturellen Fremdsprachenunterricht* 26, 1 (2021), S. 1–43, ▶ https://tujournals.ulb.tu-darmstadt.de/index.php/zif/.

Földes, Csaba: „Deutsch als leichte und sympathische Sprache? " In: Gerhard Stickel (Hg.): *Deutsch von außen.* Berlin/New York 2003, S. 74–98.

Funk, Hermann/König, Michael/Rohrmann, Lutz: *Deutsche Grammatik: passend zum europäischen Referenzrahmen.* Berlin 2006.

Gnutzmann, Claus: „Language Awareness". In: Wolfgang Hallet/Frank Königs (Hg.): *Handbuch Fremdsprachendidaktik.* Seelze-Velber 2010, S. 115–119.

Götz, Sandra: *Fluency in Native and Nonnative English Speech.* Amsterdam 2013.

Grotjahn, Rüdiger: „Aussprracheunterricht: Ausgewählte Befunde aus der Grundlagenforschung und didaktisch-methodische Implikationen". In: *Zeitschrift für Fremdsprachenforschung* 9/1 (1998), S. 35–83.

Günthner, Susanne/Schopf, Juliane/Weidner, Beate (Hg.): *Gesprochene Sprache in der kommunikativen Praxis. Analysen authentischer Alltagssprache und ihr Einsatz im DaF-Unterricht.* Tübingen 2021.

Hall, Karin/Scheiner, Barbara: *Übungsgrammatik DaF für die Oberstufe.* Ismaning 2014.

Helbig, Gerhard: „Wieviel Grammatik braucht der Mensch?". In: *Deutsch als Fremdsprache* 29/3 (1992), S. 150–155.

Helbig, Gerhard/Buscha, Joachim: *Übungsgrammatik Deutsch.* Berlin [u. a.] [8]2000.

Helbig, Gerhard/Buscha, Joachim: *Deutsche Grammatik. Ein Handbuch für den Ausländerunterricht. Neubearbeitung.* Berlin [u. a.] 2001.

Henrici, Gert: *Spracherwerb durch Interaktion.* Baltmannsweiler 1995.

Hirschfeld, Ursula: „Phonetische Merkmale in der Aussprache Deutschlernender und deren Relevanz für deutsche Hörer". In: *Deutsch als Fremdsprache* 32/3 (1995), S. 177–183.

Hirschfeld, Ursula: „Ausspracheübungen für koreanische Deutschlernende". In: *Deutsch als Fremdsprache in Korea* 19/12 (2006), S. 7–26.

Hirschfeld, Ursula: „Phonetik/Phonologie". In: Hans-Jürgen Krumm [u. a.] (Hg.): *Deutsch als Fremd- und Zweitsprache. Ein internationales Handbuch.* Bd. 1. Berlin/New York 2010, S. 189–199.

Hirschfeld, Ursula: „Aussprachetraining in Deutsch als 2. Fremdsprache (nach Englisch)". In: Hans Barkowski [u. a.] (Hg.): *Deutsch bewegt. Entwicklungen in der Auslandsgermanistik und Deutsch als Fremd- und Zweitsprache.* Baltmannsweiler 2011, S. 207–220.

Hirschfeld, Ursula/Reinke, Kerstin: *Phonetik Simsalabim. Ein Übungskurs für Deutschlernende.* Berlin 1998.

Hirschfeld, Ursula/Reinke, Kerstin: *33 Aussprachespiele. Deutsch als Fremdsprache.* Stuttgart 2009.

Imo, Wolfgang/Moraldo, Sandro M. (Hg.): *Interaktionale Sprache und ihre Didaktisierung im DaF-Unterricht.* Tübingen 2015.

Jahns, Silke/Schröter, Anne: „Förderung der Aussprachekompetenz in DaF und EFL in Web 2.0-Lernumgebungen". In: Katrin Biebighäuser/Marja Zibelius/Torben Schmidt (Hg.): *Aufgaben 2.0 – Konzepte, Materialien und Methoden für das Fremdsprachenlehren und -lernen mit digitalen Medien.* Tübingen 2012, S. 167–189.

Kaunzner, Ulrike A.: *Aussprachekurs Deutsch. Ein komplettes Übungsprogramm zur Verbesserung der Aussprache für Unterricht und Selbststudium (mit 6 CDs). Text- und Übungsbuch.* Heidelberg 1997.

Kilsbach, Sebastian: „Interaktivität, interaktiv, Interaktion…: Fachsprachliche Termini im Kontrast zwischen alltagssprachlicher Aufladung und medial inszeniertem Marketing". In: Tamara Zeyer/Sebastian Stuhlmann/Roger D. Jones (Hg.): *Interaktivität beim Fremdsprachenlernen und -lehren mit digitalen Medien. Hit oder Hype.* Tübingen 2016, S. 43–68.

8

Kilsbach, Sebastian: *Wortschatzerweiterung in autonomen Erwerbskontexten. Zum systematischen Ausbau des individuellen Erweiterungswortschatzes Fortgeschrittener im Land der Zielsprache.* Gießen 2018. ► http://geb.uni-giessen.de/geb/volltexte/2018/13821/.

Klein, Wolfgang: „Von Reichtum und Armut des deutschen Wortschatzes". In Deutsche Akademie für Sprache und Dichtung/Union der deutschen Akademien der Wissenschaften (Hg.): *Reichtum und Armut der deutschen Sprache. Erster Bericht zur Lage der deutschen Sprache.* Berlin/Boston 2013, S. 15–55.

Königs, Frank: „Was wissen wir eigentlich über das sprachliche Wissen und seine Bedeutung für fremdsprachliches Lernen?". In: Eva Burwitz-Melzer/Frank Königs/Hans-Jürgen Krumm (Hg.): *Sprachenbewusstheit im Fremdsprachenunterricht. Arbeitspapiere der 32. Frühjahrskonferenz zur Erforschung des Fremdsprachenunterrichts.* Tübingen 2012, S. 77–84.

Krauß, Susanne: *Das selbstgesteuerte Wortschatzlernverhalten von DaF-Studierenden: Medienwahl, Vorgehensweisen und Reflexion des Lernprozesses.* 2021. ► http://geb.uni-giessen.de/geb/volltexte/2021/15810/index.html.

Kurtz, Jürgen: „Lehr-/Lernmaterialien zum Wortschatzlernen". In: Eva Burwitz-Melzer u.a. (Hg.): *Handbuch Fremdsprachenunterricht.* Tubingen 2016, S. 445–448.

Lüdeling, Anke u.a.: Das Lernerkorpus Falko. In: *Deutsch als Fremdsprache 2,* (2008), S. 67–73.

Macheiner, Judith: *Das grammatische Varieté oder Die Kunst und das Vergnügen, deutsche Sätze zu bilden.* Frankfurt a.M. 1991.

Mukherjee, Joybrato: „Anglistische Korpuslinguistik und Fremdsprachenforschung: Entwicklungslinien und Perspektiven". In: *Zeitschrift für Fremdsprachenforschung* 19/1 (2008), S. 31–60.

Müller-Jacquier, Bernd-Dietrich: *Wortschatzarbeit und Bedeutungsvermittlung.* Berlin [u.a.] 1994.

Nowak, Elzbieta: „Einsprachig? – Zweisprachig? Übersetzung als Mittel der Semantisierung von Wortschatz". In: *Fremdsprache Deutsch* 23 (2000), S. 14–18.

Puato, Daniela/Di Meola, Claudio: *DaF-Übungsgrammatiken zwischen Sprachwissenschaft und Didaktik. Perspektiven auf die semanto-pragmatische Dimension der Grammatik.* Frankfurt a.M. 2017.

Reimann, Monika: *Grundstufen-Grammatik für Deutsch als Fremdsprache.* Aktualisierte Ausgabe. Ismaning 2021.

Reinke, Kerstin: „Lehr-/Lernmaterialien und Medien zur Ausspracheschulung". In: Eva Burwitz-Melzer u.a. (Hg.): *Handbuch Fremdsprachenunterricht.* Tubingen 2016, S. 452–456.

Richter, Regina: „Computergestützte Ausspracheschulung: Software-Anforderungen und Programmangebot". In: *Zeitschrift für Fremdsprachenforschung* 10/2 (1999), S. 257–276.

Richter, Regina: „Selbst gesteuerter Ausspracheerwerb via Multimedia. Lerntheoretische und fertigkeitsbezogene Anforderungen an multimediale Lernumgebungen". In: *Deutsch als Fremdsprache* 37/2 (2000), S. 73–81.

Roche, Jörg/EL-Bouz, Katsiaryna: *Das Aktuelle Grammatikstudio.* ► https://granima.de/. 2019.

Roche, Jörg/Scheller, Julia: „Zur Effizienz von Grammatikanimationen beim Spracherwerb: Ein empirischer Beitrag zu einer kognitiven Theorie des multimedialen Fremdsprachenerwerbs". In: *Zeitschrift für Interkulturellen Fremdsprachenunterricht* [Online] 9/1 (2004), S. 15 ff. In: ► http://zif.spz.tu-darmstadt.de/jg09_1_4/beitrag/roche-scheller2.htm (20.06.12).

Rösler, Dietmar: „Leistungen und Grenzen didaktischer Sprachbeschreibungen am Beispiel erweiterter Partizipialattribute". In: Claudio Di Meola [u.a.] (Hg.): *Perspektiven Zwei. Akten der 2. Tagung Deutsche Sprachwissenschaft in Italien (Rom, 9.–11.2.2006).* Roma 2007, S. 427–441.

Rösler, Dietmar: „Ausgangskultur- und berufsbezogener Wortschatzerwerb im Sprachnotstandsgebiet A. Warum Frequenzlisten allein nicht ausreichen". In: *Germanistik in Ireland* 16 (2021a), S. 145–157.

Rösler, Dietmar: „Grammatik und Fremdsprachenlernen – Versuch einer Bestandsaufnahme". In: Claudio Di Meola/Daniela Puato (Hg): *Semantische und pragmatische Aspekte der Grammatik. DaF-Übungsgrammatiken im Fokus.* Berlin u.a. 2021b, S. 17–35.

Rösler, Dietmar/Zeyer, Tamara: „Ich! – Wer ich? Zur Interaktion im Online-Unterricht". In: *InfoDaF* 48, 5 (2021), S. 545–568.

Rug, Wolfgang/Tomaszewski, Andreas: *Grammatik mit Sinn und Verstand. Übungsgrammatik Mittel- und Oberstufe. Neufassung.* Stuttgart 2001.

Scheller, Julia: *Animation in der Grammatikvermittlung: Multimedialer Spracherwerb am Beispiel von Wechselpräpositionen.* Münster 2008.

Schmidt, Claudia: „Grammatik und Korpuslinguistik. Überlegungen zur Unterrichtspraxis DaF". In: *Deutsch als Fremdsprache* 2/45 (2008), S. 74–80.

Schmidt, Reiner: „Das Konzept einer Lerner-Grammatik". In: Harro Gross/Fischer Klaus (Hg.): *Grammatikarbeit im DaF-Unterricht.* München 1990, S. 153–161.

Schneider, Britta/Ylönen, Sabine: „Plädoyer für ein Korpus zur gesprochenen deutschen Wissenschaftssprache". In: *Deutsch als Fremdsprache* 45/3 (2008), S. 139–150.

Schumacher, Helmut: „Grundwortschatzsammlungen des Deutschen. Zu Hilfsmitteln der Didaktik des Deutschen als Fremdsprache". In: *Jahrbuch Deutsch als Fremdsprache* 4 (1978), S. 41–55.

Settinieri, Julia: „Ausspracheerwerb und Aussprachevermittlung". In: Hans-Jürgen Krumm [u. a.] (Hg.): *Deutsch als Fremd- und Zweitsprache. Ein internationales Handbuch.* Bd. 1. Berlin/New York 2010, S. 999–1008.

Tschirner, Erwin: „Korpora, Häufigkeitslisten, Wortschatzerwerb". In: Antje Heine/Mathilde Henning/Erwin Tschirner (Hg.): *Deutsch als Fremdsprache. Konturen und Perspektiven eines Faches. Festschrift für Barbara Wotjak zum 65. Geburtstag.* München 2005, S. 133–149.

Tschirner, Erwin: „Das professionelle Wortschatzminimum im Deutschen als Fremdsprache". In: *Deutsch als Fremdsprache* 4/45 (2008a), S. 195–208.

Tschirner, Erwin: *Grund- und Aufbauwortschatz Deutsch als Fremdsprache nach Themen.* Berlin 2008b.

Tschirner, Erwin: „Wortschatz". In: Hans-Jürgen Krumm [u. a.] (Hg.): *Deutsch als Fremd- und Zweitsprache. Ein internationales Handbuch.* Bd. 1. Berlin/New York 2010, S. 236–245.

Tschirner, Erwin/Möhring, Jupp: *A frequency dictionary of German. Core Vocabulary for Learners.* Second Edition. London New York 2020.

Wahrig, Gerhard: *Deutsches Wörterbuch.* Gütersloh 1968.

Wisniewski, Katrin: „Gesprochene Lernerkorpora des Deutschen. Eine Bestandsaufnahme". In: *Zeitschrift für germanistische Linguistik,* 50,1, (2022), S. 1–35.

Würffel, Nicola: „Lehr- und Lernmedien" In: Claus Altmayer u.a. (Hg.): *Handbuch Deutsch als Fremd- und Zweitsprache.* Heidelberg 2021, S. 282–300.

Zeyer, Tamara: *Grammatiklernen interaktiv: eine empirische Studie zum Umgang von DaF-Lernenden auf Niveaustufe A mit einer Lernsoftware.* Tübingen 2018.

Zifonun, Gisela: *Das Deutsche als europäische Sprache. Ein Porträt.* Berlin/Boston 2021.

8

Landeskunde/ Kulturstudien

Inhaltsverzeichnis

D. Rösler, *Deutsch als Fremdsprache,*
https://doi.org/10.1007/978-3-476-05863-8_9

Wo fängt Landeskunde an, wo hört sie auf? Aussprache und Grammatik des Deutschen sind zwar ziemlich komplex, aber es besteht immerhin die Chance, sie in einem, wenn auch ziemlich umfangreichen, Buch einigermaßen vollständig zu beschreiben. Bei dem, was man unter Landeskunde oder Kulturstudien versteht, ist das nicht möglich.

Definition

Wirtschaft, Gesellschaft, Kultur, Sport, Geographie, aktuelle Politik, Geschichte, die Art und Weise, wie und worüber Personen in deutschsprachigen Ländern miteinander kommunizieren, die sogenannten typischen Eigenschaften von Vertretern des deutschsprachigen Raums usw. usw. – all dies gehört zur **Landeskunde** des deutschsprachigen Raums.

Nicht nur kann kein Buch die Landeskunde des deutschsprachigen Raums vollständig erfassen, es wäre auch ein ganzes Team von Experten aus verschiedenen kultur- und sozialwissenschaftlichen Disziplinen nötig, um diese Gegenstände angemessen zu beschreiben. Aus dieser Feststellung ergibt sich für die Fremdsprachendidaktik eine ganze Reihe von Problemen. Man muss als Lehrkraft und als Lernender damit leben, dass man mit der Landeskunde nie 'fertig' wird. Offensichtlich kann bei der Landeskunde im DaF-Unterricht immer nur eine **Auswahl von Themen** behandelt werden und für eine Auswahl sind Kriterien nötig.

▶ Abschn. 8.6.3 hat gezeigt, dass selbst in einem Bereich wie der Grammatik eine scheinbar einfache Frage wie die, ob in einem Lehrwerk zuerst Präteritum oder Perfekt eingeführt werden soll, schon dazu führt, dass unterschiedliche **Kriterien für die** Auswahl diskutiert und abgewogen werden müssen. Bei der Landeskunde ist das noch viel schwieriger. Es ist deshalb nicht verwunderlich, dass Andreas Pauldrach bereits 1992 seinen Überblick über die Landeskundediskussion mit der Überschrift versehen hatte: „Landeskunde – eine unendliche Geschichte" (aktuellere Überblicke über den Stand der Diskussion liefern z. B. Koreik/Fornoff 2020 und Schweiger 2021).

9.1 Landeskunde in natürlichen Erwerbskontexten

Im Erstspracherwerb, im doppelten Erstspracherwerb und im ungesteuerten Zweitspracherwerb stellt sich die Auswahlproblematik so nicht. Eine Person wächst in eine sprachliche und kulturelle Umgebung hinein und setzt sich mit dieser Umgebung auseinander. Daraus erwachsen Personen, die alles über Schalke 04 und Borussia Dortmund wissen, alle Opern von Mozart kennen, die genau wissen, wo man in Deutschland am besten segelt, wo es die besten Weihnachtsmärkte gibt usw. Und Personen, die genau davon jeweils keine Ahnung haben und das auch nicht für problematisch halten. Individuen sammeln also eine unterschiedliche Menge von Informationen über die Umgebung, in der sie leben, über angemessene Verhaltensweisen in bestimmten Situationen usw. Und manchmal wundern sie sich, warum jemand anders etwas nicht weiß oder sich anders verhält. Dann gehen sie offensichtlich davon aus, dass das, was sie wissen, zu dem gehört, was man wissen sollte. Sie haben also Normvorstellungen davon, was relevantes Wissen für eine Person in einem bestimmten Kontext ist.

Bildungsinstitutionen von der Grundschule bis zum Gymnasium und darüber hinaus sorgen dafür, dass das Wissen von Personen bezogen auf bestimmte Teile des Wissens über Welt homogenisiert wird, indem sie in Curricula festlegen, was Teil des Geschichtsunterrichts, was Teil des Deutschunterrichts usw. ist und durch Prüfungen sicherstellen wollen, dass möglichst viele Individuen dieses Wissen auch erwerben. ‚Landeskunde' ist also selbstverständlicher Teil des Heranwachsens und des Durchwanderns von Bildungsinstitutionen.

> **Definition**
>
> Der lebensweltliche **Erwerb von Landeskunde** bezogen auf den Kontext, in dem man lebt, ist eine stetig wachsende Mischung aus in Bildungsinstitutionen und durch individuelles Erleben von und Interaktion mit Welt erworbenem Wissen.

Ein derartiger Landeskundeerwerb kann auch im Fremdsprachenunterricht stattfinden. Wer Deutsch als Fremdsprache außerhalb des deutschsprachigen Raums lernt, als Teil dieses Kurses aber einen Aufenthalt im deutschsprachigen Raum vornimmt, z. B. durch ein Stipendium, für den gibt es innerhalb des deutschsprachigen Raums auch einen natürlichen Landeskundeerwerb. Je nach Länge des Aufenthalts und eigenen Interessen werden die mit einem Stipendium, als Fremdsprachenassistenten, Studierende oder private Sprachlernende in den deutschsprachigen Raum eingereisten Personen sich besonders stark für das lokale Theater, für den lokalen Sportverein usw. interessieren, in einem Chor mitsingen und danach mit den anderen Sängern ein Bier trinken, in die Kirche gehen, die Fernsehsendungen auswählen, die sie interessieren, und relativ schnell sehr unterschiedliche Profile im Hinblick auf Faktenkenntnis und Verhaltensweisen im deutschsprachigen Raum haben.

Sowohl beim natürlichen Spracherwerb als auch beim Fremdsprachenlernen innerhalb des deutschsprachigen Raums geschieht Landeskundeerwerb **gesteuert durch die Interessen der handelnden Personen**. Wobei begleitende Rahmenprogramme dafür sorgen können, dass diese Personen mit bestimmten Kontexten in Verbindung gebracht werden, die die Kursanbieter für besonders relevant und notwendig halten. Auch hier findet also eine der **Individualisierung** entgegenlaufende Homogenisierung durch die jeweilige Bildungsinstitution statt. Solange das Lernen im deutschsprachigen Raum und damit ein individualisierter oder zumindest teilweise individualisierter Landeskundeerwerb stattfindet, ist die didaktische Diskussion um die Landeskundevermittlung relativ unproblematisch. Richtig schwierig wird sie immer dann, wenn der Erwerb des Deutschen außerhalb des deutschsprachigen Raums gesteuert durch Lehrwerke und überwiegend im Klassenzimmer stattfindet.

9.2   Landeskunde außerhalb des deutschsprachigen Raums

Landeskundliches Wissen über andere Teile der Welt entwickelt sich durch Reisen, durch persönliche oder medial vermittelte Erzählungen usw. Es ist bei verschiedenen Personen über verschiedene Teile der Welt extrem unterschiedlich ausgeprägt: Das Wissen reicht von **Detailkenntnissen** über Geschichte, Geographie oder Tierwelt eines Landes, die über die eines Einwohners des entsprechenden Landes hinausgeht, bis zu weitgehender **Unkenntnis** von dem, was die Einwohner als elementare Kenntnisse betrachten würden.

Personen, die das Klassenzimmer eines Kurses Deutsch für Anfänger betreten, können also unterschiedlich viel über den deutschsprachigen Raum wissen. Vielleicht sagen ihnen die Ländernamen Deutschland, Österreich und Schweiz etwas, vielleicht glauben sie aber zu Beginn, Deutsch werde nur in Deutschland gesprochen. Vielleicht kennen sie nur Beckenbauer, Hitler, Mercedes und BMW, vielleicht sind sie begeisterte Hörer von Beethoven oder Wagner, Rammstein oder Kraftwerk, vielleicht waren sie schon mehrfach im deutschsprachigen Raum im Urlaub und haben Sitten und Gebräuche kennengelernt, vielleicht gibt es in ihrer eigenen Stadt oder deren Umgebung einen typisch deutschen Weihnachtsmarkt oder ein nachgebautes deutsches Oktoberfest, vielleicht haben sie über Fernsehserien und Filme ein Bild von der deutschen Geschichte oder davon, wie Alltag in Deutschland aussieht, vielleicht haben sie deutsche Literatur oder Philosophie in einer Übersetzung gelesen, vielleicht sind sie begeisterte Anhänger des dualen Systems im deutschen Bildungswesen usw. usf.

Diese **sehr unterschiedlichen** Vorkenntnisse sind einerseits unterschiedlich im Hinblick auf Individuen, andererseits aber auch teilweise verallgemeinerbar im Hinblick auf Lernende aus bestimmten Ländern. Das Wissen, das eine Person über die Welt außerhalb der eigenen Umgebung hat, ist, bezogen auf den deutschsprachigen Raum, die **Ausgangssituation** für jede Art von Landeskundeerwerb im Unterricht Deutsch als Fremdsprache.

Verglichen mit dem Zusammenspiel von individueller Erfahrung und Steuerung durch Bildungsinstitutionen beim Landeskundeerwerb innerhalb des zielkulturellen Raums stellt sich die Situation außerhalb des deutschsprachigen Raums beim Fremdsprachenunterricht im Klassenzimmer anders dar. Hier gibt es zunächst einmal keine natürliche Umgebung, auch wenn es Möglichkeiten gibt, diese Beschränkung durch **mediale Begegnungen** (s. ▶ Abschn. 3.5.2) zumindest teilweise aufzuheben. Aber die Grundbeschränkung bleibt: Lehrwerke haben nur einen bestimmten Seitenumfang zwischen den Buchdeckeln, Stundenpläne haben nur eine beschränkte Zeit für den Deutschunterricht. Lehrende und Lehrplanentwickler müssen also überlegen, welche Aspekte wann und wie behandelt werden sollen. Gibt es z. B. einen Extrablock im Curriculum, der ‚Landeskunde' heißt? Oder ist Landeskunde immer in das Sprachenlernen integriert? In bestimmter Hinsicht ist es gar nicht möglich, Spracharbeit und Landeskunde zu trennen z. B. bei der Wortschatzarbeit (s. ▶ Abschn. 8.5) oder bei der Diskussion von Höflichkeit (s. ▶ Abschn. 9.9). In gewisser Weise kann man sogar sagen: **Landeskunde ist überall.**

Auch in jeder Übung, **in jedem Lückentext** zur Grammatik stecken in den umzuformenden Sätzen landeskundliche Informationen, ebenfalls **in jeder Abbildung,** die scheinbar nur zur Auflockerung einen Lesetext begleitet. Die fachdidaktische Beschäftigung mit Landeskunde darf sich deshalb nicht darauf beschränken, die zu vermittelnden Themen und die dabei anzuwendenden Vorgehensweisen zu diskutieren, sie muss darüber hinaus auch auf der **Mikroebene** im Spracherwerb bei jedem ihrer Schritte überlegen, welche landeskundlichen Implikationen welcher Text hat.

Landeskunde als Teil eines Germanistik-Studiums außerhalb des deutschsprachigen Raums Wird Deutsch als Fremdsprache als Teil eines Germanistik-Studiums gelehrt, stellt sich die Frage nach Status und Rolle der Landeskunde auch noch auf einer anderen Ebene. In universitären Kontexten gibt es häufig das Problem, dass Landeskunde gegenüber der Literaturwissenschaft und der Linguistik als zweitrangig angesehen wird und dass die Lehrenden, die Überblicksvorlesungen zur deutschen Landeskunde geben, in diesem Bereich selbst nicht in der Forschung aktiv sind. Das ist weniger problematisch, solange Landeskunde funktional als Zulieferung von **Kontextwissen** für das Verstehen von Literatur verstanden wird. Es ist allerdings sehr problematisch, wenn Landeskunde zum **genuinen Gegenstand des Faches** wird, zum Beispiel in Studiengangskonzeptionen, die unter Begriffen wie *German Studies, European Studies* oder *Area Studies* bekannt sind.

Derartige Konzeptionen, ebenso wie Versuche, das Fach Deutsch mit Fächern wie Betriebswirtschaft oder Medienwissenschaft zu kombinieren, existieren an Universitäten außerhalb des deutschsprachigen Raums seit den 1960er Jahren. In solchen akademischen Fächern muss von den Lehrenden, die historische, politologische, ökonomische usw. Gegenstände vermitteln, auch erwartet werden, dass sie Fachwissenschaftler sind, sich also mit den Methoden und Diskursen ihrer jeweiligen Fachdisziplin auseinandersetzen können (vgl. zur Wissenschaftsorientierung in der Landeskundevermttlung an schwedischen Universitäten Becker/Grub 2018).

9.3 Unterschiedliche prototypische Vorgehensweisen bei der Vermittlung von Landeskunde

Wie auch immer die Behandlung landeskundlicher Elemente organisiert ist – die Fremdsprachendidaktik muss sich einer Reihe von Fragen stellen, die nicht einfach zu beantworten sind:
- Welche Aspekte des zielkulturellen Raums werden behandelt?
- Nach welchen Kriterien wird ausgewählt?
- Wie wird vermittelt?

Im Laufe der Geschichte der Fremdsprachendidaktik wurden auf diese Fragen unterschiedliche Antworten gegeben. Im Folgenden sollen die Fragen der Auswahl und der Art der Vermittlung diskutiert und die historische Entwicklung der Beschäftigung mit Landeskunde nachgezeichnet werden.

Fakten und Bilder Sätze der Art ‚Berlin ist die Hauptstadt Deutschlands und hat zu Beginn des 21. Jahrhunderts knapp 3,5 Millionen Einwohner' sind **wahr oder nicht.** Bei einem Satz wie ‚Die Deutschen sind fleißig' fällt auf, dass dieser Satz offensichtlich auf einer anderen Ebene liegt als der Satz über Berlin. Hier wird ein **nationales Stereotyp** aufgenommen. Ein Stereotyp, das wird in ▶ Abschn. 9.5 genauer behandelt, ist ein Bild, das Gruppen von Menschen über sich oder über andere Gruppen von Menschen haben. Wenn die deutsche Hauptstadt von Berlin nach Gütersloh umziehen würde, würde der erste Satz falsch; sagt man ihn nach dem Umzug weiterhin, hätte man eine nicht zutreffende landeskundliche Information vermittelt.

Wenn man Deutsche findet, die nicht fleißig sind, ändert das nichts daran, dass es für bestimmte Gruppen von Menschen weiterhin zu ihrem Deutschlandbild gehört, dass Deutsche fleißig sind. Und der Vertreter einer Gruppe, zu deren Deutschlandbild es gehört, dass die Deutschen pünktlich sind, kann mehrfach bei einem Deutschlandbesuch auf einem Bahnsteig auf einen verspäteten Zug warten, ohne dass er das Stereotyp der Pünktlichkeit aufgibt. Der Satz ‚die Deutschen sind fleißig' ist also zunächst einmal nicht ein Satz, der auf alle Deutschen zutrifft bzw. zutreffen muss oder der entsprechend empirisch überprüft werden kann. Man muss also bei der Landeskundevermittlung auf jeden Fall unterscheiden zwischen Fakten und Bildern.

Im Folgenden wird gezeigt, wie die Fremdsprachendidaktik mit der Vielfalt möglicher Gegenstände und Herangehensweisen umgegangen ist. Dabei ist, wie in ▶ Kap. 4 gesehen, festzuhalten, dass diese unterschiedlichen Herangehensweisen an die Landeskundevermittlung Teil der globalen Methodenkonzeptionen waren, und dass man zwar in einem Rückblick eine gewisse Reihenfolge festlegen kann, in der die verschiedenen Ansätze besonders intensiv diskutiert wurden, wobei der jeweils vorherige besonders stark kritisiert wurde, um sich von ihm abzugrenzen, dass aber im Alltag des Unterrichts und bei der Lehrmaterialproduktion Elemente der verschiedenen Ansätze miteinander kombiniert werden und dabei im Gegensatz zu manchen theoretischen Abhandlungen ‚friedlich koexistieren'.

9.3.1 Schwerpunkt Faktenvermittlung

In der sogenannten kognitiven Phase der Landeskundedidaktik, man findet sie häufig auch unter Begriffen wie Realienkunde oder Faktenkunde, hatte Landeskunde vor allem das Ziel, **faktisches Wissen zu vermitteln.** Dieses faktische Wissen konnte sich auf politische oder historische Themen beziehen, auch auf kulturelle Themen, dann allerdings eingeschränkt auf die Hochkultur. Geographie gehörte ebenso in diesen Bereich wie Politik.

Für die Lernenden ist Wissen über den deutschsprachigen Raum nicht nur etwas, was ihnen das Curriculum vorschreibt, für die meisten von ihnen ist es auch etwas, was sie interessiert. Wer Deutsch lernt, ist in seiner Umgebung, die vielleicht gar kein Deutsch kann und wenig über den deutschsprachigen Raum weiß, ja gewissermaßen der Experte für alles, was mit dem deutschsprachigen Raum zu tun hat. Es kann also durchaus davon ausgegangen werden, dass die Lernenden ein gewisses Interesse an Fakten haben. Aber an welchen Fakten und wann?

Ein gutes Beispiel ist das deutsche föderale System. Der Überblick über 16 Bundesländer mit ihren Hauptstädten ist nicht unbedingt ein Thema, das im Unterricht die größte Begeisterung hervorrufen wird. Das kann sich ändern, wenn Lernende ein Formular ausfüllen müssen, um sich z. B. auf eine Stelle als Fremdsprachenassistent zu bewerben und dabei angeben müssen, welches Bundesland sie bevorzugen. Plötzlich ist es von sehr großem Interesse zu wissen, welches Bundesland wo liegt und wo man hinmöchte. Das Wissen über die föderale Struktur, eines von vielen möglichen Fakten, mit denen man sich in Lehrwerk und Unterricht beschäftigen kann, ist plötzlich verbunden mit einem Lernerinteresse und daher für die Lernenden relevant.

In der Kritik an der **kognitiven** Landeskunde ist die Bedeutung von Fakten häufig geringgeschätzt und abgewertet worden. Das ist problematisch, denn selbstverständlich gehört es auch zum Erwerb einer sprachlichen Kompetenz, sich mit den kulturellen, sozialen usw. Kontexten auszukennen. Das Unbehagen am kognitiven Ansatz bezieht sich eher auf dessen Beliebigkeit im Umgang mit den Fakten, weil Texte oder Fakten präsentiert wurden, die aus der Sicht der Lehrmaterialmacher wohl sinnvoll waren, deren Relevanz sich einem Lernenden aber nicht immer erschloss. Die Kritik am kognitiven Ansatz müsste sich also eigentlich darauf beziehen, welche Fakten ausgewählt und wie sie vermittelt wurden, und nicht generell darauf, dass in Lehrwerken und im Unterricht Fakten vermittelt werden. Diese beiden Ebenen der Diskussion um die faktenbezogene Landeskunde wurden jedoch häufig vermischt.

(Fehlende) Aktualität In Lehrwerken eingeführte Fakten sind manchmal nicht mehr aktuell, wenn die Lehrwerke einige Zeit im Einsatz sind. Mit dem Aufkommen der digitalen **Medien** wird es einfacher, aktuellere Informationen zu liefern. Dies kann dadurch geschehen, dass das Lehrwerk durch eine aktualisierende Seite im Netz oder die Lehrkräfte durch eigene Recherche den Lernenden neuere Informationen liefern, es kann aber auch dadurch geschehen, dass der traditionell lehrer- und lehrbuchzentrierte kognitive Ansatz mit einer **Änderung der** Arbeitsformen verbunden wird: Durch die digitalen Medien ist es für die Lernenden nun einfach möglich, Informationen selbst zu recherchieren. Damit verbunden entsteht eine neue Herausforderung, die in ► Abschn. 3.5.1 unter der Überschrift Qualitätssicherung diskutiert wurde: Während bei Informationen, die im Lehrwerk stehen, davon ausgegangen werden kann, dass Autoren und Redaktion recherchiert und die Fakten überprüft hatten, stehen im Internet Informationen unterschiedlicher Qualität zur Verfügung. Mit der Veränderung der Arbeitsformen hin zu die Aktivitäten der Lernenden stärkenden Vorgehensweisen geht deshalb die Notwendigkeit einher, die **kritische** Medienkompetenz der Lernenden so zu entwickeln, dass sie in der Lage sind, unterschiedliche Quellen im Hinblick auf ihre **Vertrauenswürdigkeit** zu beurteilen.

Das Aufkommen der digitalen Medien führte bei der faktenorientierten Landeskunde zunächst dazu, dass der Engpass, der in den Lehrwerken immer nur die Publikation einer kleinen Zahl von Texten und Bildern erlaubte, durch Zusatzmaterialien im Netz oder auf CD aufgehoben werden konnte.

Diese nun mögliche weitergehende Zurverfügungstellung von Fakten war der erste Schritt in der Digitalisierung des kognitiven Ansatzes, ein weiterer Schritt war es, durch Links zu Webcams **landeskundliche Informationen in Echtzeit** zu liefern (vgl. ausführlicher Rösler 2010, ▶ Kap. 4). Wikipedia als Netzquelle außerhalb der Lehrwerke ist nur ein Beispiel dafür, dass es zu fast jeder Frage auch potentielle Antworten im Netz gibt. Damit ist allerdings das **Problem der Auswahl** nicht gelöst, es hat sich eher noch verschärft.

Zwar haben sich die Darstellungsmöglichkeiten geändert, das bedeutet aber nicht, dass die Lernenden dadurch mehr Zeit haben, all das Dargestellte zur Kenntnis zu nehmen. Weiterhin müssen also Kriterien für die Auswahl gesucht werden, weiterhin muss versucht werden, einen Umgang mit den Fakten so zu organisieren, dass dieser möglichst mit den Interessen und eigenständigen Recherchen der Lernenden verbunden wird. Die Menge der zur Verfügung stehenden Daten muss also didaktisch eingehegt werden:

» Die Möglichkeit, alle Arten von Informationen recherchieren zu können, enthebt die Materialmacher also nicht der Verantwortung, dafür zu sorgen, dass für die Lernenden relevante Informationen behandelt werden. Das Internetangebot kann nur ‚in den Händen von didaktisch umfassend planenden Lehrern zu einem wirksam vernetzten Teil des Lernens werden' (Hess 2003, S. 22). Besser als beim gedruckten Lehrwerk müsste es nun allerdings möglich sein, eine Vielzahl von Recherchen auf sprachlich einigermaßen gleichem Niveau anzubieten, aus denen die Lernenden oder ihre Lehrer die thematisch relevanten aussuchen können (Rösler 2010, S. 145).

9.3.2 Schwerpunkt Alltag

Mit der kommunikativen Orientierung (s. ▶ Abschn. 4.6) kommt es auch in der Landeskundediskussion zu einer Änderung der Prioritäten. Im kommunikativen Ansatz geht es vor allem um Kommunikation in Situationen, die sich den authentischen **Zielsprachensituationen** möglichst annähern sollen. Kommunikation in authentischen Situationen wird dabei häufig gleichgesetzt mit Kommunikation im Alltag. Entsprechend änderte sich die Landeskundekonzeption: Wissen über Aktivitäten im Alltag rückte in den Vordergrund, zum Beispiel über die Art des Reklamierens nach einem Einkauf.

Darstellungen der unterschiedlichen Möglichkeiten, jemanden aufzufordern, etwas zu tun, sind typische Beispiele für eine alltagsorientierte Spracharbeit, in der auch immer soziale Informationen transportiert werden, um die Situationsangemessenheit von sprachlichem Verhalten zu vermitteln: Man muss nicht nur sprachlich lernen aufzufordern, man muss auch wissen, welche sprachliche Realisierung in welchem Kontext angemessen ist.

Durch den kommunikativen Ansatz, der sich demonstrativ von einem traditionellen grammatikorientierten Ansatz absetzte, und dadurch, dass die kognitive Landeskunde als klar und eng mit dem grammatikorientierten Ansatz verbunden galt, änderte sich die Landeskundekonzeption vielleicht radikaler, als das gut war. Faktenwissen wurde geringgeschätzt. Eigentlich war das eine **überflüssige Frontenbildung:** Natürlich ist es wichtig zu wissen, wie man sich in Alltagssituationen verhält, aber dieses Wissen steht nicht im Gegensatz zu einem Wissen über Kultur und Gesellschaft im deutschsprachigen Raum, sondern ist eine Ergänzung dazu. Während im natürlichen Erwerb niemand auf die Idee kommen würde, einen Gegensatz zwischen Alltagsverhalten und Wissen über Opernspielpläne oder Bundesligatabellen zu sehen, fand innerhalb des gesteuerten Lernens im Fremdsprachenunterricht eine Art Verdrängung statt: Die starke Fokussierung auf den Alltag reduzierte den Platz für die Fakten. Wo sich durch den kommunikativen Ansatz die Beschäftigung mit dem deutschsprachigen Raum auf den Bereich des Alltags beschränkte, wurde eine Reduktion vorgenommen, die eigentlich nur für eine bestimmte Zielgruppe sinnvoll ist: für die Personen, die in absehbarer Zeit in den deutschsprachigen Raum einreisen (zur Kritik s. ▶ Abschn. 4.6).

9.3.3 Schwerpunkt Interaktion von Eigenem und Fremdem

Mit der Idee, den Blick der Lernenden auf den deutschsprachigen Raum selbst zu thematisieren, beginnt in den 1980er Jahren der sogenannte interkulturelle Ansatz. Dieser war ein Beitrag zur Methodendiskussion (s. ▶ Abschn. 4.7), der besonders für die Landeskundediskussion eine große Rolle spielte. Befördert wird er zunächst durch die in den 1980er Jahren entwickelten Lehrwerke *Sprachbrücke* für den Anfängerbereich und *Sichtwechsel* für den Bereich der Mittelstufe, die versuchten, das hoch gesteckte Ziel des interkulturellen **Lernens** in Fremdsprachendidaktik umzusetzen (s. ▶ Abschn. 4.7). ◘ Abb. 4.1 aus ▶ Abschn. 4.7 ist ein Beispiel für das Zusammenspiel von Wortschatzvermittlung und Landeskunde in einem interkulturellen Lehrwerk.

Interkulturelles Lernen steht dabei nicht im Gegensatz zu einem stärker Faktenwissen vermittelnden kognitiven Vorgehen (s. ▶ Abschn. 9.3.1), es umfasst dieses und geht darüber hinaus, indem es nicht nur auf der **Ebene des Wissens** operiert, sondern auch auf der **Ebene der** Einstellungen.

Mit dem interkulturellen Ansatz tritt auch ein in der Fremdsprachendidaktik schon immer existierendes Problem in den Vordergrund. In der Landeskundediskussion muss permanent ein Balanceakt vollzogen werden: Auf der einen Seite werden typisierende Aussagen über „die Deutschen" gemacht, wodurch die Gefahr entsteht, dass mit starren Zuschreibungen die Vielfalt der kulturellen Aktivitäten und die Heterogenität des deutschsprachigen Raums ausgeblendet wird. Andererseits muss im Fremdsprachenunterricht, vor allen Dingen auf den sprachlich weniger weit fortgeschrittenen Niveaustufen, bis zu einem gewissen Grad mit verallgemeinernden Sätzen gearbeitet werden, wenn Spezifika des deutschsprachigen Raums thematisiert werden sollen. Diese Problematik wird in ▶ Abschn. 9.4 ausführlicher behandelt.

Das Verhältnis von Eigenem und Fremdem, die Wahrnehmung des deutschsprachigen Raums durch die eigene „Brille", die sich ändernden Wahrnehmungen und Einschätzungen des Eigenen durch den Kontakt mit dem Fremden (d. h. mit dem deutschsprachigen Raum) – diese Themen wurden plötzlich für die Landeskundedidaktik relevant. Dieser neue Blick, bekannt geworden unter dem Schlagwort ‚Fremdperspektive', führte nun dazu, dass es nicht mehr ausreicht, einfach nur Alltagskommunikation zu betrachten, die lediglich die Situation im deutschsprachigen Raum abbildet.

Wer Eigenes und Fremdes miteinander ins Gespräch bringen möchte, muss in der Lage sein, das Fremde aus seiner eigenen Position heraus nachvollziehen zu können, gefordert ist also **Einfühlungsvermögen.** Auf diese Fähigkeit, die Gefühle, Gedanken und Ansichten anderer Menschen verstehen zu können, wird in der Fachdiskussion zumeist mit dem Begriff ‚Empathiefähigkeit' Bezug genommen. Die Förderung der Empathiefähigkeit ist eines der allgemeinbildenden Ziele des Fremdsprachenunterrichts, sie soll besonders bei der Arbeit mit literarischen Texten (s. ▶ Kap. 10) befördert werden (vgl. z. B. Bredella 2012).

Auch bei der Beschäftigung mit dem alltäglichen Verhalten muss nach dem Verständnis des interkulturellen Ansatzes das Verhältnis von Eigenem und Fremden reflektiert werden: Es muss behandelt werden, wie eine kommunikative Intention im deutschsprachigen Raum realisiert wird und wie innerhalb des deutschsprachigen Raums das jeweilige Verhalten einzuordnen ist. Darüber hinaus müssen Lernende aber auch reflektieren können, wie sie selbst mit der Andersartigkeit von Verhaltensweisen im deutschsprachigen Raum umgehen möchten, ob sie sie für sich freudig übernehmen oder ihr distanziert gegenüberstehen möchten. Das wird in ▶ Abschn. 9.9 am Beispiel des Trinkgeldgebens und unterschiedlicher Vorstellungen von **Höflichkeit** ausführlicher behandelt. In der Landeskundediskussion nimmt also mit dem Übergang von kommunikativen zu interkulturellen Grundannahmen die **Wertschätzung des** Reflektierens (s. ▶ Abschn. 8.2) wieder zu.

Die Konzentration auf Kommunikation im Alltag bleibt im interkulturellen Ansatz zwar bestehen, sie wird aber nicht mehr als entscheidendes oder gar einziges Ziel des Fremdsprachenunterrichts aufgefasst. Der Fokus der didaktischen Aufmerksamkeit liegt auf der Interaktion von Eigenem und Fremdem. Im Gegensatz zur kognitiven Orientierung, die sich auf Gesellschaft, Geschichte und Hochkultur beschränkte, sind im interkulturellen Ansatz die verschiedenen Teile einer Kultur gleichwertig, egal ob Kunstwerke, Literatur, Dinge des alltäglichen Lebens und soziale Institutionen behandelt werden oder auch „Ansichten und Überzeugungen, Attitüden und Vorstellungen, Denkmuster und Erinnerungsschemata, die Menschen in einer sozialen Gruppe gemeinsam haben" (Kramsch 1995, S. 53).

9.3.4 Schwerpunkt Begegnungen

Alle drei genannten Ansätze, kognitiv, kommunikativ und interkulturell, beschäftigen sich mit der Frage, wie landeskundliche Informationen in Lehrwerken und im Unterricht vermittelt werden können. Sie unterscheiden sich zwar im Hinblick auf die gewählten Gegenstände und Vorgehensweisen beträchtlich, haben aber gemeinsam mit dem Problem zu kämpfen, dass sie Gegenstände und Vorgehensweisen auswählen müssen, von denen sie im Voraus nicht wissen können, wie relevant sie für individuelle Lernende und Lernergruppen sind. Darin unterscheiden sie sich von den in ▶ Abschn. 9.1 beschriebenen natürlichen Erwerbsituationen. Demgegenüber gelingt es, auch im Fremdsprachenunterricht außerhalb des zielsprachigen Raums eine stärkere thematische Selbstbestimmung einzuführen, wenn dieser mit Begegnungsszenarien arbeitet. Kulturelle Gegebenheiten werden dabei nicht durch das Lernmaterial, sondern über einen individuellen Zugang vermittelt.

Die Chance, Landeskundeerwerb durch Begegnungen auch für Lernende, die sich außerhalb des deutschsprachigen Raums befinden, möglich werden zu lassen, ist mit dem Aufkommen der digitalen Medien gestiegen: **Virtuelle Begegnungen** lassen sich mit weniger großem Aufwand in die Wege leiten als Begegnungen traditioneller Art, bei denen sich Personen an einem Ort treffen. Inwieweit durch derartige Begegnungen im Netz ein Perspektivenwechsel und ein Zuwachs an interkultureller Kompetenz befördert werden kann, ist Gegenstand diverser Studien (vgl. O'Dowd/O'Rourke 2019).

Personalisierte Landeskunde Landeskundliche Informationen entstehen bei Begegnungen durch die Interaktion mit anderen Personen entweder dadurch, dass die Beteiligten sich etwas erzählen oder dass sie gemeinsam Informationen suchen. Die gemeinsame Erarbeitung von Informationen kann in Form eines Projekts stattfinden (s. ▶ Abschn. 5.2.2). Werden Informationen aus der **Interaktion,** aus der **Erzählung** von real existierenden Personen, entnommen, kann es durchaus sein, dass es sich dabei nicht um faktisch korrekte Informationen handelt – so wie es in jedem Gespräch zwischen Personen vorkommen kann, dass sie Informationen austauschen, die einer Überprüfung auf faktische Korrektheit nicht standhalten würden. Für eine lehrbuchzentrierte Fremdsprachendidaktik ist die Vorstellung, ,falsche' Informationen zu liefern, eine Schreckensvorstellung: Es gehört zum Selbstverständnis von Lehrwerkautoren oder Redakteuren, dass die in Lehrwerken gelieferten Informationen zumindest bei Drucklegung korrekt sind. Landeskundeerwerb aus der Begegnung gibt diese ,Garantie' für faktische **Korrektheit** auf, er nimmt also auf der Ebene des Faktischen eine Verschlechterung in Kauf, um in der Interaktion Personen über das kommunizieren zu lassen, was sie tatsächlich interessiert und worüber sie etwas wissen möchten.

Dieses Begegnungskonzept ist z. B. im traditionellen Tandem-**Lernen** (s. ▶ Abschn. 5.5) fruchtbar geworden (vgl. die Untersuchung zum interkulturellen Lernen im Tandem von Bechtel 2003), es ist auch in digitalen Kooperationsprojekten produktiv angewendet worden (s. ▶ Abschn. 3.5.2). Tamme (2001) hat das traditionelle Tandem-Konzept auf eine E-Mail-Interaktion von Lernenden und Tutoren in Deutschland und Hongkong übertragen und dabei herausgearbeitet, wie wichtig diese Art von personalisierter Landeskunde für den Erwerb von Wissen und Einschätzungen über den deutschsprachigen Raum ist.

Über lange Zeiträume haben sich dabei die chinesischen und deutschen Studierenden über ausgewählte Themen unterhalten, mit Neugier auf die Position der anderen. Beeindruckend ausführlich sind die Texte der Lernenden, die noch unter B1-Niveau sind. Dabei kann es im Gegensatz zu einem gut lektorierten Lehrwerk dazu kommen, dass falsche Informationen gegeben oder nichtzutreffende Annahmen von Lernenden wie ‚fast alle Deutschen sind Protestanten' im folgenden längeren Auszug im Gespräch nicht korrigiert werden. Gleichzeitig ist es anders als in einem Lehrwerk besser möglich, dass faktische Informationen und Einschätzungen der faktischen Informationen zusammenspielen, wie das die folgende Dokumentation einer deutsch-chinesischen E-Mail-Interaktion aus Tamme (2001, S. 128–130) zeigt:

> ▶ **Personalisierte Landeskunde: ein deutsch-chinesischer E-Mail-Austausch (Wiedergabe ohne nachträgliche Korrektur)**

[..] Und wie sind die chinesischen Maenner? Schoen? Lieb? Zaertlich? Oder eher stuermisch? [..] (aus: Lara – Teresa, 19. März 1998).

[..] Chinesischen Maenner sind langweilig und Frauen in HK [Hongkong, DR] sind zu intelligent. (Es sagt die Maenner!) Vielleicht bin ich auch zu intelligent… hhahahaha!!! Die Maenner sind langweiliger als die europaeische Maenner, dass glaube ich. Ich finde, dass die auch zu schuechtern sind….

???? Das ist ein gutes Argument.wir Frauen sind einfach intelligenter. Das war schon immer so und ich glaube auf der ganzen Welt ist das so. Sind die chinesischen Maenner wirklich so schuechtern? Wie lernt man in HK Maenner kennen? [..] (aus: Lara – Teresa, 21. März 1998).

[..] einverstanden! Alle Frauen sind intelligenter als die Maenner!! haha!!! Die chinesischen Maenner sind nicht sehr schuchtern. Trozdem sind sie Stolz (pride??). es heiss. Frauen darf nicht etwas. und dann darf dir Frauen nicht… manchmal sind die chinesischen Maenner auch langweilig. vielleicht nur die HK Maenner sind langweilig. vielleicht! Aber glaube die traditionelle chinesischen Maenner, dass Frauen muessen eine Hausfrau werden und nicht zu lang in den Schulern lernen sollen. Ich finde es ganz dumm ist. Fuer Chinesisen, dass ein Sonn wichtiger und besser als eine Tochter ist. Trozdem ist die Chinesinen in HK ein bischen besser als die in China und Taiwan sind. Meine Mutti hat gesagt, dass wir glueck haben weil wir in HK wohnen. (Meine Mutti hat nur 3 Tochtern!!!) Es war sehr normal, dass wenn eine Frau nur Tochter haben, ihr Mann eine zweiten oder dritten Frau haben.

???Aha, das ist sehr interessant. Hier in Deutschland gibt es auch stolze Maenner, die denken sie koennten uns herumkommandieren, wie sie das denken. Aber ich glaube es gibt nur noch ganz wenige Frauen, die sich das gefallen lassen.

???Natuerlich wollen die Maenner nicht, dass wir Frauen zur Schule gehen und etwas lernen, das ist hier auch so.wir koennten ja klueger sein als die Maenner.hehe.

???Mit den Kindern ist es hier nicht mehr so extrem. Weisst du ich habe 4 grosse Brueder und eine Schwester. Aber eine Frau muss nicht unbedingt Soehne bekommen, obwohl die Maenner immer gern ihren ‚Stammhalter‘ haben. Der Sohn traegt ja den Namen des Vaters weiter. Wie ist das in China? Wer bekommt welchen Namen? Hast du den Nachnamen deiner Mutter oder deines Vaters?

???Und noch eine Frage, ist es legitim in China, dass ein Mann mehrere Frauen hat? Unter welchen Bedingungen?

???Welcher Religion gehoerst du an? [..] (aus: Lara – Teresa, 22. März 1998).

[..] ich gehore Protestant an, und du? ich weisse dass fast alle Deutschen sind Protestant (auf Name). und ich finde das interessant! China hat keine traditionell Religion. ja. vielleicht Daoism und Buddhism. Buddhism ist von India und Daoism ist gleich wie Buddhism.in HK. weil es eine britishe Koloni, gibt es auch viele Protestant her. Wie findtest du um Religion?

????Ja ich bin evangelisch, ich hatte dich nach der Religion gefragt, weil du gesagt hast, dass Maenner zwei oder drei Frauen haben, wenn die erste keinen Sohn zur Welt bringt. Wie koennen sie das mit der religion vereinbaren??? [..] (aus: Lara – Teresa, 23. März 1998).

[..] ja. frueher darf man viel Frauen haben. „Leider“ kann man heute nicht mehr!! hahah!! Aber jetzt in HK haben viel Maenner ‚zweiten Frauen‘ in China. es ist illegal. deshalb haben wir viel socizl Problem.

???Wie ist das dann? Leben die Maenner mit beiden Frauen zusammen? Muessen die Maenner fuer beide Frauen bezahlen? Wieviel Prozent der chinesischen Maener haben mehrere Frauen? 50 %? [..] (aus: Lara – Teresa, 24. März 1998).

[..] hihihih!!! ist das unmoeglich fuer Dich, dass ein Mann mit viele Frauen heiratet und zusammen wohnen? ja. es ist auch unmoeglich fuer mich. Aber fruere habe wir, die Frauen in China keine Wahlen und Frauen koennte nicht zu sagen!!!

????Ja es ist fuer mich unmoeglich. Wieviele Frauen machen das noch? Und warum? [..] (aus: Lara – Teresa, 25. März 1998). ◀

Einsatz digitaler Medien Technologisch ist die Entwicklung weiter vorangeschritten (vgl. ► Abschn. 3.5.2): Tamme beschreibt ein erstes Beispiel der Nutzung von digitaler Kommunikationstechnologie, die sich auf den Austausch von Mails beschränken musste. Inzwischen sind das gemeinsame Interagieren in Lernplattformen, sind Treffen in Videokonferenzen usw. möglich (vgl. die Beschreibung der Fortführung dieser deutsch-chinesischen Begegnungen in Chaudhuri/Puskás 2011 und Rösler 2014): Aber trotz der unterschiedlichen technischen Realisierungen, trotz der Änderungen im Hinblick auf mediale Mündlichkeit und Schriftlichkeit, die Sichtbarwerdung der Gesprächsteilnehmer durch Skype usw. hat sich durch die digitalen Medien an der Grundkonstellation nichts geändert: Personen, die in traditionellen Fremdsprachenlernkontexten Deutsch lernen, haben durch Kooperationen mit anderen Personen die Möglichkeit, mit diesen über selbstgewählte Themen zu kommunizieren, dabei Nachfragen zu stellen, die von ihrem Vorwissen ausgehen, Einschätzungen zu äußern, Reaktionen auf diese Einschätzungen zu erhalten usw.

Diese Art von Begegnungen, die **natürliche Lernweisen in den gesteuerten Unterricht importieren,** erlaubt ein Fremdsprachenlernen im Bereich Landeskunde, den der traditionelle Unterricht nicht bieten kann.

9.4 Kulturelle Vielfalt und homogenisierende Darstellung

Menschen brauchen Sprache, um sich in der Interaktion mit anderen Menschen auszudrücken, Menschen kreieren Kultur, indem sie über Sprache die Welt interpretieren und erfahrbar machen. Für die Kulturwissenschaften generell, aber besonders für die Fremdsprachendidaktik, die sich mit Lernenden beschäftigt, die zu einem bestimmten Zeitpunkt mit einem relativ geringen sprachlichen Repertoire komplexe Inhalte ausdrücken müssen, ist ‚Kultur' ein herausfordernder Begriff.

Wenn im Unterricht die deutsche Art, ein Geschenk anzunehmen, mit der vietnamesischen Art, dies zu tun, verglichen wird, dann geht dieser Vergleich davon aus, dass es so etwas gibt wie ‚die Deutschen' und ‚die Vietnamesen' – man arbeitet also zunächst mit einem homogenen Kulturbegriff. Derartige Vorgehensweisen gibt es in Lehrwerken und im Unterricht häufig, der Fremdsprachenunterricht muss sich bis zu einem gewissen Grad auf ein alltagssprachlich geläufiges Konzept von Kultur einlassen, das davon ausgeht, dass es so etwas wie eine **homogene, in sich geschlossene und auf nationale Gruppen bezogene Kultur** gibt. Dem gegenüber steht, dass jede dieser sogenannten nationalen Kulturen aus einer Ansammlung von Menschen besteht, die aus sehr unterschiedlichen Kontexten zusammengekommen sind, wie z. B. die Migrationsgeschichte in Deutschland der letzten 50 Jahre zeigt. Die von Globalisierung und Migration angeschobene Diversität und die damit verbundene Auflösung einfacher kultureller Grenzziehungen ist im Fach Deutsch als Fremdsprache im 21. Jahrhundert verstärkt in die Diskussion einbezogen worden (vgl. Fornoff/Koreik 2020), sie ist einer der Auslöser für die terminologische Alternative 'Landeskunde vs. Kulturstudien' (vgl. ▶ Abschn. 9.7). Die Wahrnehmung der Vielfalt ist jedoch nicht erst im 21. Jahrhundert aufgekommen, bereits 2001 beschrieb Swantje Ehlers in einem Überblicksartikel in *Deutsch als Fremdsprache. Ein internationales Handbuch* die Situation bezogen auf die Migration im deutschsprachigen Raum wie folgt:

» Jedoch ist die Kategorie der kulturräumlichen Grenze [...] sowohl in den Kulturwissenschaften als auch in der Soziologie [...] zunehmend problematisch geworden: Statt von einem statischen, bipolaren und durch fest umrissene Grenzen markierten Begriff von Kulturraum auszugehen, wird ein dynamischer und synkretistischer Kulturbegriff zugrunde gelegt. Für Leser, die in der Zweitsprachenkultur aufwachsen [...] verschieben sich potentiell kulturelle Zugehörigkeiten und Identitäten, werden kulturräumliche Grenzziehungen fragwürdig und die Teilhabe an der eigenen wie an der anderen Kultur durchlässig. Das Vermeintlich-Andere wird zum potentiell Eigenen und das Eigene kann je nach Perspektive, Selbstwahrnehmung und Selbstdefinition umkippen in ein Fremdes. Hybridisierung ist das [...] Modewort für diese verschachtelten Partizipationen an Kulturen und gebrochenen oder Mehrfach-Identitäten (Ehlers 2001, S. 49).

Im Fach Deutsch als Fremdsprache hat sich Claus Altmayer am ausführlichsten und differenziertesten mit dieser Herausforderung auseinandergesetzt (vgl. Altmayer 2006 und 2022). Er plädiert dafür, Kultur nicht als homogene Größe zu sehen,

» sondern eher als Vorrat an vorgängigem in Tradition und Sprache gespeichertem und überliefertem Wissen (Deutungsmuster) [...], das innerhalb sozialer Gruppen zirkuliert und auf das die Individuen zum Zweck der deutenden Herstellung einer gemeinsamen Welt und Wirklichkeit und einer gemeinsamen Handlungsorientierung zurückgreifen können und müssen (Altmayer 2006, S. 191).

Die Vorstellung von Kultur als etwas, was aus den **Erzählungen** und **Konstruktionen** der beteiligten Menschen entsteht, gerät leicht in Konflikt mit einer sich auf nationale Gruppen beziehenden Kulturkonzeption. Die Fremdsprachendidaktik muss sich deshalb auf eine Art Quadratur des Kreises einlassen, darauf,

- dass die Vorstellung von einer homogenen Kultur zwar ein offensichtlich unvermeidliches Hilfsmittel ist, wenn man sich in räumlich beschränkten Lehrwerken und zeitlich beschränkten Unterrichtssituationen an das Anderssein des zielkulturellen Raums heranwagt,
- dass diese Herangehensweise aber gleichzeitig verbunden sein muss mit der Vermittlung der Tatsache, dass jeder Mensch ein individuelles Bild einer bestimmten Kultur beschreiben kann.

Die Fremdsprachendidaktik kann es sich nicht leisten, die in den Köpfen von Lernenden vorhandenen Konzepte zu ignorieren. Zum einen muss also an die Vorstellungen der Lernenden angeknüpft werden, zum anderen sind die Zeit- und Raumzwänge so, dass eine nationenbezogene Landeskundekonzeption kaum vollständig vermieden werden kann. Für die **Entwicklung von Unterrichtskonzepten** ist es dabei von besonderer Bedeutung, darauf zu achten, durch den Unterricht den homogenisierten Blick auf den deutschsprachigen Raum nicht noch zu verstärken, sondern klar zu machen, dass Aussagen über andere Länder unangemessen sein können, wenn sie mit empirischem Wahrheitsbezug versehen werden, oder wenn man sie jedem Individuum, das einen Pass der Zielkultur besitzt, zuordnet.

Ein **realistischer Ausgangspunkt** für ein fremdsprachendidaktisches Vorgehen ist deshalb wohl die etwas pessimistisch klingende Einschätzung der Mehrsprachigkeitsforscherin Adelheid Hu, gerade im Fremdsprachenunterricht könnten homogenisierende Darstellungen nicht ausgeblendet werden,

» weil die traditionelle Vorstellung von abgrenzbaren und objektiv beschreibbaren Kulturen und das Bedürfnis nach kultureller Verortung und kultureller Identität alltagssprachlich verankert und zumindest zur Zeit unhintergehbar sind (Hu 1999, S. 297).

Die Fremdsprachenforschung als **praxisbezogene Wissenschaft** muss sich also der Herausforderung stellen, dass sie gleichzeitig.
- mit homogenisierenden Darstellungen von Kulturen im Unterricht operieren,
- den Konstruktcharakter von Bildern vermitteln und
- den Lernenden bewusst machen muss, dass die Konstruktion ‚einer' Kultur Gefahr läuft, die Vielfalt der Menschen und ihrer Handlungsweisen auszublenden.

Von dieser Basis ausgehend, muss es gelingen, durch geeignete Maßnahmen – wie der Arbeit mit multiperspektivischen literarischen Texten oder mit einem intelligenten Spiel mit nationalen Stereotypen (vgl. ▶ Abschn. 9.5) – sowohl die kognitive Funktionalität von homogenisierenden Kulturkonzepten bewusst zu machen als auch mit einem Fokus auf Heterogenität über diese Ausgangssituation hinauszugehen.

Dieses komplizierte Verhältnis von kultureller Vielfalt und homogenisierender Darstellung und die beträchtlichen Unterschiede, die sich in den vier in ▶ Abschn. 9.3 beschriebenen Schwerpunktsetzungen gezeigt haben, machen deutlich, dass es die fremdsprachendidaktische Diskussion des Erwerbs kultureller Phänomene mit einem großen, kaum abzugrenzenden Gebiet zu tun hat. Und so ist es nicht verwunderlich, dass es in dieser Diskussion terminologische Unschärfen und bewusst gesetzte **terminologische Änderungen** gibt. Die offensichtlichste findet sich bereits in der Überschrift dieses Kapitels: „Landeskunde/Kulturstudien". Die Diskussion um die Benennung dieses Teilgebiets von Deutsch als Fremdsprache und die mit dieser terminologischen Verschiebung verbundenen Konzepte werden in ▶ Abschn. 9.7. behandelt. Ciepielewska-Kaczmarek/Jentges/Tammenga-Helmantel 2020 beschreiben, wie unterschiedliche Landeskundeansätze sich in Lehrwerken niederschlagen.

9.5 Das Spiel mit nationalen Stereotypen

Soll man sich in der Fremdsprachenforschung und im Unterricht überhaupt mit nationalen Stereotypen befassen? Auf der theoretischen Ebene, so fasst Fornoff (2021, S. 331) die **Kritik an der Befassung mit Stereotypen** zusammen, sei die Unterscheidung von Auto- und Heterostereotypen (s. u.) zu vereinfachend, da „sie die internen Differenzierungen, Bruchlinien und Mischungsverhältnisse der jeweiligen Nationalkulturen und damit die insgesamt wesentlich komplexeren Gemengelagen stereotyper Zuschreibungen unberücksichtigt lässt". Diese kritische Sicht passt zur generellen Einschätzung, dass sich die Landeskunde bisher zu stark auf nationale Phänomene bezogen und die gewachsene Komplexität der Welt außer Acht gelassen habe.

Das **Problem an dieser Kritik:** Wenn es stimmt, dass Menschen mit Stereotypen einen mental vereinfachten Zugang zu komplexen Welten haben und dass Menschen, die Deutsch als Fremdsprache lernen, das Klassenzimmer mit Bildern im Kopf zu und zum Deutschen betreten, dann muss eine Fremdsprachenforschung, die die Lernenden und ihre Lernprozesse ernst nimmt, auf diese Bilder eingehen. Dann lautet die Frage also nicht mehr, *ob* man sich mit Stereotypen befasst, sondern *wie* man sich mit ihnen auseinandersetzt, denn ein weiteres Argument gegen die Beschäftigung mit Stereotypen lautet: Wenn, vor allem in der Anfangsphase, im Fremdsprachenunterricht **nationale Stereotype** behandelt werden, werden diese nur **verstärkt,** weil auf diesem Sprachniveau keinerlei differenzierte Auseinandersetzung mit ihnen möglich ist.

Die Pro- und Kontra- Argumente haben ihre Berechtigung: Menschen haben Bilder über andere Gruppen von Menschen im Kopf, Lernende des Deutschen kommen also bereits mit Bildern vom deutschsprachigen Raum in den Anfängerunterricht, diese Bilder können sich, auch nach einer intensiveren Beschäftigung mit dem deutschsprachigen Raum, ändern oder konstant bleiben (vgl. als empirische Arbeiten zum **Deutschlandbild** in Japan und China Grünewald 2005, Sato-Prinz 2017 und Zhang 2019 und als Überblicke über diese drei Arbeiten Grünewald/Sato-Prinz/Zhang 2020. Eine ausführliche Beschreibung neuerer Arbeiten zu Deutschlandbildern liefern Koreik/Fornoff 2020). Und gleichzeitig ist es sehr schwer, sich auf sprachlich einfachem Niveau mit diesen Bildern auseinanderzusetzen. Für den Fremdsprachenunterricht gilt es also, die Tatsache, dass die Lernenden mit Stereotypen in den Unterricht kommen, nicht zu verdrängen und dafür zu sorgen, dass mit diesen in produktiver Weise umgegangen wird. Voraussetzung dafür ist, dass sich Lehrende und Lehrmaterialmacher der **Funktion von Stereotypen** und der Unterscheidung von ‚Stereotyp‘ und ‚Vorurteil‘ bewusst sind.

> **Definition**
>
> Im alltäglichen Sprachgebrauch wird zwischen **Stereotyp und Vorurteil** oft nicht klar unterschieden. Ein Stereotyp ist eine kognitive Form der Verallgemeinerung, mit der die Vielfalt der Welt sortiert und vereinfacht werden kann. Während Stereotype auch mit positiven („Die Iren sind freundlich") Einstellungen verbunden sein können, drücken **Vorurteile** eine negative Haltung aus, die zu diskriminierenden Verhaltensweisen führen kann.

Stereotype gibt es nicht nur über andere Gruppen sondern auch über die eigene. Die über die eigene Gruppe nennt man **Autostereotype,** die über die anderen **Heterostereotype.** Außerdem gibt es noch, von der Fremdsprachendidaktik bisher viel zu selten ins Spiel gebracht, die **vermuteten Heterostereotype,** das sind die Bilder, von denen eine Gruppe annimmt, dass eine andere Gruppe sie über die eigene hat.

Stereotype abbauen? Zu den Verben, die im alltäglichen Sprachgebrauch und auch im fachdidaktischen Gespräch unter Lehrenden häufig mit dem Substantiv ‚Stereotyp‘ gebraucht werden, gehören ‚vermeiden‘, ‚abbauen‘ oder ‚aufbrechen‘. Wenn sich der Fremdsprachenunterricht auf die Idee konzentriert, Stereotype aufzubrechen und sie mit der komplexeren ‚Wirklichkeit‘ zu vergleichen, kommt es zu interessanten Paradoxien. Lernende, die sich im deutschsprachigen Raum befinden und häufiger auf einen verspäteten Zug der Bahn warten, werden vielleicht weiterhin mit dem Bild operieren, die Deutschen seien pünktlich. Austauschstudierende, die aus dem englischsprachigen Raum kommen und ab und an mit deutschen Kommilitonen lachen, werden vielleicht trotzdem der Meinung sein, die Deutschen seien humorlos. Würde im Unterricht nun versucht werden, die vermeintlich ‚falschen‘ Stereotype mit der ‚richtigen‘ Wirklichkeit zu konfrontieren, würde dies nicht zum intendierten Abbau der Stereotype führen. Zwar ist es richtig, dass sich im Verlauf der **Intensivierung des Kontaktes** mit verschiedenen Vertretern bestimmter Gruppen eine **Differenzierung** entwickelt, aber diese Differenzierung bezieht sich eher auf Individualisierungen wie etwa: ‚die Deutschen haben zwar keinen Humor, aber ich kenne ein paar, die sehr humorvoll sind‘, ‚man muss zwar manchmal auf einen Zug warten, aber insgesamt sind die Deutschen doch sehr pünktlich‘ usw.

Stereotype sind aber gerade nicht individuelle Fehleinschätzungen von Wirklichkeit, sondern **Konstrukte,** die zu den Bildern, die Personen aus einer bestimmten Gruppe über Personen aus anderen Gruppen haben, gehören. Es kann daher nicht das Ziel des Fremdsprachenunterrichtes sein, die ‚Falschheit‘ von Stereotypen zu belegen, sondern im Umgang mit dem Vorkommen von Stereotypen ein Bewusstsein dafür zu entwickeln, welche Funktionen Stereotype haben und dass bestimmte Stereotypisierungen und Vorurteile zu rassistischen, sexistischen usw. Verletzungen führen können.

Sprachliches Niveau Wenn man im Unterricht Stereotype aufnehmen, spielerisch mit ihnen umgehen und sie mit unterschiedlichen Repräsentationen von Wirklichkeit ins Gespräch bringen will, dann ist dies vor allen Dingen auf den unteren Niveaustufen aus zwei Gründen schwierig: Zum einen fehlt eventuell das sprachliche Repertoire, um sich angemessen mit diesem Thema auseinandersetzen zu können. Zum anderen fehlt am Anfang meist ein umfangreiches Wissen über zielsprachige Kontexte, um ausreichend differenziert kulturelle **Vielfalt** und stereotype Darstellungen gegenüberstellen zu können. Eine Möglichkeit, mit dieser Ausgangslage umzugehen, ist es, im Unterricht nicht mit den Stereotypen über das Zielland zu arbeiten, sondern zunächst mit zielsprachlichen Texten über Stereotype über das eigene Land zu arbeiten, also mit den **vermuteten Heterostereotypen.**

Die Arbeit mit Stereotypen erfolgt dabei sozusagen im ‚Rückwärtsgang‘ (O'Sullivan/Rösler 1999), damit über den Weg der Einschätzung des Bildes der anderen über das Eigene ein **Nachdenken über die Funktion von Stereotypen** einsetzt, die dann auf das eigene Bild des zielkulturellen Kontextes angewendet werden kann. Ein schönes Beispiel für englische Deutschlernende ist die Arbeit mit dem Bilderbuch *Die Englandreise,* in dem auf sprachlich recht einfachem Niveau mit deutschen Englandbildern in einer Weise gespielt wird, die eine Auseinandersetzung mit der Funktion von Stereotypen auf vergnügliche Weise möglich macht (vgl. dazu die ausführliche Beschreibung eines Vorgehens im Unterricht in O'Sullivan/Rösler 2013, S. 167–176.). Die Arbeit mit ästhetischen Texten, die das komische Potenzial beim Spiel mit Stereotypen in den Vordergrund stellen, ist generell eine gute Möglichkeit, sich der **ästhetischen und kognitiven Funktion von** Stereotypen anzunähern.

9.6 Auswahl von Gegenständen

Über die Bedeutung von Briefmarken für die Landeskunde redet man im Fach Deutsch als Fremdsprache selten, auch wenn die Auswahl dessen, was für abbildenswert gehalten wird, interessante Diskussionen auslösen kann. Lange waren auch Straßenschilder, Graffiti usw. zwar Gegenstände, die Lehrkräfte als Fotografien in ihren Unterricht einbrachten, sie standen aber nicht im Fokus der fremdsprachendidaktischen Forschung. Das hat sich geändert: Die Diskussionen des soziolinguistischen Forschungsgebiets *linguistic landscapes*, das sich mit der Sichtbarkeit geschriebener Sprache im öffentlichen Raum beschäftigt und besonders dort, wo diese mehrsprachig ist, einen unmittelbaren Bezug zur Fremdsprachenforschung hat, ist in der Fremdsprachendidaktik aufgenommen und intensiv diskutiert worden (vgl. Schiedermair 2015, die Beiträge in Badstübner-Kizik/Janíková 2019 und als Kritik Altmayer 2021).

Welche Gegenstände für besonders unterrichtsrelevant gehalten werden, ändert sich im Laufe der Zeit, abhängig von den allgemeinen gesellschaftlichen und speziellen fachlichen Diskussionen. Abhängig ist die Themenauswahl auch vom erreichten Sprachstand: ‚Schwierige‘ historische Themen werden relativ selten auf sprachlich frühen Niveaustufen angegangen (zum Umgang mit historischen Phänomenen vgl. Koreik 1995; Schmidt/Schmidt 2007; Fornoff 2009, Becker 2018).

Grob kann man die Gegenstände zunächst einmal unterteilen in solche, die für besondere Zielgruppen relevant sind, und die sogenannten **universellen** Themen. Landeskunde für Studierende, die die Fächer Deutsch als Fremdsprache und Betriebswirtschaft kombinieren, sieht anders aus als Landeskunde für Personen in Pflegeberufen (vgl. ► Kap. 12). Bei den sogenannten universellen Themen geht man davon aus, dass sie für Lernende weltweit von Interesse sind, was sie besonders für Lehrwerke, die in Deutschland produziert wurden und die keinen Bezug zu einer konkreten Ausgangskultur der Lernenden haben, attraktiv macht, weil es über den Umweg der Themenauswahl doch noch möglich scheint, kontrastive Herangehensweisen vor Ort entstehen zu lassen.

Themen der Kritischen Fremdsprachendidaktik Immer wieder und zu verschiedenen Zeitpunkten unterschiedlich intensiv rücken in der Fremdsprachenforschung und bei der Unterrichtsplanung über den Sprach- und Kulturerwerb im engeren Sinne hinausgehende allgemeine Bildungsziele in den Vordergrund. Der kommunikative Ansatz verdankte seine schnelle Popularität in Deutschland nicht zuletzt seiner Verbindung mit sich auf die Teilhabe am gesellschaftlichen Diskurs beziehenden emanzipatorischen Zielen (vgl. ► Abschn. 4.6).

Mit der Rezeption von Freire (1971) verbinden sich in den 1970er und 1980er Jahren im Fach Deutsch als Fremdsprache unterschiedliche Vorgehensweisen, die zumeist mit einer Kritik an der vorherrschenden Lehrwerkproduktion verbunden sind. Gegen diese wird zum einen die Produktion von Lehrmaterial ‚von unten‘ postuliert, bei der die Lernenden ihre eigene Situation aufgreifen (vgl. Osterloh 1978) oder bei der die Spracharbeit direkt in der Lebenswelt **der Lernenden** angesiedelt wird wie beim ‚Lernstatt‘-Konzept (vgl. Cooperative Arbeitsdidaktik/

Institut für Zukunftsforschung 1976). Zum anderen wurden die zeitgenössischen Lehrwerke und Unterrichtskonzepte kritisch unter der Fragestellung betrachtet, wie relevant sie eigentlich für die neue Gruppe von Deutschlernenden, die damals meist ‚Gastarbeiter‘ genannten Migranten, waren. Das ausschlaggebende Kriterium für die Bewertung der vorhandenen Lehrwerke im Gutachten *Deutsch für ausländische Arbeiter* (Barkowski u. a. 1980) bezog sich auf die Frage, wie gut der Kultur- und Identitätskonflikt aufgenommen wurde und wie gut die Lehrwerke es den ausländischen Arbeitskräften ermöglichten, ihre eigene Position zu versprachlichen (vgl. als Überblick über die sozial-emanzipatorischen Tendenzen der Lehrwerkkritik und -produktion in den 1970er und 1980er Jahren Rösler 1984, S. 100–110, 165–180).

Während die kritischen Bemühungen zu dieser Zeit sich überwiegend auf den Bereich gesellschaftlicher Ungleichheit konzentrierten, ist die kritische Fremdsprachendidaktik im 21. Jahrhundert, parallel zur Erweiterung der gesamtgesellschaftlichen Diskussion, breiter aufgestellt und reflektiert die gesellschaftlichen Diskurse zu Rassismus, Kolonialismus, Geschlechtergerechtigkeit usw. ebenso wie ökonomische Aspekte. Allgemein formuliert Gerlach:

» Ein kritische Fremdsprachendidaktik vergegenständlicht die Kommunikation und Interaktion im fremdsprachigen Klassenzimmer zur Förderung sozialer und demokratischer Verantwortung, zur Reflexion sozialer Ungleichheit, zum respektvollen Miteinander und zum pflichtbewusst Handeln (Gerlach 2020, S. 24)

und liefert in seinem Beitrag einen Überblick über die verschiedenen Diskurse, die dem Konzept der kritischen Fremdsprachendidaktik zugrunde liegen. Für Deutsch als Fremdsprache geht eine kritische Fremdsprachendidaktik „nicht selten einher mit sehr realen Gefahren für die Lernenden und ihre Familien, für die jeweiligen Institutionen und nicht zuletzt für die Lehrkräfte selbst" (Schart 2020, S. 181), denn

» ein nicht unerheblicher Teil des Deutschunterrichts weltweit findet in Ländern statt, in denen es nicht erwünscht oder sogar gesetzlich untersagt ist, in Bildungsinstitutionen die Diversität individueller Lebensentwürfe und Denkweisen zu thematisieren, gesellschaftliche Prozesse, Regeln und Moralvorstellungen in Frage zu stellen oder historische Ereignisse aus verschiedenen Perspektiven zu betrachten (ebd., S. 181).

Eine **nicht unproblematische Nebenwirkung** der Diskussion gesellschaftlich besonders relevanter Themen liegt darin, dass viel Energie in die Beschäftigung mit den Themen investiert und stillschweigend oft eine sprachlich fortgeschrittene Lernergruppe vorausgesetzt wird. So bleibt wenig Energie für die Frage, wie denn mit diesen relevanten und die Lernenden auch engagierenden Themen mit den geringen sprachlichen Möglichkeiten, die das sprachliche Notstandsgebiet der Niveaustufe A bietet, umzugehen ist. Für Deutsch als Fremdsprache liegt erfreulicherweise mit Schart 2020 eine ausführliche Beschreibung und Reflexion von Vorgehensweisen auf den unteren Niveaustufen in Japan vor.

Die Menge möglicher landes-/kulturkundlicher Gegenstände ist, das haben die bisherigen Kapitel gezeigt, viel zu groß, als dass sie in einem Lehrwerk oder Curriculum alle behandelt werden könnten. Für diese müssen also Auswahlentscheidungen getroffen werden. Dabei gibt es **unverzichtbare Gegenstände.** Es ist nicht egal, ob jemand, der 400 Stunden Deutsch als Fremdsprache gelernt hat, weiß, ob Berlin die Hauptstadt Deutschlands ist oder nicht. Es ist nicht egal, ob er weiß, was der Holocaust ist oder nicht. Es gibt also offensichtlich bestimmte Vorstellungen davon, was in verschiedenen kulturellen Kontexten als unverzichtbar für jemanden gilt, der Deutsch als Fremdsprache lernt.

Diese Grundeinsicht darf nun nicht dazu führen, dass es eine Rückkehr zu einem klassischen aber immer etwas beliebigenKanon gibt. Das Entscheidende ist wohl eher, dass Curriculum-Planer und Lehrmaterialmacher die für ihre jeweilige Lernergruppe für relevant erachteten Gegenstände so in Material umsetzen, dass sie lernerrelevant vermittelt werden und dass gleichzeitig so viele Kanäle wie möglich freigeschaltet werden, mit denen die Lernenden interessegeleitet und gruppen- oder sogar individuenspezifisch ihre Landeskundekenntnisse erweitern können. Dabei darf nicht außer Acht gelassen werden, dass interkulturelles Lernen lebenslanges Lernen ist und dass Lernen in Bildungsinstitutionen immer nur exemplarisch zeigen kann, wie etwas behandelt werden soll.

Die Diskussion darüber, was ein landeskundlich relevanter Gegenstand ist, kann also sowohl **universell** (wer Deutsch lernt, muss wissen, dass Berlin die Hauptstadt ist) als auch im **Kontrast zur** jeweiligen Ausgangskultur (für Lernende des Landes X sind Y und Z unverzichtbare Wissenstatbestände über den deutschsprachigen Raum) und bezogen auf die jeweiligen Ziele geführt werden.

Auf die einzelnen Gegenstände ausführlich einzugehen, verbietet sich für eine Einführung, die einen gewissen Umfang nicht überschreiten darf. Aber zumindest sollen in den ▶ Abschn. 9.8 und 9.9 zwei Gegenstandsbereiche etwas ausführlicher besprochen werden, bei denen Landeskunde und Sprachvermittlung besonders eng Hand in Hand gehen müssen.

9.7 ‚Landeskunde' und/oder ‚Kulturstudien'

Mit dem in ▶ Abschn. 9.4. vorgestellten deutungsmusterbezogenen Konzept von Kultur, verstanden als geteiltem „Vorrat an lebensweltlichem Hintergrundwissen, auf den die an thematischen Diskursen Beteiligten für die gemeinsame diskursive Deutung ebenso wie für die praktische Bewältigung ihrer Alltagswirklichkeit" (Fornoff 2021, S. 323) Bezug nehmen, wird eine Gegenposition bezogen zu nationenbezogenen Konzeptionen von Landeskunde, „die einer adäquaten theoretisch-konzeptionellen Erfassung der wachsenden Komplexität, Heterogenität und Pluralität sozialer Wirklichkeiten unter den Bedingungen einer sich immer weiter beschleunigenden globalen Vernetzung eher im Wege stehen" (ebd., S. 324 f.). Diese **Neuausrichtung** wird zur Abgrenzung von dem kritisierten Landeskunde-Konzept mit dem Terminus ‚Kulturstudien' versehen. Mit der Einführung dieses Begriffs wird auch signalisiert, dass sich die Landeskunde-Diskussion in Theorie und Forschung an der im letzten Viertel des 20. Jahrhunderts die geisteswissenschaftliche Diskussion dominierenden Kulturwissenschaft orientiert (vgl. Altmayer 2004).

In seinem Überblick über die Neukonstituierung der Landeskunde im Fach Deutsch als Fremd- und Zweitsprache als kulturwissenschaftliche Forschungsdisziplin schreibt Roger Fornoff:

> » Im Zentrum des Deutungsmuster-Ansatzes stehen dementsprechend nicht mehr Formen des inhaltlichen, pragmatisch-kommunikativen oder verhaltensbezogenen Lernens wie in den klassischen Varianten kognitiver, kommunikativer oder interkultureller Landeskunde [...]; sein praktisches Interesse richtet sich vielmehr auf die Vermittlung einer partizipationsorientierten Deutungs- und Diskurskompetenz, bei der es in erster Linie darum geht, den Lernenden einen Zugang zu den diskursiven Wirklichkeitsdeutungen in der Zielsprache zu eröffnen (ebd. S. 325).

Terminologische Umbenennungen signalisieren, dass in einem bestimmten Gebiet Verschiebungen stattgefunden haben und dass diese Verschiebungen von besonderer Bedeutung sind und dem gesamten Gebiet neue Perspektiven erschließen. Gleichzeitig besteht die Gefahr, dass dabei das bisher Vorhandene auf bestimmte besonders kritikwürdige Phänomene reduziert wird und dass bestimmte Aspekte als nicht mehr besonders Behandelnswert markiert werden.

Wird ‚Landeskunde' als der Begriff verstanden, der die ganze Vielfalt der in diesem Kapitel bisher behandelten Gegenstände und Vorgehensweisen umfasst, dann gibt es wenig Grund, diesen Begriff auszuwechseln. Wird ‚Landeskunde' hingegen enger gefasst und insbesondere auf die Vermittlung von Fakten (im in ► Abschn. 9.3.1 beschriebenen Sinne) bezogen, dann ist es sinnvoll, die Erweiterung des Gegenstandes mit der Einführung des Begriffs ‚Kulturstudien' auch terminologisch zu dokumentieren.

9.8 Die Plurizentrik des deutschsprachigen Raums

Eine Erweiterung des landeskundlichen Gegenstandbereichs ab den 1990er Jahren entstand dadurch, dass verstärkt gefordert wird, Landeskunde müsse die Vielfalt des deutschsprachigen Raums abdecken und dürfe sich nicht einfach auf die Bundesrepublik Deutschland bzw. vor 1990 auf die Bundesrepublik Deutschland und die DDR beschränken, wie das lange der Fall war. Befördert wurde diese Entwicklung durch die Ergebnisse einer Arbeitsgruppe aus Vertretern der alten Bundesrepublik Deutschland, der DDR, der Schweiz und Österreichs. Sie produzierten die sogenannten ABCD-Thesen, wobei das ‚D' für die DDR steht, die es kurz danach ja nicht mehr gab, weshalb in der fachdidaktischen Diskussion eine andere Abkürzung die Befassung mit der Plurizentrik des deutschsprachigen Raums repräsentiert, das sogenannte ‚D-A-CH'- oder ‚D-A-CH-L'- Konzept, gebildet aus den Autokennzeichen von Deutschland, Österreich und der Schweiz. Manchmal findet man noch ein L angehängt, das für Liechtenstein steht.

Dass Deutsch als Sprache nicht nur in Deutschland gesprochen wird, war zwar als faktische Information schon immer in Lehrwerken zu finden, aber häufig beschränkten sich die Lehrwerke auf eine Karte und einen beschreibenden Text. Wenn die Vielfalt innerhalb des deutschsprachigen Raums im Unterricht und in den Lehrwerken ernstgenommen werden soll, reicht dies nicht aus. Es ist also zu fragen, wie diese Vielfalt sinnvoll abgebildet und behandelt werden kann. Zumindest für Deutsch als Fremdsprache außerhalb Europas ist es darüber hinaus auch sinnvoll, den deutschsprachigen Raum als **Teil von** Europa zu thematisieren (vgl. den Überblick über die erste Phase dieser Diskussion in Krumm 1998, als aktuellen Kurzüberblick Schweiger (2021, S. 367 f.) und als Beispiel für die kontinuierliche Fortschreibung der Diskussion z. B. die Beiträge in Shafer u. a. 2020).

Auf der Ebene der programmatischen Erklärungen ist es unbestritten und nachvollziehbar, dass die Vielfalt des deutschsprachigen Raums Gegenstand der Landeskunde sein muss. Eine größere Herausforderung ist es hingegen, diese Einsicht in unterrichtliches Handeln und Lehrmaterial umzusetzen.

Eine Herausforderung in der Lehrerbildung ist es, dafür zu sorgen, dass die Lehrenden überhaupt in der Lage sind, selbst mit der Vielfalt des deutschsprachigen Raums umzugehen – was sich keinesfalls auf nicht-muttersprachliche Lehrende beschränkt. Eine bundesrepublikanische Deutschlehrkraft mag über Österreich nicht viel mehr als ein oberflächliches Touristenwissen haben und wäre damit keinesfalls in der Lage, historische und gesellschaftliche Phänomene angemessen zu behandeln.

Noch schwieriger ist die Frage, wie im Lehrmaterial Plurizentrik repräsentiert werden kann, wenn der Umfang der Lehrwerke und des Unterrichts nicht beliebig erweiterbar ist. Im Hinblick auf den Umgang mit dem Verhältnis von **Norm** und **Varietät** unterscheidet sich der Fremdsprachenunterricht im Anfängerbereich vom Unterricht in der Erstsprache. Ziel von sprachlicher Bildung, besonders in der Erstsprache, ist es, dass Personen im Laufe ihres Bildungsgangs die regionale Vielfalt ihrer Welt, die unterschiedlichen regionalen und sozialen Varietäten ihrer Sprache und die Situationsangemessenheit unterschiedlicher Register und Stile einschätzen und beherrschen lernen. Ähnliches gilt im Fremdsprachenunterricht für Fortgeschrittene.

Im **Anfängerunterricht** sieht die Situation etwas anders aus. Der Sprachnotstand der Lernenden führt aus deren Perspektive zunächst dazu, dass es für sie wichtig ist, sich über möglichst viele Gegenstände sprachlich verständigen zu können und nicht über wenige Gegenstände in vielen verschiedenen Variationen. Im Anfängerunterricht gibt es also ein legitimes Interesse daran, eine Art ‚neutralen‘ Standard zu erwerben. Dieser Satz wirft sofort sehr viele Fragen auf, u. a.: **Was ist ein neutraler Standard?** Führt genau dieser Versuch, einen neutralen Standard einzuführen, nicht dazu, dass Lehrwerke so langweilig sind, weil sie sich gerade nicht auf echte soziale und regionale Vielfalt einlassen?

Im Bereich der Produktion von Sprache kann ein Verzicht auf Vielfalt den Lernenden dazu verhelfen, möglichst schnell unterschiedliche Mitteilungsabsichten zu realisieren. Im rezeptiven Bereich ist der Verzicht auf Vielfalt nur sinnvoll, wenn die Lernenden strikt auf die künstliche Welt des Lehrwerks beschränkt bleiben. Wenn die Lernenden so schnell wie möglich über die Grenzen des Lehrwerks hinaus zu einer Auseinandersetzung mit authentischen **Texten** kommen sollen, dann können sie vor der Vielfalt der dort vorhandenen Sprache nicht ‚beschützt werden'. Stattdessen muss im rezeptiven Bereich zumindest die Tatsache vermittelt werden, dass der deutschsprachige Raum plurizentrisch ist, und wie man mit diesem Phänomen als Lerner umgeht. Manche Lehrwerke versuchen, wie ◱ Abb. 9.1 aus *Schritte plus* zeigt, zumeist schon in einem sehr frühen Stadium zum Beispiel anhand von Begrüßungsformeln auf die Vielfalt hinzuweisen.

Solange die Aufgabenstellungen die Rezeption fördern, ist dies sicher eine sinnvolle Investition von Lernerzeit. Und wenn die Lernenden von sich aus Vergnügen daran finden, diese Wörter auch anzuwenden und sich mit sprachlicher Vielfalt am Ende jeder Stunde aus dem Klassenzimmer zu verabschieden, dann ist dies selbst auf der elementaren Ebene von sprachlicher Landeskundearbeit im Lehrwerk im Anfängerunterricht schon ein Beispiel dafür, wie Lernende mit regionaler Vielfalt sprachlich umgehen können. Man darf sich nur nicht der Illusion hingeben, mit derartigen Elementen in Lehrwerken das Spannungsverhältnis von D-A-CH-Orientierung und Zeit- und Platzzwängen in den Griff bekommen zu können.

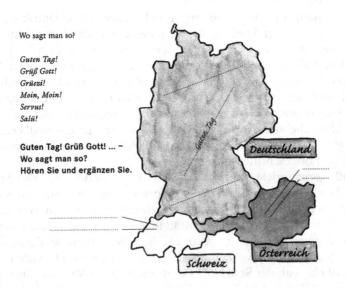

◱ **Abb. 9.1**   Rezeptive Aufgabenstellung zur sprachlichen Vielfalt (aus Niebisch u. a. 2009, S. 104)

9.9 Höflichkeit als sprachlicher und landeskundlicher Gegenstand

In ▶ Kap. 8 war schon mehrfach darauf hingewiesen worden, dass **Spracharbeit und** Landeskundevermittlung **möglichst weitgehend aufeinander bezogen** sein sollten. Wie so etwas möglich sein könnte, sei am Beispiel ‚Höflichkeit' gezeigt. Der Umgang mit sprachlicher Höflichkeit sei für Fremdsprachenlernende besonders schwierig, so Ehrhardt/Neuland (2021, S. 269),

» geht es hierbei doch nicht mehr allein um Wortschatzlernen und um Grammatikerwerb, sondern um die Wahl einer angemessenen Stilebene, die durch unterschiedliche sprachliche Mittel ausgedrückt werden kann. Sprachliche Höflichkeit fußt auf der Kenntnis und der angemessenen Anwendung sprachlicher Mittel.

Zu den sprachlichen Informationen, die man im Deutschunterricht vermitteln muss, gehört z. B., dass im Deutschen Modalpartikeln einen Beitrag dazu leisten, Aufforderungen abzuschwächen oder eine Aussage beiläufig erscheinen zu lassen, so dass sie höflicher klingt.

> ▶ **Modalpartikeln**
>
> Sätze ‚Wie spät ist es eigentlich?' und ‚Wie spät ist es denn?' und ‚Wie spät ist es denn eigentlich?' klingen durch die hinzugefügten Modalpartikeln ‚denn' und ‚eigentlich', allein oder in Kombination miteinander, höflicher als der Satz ‚Wie spät ist es?'. ‚Gib mir mal das Salz' klingt schon höflicher als ‚Gib mir das Salz'. Aber das alleine reicht nicht, um besonders höflich zu wirken, ‚Könntest du mir mal das Salz geben' oder ‚Könntest du mir mal das Salz reichen' wirken noch höflicher. Kommt noch ein ‚bitte' hinzu in dem Satz ‚Könntest du mir bitte mal das Salz reichen', hängt es davon ab, wie betont wird – ‚bitte' kann hier nicht nur die Höflichkeit des Fragens unterstützen, mit gereizter Betonung signalisiert der Satz Ungeduld.
>
> **Herausforderung für Lerner:** Die Verwendung von Modalpartikeln alleine ist also nicht ein Garant für mehr Höflichkeit. Für manche Fremdsprachenlerner, vor allen Dingen für solche, deren bisher erworbene Sprachen keine oder nur wenige Modalpartikeln kennen, ist der Erwerb dieser Modalpartikeln aber allein schon recht schwierig. Einzelne Modalpartikeln haben unterschiedliche kommunikative Funktionen: ‚Sei ja still!', ‚Du hast ja einen Bart!', ‚Sie wissen ja, dass es unserer Firma nicht gut geht …'. Bestimmte kommunikative Funktionen scheinen durch verschiedene Modalpartikeln realisierbar zu sein, wie in den Sätzen oben z. B. ‚denn' und ‚eigentlich'. Und man kann sie auch noch kombinieren, aber offensichtlich nicht beliebig, denn ‚Wie spät ist es eigentlich denn?' ist im Gegensatz zu ‚Wie spät ist es denn eigentlich?' kein korrekter deutscher Satz. Und zusätzlich ist noch zu lernen, dass **Frageformen** statt Aufforderungssätzen oder die Hinzufügung von **Konjunktiven** ebenfalls Höflichkeit markieren können. ◄

Darüber hinaus ist auch noch zu lernen, dass man es auch **übertreiben** kann, „Würdest Du eventuell so freundlich sein und mir das Salz reichen" ist vielleicht schon ein Schritt zu weit auf der vermeintlichen Höflichkeitsskala und könnte je nach Kontext unangemessen oder komisch wirken. Es ist also allein auf der sprachlichen Ebene ein schwieriges Unterfangen zu vermitteln, in welcher Situation welche sprachlichen Elemente dazu beitragen, höflich zu erscheinen, ohne übertrieben höflich zu wirken. Lehrwerke mit ihrem beschränkten Platz können diese Komplexität jeweils nur ausschnittweise behandeln. Alle werden auf der Niveaustufe A1 ganz elementar die Unterschiede der Anrede mit ‚Du' und ‚Sie' auch mit Bezug zur Höflichkeit erklären, in der Behandlung weiterer Aspekte differieren die Lehrwerke dann sehr; meist ist der Platz dafür eher beschränkt (als Auseinandersetzung mit der Behandlung von Höflichkeit in Lehrwerken für Deutsch als Fremdsprache vgl. Scialdone 2009 oder Vorderwülbecke 2001).

Höflichkeit als landeskundlicher Gegenstand Die sprachlichen Elemente müssen kombiniert werden mit Wissen über die in unterschiedlichen Kontexten angemessenen Verhaltensweisen.

> ▶ **Trinkgeld geben**
>
> Für Lernende aus manchen Ländern ist z. B. die deutsche Art, Trinkgeld zu geben, nicht unproblematisch. Für Lerner aus einem Land, in dem man das Trinkgeld diskret auf dem Tisch liegen lässt, ist es eine Herausforderung, einer Bedienung ins Gesicht zu sagen, wie viel Trinkgeld sie erhält. Nicht nur muss man in Windeseile kalkulieren, wie viel Trinkgeld eigentlich angemessen ist, wobei nicht nur eine Prozentrechnung durchzuführen ist, sondern auch noch eine Rundungsaktivität – und dazu noch eine Abschätzung, wohin man denn eigentlich runden muss. Wenn etwas 17,60 Euro kostet, muss man dann 18, 19 oder 20 Euro sagen? Die Lernenden müssen nicht nur diese Berechnung durchführen, sie müssen außerdem bestimmte Ausdrücke wie ‚Das stimmt so' lernen. Und sie müssen vor allen Dingen verstehen, dass dies eine in Deutschland normale Art des Trinkgeldgebens ist, die **weder besonders höflich noch besonders unhöflich** ist. Ein Lerner mag das, was in Deutschland ‚normal' ist, nun allerdings in seinem Wertesystem als zu direkt und damit als unhöflich interpretieren – man sagt schließlich jemandem ins Gesicht, was er oder sie bzw. die erbrachte Dienstleistung einem wert ist. ◀

Unterschiede in der wertenden Wahrnehmung gibt es bei vielen Interaktionen zwischen Personen aus verschiedenen kulturellen Kontexten. Ein Deutscher, der in manchen asiatischen Ländern ein **Geschenk** mitbringt, wird vielleicht enttäuscht sein, dass der Gastgeber das Geschenk zur Seite legt und nicht auspackt. Er ist es schließlich gewohnt, dass Geschenke nicht nur ausgepackt werden, sondern man als Schenkender auch an der Freude des Beschenkten teilhaben darf. Jeder weiß aber auch, dass diese ‚Freudensausbrüche' nicht immer ‚echt' sind. Eine gesellschaftliche Konvention, die Geschenke unausgepackt zu lassen, bringt den Beschenkten nicht in die Bredouille, Begeisterung spielen oder bei allen Geschenken gleich begeistert sein zu müssen.

Die für einen Deutschen fremde asiatische Art des Geschenke-Akzeptierens oder die für einen Engländer ungewohnte Art, in Deutschland Trinkgelder zu geben, sind nur zwei Beispiele dafür, dass im Fremdsprachenunterricht sowohl eine Beschreibung kulturell unterschiedlicher Handlungsweisen als auch eine Thematisierung der eigenen Wahrnehmung und Einschätzung dieser Handlungsweisen erfolgen muss.

Einschätzung der Höflichkeit/Unhöflichkeit einer Handlung Ziel eines Unterrichts, der sich auf derartige Unterschiede einlässt, muss es sein, diese Unterschiede faktisch zu vermitteln, also z. B. zu zeigen, wie im deutschsprachigen Raum Trinkgeld gegeben wird. Er darf dabei aber keinesfalls so weit gehen, dass die Lernenden diese andere Art, mit der Welt umzugehen, gut finden müssen. Ein Lerner des Deutschen muss also die Konvention des Trinkgeldgebens, die sprachliche Bewältigung dieser Situation und das kulturelle Wissen erwerben, dass diese Tätigkeit im Deutschen normal ist und weder mit einer besonders wertschätzenden noch geringschätzenden Einstellung gegenüber der Bedienung verbunden ist. Er muss aber nicht lernen, dass er diese Art des Trinkgeldgebens gut zu finden hat. Die Bewertung bleibt ebenso seiner individuellen Einschätzung überlassen wie die Entscheidung, ob er sich ‚angepasst' verhält oder nicht, ob er sein Anderssein z. B. dadurch markieren möchte, dass er das Trinkgeld doch auf dem Tisch liegen lässt.

Dieses bewusste Anderssein ist jedem Menschen möglich, Erstsprachlernern und Fremdsprachenlernern. Der Fremdsprachenunterricht muss die Lernenden dazu befähigen, sich als Individuen in Kenntnis der lokalen Norm bewusst anders verhalten zu können. Dabei unterscheiden sie sich von einem abweichenden Verhalten aufgrund kultureller Interferenzen, deren sie sich nicht bewusst sind.

Integration von Spracharbeit und Landeskunde Es reicht also nicht, wenn im Unterricht nur der Satz ‚Das stimmt so' als sprachliche Äußerung in einer bestimmten Situation gelernt wird, gleichzeitig muss Wissen über Verhaltensweisen in der deutschsprachigen Welt und Wissen darüber, wie diese Verhaltensweisen auf einer Skala von Höflichkeitsformen eingeschätzt wird, vermittelt werden, und es müssen eventuell vorhandene Unterschiede in der Einschätzung dieser Verhaltensweise bewusst gemacht werden.

Weitere Beispiele:

- unterschiedliche Vorstellungen von Pünktlichkeit,
- unterschiedliche Vorstellungen von Verbindlichkeit von Absprachen,
- unterschiedliche Vorstellungen davon, welchen Platz Hunde in der Gesellschaft einnehmen,
- unterschiedliche Arten und Weisen, Gespräche zu beginnen – die angeblich typische deutsche Art, sofort auf den Punkt zu kommen vs. die Anbahnung von ernsthaften Gesprächen über längere Runden von Smalltalk,
- unterschiedliche Formen von Direktheit beim Erbitten von Gefallen usw.

All dies sind Beispiele, bei denen der Erwerb von sprachlichem Repertoire immer verbunden werden muss mit dem Wissen über Welt und dem Reflektieren der eigenen Wahrnehmung dieser Verhaltensweisen im Kontrast zum eigenen Verhalten in anderen kulturellen Kontexten.

Die Erforschung des Themas Höflichkeit Höflichkeit ist ein in der Pragmatik seit langem intensiv erforschtes Thema (vgl. z. B. Brown/Levinson 1987 oder Blum-Kulka/House/Kasper 1989), oft mit Bezug auf die von Goffman (1971) eingeführten Beschreibungskonzepte. Knapp die Problematik benennende oder stärker systematisierende Einführungen sind Dieckmann u. a. (2003) und Haferland/Paul (1996). Einen ausführlichen Überblick u. a. über die Komplexität des Höflichkeitsbegriffs, über Höflichkeit in der europäischen Kulturgeschichte, über Ausdrucksformen der Höflichkeit in der deutschen Sprache, über sprachwissenschaftliche Forschungen zu Höflichkeit und über Höflichkeit in der interkulturellen Kommunikation liefern Ehrhardt/Neuland 2021.

Es liegen eine Vielzahl von Studien zu Aspekten von Höflichkeit bezogen auf einzelne Kontrastsprachen und -kulturen vor, z. B. Hammam 2011, Omar 2016 (Arabisch), Schröder 2020 (Brasilien), Breckle 2003 (Schweden), Cho 2005, Song 2011 (Koreanisch), Yamashita 2011 (Japanisch), Moser 2011 (Argentinisch), Siebold 2012 (Spanisch), Kotthoff 2009 (Georgien), Liang 2009 (Chinesisch), Miebs 2003 (Finnland) oder Neuland 2009, Reeg 2009 und Simon 2009 (Italienisch).

Literatur

9

Altmayer, Claus: *Kultur als Hypertext: zu Theorie und Praxis der Kulturwissenschaft im Fach Deutsch als Fremdsprache.* München 2004.

Altmayer, Claus: „Landeskunde als Kulturwissenschaft. Ein Forschungsprogramm". In: *Jahrbuch Deutsch als Fremdsprache* 32 (2006), S. 181–199.

Altmayer, Claus: „‚Linguistic Landscapes' – eine sinnvolle Forschungsperspektive für Deutsch als Fremd- und Zweitsprache? Eine kritische Intervention". In: *Deutsch als Fremdsprache* 2 (2021), S. 109–112.

Altmayer, Claus: *Kulturstudien. Eine Einführung für DaF- und DaZ-Studiengänge.* Stuttgart 2022.

Badstübner-Kizik, Camilla/Janíková, Věra (Hg): *‚Linguistic Landscape' und Fremdsprachendidaktik. Perspektiven für die Sprach-, Kultur- und Literaturdidaktik.* Frankfurt u.a. 2019.

Barkowski, Hans u.a.: *Deutsch für ausländische Arbeiter. Gutachten zu ausgewählten Lehrwerken.* Königstein 1980.

Bechtel, Mark: *Interkulturelles Lernen beim Sprachenlernen im Tandem. Eine diskursanalytische Untersuchung.* Tübingen 2003.

Becker, Christine: *Kulturbezogenes Lernen in asynchroner computervermittelter Kommunikation.* Tübingen 2018.

Becker, Christine/Grub, Frank Thomas: „Wissenschaftsorientierung in der Lehre der Landeskunde an schwedischen Universitäten". In: InfoDaF, 45, 6, (2018), S. 708–728.

Blum-Kulka, Shoshana/House, Juliane/Kasper, Gabriele (Hg.): *Cross-Cultural Pragmatics: Request and Apologies.* Norwood, NJ 1989.

Bredella, Lothar: *Narratives und interkulturelles Verstehen. Zur Entwicklung von Empathie-, Urteils- und Kooperationsfähigkeit.* Tübingen 2012.

Breckle, Margit: „Die Deutschen sind direkt – die Schweden sind indirekt? Zur unterschiedlichen Verwendung von Höflichkeitsstrategien in der deutsch-schwedischen Wirtschaftskommunikation. Ergebnisse von Interviews". In: Ewald Reuter/Marja-Leena Pitulainen (Hg.): *Internationale Wirtschaftskommunikation auf Deutsch.* Frankfurt a. M. [u.a.] 2003, S. 299–319.

Brown, Penelope/Levinson, Stephen C.: *Politeness. Some Universals in Language Usage.* Cambridge 1987.

Chaudhuri, Tushar/Puskás, Csilla: „Interkulturelle Lernaktivitäten im Zeitalter des Web 2.0. Erkenntnisse eines telekollaborativen Projektes zwischen der Hong Kong Baptist University und der Justus-Liebig-Universität Gießen". In: *Info DaF* 38/1 (2011), S. 3–25.

Cho, Yongkil: *Grammatik und Höflichkeit im Sprachvergleich. Direktive Handlungsspiele im Deutschen und Koreanischen.* Tübingen 2005.

Ciepielewska-Kaczmarek, Luiza/Jentges, Sabine/Tammenga-Helmantel, Marjan: *Landeskunde im Kontext: die Umsetzung von theoretischen Landeskundeansätzen in DaF-Lehrwerken.* Gottingen: 2020.

Cooperative Arbeitsdidaktik/ Institut für Zukunftsforschung: *Lernstatt im Wohnbezirk.* Frankfurt New York 1976.

Dieckmann, Walther [u.a.]: „Sprachliche Höflichkeit". In: *Praxis Deutsch* 30/178 (2003), S. 4–11.

Ehlers, Swantje: „Literatur als Gegenstand des fremdsprachlichen Deutschunterrichts". In: Gerhard Helbig [u.a.] (Hg.): *Deutsch als Fremdsprache. Ein internationales Handbuch.* Berlin/New York 2001, S. 1334–1346.

Ehrhardt, Claus/Neuland, Eva: *Sprachliche Höflichkeit.* Tübingen 2021.

Fornoff, Roger: „Erinnerungsgeschichtliche Deutschlandstudien in Bulgarien. Theoriekonzepte – unterrichtspraktische Ansätze – Lehrerfahrungen". In: *Info DaF* 36/6 (2009), S. 499–517.

Fornoff, Roger: „Forschungsansätze der Kulturstudien im Fach Deutsch als Fremd- und Zweitsprache". In: Claus Altmayer u.a. (Hg.): *Handbuch Deutsch als Fremd- und Zweitsprache.* Heidelberg 2021, S. 321–339.

Fornoff, Roger/Koreik, Uwe (2020): „Ist der kulturwissenschaftliche und kulturdidaktische Bezug auf die Nation überholt? DACH-Landeskunde, Globalisierung und Erinnerungsorte". In: Sara Hagi-Mead u.a. (Hg.): *Weitergedacht! Das D-A-CH-Prinzip in der Praxis.* Göttingen 2020, S. 37–67.

Freire, Paulo: *Pädagogik der Unterdrückten.* Stuttgart 1971.

Gerlach, David: „Einführung in eine kritische Fremdsprachendidaktik". In: David Gerlach (Hg): *Kritische Fremdsprachendidaktik. Grundlagen, Ziele, Beispiele.* Tübingen 2020, S. 7–31.

Goffman, Erving: *Interaktionsrituale. Über Verhalten in direkter Kommunikation.* Frankfurt a.M. 1971.

Grünewald, Matthias: *Bilder im Kopf. Eine Longitudinalstudie über die Deutschland- und Deutschenbilder japanischer Deutschlernender.* München 2005.

Grünewald, Matthias/Sato-Prinz, Manuela/Zhang, Ningjie: „Was sagen uns Deutschlernende über ihre Deutschlandbilder? Potenziale und Perspektiven der Nationenbilderforschung für Forschung und Praxis am Beispiel dreier Studien im ostasiatischen Kontext". In: *Zeitschrift für Interkulturellen Fremdsprachenunterricht* 25, 1 (2020), S. 677–699.

Haferland, Harald/Paul, Ingwer: „Eine Theorie der Höflichkeit". In: *Osnabrücker Beiträge zur Sprachtheorie* 52 (1996), S. 7-69.

Hammam, Sayed: *Verbale und nonverbale Höflichkeitsformen in der Wirtschaftskommunikation: Deutsch – Arabisch kontrastiv.* In: Claus Ehrhardt/Eva Neuland/Hitoshi Yamashita (Hg.): *Sprachliche Höflichkeit zwischen Etikette und kommunikativer Kompetenz.* Frankfurt a.M. 2011, S. 253–268.

Hu, Adelheid: „Interkulturelles Lernen. Eine Auseinandersetzung mit der Kritik an einem umstrittenen Konzept". In: *Zeitschrift für Fremdsprachenforschung* 10/2 (1999), S. 277–303.

Koreik, Uwe: *Deutschlandstudien und deutsche Geschichte. Die deutsche Geschichte im Rahmen des Landeskundeunterrichts für Deutsch als Fremdsprache.* Baltmannsweiler 1995.

Koreik, Uwe/Fornoff, Roger: „Landeskunde/Kulturstudien und kulturelles Lernen im Fach DaF/DaZ – Eine Bestandsaufnahme und kritische Positionierung". In: *Zeitschrift für interkulturellen Fremdsprachenunterricht* 25, 1 (2020), S. 563–648.

Kotthoff, Helga: „Trinksprüche als Interaktionsrituale. Aspekte der Unterstützungshöflichkeit im georgisch-deutschen Vergleich". In: Claus Ehrhardt/Eva Neuland: *Sprachliche Höflichkeit in interkultureller Kommunikation und im DaF-Unterricht.* Frankfurt a.M. 2009, S. 77–96.

Kramsch, Claire: „Andere Worte – andere Werte: Zum Verhältnis von Sprache und Kultur im Fremdsprachenunterricht". In: Lothar Bredella (Hg.): *Verstehen und Verständigung durch Sprachenlernen?* Bochum 1995, S. 51–66.

Krumm, Hans-Jürgen: „Landeskunde Deutschland, DACH oder Europa? Über den Umgang mit Verschiedenheit im DaF-Unterricht". In: *Info DaF* 25/5 (1998), S. 523–544.

Liang, Yong: „Wie höflich ist die chinesische Höflichkeit?". In: Claus Ehrhardt/Eva Neuland: *Sprachliche Höflichkeit in interkultureller Kommunikation und im DaF-Unterricht.* Frankfurt a. M. 2009, S. 131–151.

Miebs, Udo: „Höflichkeitssensible Bereiche der finnisch-deutschen Wirtschaftskommunikation und ihre Berücksichtigung in der Sprachschulung". In: Ewald Reuter/Marja-Leena Pitulainen (Hg.): *Internationale Wirtschaftskommunikation auf Deutsch.* Frankfurt a. M. [u. a.] 2003, S. 321–344.

Moser, Karolin: „Turn-taking im Argentinienspanischen: eine unhöfliche Kommunikationsstrategie für den Deutsch-Muttersprachler? " In: Claus Ehrhardt/Eva Neuland/Hitoshi Yamashita (Hg.): *Sprachliche Höflichkeit zwischen Etikette und kommunikativer Kompetenz.* Frankfurt a.M. 2011, S. 269–285.

Neuland, Eva: „Kritisieren und Komplimentieren: Ergebnisse kontrastiver Studien deutsch – italienisch zum Umgang mit sprachlicher Höflichkeit". In: Claus Ehrhardt/Eva Neuland: *Sprachliche Höflichkeit in interkultureller Kommunikation und im DaF-Unterricht.* Frankfurt a. M. 2009, S. 153–170.

Niebisch, Daniela [u. a.]: *Schritte plus. Kursbuch und Arbeitsbuch 1. Niveau A1/1.* Ismaning 2009.

O'Dowd, Robert/O'Rourke, Breffni: „New developments in virtual exchange for foreign language education". In: *Language Learning & Technology* 23, 3 (2019), S. 1–7.

Omar, Hamdy: *Zur sprachlichen Höflichkeit beim Ablehnen im Deutschen und Arabischen. Eine kontrastive Studie.* München 2016.

Osterloh, K.-H.: „Eigene Erfahrung – fremde Erfahrung. Für einen umweltorientierten Fremdsprachenunterricht in der Dritten Welt." In: *Unterrichtswissenschaft* 3 (1978), S. 189–199.

O'Sullivan, Emer/Rösler, Dietmar: „,Stereotype im ,Rückwärtsgang'. Zum didaktischen Umgang mit Heterostereotypen in kinderliterarischen Texten". In: Lothar Bredella/Werner Delanoy (Hg.): *Interkultureller Fremdsprachenunterricht: Das Verhältnis von Fremdem und Eigenem.* Tübingen 1999, S. 312–321.

O'Sullivan, Emer/Rösler, Dietmar: *Kinder- und Jugendliteratur im Fremdsprachenunterricht.* Tübingen 2013.

Pauldrach, Andreas: „Eine unendliche Geschichte. Anmerkungen zur Situation der Landeskunde in den 90er Jahren". In: *Fremdsprache Deutsch* 6 (1992), S. 4–15.

Reeg, Ulrike: „,Hallo ihr alle, ich habe gerade all Eure Beiträge gelesen und fand es super spannend. Darum möchte ich mich jetzt auch kurz vorstellen'. Aspekte deutsch-italienischer Interaktion im virtuellen Lehr-/Lernkontext". In: Claus Ehrhardt/Eva Neuland (Hg.): *Sprachliche Höflichkeit in interkultureller Kommunikation und im DaF-Unterricht.* Frankfurt a. M. 2009, S. 219–233.

Rösler, Dietmar: *Lernerbezug und Lehrmaterialien DaF.* Heidelberg 1984.

Rösler, Dietmar: *E-Learning Fremdsprachen. Eine kritische Einführung.* Tübingen ³2010.

Rösler, Dietmar: „Medialer Wandel, didaktische Konstanz? Zur Entwicklung von Online-Kooperationen am Beispiel der DaF-Studiengänge der Universität Gießen". In: *InfoDaF* 6 (2014), S. 489-501.

Sato-Prinz, Manuela: *Deutschlandbilder und Studienaustausch. Zur Veränderung von Nationenbildern im Rahmen von Studienaustauschaufenthalten am Beispiel japanischer Austauschstudierender in Deutschland.* München 2017.

Schart, Michael: „Gestaltungsprinzipien einer Kritischen Fremdsprachendidaktik am Beispiel eines universitären Programms im Bereich Deutsch als Fremdsprache". In: David Gerlach (Hg): *Kritische Fremdsprachendidaktik. Grundlagen, Ziele, Beispiele.* Tübingen 2020, S. 181–198.

Schiedermair, Simone: „Überlegungen zur Kulturvermittlung im Fach Deutsch als Fremdsprache. Linguistic Landscapes und Erinnerungsorte". In: Camilla Badstübner-Kizik/Almut Hille (Hg.): *Kulturelles Gedächtnis und Erinnerungsorte im hochschuldidaktischen Kontext. Perspektiven für das Fach Deutsch als Fremdsprache.* Frankfurt a.M., S. 65–81.

Schmidt, Sabine/Schmidt, Karin: „Erinnerungsorte – Deutsche Geschichte im DaF-Unterricht". In: *Info DaF* 34/4 (2007), S. 418–427.

Schröder, Ulrike: „Höflichkeit und Face in interkultureller Kommunikation im DaF-Unterricht". In: *Deutsch als Fremdsprache*, 57, 4, (2020), S.232 – 242.

Schweiger, Hannes: „Konzepte der ,Landeskunde' und des kulturellen Lernens". In: Claus Altmayer u.a. (Hg.): *Handbuch Deutsch als Fremd- und Zweitsprache.* Heidelberg 2021, S. 358–375.

9

Scialdone, Maria Paola: „Sprachliche Höflichkeit in interkulturellen DaF-Lehrwerken deutsch-italienisch: Ein kritischer Überblick". In: Claus Ehrhardt/Eva Neuland: *Sprachliche Höflichkeit in interkultureller Kommunikation und im DaF-Unterricht*. Frankfurt a. M. 2009, S. 283–299.

Shafer, Naomi u.a. (Hg.): *Weitergedacht. Das DACH-Prinzip in der Praxis*. Gottingen 2020.

Siebold, Kathrin: „Sprachliche Höflichkeit (im spanisch-deutschen Vergleich) ". In: Joachim Born u.a. (Hg.): *Handbuch Spanisch. Spanien und Hispanoamerika. Kultur-Sprache-Literatur*. Berlin 2012, S. 368–373.

Simon, Ulrike: „Sprachliche Höflichkeit im interkulturellen Kommunikationstraining". In: Claus Ehrhard/Eva Neuland: *Sprachliche Höflichkeit in interkultureller Kommunikation und im DaF-Unterricht*. Frankfurt a. M. 2009, S. 267–282.

Song, Seok-Hee: Ein sprachlicher Vergleich der Höflichkeit zum Hörer im Kontext der deutschen und koreanischen Kultur. In: Claus Ehrhardt/Eva Neuland/Hitoshi Yamashita (Hg.): *Sprachliche Höflichkeit zwischen Etikette und kommunikativer Kompetenz*. Frankfurt a.M. 2011, S. 213–225.

Tamme, Claudia: *E-Mail-Tutorien: eine empirische Untersuchung E-Mail-vermittelter Kommunikationen von Deutschstudierenden und Deutsch-als-Fremdsprache-Lehrenden in der Ausbildung*. Dissertation Gießen 2001 [Online]. In: ▶ http://geb.uni-giessen.de/geb/volltexte/2003/1009/.

Vorderwülbecke, Klaus: „Höflichkeit in Linguistik, Grammatik und DaF-Lehrwerk". In: Heinz-Helmut Lüger (Hg.): *Höflichkeitsstile*. Frankfurt a. M. 2001, S. 27–45.

Yamashita, Hitoshi: Höflichkeit beim Verkaufen: eine kontrastive Analyse Deutsch und Japanisch. In: Claus Ehrhardt/Eva Neuland/Hitoshi Yamashita (Hg.): *Sprachliche Höflichkeit zwischen Etikette und kommunikativer Kompetenz*. Frankfurt a.M. 2011, S. 147–160.

Zhang, Ningjie: *Von Stereotypen zu Einstellungsprofilen. Eine empirische Untersuchung zur Entwicklung der Deutschlandbilder chinesischer Deutschstudierender in China*. Tübingen 2019.

Die Arbeit mit literarischen Texten

Inhaltsverzeichnis

© Der/die Autor(en), exklusiv lizenziert an Springer-Verlag GmbH, DE, ein Teil von Springer Nature 2023
D. Rösler, *Deutsch als Fremdsprache*,
https://doi.org/10.1007/978-3-476-05863-8_10

Literarische Texte haben in der Fremdsprachendidaktik des 20. und frühen 21. Jahrhunderts unterschiedliche Wertschätzungen erfahren. Waren sie in der Grammatik-Übersetzungs-Methode (s. ▶ Abschn. 4.1) zunächst ein sehr wichtiger Bestandteil des Unterrichts, so wurden sie als Reaktion darauf sowohl in der direkten Methode als auch im audiolingualen und kommunikativen Ansatz eher an den Rand gedrängt. Mit dem interkulturellen Ansatz aber auch mit Weiterentwicklungen innerhalb des kommunikativen Ansatzes wurde in den 1980er Jahren der Stellenwert von literarischen Texten wieder angehoben. Im 21. Jahrhundert ist die Diskussion verstärkt wiederaufgenommen worden, und auch die Bedeutung anderer ästhetischer Produkte für das Fremdsprachenlernen (s. Abschn. 10.5) wurde intensiver diskutiert (vgl. z. B. Altmayer u. a. 2014, Bernstein/Lerchner 2014, Hieronimus 2014, Küster/Lüdke/Wieland 2015, Schiedermair 2017 und als Überblick Dobstadt/Riedner 2021).

Literarische Texte spielen im Bereich Deutsch als Fremdsprache auf sehr unterschiedlichen Ebenen eine Rolle: Sie können als **Bestandteil des Fremdsprachenunterrichts** dazu beitragen, ein zu lernendes sprachliches Phänomen zu vermitteln, sie sind als **Bestandteil des Literaturkanons** der Fremdsprachenphilologie Deutsch an einer Universität aber auch Gegenstand akademischer Reflexion. Die Fragen, wie häufig welche literarischen Texte im Unterricht vorkommen sollen und wie mit ihnen umzugehen ist, sind seit Beginn des 20. Jahrhunderts in sehr unterschiedlicher Weise beantwortet worden. Vor der konkreten Beschäftigung mit den unterschiedlichen Ebenen des Einsatzes von literarischen Texten in Abschn. 10.2 soll deshalb im Folgenden zunächst eine allgemeinere Frage behandelt werden: Welche Argumente gibt es für und gegen die Verwendung literarischer Texte?

10.1 Argumente für und gegen die Verwendung literarischer Texte

Im Laufe der Jahre sind eine Reihe von Argumenten für und gegen die Verwendung literarischer Texte im Fremdsprachenunterricht in die Diskussion eingebracht worden. Koppensteiner (2001, S. 12–19) hat sie zusammengetragen:

Kontra Gegen die Verwendung von literarischen Texten im Fremdsprachenunterricht spricht:
- Der Anteil von Personen, die an Literatur interessiert sind, ist sehr klein.
- Literarische Texte sind „lebensfremd, zu intellektuell oder auch veraltet" (ebd., S. 12).
- Sie sind nicht alltagsrelevant und liefern keine landeskundlichen Informationen.
- Sie langweilen die Lernenden.
- Sie passen nicht zu einem handlungsorientierten Unterricht.
- Sie sind schwierig zu verstehen, sprachlich zu schwierig und zu anspruchsvoll.
- Sie befinden sich als poetische Texte auf einer ‚falschen' sprachlichen Ebene und liefern Wortschatz, den man eigentlich nicht gebrauchen kann.

- Sie machen es erforderlich, dass sich die Lernenden auch noch mit der ästhetischen Ebene von Texten beschäftigen müssen.
- Sie behindern die Kommunikation im Klassenzimmer.
- Sie bieten nicht ausreichend Übungsmöglichkeiten.

Pro Für die Verwendung von literarischen Texten im Fremdsprachenunterricht spricht:

- Lehrbuchtexte langweilen die Lernenden, literarische Texte können hingegen zu persönlichem Engagement führen und die Lernenden ansprechen.
- Literarische Texte sind nicht künstlich wie viele Lehrwerktexte.
- Sie sind spannend und können zum Weiterlesen verführen.
- Sie fördern die Fantasie und erweitern die Wahrnehmungsfähigkeit.
- Sie liefern im Vergleich zu vielen anderen Texten ‚das bessere Deutsch‘.
- Mit ihnen lässt sich, wenn „die traditionelle Textinterpretation nicht die einzige Möglichkeit des Umgangs mit literarischen Texten ist" (ebd., S. 15), im Unterricht sehr viel machen.
- Sie sind einprägsamer.
- Im Gegensatz zu manch anderen Texten sind sie inhaltlich interessant genug, um wirklich langsam gelesen zu werden.
- Sie motivieren, indem sie interessante Lernsituationen schaffen: Sie „befriedigen die Bedürfnisse von Deutsch Lernenden unmittelbar" (ebd., S. 19).
- Sie leisten einen Beitrag zur Bildung.

Diese Argumente für und gegen die Arbeit mit literarischen Texten befinden sich **auf unterschiedlichen Ebenen** und widersprechen sich auch. Die einen sagen, sie befriedigen unmittelbare Lesebedürfnisse, die anderen sagen, für die meisten Lesenden seien sie fern von ihrer Welt des Alltags. Die Fürsprecher beanspruchen, dass sie besonders authentisch seien, sie seien umgekehrt gerade voll von unnützem Wortschatz, mäkeln hingegen die Kritiker. Und je nach Standpunkt produzieren sie oder verhindern sie Langeweile, sind besonders motivierend oder besonders demotivierend.

Einige dieser Argumente sind also ‚Joker‘-Argumente, die man offensichtlich in unterschiedlichen Argumentationszusammenhängen einsetzen kann. Die Langeweile, die beim Lesen von Literatur aufkommt, wird gegen literarische Texte angeführt, um auf die Arbeit mit authentischen Sachtexten zu verweisen; die Langeweile der Arbeit mit Lehrwerken wird als Hinweis darauf verwendet, dass mit der Literatur gegen diese Langeweile vorgegangen werden kann. Derartige ‚Joker‘-Argumente sind nicht besonders hilfreich. Natürlich – das hat jeder schon einmal im Schulunterricht mitbekommen – kann didaktisch portionierte Literatur ungeheuer langweilig sein; gleichzeitig sind literarische Texte aber auch Texte, die man verschlingen oder in die man sich hineinversetzen kann.

Während in den 1970er Jahren die Kontra-Argumente häufig zu hören waren, quasi als Reaktion auf eine ‚Überdosis‘ Literatur und eine sehr konventionelle Literaturvermittlung, hat sich seit den 1980er und 90er Jahren die Diskussion ein wenig entspannt, die Pro-Argumente finden mehr Gehör.

In ihrem Überblicksartikel hat Ehlers diese Argumentionslinie wie folgt beschrieben:

» Betont wurde [...] die Lust am Lesen und damit der Motivationsfaktor für das Lernen im Fremdsprachenunterricht. Literarische Texte dienen nicht nur der Informationsentnahme, sondern wollen unterhalten und ein Vergnügen am Lesen bereiten und sind daher nicht pragmatisch-instrumenteller Funktionalisierung unterzuordnen (Ehlers 2001, S. 1334).

Interessanter als die Pro- und Kontra-Argumente ist deshalb die Frage, welche Texte wann in welchen Kontexten wozu verwendet werden können.

10.2 Literatur in der Spracharbeit

Wenn man also akzeptiert, dass bei der Arbeit mit literarischen Texten im Fremdsprachenunterricht über das Interpretieren hinaus auch andere Aktivitäten sinnvoll und machbar sind, sind die **Einsatzmöglichkeiten** vielfältig. Generell lässt sich feststellen, dass.

— mit literarischen Texten Spracharbeit im engeren Sinne (Wortschatz, Grammatik, Aussprache, Bedeutung) betrieben werden kann,
— mit ihnen Landeskunde transportiert werden kann,
— dass mit ihnen ästhetische Bildung (vgl. Caspari 2007) befördert werden kann und
— dass Literatur so ein wesentlicher Teil von Bildungserlebnissen sein kann.

Die Einsatzmöglichkeiten im Fremdsprachenunterricht sind also eigentlich unbegrenzt. Umgekehrt kann man sagen,
— dass bestimmte Texte so viel Hintergrundwissen benötigen und so stark auf den Kulturkreis der Zielsprache bezogen sind, dass sie für die Lernenden ein besonders hohes Verständnisrisiko bereitstellen und
— dass es auf der sprachlichen Ebene zu literarischen Texten gehört, dass sie ungewöhnliche oder gar von der Norm abweichende sprachliche Elemente enthalten können oder solche, die sich auf einer historischen Sprachebene befinden, so dass diese Texte im traditionellen Sinne kein gutes Sprachvorbild für einen Fremdsprachenlerner darstellen.

Kriterien für die Auswahl Der fast unbegrenzten Einsetzbarkeit stehen also starke begrenzende Faktoren gegenüber. Und so ist es unvermeidbar, genau zu prüfen, **welche Texte** wann für **welche Lernergruppen und** Lernziele sinnvoll eingesetzt werden können. Häufig genannte Kriterien sind:
— Passen die Texte sprachlich zum Niveau der Lernenden?
— Enthalten sie sprachliches Material, das zu einem bestimmten Lernzeitpunkt besonders interessant ist?
— Passen sie inhaltlich zum Alter und den Interessen der Lernenden?

— Sind sie herausfordernd genug (oder zu herausfordernd), um für eine bestimmte Gruppe von Lernenden in einem bestimmten kulturellen Kontext relevant zu sein?

— Leisten sie einen Beitrag zur Förderung interkultureller Kommunikation?

— Und besonders wichtig: Tragen sie zur Schaffung oder Unterstützung der Lesefreude bei?

Kriterien wie diese (vgl. die Diskussion in Koppensteiner 2001, S. 41–47) müssen je nach Situation gewichtet werden. Werke wie *Der Zauberberg* oder *Faust II* sind sicherlich nur etwas für die höheren Niveaustufen. Doch es gibt auch vielfältige Möglichkeiten der Beschäftigung mit Literatur auf der Anfängerebene. ■ Abb. 10.1 zeigt als Beispiel für kreatives Schreiben auf der Niveaustufe A2 ein ‚Elfchen‘. Literatur ist also nicht nur etwas für Fortgeschrittene, aber nicht jeder literarische Text passt zu jeder Niveaustufe.

Kombination von Aktivitäten Im Folgenden soll exemplarisch für die Bereiche Grammatik- und Landeskundevermittlung und Lesen genauer auf die Arbeit mit literarischen Texten eingegangen werden. Es ist aber keinesfalls so, dass mit diesen Texten immer nur eine bestimmte didaktische Aktivität verbunden ist, wie die ■ Abb. 10.2 und 10.3 verdeutlichen.

■ Abb. 10.2 aus *Aussichten* zeigt ein Gedicht, das mit relativ einfachen grammatischen Elementen, Verben in der 1. Person Singular, arbeitet. Wortschatzarbeit (Nachschlagen unbekannter Wörter) und Förderung des Schreibens

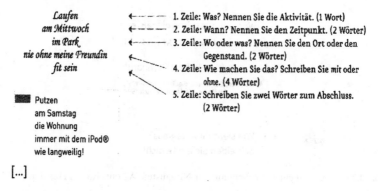

SCHREIBTRAINING

7 Kreatives Schreiben: Gedichte mit 11 Wörtern

a Lesen Sie die „Elfchen"-Gedichte und die Anleitung.

> *Laufen*
> *am Mittwoch*
> *im Park*
> *nie ohne meine Freundin*
> *fit sein*

← — — 1. Zeile: Was? Nennen Sie die Aktivität. (1 Wort)
← — — 2. Zeile: Wann? Nennen Sie den Zeitpunkt. (2 Wörter)
← — — 3. Zeile: Wo oder was? Nennen Sie den Ort oder den Gegenstand. (2 Wörter)
4. Zeile: Wie machen Sie das? Schreiben Sie mit oder ohne. (4 Wörter)
5. Zeile: Schreiben Sie zwei Wörter zum Abschluss. (2 Wörter)

> Putzen
> am Samstag
> die Wohnung
> immer mit dem iPod®
> wie langweilig!

[...]

b Schreiben Sie nun selbst ein Gedicht wie in a und lesen Sie es dann vor.

■ **Abb. 10.1** Gedicht als früher Schreibanlass im Spracherwerb (aus Evans/Pude/Specht 2012, S. 32)

■ Ein Gedicht: Alltag

a | Lesen Sie. Schlagen Sie unbekannte Wörter im Wörterbuch nach.

b | Zu welcher Zeile fallen Ihnen Emotionen ein?
      Überlegen Sie und lesen Sie das Gedicht emotional vor.

Ich erhebe mich.
Ich kratze mich.
Ich wasche mich.
Ich ziehe mich an.
Ich stärke mich.
Ich begebe mich zur Arbeit.
Ich informiere mich.
Ich wundere mich.
Ich ärgere mich.
Ich beschwere mich.
Ich rechtfertige mich.
Ich reiße mich am Riemen.
Ich entschuldige mich.
Ich beeile mich.
Ich verabschiede mich.
Ich setze mich in ein Lokal.
Ich sättige mich.
Ich betrinke mich.
Ich amüsiere mich etwas.
Ich mache mich auf den Heimweg.
Ich wasche mich.
Ich ziehe mich aus.
Ich fühle mich sehr müde.
Ich lege mich schnell hin:

Was soll aus mir mal werden,
wenn ich mal nicht mehr bin?

Robert Gernhardt

Aus: Robert Gernhardt, Gedichte 1954–1997,
Haffmans Verlag AG Zürich 1999

   c | Wie sieht Ihr Alltag aus?
              Schreiben Sie ein Gedicht.

◻ **Abb. 10.2**   Arbeit mit einem Gedicht auf der Niveaustufe A2 (aus Ros-El Hosni u. a. 2011, S. 57)

8 Ein Gedicht von Kurt Tucholsky
a Lesen Sie und finden Sie einen Titel.

„Ja –!"
„Nein –!"
„Wer ist schuld?
                    Du!"

5 „Himmeldonnerwetter, lass mich in Ruh!"
– „*Du* hast Tante Klara vorgeschlagen!
Du lässt dir von keinem Menschen was sagen!
Du hast immer solche Rosinen!
Du willst bloß, ich soll verdienen, verdienen –
10 *Du* hörst nie. Ich red dir gut zu …
Wer ist schuld – ?
                    Du."
…
„Nein."
„Ja."
15 „Wem ich das erzähle …!
            Ob mir das einer glaubt – !"
– „Und überhaupt – !"
        „Und überhaupt – !"
„Und überhaupt – !"

20 Ihr meint kein Wort von dem, was ihr sagt:
Ihr wisst nicht, was euch beide plagt.
Was ist der Nagel jeder Ehe?
Zu langes Zusammensein und zu große Nähe.

…

25 Gebt Ruhe, ihr Guten! Haltet still.
Jahre binden, auch wenn man nicht will.
Das ist schwer: ein Leben zu zwein.
Nur eins ist noch schwerer: einsam sein.

b Ordnen Sie den Begriffen aus dem Gedicht die passende Umschreibung zu.

1. Himmeldonnerwetter
2. Rosinen (im Kopf) haben
3. plagen
4. überhaupt
5. der (Sarg-)Nagel zu etwas sein
6. binden

a) in etwa: verbinden
b) ärgern, quälen
c) das Ende für etwas sein
d) Ausruf, wenn man ärgerlich und ungeduldig ist (*ugs.*)
e) außerdem, übrigens
f) große, unrealistische Pläne, Ideen haben

c Wie viele Personen sprechen im Gedicht? Beschreiben Sie die Personen.

Alter • Geschlecht • Familienstand • Beruf • Probleme …

9 Aussprache: Ein Gedicht sprechen üben
a Üben Sie das Gedicht mit mehreren Personen.

1. Verteilen Sie in der Gruppe die Rollen. Welche Person spricht was?
2. Legen Sie fest, wie die Personen sprechen: aufgeregt/aggressiv, ruhig/leise, erst leise, dann lauter …
3. Jede/r Sprecher/in bestimmt den Satzakzent in ihrem/seinem Textteil.
4. Üben Sie das Gedicht und tragen Sie es dann im Kurs vor.

b Hören Sie das Gedicht zum Vergleich. Welche Version gefällt Ihnen am besten?

◨ **Abb. 10.3** Wortschatzarbeit und Ausspracheschulung mit Tucholsky (aus Köker u. a. 2004, S. 56)

(ein Gedicht schreiben, einen Prospekt produzieren) stehen aufgabengesteuert auf dem didaktischen Programm. ◨ Abb. 10.3 aus *Berliner Platz* hingegen zeigt eine andere Art der Wortschatzarbeit (Wörter und Umschreibungen zuordnen) und Textarbeit (Titel finden, Sprecher im Text charakterisieren), hier wird das Gedicht zudem auch zur Ausspracheschulung eingesetzt.

10.2.1 Grammatikvermittlung

„Nicht zuletzt und auch wenn sich manche Kritiker vehement dagegen wehren: die Benützung von Literatur als ‚Lockmittel' für Grammatik ist gestattet" (Koppensteiner 2001, S. 16). Für Koppensteiner zeichnet sich Literatur dadurch aus, dass sie auf Sprache und damit auch auf Grammatik neugierig macht, sie ist daher ein selbstverständlicher Teil des Sprachunterrichts. Gegen diese Position wird angeführt, dass man literarische Texte als Kunstwerke, sozusagen als ‚heilige' Texte, nicht für so etwas Profanes wie Spracharbeit benutzen sollte. Setzt man dieses der Autonomieästhetik geschuldete Argument absolut, muss akzeptiert werden, dass literarische Texte im Sprachlernprozess in Klassenzimmern kaum eine Rolle spielen. Wenn nicht, dann ist es eher die Frage, welche Texte wofür verwendet werden, für die Diskussion interessant.

Gegen die Verwendung von literarischen Texten bei der Beschäftigung mit grammatischen Phänomenen gibt es neben dem oben genannten absoluten Gegenargument den Einspruch, man dürfe Literatur nicht als bloßen Träger von Grammatikbeispielen ‚missbrauchen'. Sie sollte nicht nur als Beispieltext verwendet werden, sondern parallel zur Beschäftigung mit grammatischen Phänomenen sollte auf ihre inhaltlichen und ästhetischen Aspekte eingegangen werden. Das Gedicht in ◨ Abb. 7.1. in ▶ Abschn. 7.2 ist ein Beispiel für einen Text, in dem trennbare Verben scheinbar ‚falsch' verwendet wurden, es ist ein Beispiel für ein Gedicht, bei dem man, wenn man über seinen Inhalt spricht, auch auf sprachliche Phänomene Bezug nehmen muss, in diesem Fall auf trennbare Verben.

Für die Spracharbeit attraktiv ist, dass manche literarische Texte mit bestimmten grammatischen Formen in besonderer Weise umgehen, so dass der Blick auf den literarischen Text fast automatisch eine Fokussierung auf das grammatische Phänomen nach sich zieht. Brechts Parabel *Wenn die Haifische Menschen wären* ist ein im DaF-Unterricht beliebter Text, der es ermöglicht, über irreale Welten zu spekulieren und dabei zugleich den Konjunktiv zu verwenden bzw. seine Verwendung zu beobachten. Wird damit nur der Irrealis als Form geübt, ist der Text ‚verschenkt'. Auch Texte der Konkreten **Poesie** werden zur Einführung grammatischer Phänomene herangezogen, weil sie oft mit relativ **sparsamem lexikalischem Material** nicht-triviale bedeutungsvolle Aussagen treffen, die mit einem bestimmten grammatischen Gegenstand in Verbindung gebracht werden können.

Zu den Charakteristika von Märchen gehört es, dass sie häufig Textstellen enthalten, bei denen bestimmte **grammatische Formen wiederholt** werden: ‚Wer hat von meinem Tellerchen gegessen, wer hat auf meinem Stühlchen gesessen, wer hat mit meinem Löffelchen gegessen' usw. Die Tatsache, dass es sieben Zwerge gibt, die alle eine Frage stellen müssen, macht es glaubhaft, dass sieben Mal hintereinander eine Verkleinerungsform auftaucht. Sieben Mal die gleiche Form in einer Übung oder in einer Tabelle hingegen könnte eine Darstellung sein, die Langeweile hervorruft. Auch *Rotkäppchen* arbeitet mit Wiederholungen, mehrfach wird der als Großmutter verkleidete Wolf gefragt, warum er denn so große

Hände usw. habe, bis er endlich zu seinem letzten Satz mit *damit* ausholen kann: ‚Damit ich dich besser fressen kann‘.

Für die Einführung von Finalsätzen ist diese Häufung innerhalb dieses Textes sozusagen ein ‚gefundenes Fressen‘. Ohne dass der Text didaktisch manipuliert würde, führt er eine grammatische Form mehrfach hintereinander ein. Im Gespräch über den Text kann gezeigt werden, dass dieses Element der Wiederholung in seiner Häufung ein Merkmal einer bestimmten Gattung ist. Und wenn vor dem Spiegel gefragt wird: ‚Spieglein, Spieglein an der Wand, wer ist die Schönste im ganzen Land‘ und als Antwort gesagt wird, dass es da doch tatsächlich jemanden gäbe, der noch schöner sei, dann sind Komparativ und Superlativ eingeführt worden als Teil eines Textes, in dem relevante Aspekte der Handlung gerade durch den Vergleich und die damit verbundenen Formen hergestellt werden.

10.2.2 Landeskundevermittlung

Literarische Texte können als Einführung in ein bestimmtes Themengebiet verwendet werden. ◙ Abb. 10.4 ist ein Beispiel für ein derartiges Vorgehen zum Thema Reise. Eng damit verbunden ist der Versuch, literarische Texte zur Vermittlung von landeskundlichen Phänomenen zu verwenden.

Wenn literarische Texte Thematisierungen von gesellschaftlichen Einrichtungen, materiellen Lebensbedingungen, von Wertvorstellungen, Glaubenssätzen, Glücksvorstellungen, Ideen oder subjektiven Einschätzungen enthalten, dann bildet ihre Lektüre eine interessante Basis für die Befassung mit landeskundlichen Inhalten:

» Da literarische Texte eine Fülle von Weltaspekten und Perspektiven auf die Welt enthalten, bieten sie dem fremdsprachigen Lerner die Möglichkeit, seinen eigenen Wahrnehmungs- und Erkenntnishorizont zu erweitern, die eigene Perspektive zu relativieren und mehr von der Zielsprachenkultur und ihren Angehörigen verstehen zu lernen (Ehlers 2001, S. 1335).

So interessant literarische Texte als Basis für landeskundliche Informationen auch sind, so **problematisch** ist eine **Gleichsetzung von Literatur und Landeskunde**. Literarische Texte sind gerade keine Sachtexte, aus denen man einfach bestimmte Informationen entnehmen könnte. Literarische Texte müssen auch in ihrer ästhetischen Dimension ernst genommen werden, wenn sie in den Unterricht eingehen sollen).

Besonders im interkulturellen Ansatz ist eine Beschäftigung mit Literatur unter dem Gesichtspunkt des Fremdverstehens (s. ► Abschn. 9.3.3) intensiv diskutiert worden, im Bereich Deutsch als Fremdsprache (vgl. z. B. Ehlers 2007 oder Esselborn 2010) ebenso wie in anderen Fremdsprachen in Deutschland. Hier, wie auch bei vielen anderen Aspekten des Fremdsprachenlernens, lohnt sich ein Blick über den Bereich DaF hinaus in andere Fremdsprachen, in die Englischdidaktik z. B., wo Autoren wie Lothar Bredella (vgl. zuletzt Bredella 2012) die Auseinandersetzung mit allen Aspekten des Fremdverstehens über Jahrzehnte vorangetrieben haben.

10

Abb. 10.4 Literarische Texte als Einführung in ein Themengebiet (aus Mebus u. a. 1987, S. 89)

Sowohl unter landeskundlichen als auch unter literaturdidaktischen Gesichtspunkten ist es für die Beschäftigung mit Interkulturalität besonders interessant, dass in literarischen Texten ein Phänomen aus verschiedenen Perspektiven beleuchtet werden kann. Literatur erlaubt einen sogenannten mehrperspektivischen Zugang auf Phänomene. Besonders häufig sind im Fachgebiet Deutsch als Zweit- und Fremdsprache seit den 1980er Jahren Texte mit der Migrationsthematik zu landeskundlichen Erkundungen verwendet worden. Die Textsammlungen von Ackermann (1982; 1983), obwohl schon in den frühen 1980er Jahren erschienen, enthalten immer noch sehr interessante Texte für Deutsch als Fremdsprache: Hier wurden im Rahmen eines Preisausschreibens der Universität München nichtmuttersprachliche Autorinnen und Autoren gebeten, in deutscher Sprache Texte zu verfassen, die sich mit ihrem Leben im deutschsprachigen Raum beschäftigen. Diese Texte werfen einen originellen Blick von außen auf den deutschsprachigen Raum und haben zum Teil inzwischen eine interessante Karriere in verschiedenen Lehrwerken hinter sich.

10.2.3 **Lesen**

Im literaturwissenschaftlichen Studium werden literarische Texte als literarische Texte behandelt. Auch im Sprachunterricht selbst ist eine ausschließliche Beschäftigung mit literarischen Texten sinnvoll, wenn dadurch ein **Gespräch über Leseerfahrungen** möglich wird. Die Arbeit am Text, wie die Herausarbeitung von Hauptgedanken, die Charakterisierung von Figuren, der Nachvollzug von Handlungsschritten oder auch die Erfassung der ästhetischen Dimension, ist selbst ein sinnvolles Ziel im Unterricht.

Bei der Auswahl von Texten ist es besonders wichtig, dass die **Voraussetzungen der Lernenden** beachtet werden, sowohl was die sprachliche Kompetenz betrifft als auch die bisherigen **Leseerfahrungen.** So kann tatsächlich Raum geschaffen werden für einen Austausch über die Subjektivität des Lesens und für eine Auseinandersetzung mit den interkulturellen Herausforderungen, die ein Text zu bieten hat. Die Literaturdidaktik seit den 1980er Jahren hat die Diskussion über das Lesen von literarischen Texten in einer Fremdsprache weit vorangetrieben (als Überblick vgl. Ehlers 2001). Dabei hat das auch im Erstsprachenunterricht verbreitete Konzept des handlungs- **und produktionsorientierten Unterrichts** Eingang in die fremdsprachendidaktische Diskussion gefunden.

Der handlungs- und produktionsorientierte Ansatz will im Gegensatz zu einem stärker analytischen Vorgehen die Auseinandersetzung der Lernenden mit dem Text durch eine Reihe von Aktivitäten befördern. Die Handlungsorientierung geht von der Annahme aus, dass sich durch die Umarbeitung von Texten Verstehen herstellen lässt. Häufig haben derartige Vorgehensweisen als Hauptziel die Motivation, aber, wie Ehlers (2001, S. 1337) schreibt, sollte die Gewichtung stimmen: „Motivation ist nicht das Ziel, sondern ein Mittel zur Erreichung eines Lernziels".

Die bereits in der allgemeinen Verstehensdidaktik zunächst für die Arbeit mit Sachtexten eingeführte Unterscheidung von Aktivitäten vor dem, während des und nach dem Lesen (s. ▶ Abschn. 6.2) ist auch für die Arbeit mit literarischen Texten von Belang.

Vor dem Lesen kann durch die Sammlung von Assoziationen zu einem Schlüsselbegriff, einem Bild oder dem Titel, durch die sogenannten ‚Assoziogramme‘, und mit der Aktivierung von Vorwissen über die Textsorte oder das Thema gearbeitet werden. **Paratexte** und ggf. **Überschriften** und eventuell für den Text relevante literarische Techniken können vor der Lektüre des Textes behandelt werden.

Zu den Aktivitäten **während des Lesens** gehören u. a.:

- die Rekonstruktion von zerschnittenen Textteilen,
- die Aufforderung, den Textanfang oder den Text nach einer Unterbrechung weiterzuschreiben bzw. an bestimmten Punkten den weiteren Gang des Textes zu diskutieren,
- das zeilen- und abschnittsweise Lesen mit der Aufforderung zu Hypothesenbildung,

- das Füllen von Lücken,
- die schriftliche Umarbeitung oder
- die Dokumentation des Lesens z. B. in Form eines Lesetagebuchs.

Aktivitäten **nach dem** Lesen können eine Fortführung des Textes ergeben, durch einen Wechsel der Erzählperspektive, der Textsorte oder des Mediums oder auch durch die Entwicklung alternativer Inhalte oder Texte.

Adaption oder Original? Eine interessante Grundfrage, der sich die Fremdsprachendidaktik generell stellen muss, ist die Frage: Sind nur die Originaltexte verwendbar, oder kann auch mit Adaptionen gearbeitet werden? Adaptionen können auf sehr unterschiedliche Weisen produziert werden, durch:
- Beibehaltung des Originaltextes unter Hinzufügung von Hilfen zum Wortschatz und/oder landeskundlichen Erläuterungen,
- Streichung von Passagen des Originaltextes, z. B. Nebenfiguren, Nebenhandlungen usw.,
- direkte Eingriffe in den Text über Streichungen hinaus durch Verständnishilfen wie neu eingeführte Zwischenüberschriften, Ersetzungen von Wörtern durch sogenannte ‚internationale' Wörter, Visualisierungen usw.

Gegen die Arbeit mit adaptierten Texten, wie man sie in den meist sogenannten ‚**leichten Lektüren**' findet, wird prinzipiell argumentieren, wer die Unberührbarkeit eines literarischen Textes betont. Jenseits dieser generellen Einschätzung muss die konkrete Situation berücksichtigt werden. Natürlich ist eine Arbeit mit einem Originaltext der Arbeit mit einer Adaption vorzuziehen. Und in vielen Fällen wird es sinnvoll sein, nicht Texte zu adaptieren, sondern durch Hilfestellungen und Aufgaben dafür zu sorgen, dass Texte in der Originalfassung verstanden werden können. Wenn ein bestimmter Text schon auf einer relativ niedrigen Niveaustufe eingesetzt werden soll, muss entschieden werden, welche Adaption angemessen ist (vgl. dazu ausführlich O'Sullivan/Rösler 2013, S. 59–70.). Bekannte Autoren wie Christine Nöstlinger haben für das Goethe-Institut eigene Texte selbst für Lernende vereinfacht (zur Einschätzung dieser Autoren zu ihrer eigenen adaptierenden Tätigkeit vgl. das Gespräch von Christine Nöstlinger mit Eva Jenkins in Jenkins 1994).

Die hohe Wertschätzung, die die Authentizität (s. ▶ Abschn. 3.1.2) eines Textes in der Fremdsprachendidaktik seit dem kommunikativen Ansatz genießt, führt dazu, dass die Arbeit mit längeren eigenständigen Texten – im Gegensatz zu Lehrwerktexten oder Textausschnitten aus literarischen Werken – ebenfalls positiv bewertet wird. In der fachdidaktischen Diskussion referiert man auf die längeren eigenständigen Texte mit dem Begriff ‚Ganzschrift'. Aber auch hier stehen den Pro- wieder Kontra-Argumente gegenüber. Die Lektüre einer Ganzschrift über einen längeren Zeitraum bindet einen beträchtlichen Teil der **knappen Ressource Zeit** im Fremdsprachenunterricht, und wenn es nicht gelingt, die Lernenden zum Lesen zu motivieren und ihr Interesse wachzuhalten, kann die Lektüre einer Ganzschrift demotivierend sein. Für Deutsch als Fremdsprache hat Koppensteiner (2001) in mehreren ausführlichen Beispielen gezeigt, wie die Arbeit mit Ganzschriften im Unterricht aussehen kann.

Bedeutet ‚Arbeit mit Ganzschriften', dass tatsächlich der komplette Text gelesen wird, oder ist es auch akzeptabel, dass er nur in Auszügen gelesen wird, wenn parallel dazu z. B. mit Ausschnitten aus Verfilmungen gearbeitet wird, die sich mit den Ausschnitten aus dem Text wechselseitig ergänzen? Wenn Ganzschriften bereits auf einem relativ niedrigen Sprachniveau der Lernenden eingesetzt werden sollen, dann sind intermediale **Vorgehensweisen,** die die Textlektüre mit der Rezeption von anderen medialen Versionen eines Textes verbinden, eine interessante Alternative. Geist (2002) und Bischof (2002) liefern Beispiele für die multimediale Arbeit mit Jugendromanen und eine Vielzahl anregender Aufgabenstellungen für die Arbeit mit Ganzschriften.

Bei der Diskussion um den Einsatz von Literatur drängt sich manchmal der Eindruck auf, die Didaktik müsse die berühmte eierlegende Wollmilchsau finden, also den literarischen Text, der sprachlich einfach ist, der Landeskunde vermittelt, sich aber trotzdem den Interessen der Lernenden anpasst, der motiviert und unterhält und gleichzeitig bildet und Spracharbeit vorantreibt. Man sollte sich im Klaren darüber sein, dass ein derartiger Einsatz von Literatur nicht möglich ist: Literarische Texte sind nun mal nicht so geschrieben, dass sie sprachlich einfach und möglichst ‚normal' sind. Die berechtigte Forderung von Lehrenden, dass ein Text möglichst gut zum Sprachstand der Lernenden passen sollte und möglichst die sprachlichen Phänomene enthalten sollte, die in den nächsten Stunden anstehen, steht in einem potentiellen Konflikt mit den Eigenschaften literarischer Texte. Manchmal passen Texte mehr, manchmal passen Texte weniger gut.

10.3 Kanon im Germanistik-Studium außerhalb des deutschsprachigen Raums

Als Teil des Germanistik-Studiums ist Literatur ein kultureller Gegenstand, und die Auswahl der Texte ist Teil einer immerwährenden Kanondebatte. Ackermann (2001) hat die Entwicklung dieser Debatte für Deutsch als Fremdsprache zusammengefasst.

Während traditionell der Kanon deutschsprachiger Literatur in reduzierter Form auch für Deutsch als Fremdsprache „als maßgeblich angesehen worden war, zeigen die neuen Entwicklungen eindeutige Tendenzen zur Pluralität und Eigenständigkeit" (ebd., S. 1350). Sprachliche und thematische Kriterien, besonders bezogen auf die Relevanz für die Kommunikation, erfahren, so Ackermann, Vorrang vor rein ästhetischen Kriterien. Die herangezogenen Textsorten würden erweitert durch eher **nicht kanonische** Textsorten wie „Briefe, Tagebücher, Essays, Hörspiele, literarische Texte von Jugendlichen" (ebd., S. 1351). Auch sei eine deutlichere Beachtung der Gegenwartsliteratur notwendig, „die Beschränkung auf Gegenwartsliteratur allein wäre jedoch eine Perspektivenverengung" (ebd.). Ahn (2010) hat am Beispiel einer möglichen Curriculumsreform der Hochschulgermanistik in Korea gezeigt, wie eine derartige Erweiterung aussehen könnte.

Wenn der Kanon für Deutsch als Fremdsprache nicht ein reduzierter deutscher Literaturkanon sein soll, muss er eine eigene Textauswahl treffen. Ackermann verweist darauf, dass „kontrastiv zur eigenen kulturellen Tradition ausgewählte Texte eine wichtige Funktion in einem solchen Kanon haben [können], um die Sensibilität für die kulturellen Differenzen zu schärfen" (Ackermann 2001, S. 1351). Besonders wichtig sei eine interkulturelle Komponente:

» Die Auseinandersetzung mit wechselseitigen Rezeptionssituationen, literarischen Einflüssen und thematischen Wechselbeziehungen der eigenen und der deutschsprachigen Literatur kann entscheidend für die Aufnahme bestimmter Texte in den Lektürekanon sein. Darstellungen des Anderen und des anderskulturellen Kontextes, Fremdheitsthematik, Minderheitensituationen, sowie das Bild des eigenen Landes (oder Kulturraums) in der deutschen Literatur bieten sich als Zugang zu interkultureller Kommunikation an und könnten Anstöße zu grenzüberschreitenden Erfahrungen geben (ebd., S. 1352).

Migrantenliteratur könne einen besonderen Stellenwert haben, „weil der andere Blickwinkel hier deutlicher ins Bewusstsein gebracht wird" (ebd., 1352). Diese Ausführungen nehmen das Konzept der **Interkulturellen** Germanistik auf (vgl. Wierlacher/Bogner 2003), die in den 1980er Jahren durch ihren Fokus auf **kulturgeprägte Leseweisen** und Rezeptionsbedingungen den Blick auf die deutschsprachige Literatur differenziert und vor allem die Diskussion darüber befördert hat, welche Rolle eine Fremdsprachenphilologie und die in ihr behandelte Literatur für die gesellschaftliche Entwicklung im Land der Lernenden spielen kann.

Wenn also gefordert wird, außerhalb des deutschsprachigen Raums einen Kanon der deutschen Literatur zu etablieren, der sich zumindest teilweise von dem der Germanistik-Institute im deutschsprachigen Raum unterscheidet (das ist keinesfalls eine in der Germanistik außerhalb des deutschsprachigen Raums überall anzutreffende Position), was bedeutet das dann für die **Textauswahl**? Ein derartiger Kanon bezöge die Argumente für die Auswahl der Texte also nicht nur aus Überlegungen zur Literaturgeschichte oder sonstigen systematischen literaturbezogenen Überlegungen. Stattdessen gebe es vielfältige **Kriterien**.

Ist es für indische Lerner z. B. besonders wichtig, Texte deutscher Autorinnen und Autoren kennenzulernen, die sich mit Indien beschäftigen? Wenn sie also Günter Grass lesen, dann *Zunge zeigen,* einen Text, der sich auf Indien bezieht, und nicht *Die Blechtrommel?* Oder sollten die Texte gerade besonders stark den Alltag oder **die politische Situation im deutschsprachigen Raum** zeigen? Bei der Frage, ob Heinrich Bölls Roman *Die verlorene Ehre der Katharina Blum* in den Kanon eingeführt werden soll, kann als Einwand genannt werden, dass zu viel Wissen über die politische und journalistische Situation der 1970er Jahre vorausgesetzt werden muss, damit der Text verstanden werden kann. Dafür kann geltend gemacht werden, dass gerade durch einen solchen Text die Situation in den Medien und die politische Situation der 1970er Jahre in nicht-dozierender Weise vermittelt werden kann. Hier greifen Kanongesichtspunkte und Vorstellungen über das, was **für Lerner relevant** ist, ineinander. Ist *Katharina Blum* als Text eines deutschen Nobel-Preisträgers, der sich mit einem historisch wichtigen

Zusammenhang der jüngeren deutschen Geschichte befasst, unabhängig von den politischen landeskundlichen Herausforderungen ein Text, den man lesen muss oder soll? Oder ist gerade der Zeitbezug auf die 1970er Jahre für Leser im 21. Jahrhundert ein Grund, sich nicht mit diesem Text zu beschäftigen?

Die meist nicht explizit gemachte Verbindung der Auswahl der Texte mit dem Sprachstand der Studierenden zeigt sich darin, dass außerhalb des deutschsprachigen Raums **Novellen** als relativ kurze Prosatexte oft einen breiten Raum im Curriculum einzunehmen scheinen (zur Arbeit mit Kurztexten am Beispiel China vgl. Lü 2011). Die Rücksichtnahme auf den Sprachstand der Studierenden kann zu der Frage führen, ob sich eine Fremdsprachenphilologie stärker als eine Erstsprachenphilologie auch mit kinder- und jugendliterarischen Texten beschäftigen sollte (s. Abschn. 10.4). Sie könnte auch ein Grund dafür sein, dass Märchen außerhalb des deutschsprachigen Raums häufig eingesetzt werden.

Märchen Die Märchen der Brüder Grimm wurden in viele Sprachen übersetzt, **in verschiedenen Kulturen** liegen unterschiedliche Fassungen der Märchen vor, und Motive sowie Figuren aus den Märchen sind in verschiedenen Kulturen in verschiedenen Genres vielfach aufgenommen und verwendet worden. Das macht Grimms Märchen zu einem genuin landeskundlichen Gegenstand. Es handelt sich bei ihnen um in deutscher Sprache verfasste Texte, deren Inhalte entweder aus der Eigenkultur direkt oder in einer abgewandelten Form bekannt sind.

Dadurch eignen sie sich für einen **interkulturellen** Vergleich: Warum ist die *Rotkäppchen*-Fassung im Land X anders? Warum werden welche Elemente wo in welchen Genres aufgenommen? Wie universal ist der Spruch, man müsse hundert Frösche küssen, um einen Prinzen zu ergattern? Mit derartigen Vergleichen, sowohl auf der Ebene der Texte als auch auf der Ebene der Adaptionen und der Ebene der Übersetzungen, lässt sich **Spracharbeit und Kulturarbeit** gut miteinander verbinden. Möglich sind Textvergleiche zwischen verschiedenen Fassungen eines Märchens, und in Projekten können die Lernenden selbst Adaptionen und Kommerzialisierungen von Märchenfiguren suchen (praktische Hinweise zur Arbeit mit Märchen im DaF-Unterricht finden sich u. a. bei Kepser 2005 und Kirsch 2005).

10.4 Kinder- und Jugendliteratur

Ein besonderes Teilkorpus der Literatur, das für Deutsch als Fremdsprache unter verschiedenen Gesichtspunkten von besonderem Interesse ist, stellt die Kinder- und Jugendliteratur dar.

> **Definition**
>
> Der Begriff **Kinder- und Jugendliteratur** umfasst eine große Menge äußerst unterschiedlicher Texte, von Bilderbüchern für Kleinstkinder und Erstlesebüchern für Erstklässler bis zu psychologisch komplexen Jugendromanen, bei denen der Übergang zur allgemeinen Literatur fließend ist. Im Gegensatz zur allgemeinen Literatur

wird die Kinder- und Jugendliteratur zugleich aus drei verschiedenen Perspektiven betrachtet:

- aus einer **ästhetischen** wie die allgemeine Literatur,
- aus einer **pädagogischen**, für die Kinder- und Jugendliteratur Teil der Erziehung ist, und
- einer **lesepsychologischen**, die von den kognitiven Voraussetzungen und Bedürfnissen der Lesergruppe ausgeht.

Im Laufe der Entwicklung der Kinder- und Jugendliteratur traten die jeweiligen Gesichtspunkte unterschiedlich stark in den Vordergrund bzw. Hintergrund. Kennzeichnend für diese Literatur ist die **Asymmetrie der Kommunikation**: Kinderliteratur wird von Erwachsenen produziert, vertrieben und vermittelt, auf jeder Stufe der literarischen Kommunikation wird also von Erwachsenen für Kinder gehandelt.

10

Zu den Merkmalen der Kinder- und Jugendliteratur gehört, dass sie als eine Art Anfängerliteratur als erster Schritt im Prozess des Literaturerwerbs gesehen wird und von daher eine sogenannte **Brückenfunktion** zur literarischen Sozialisation übernimmt. Damit verbunden ist die Kategorie der Einfachheit, wobei ‚einfach' nicht zu verstehen ist als ‚einfältig' oder ‚inhaltlich beschränkt'. Diese von Lypp (1984) eingeführte Kategorie bezieht sich auf grundlegende poetische Konzepte. Da sich diese Einfachheit in sprachlicher Einfachheit, also z. B. in wenig komplexer Syntax, ausdrücken kann, ist dies für die Fremdsprachendidaktik eine äußerst verführerische Kategorie (vgl. zur Einfachheit ausführlicher Eder 2007 und O'Sullivan 2016 sowie die didaktischen Beiträge in Burwitz-Melzer/O'Sullivan 2016 und als Überblick über die Kinder- und Jugendliteratur(forschung) Weinkauff/von Glasenapp 2010).

Für die Arbeit mit kinder- und jugendliterarischen Texten im Unterricht gelten die **Aufgabenstellungen,** die in Abschn. 10.2 beschrieben wurden, ebenso wie für die allgemeinliterarischen Texte. Darüber hinaus ist es besonders im Bereich der Arbeit mit Bilderbüchern möglich, auch auf einem relativ wenig fortgeschrittenen Sprachstand mit der **Text-Bild-Interaktion** thematisch interessante Vorgehensweisen zu erproben.

Zielgruppe Kinder: Überall dort, wo Deutsch auf der Primarstufe unterrichtet wird, sind **Bilderbücher und Erstlesetexte** interessante Möglichkeiten, die Lernenden schon früh mit ästhetisch interessanten Texten in Kontakt zu bringen (vgl. z. B. Fuhrig 1999; Griewe/Huth 1998; Huth 2002).

Zielgruppe Jugendliche: Für jugendliche Lernende bietet Jugendliteratur oft eine interessante Möglichkeit, die Identitätsproblematik zu thematisieren. Texte, die in **multikulturellen Kontexten** spielen, erlauben es, die Vielfalt des deutschsprachigen Raums ins Klassenzimmer zu transportieren und Parallelen und Unterschiede zur Welt der Lernenden zu diskutieren (vgl. z. B. Moffit 1998).

Kinder- und Jugendliteratur auch für Erwachsene? Es gibt unter den erwachsenen Lernenden kleine Teilgruppen, für die die Beschäftigung mit Kinderliteratur ein

primäres Ziel ihres Deutschlernens sein kann, z. B., Großeltern, die die deutsche Sprache neu erlernen, weil das die Sprache ihrer Enkel ist. Diese treffen im Unterricht dann gleich auf Texte, die sie in der Interaktion mit ihren Enkeln verwenden können. Derartige Konstellationen sind verglichen mit der großen Zahl erwachsener Deutschlerner natürlich recht selten.

Bezogen auf die meisten Erwachsenen wird die Arbeit mit Kinder- und Jugendliteratur auf einer anderen Ebene zu begründen sein. Erwachsene können in kinder- und jugendliterarischen Texten als genuine Leser adressiert sein, das geschieht z. B. in den sogenannten **mehrfachadressierten Texten** wie Kenneth Grahames *Wind in den Weiden* oder A. A. Milnes *Pu, der Bär*. Erwachsene können auch genuine Leser von kinder- und jugendliterarischen Texten sein, weil sie ein besonderes Interesse an den dort beschriebenen Welten haben, wie das z. B. bei den Harry Potter-Romanen oder den Romanen von Cornelia Funke und Philip Pullman der Fall ist.

Außerdem kann der Einsatz sinnvoll sein, wenn die Texte eine ästhetische Dimension haben, die ein **vergnügliches Spiel** mit einfacher Sprache möglich machen. In O'Sullivan/Rösler (2013, S. 99–104) wird am Beispiel des Gedichts *Wenn die Möpse Schnäpse trinken* von James Krüss gezeigt, wie durch eine ästhetisch interessante Illustrierung eine Anregung gegeben wird, sprachlich kreativ zu werden. Wie Kinder- und Jugendliteratur verwendet werden kann, um sprachliche Anfänger, in diesem Fall Studierende in Indonesien, parallel zu einer ausgangssprachlichen Landeskundevorlesung für deutschsprachige Primärtexte zu interessieren, zeigt Purnomowulan (2002).

Nicht immer ist der Einsatz von Kinder- und Jugendliteratur jedoch unumstritten. Ein Beispiel für unterschiedliche Einschätzungen ist der Artikel von Whiteman (2002), die die Arbeit mit einem sehr elementaren Kindergedicht mit amerikanischen Studierenden beschreibt. Dieser Beitrag wurde so kontrovers diskutiert, dass sogar die Herausgeber der Zeitschrift in einer Anmerkung darauf hinwiesen, dass sie sich uneinig waren, ob dieser Text publiziert werden sollte. Dieser Artikel zeigt, dass keine allgemeinen Aussagen über den Sinn und Unsinn der Arbeit mit Kinderliteratur für Erwachsene möglich sind. Für manche Lernergruppen, und auch für manche Lehrkräfte, erfolgt dadurch eine unzulässige Infantilisierung von Erwachsenen, die motivationshemmend ist. In anderen Kontexten wird das Spiel mit Kinderlyrik vielleicht gerade dazu beitragen, Hemmungen beim frühen Umgang mit der fremden Sprache gar nicht erst aufkommen zu lassen.

10.5 Bildende Kunst, Musik, Kabarett

Literarische Gegenstände sind, wahrscheinlich aufgrund der Tatsache, dass es sich um sprachliche Phänomene handelt, im Unterricht deutlich häufiger anzutreffen als andere ästhetische Gegenstände. Musik sei in der Lernforschung „kaum thematisiert" (Buhl/Cslovjecsek 2010, S. 65). Dabei sind Musik und Kunst für den Fremdsprachenunterricht von vielfältiger Bedeutung (zu Bild und Musik als Teil des multimedialen und multikulturellen Erzählens vgl. Blell/Dannecker/ Rohn 2010).

Badstübner-Kizik (2007) beschreibt ausführlich die Gemeinsamkeiten und Unterschiede der Nutzung von Bildkunst und Musikkunst:

> **»** Bild- und Musikkunst sind [...] auf ganz unterschiedliche Weise in einer Kultur und Gesellschaft verankert, sie stehen in historischen, sozialen, politischen, philosophischen, künstlerischen, literarischen oder auch technischen Kontexten. Mit ihrer Hilfe können Wege durch die unendliche Menge an fremden Erscheinungen gebahnt werden, denen sich Fremdsprachenlerner gegenüber sehen. (ebd., S. 27).

Bildende Kunst Im Zentrum der Beschäftigung mit bildender Kunst (s. Abb. 10.5) stehen:

- „der individuelle Betrachtungsprozess, die Assoziationen, Erinnerungen, Gefühle, Vorstellungen, die ihn begleiten und die mit denen anderer Betrachter kontrastieren (können). Sie werden durch gezielte Fragen und Aufgabenstellungen bewusst gemacht und in der Regel mit Hilfe von Sprache reflektiert" (ebd., S. 13).
- „Kunstbilder sind [...] zuallererst unmittelbarer Auslöser von mündlichen oder schriftlichen Äußerungen unterschiedlicher Komplexität" (ebd.).
- „Die bildlichen Vorlagen werden meist nach dem Grad ihrer Narrativität und kommunikativen Offenheit ausgewählt" (ebd.).
- Bildkunst ist Teil der faktischen Landeskunde: „Wichtige Auswahlkriterien sind Repräsentativität und Bekanntheitsgrad, im Fall von Gebäuden auch kulturelles Identifikationsangebot bzw. außerkünstlerischer Problemgehalt" (ebd., S. 14).

Musik Bei der Nutzung von Musik (s. ◨ Abb. 10.6.) dominiert im rezeptiven Bereich das Hörverstehen, relevante Unterstützung liefert Musik für den Wortschatzerwerb und die Ausspracheschulung. Auch für die Grammatikvermittlung wird der Einsatz von Musik diskutiert (vgl. Allmayer 2010). Lernpsychologisch trägt Musik zu einer günstigen Lernatmosphäre bei (vgl. Badstübner-Kizik (2007)., S. 16), außerdem gibt es Musik als Landeskunde bezogen auf bestimmte Komponisten oder Musikstücke. Ein Beispiel für die landeskundliche

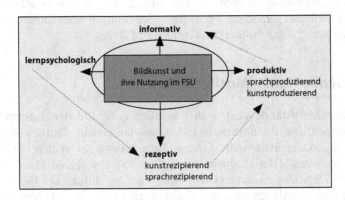

◨ **Abb. 10.5**   Bildkunst im Fremdsprachenunterricht (nach Badstübner-Kizik 2007, S. 13)

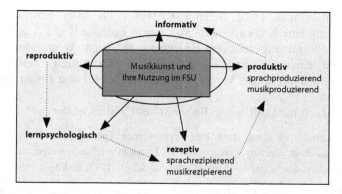

☐ **Abb. 10.6**   Musik im Fremdsprachenunterricht (nach Badstübner-Kizik 2007, S. 15)

Beschäftigung mit Musik bietet Raith (2007), der die Arbeit mit Liedtexten zum Thema ‚Heimat und Fremde' vor dem Hintergrund der deutsch-französischen Kulturkontakte diskutiert.

Politisches Kabarett Besonders selten behandelt wird in der fremdsprachen-didaktischen Diskussion die Frage, inwieweit deutsches politisches Kabarett ein möglicher Gegenstand im Deutschunterricht sein kann (vgl. die mehrbändige Dokumentation deutschsprachiger Kabarett-Texte, beginnend mit Texten aus der Kaiserzeit durch Kühn 2001). Auf das Fremdsprachenlernen bezogene Arbeiten wie die von Schütz (1997) und McNally (2000) sind seltene Ausnahmen.

McNally zeigt im Detail, wie eine **Aufführung eines eigenen Kabarettprogramms** im Rahmen eines großen Projekts Schritt für Schritt erarbeitet werden kann,

— beginnend mit dem ersten Kennenlernen deutscher Kabaretttexte von der Weimarer Zeit bis zur ‚Distel'
— über die Verwendung der Originale als Muster für lernereigene Kabaretttexte
— bis hin zur öffentlichen Aufführung.

Es findet **eine kreative** Adaption vorhandener Lieder oder Sketche statt, wobei die kreative Leistung der Deutschlernenden darin liegt, dass sie auf Grund des Aktualitätsgebots des Kabaretts sich darauf einlassen müssen, aktuelle Informationen über den deutschsprachigen Raum oder über ihren eigenen kulturellen Kontext zu rezipieren und so gut zu verstehen, dass sie in der Lage sind, eigene Kabaretttexte zu schreiben. In dem von McNally beschriebenen Projekt wird das am Beispiel der Ost-West-Beziehungen in Deutschland nach der Wende im Detail gezeigt.

Über diese Ebene der landeskundlichen Kenntnisse hinaus ist es ebenso wichtig, dass es den Lernenden gelingt, zumindest annähernd an die Textqualität der Vorbilder heranzureichen und ein Programm zusammenzustellen, dass das Publikum zum Nachdenken und zum Lachen bringt. Und als wäre dies alles nicht herausfordernd genug, ist es letztendlich auch noch notwendig, da Kabarett nun einmal eine performative **Kunstform** ist, die selbstgeschriebenen Texte auf die Bühne zu bringen. Dabei treten alle Aspekte, die unter dem Gesichtspunkt der Aufführung eine Rolle spielen – von einem Fokus auf die Aussprache über die Auseinandersetzung mit der Bedeutung einzelner Wörter im Detail bis zur Fähigkeit, einen Text im Dialog tatsächlich aufzuführen –, im Verlauf des Projekts jeweils dann in den Vordergrund, wenn dies für den Erfolg des Projekts funktional ist.

Bei der Arbeit mit politischem Kabarett besteht die Gefahr

» daß die Lernenden diese stark kulturgebundenen Formen von Komik vor dem Hintergrund ihrer eigenen Kultur nicht als komisch erleben, sondern missverstehen und möglicherweise sogar als Affront erleben (Schütz 1997, S. 90).

Für das Kabarett typische Mittel wie Sarkasmus, Ironie und Spott stellen für Lernende eine besondere Herausforderung dar:

» Da DaF-Lerner in der Regel nicht über den Informationshintergrund von Muttersprachlern verfügen, sollten derartige Texte durch gezielte Frage- und Aufgabenstellungen sowie Zusatzmaterialien didaktisch aufbereitet werden (ebd.).

Texte und Aufführungen von Kabarett-Autoren wie Gerhard Polt oder Karl Valentin sind zudem inhaltlich interessante Anlässe, dialektale Aspekte des Deutschen im Unterricht zu thematisieren.

10 Literatur

Ackermann, Ingrid (Hg.): *Als Fremder in Deutschland.* München 1982.

Ackermann, Ingrid (Hg.): *In zwei Sprachen leben.* München 1983.

Ackermann, Ingrid: „Fragen des literarischen Kanons". In: Gerhard Helbig [u. a.] (Hg.): *Deutsch als Fremdsprache. Ein internationales Handbuch.* Berlin/New York 2001, S. 1347–1360.

Ahn, Eun Young: *Literarischer Kanon und Lesen in der Fremdsprache – am Beispiel von Korea.* München 2010.

Allmayer, Sandra: „Grammatikvermittlung mit Liedern: methodisch-didaktische Konsequenzen aus der Kognitionspsychologie". In: Gabriele Blell/Rita Kupetz (Hg.): *Der Einsatz von Musik und die Entwicklung von Audio Literacy im Fremdsprachenunterricht.* Frankfurt a. M. 2010, S. 291–302.

Altmayer, Claus u.a. (Hg.): *Literatur in Deutsch als Fremdsprache und internationaler Germanistik. Konzepte, Themen, Forschungsperspektiven.* Tübingen 2014.

Badstübner-Kizik, Camilla: *Bild- und Musikkunst im Fremdsprachenunterricht: Zwischenbilanz und Handreichungen für die Praxis.* Frankfurt a. M. 2007.

Bernstein, Nils/Lerchner, Charlotte (Hg.): *Asthetisches Lernen im DaF-/DaZ-Unterricht.* Göttingen 2014,

Bischof, Monika: „Und ‚Johnny schweigt'. Schüleraktivierender Literaturunterricht". In: *Fremdsprache Deutsch* 27 (2002), S. 48–51.

Blell, Gabrielle/Danneker, Wiebke/Ruhm, Hannah: „My Music, my story, my world: Multimediales und multikulturelles Erzählen im (Fremd-)Sprachenunterricht". In: Gabriele Blell/Rita Kupetz (Hg.): *Der Einsatz von Musik und die Entwicklung von Audio Literacy im Fremdsprachenunterricht.* Frankfurt a. M. 2010, S. 203–222.

Bredella, Lothar: *Narratives und interkulturelles Verstehen. Zur Entwicklung von Empathie-, Urteils- und Kooperationsfähigkeit.* Tübingen 2012.

Buhl, Hanna/Cslovjecsek, Markus: „Was hat Sprachlernen mit Musik zu tun? Gedanken zur Begründung einer integrativen Musikpädagogik". In: Gabriele Blell/Rita Kupetz (Hg.): *Der Einsatz von Musik und die Entwicklung von Audio Literacy im Fremdsprachenunterricht.* Frankfurt a. M. 2010, S. 63–81.

Burwitz-Melzer, Eva/O'Sullivan, Emer (Hg): *Einfachheit in der Kinder-und Jugendliteratur. Ein Gewinn für den Fremdsprachenunterricht.* Wien 2016.

Caspari, Daniela: „A la recherche d'un genre encore mal connu". Zur Erforschung von Kinder- und Jugendliteratur für den Französischunterricht". In: *Französisch heute* 38/1 (2007), S. 8–19.

Dobstadt, Michael/Riedner, Renate: „Literatur und andere ästhetische Medien in Deutsch als Fremd- und Zweitsprache". In: Claus Altmayer u. a. (Hg.): *Handbuch Deutsch als Fremd- und Zweitsprache.* Heidelberg 2021, S. 394–411.

Eder, Ulrike: „Die Komplexität der Einfachheit – Kinder- und Jugendliteratur im Unterricht Deutsch als Fremdsprache". In: *Jahrbuch Deutsch als Fremdsprache* 33 (2007), S. 285–306.

Ehlers, Swantje: „Literatur als Gegenstand des fremdsprachlichen Deutschunterrichts". In: Gerhard Helbig [u. a.] (Hg.): *Deutsch als Fremdsprache. Ein internationales Handbuch.* Berlin/New York 2001, S. 1334–1346.

Ehlers, Swantje: „Interkulturelle Lesedidaktik". In: Irmgard Honnef-Becker (Hg.): *Dialoge zwischen den Kulturen. Interkulturelle Literatur und ihre Didaktik.* Baltmannsweiler 2007, S. 47–62.

Esselborn, Karl: *Interkulturelle Literaturvermittlung zwischen didaktischer Theorie und Praxis.* München 2010.

Evans, Sandra/Pude, Angela/Specht, Franz: *Menschen. Deutsch als Fremdsprache. Kursbuch. A1.2.* Ismaning 2012.

Fuhrig, Hans-Joachim: „Die kleine unendliche Geschichte der ‚Raupe Nimmersatt'. Dieses Mal im Primarunterricht in Großbritannien – Ideen für ein Schreibprojekt". In: *Primar* 22 (1999), S. 24–26.

Geist, Hanne: „‚Crazy' im Deutschunterricht. Leselust durch Aufgabenorientierung und Lesestrategien". In: *Fremdsprache Deutsch* 27 (2002), S. 42–47.

Griewe, Monika/Huth, Manfred: „Das Literaturprojekt mit dem Rucksack". In: *Primar* 18 (1998), S. 9–15.

Hieronimus, Marc (Hg.): *Visuelle Medien im DaFUnterricht.* Gottingen 2014.

Huth, Manfred: „Bilderbücher für den DaF-Unterricht in der Primarstufe". In: *Primar* 30 (2002), S. 48–50.

Jenkins, Eva-Maria: „Christine Nöstlinger im Gespräch". In: *Fremdsprache Deutsch* 11 (1994), S. 14–21.

Kepser, Jutta: „‚Kolobok' – ‚The Gingerbread Man' – ‚De Leevkokenkerl' – ‚Vom dicken, fetten Pfannkuchen' oder ‚Warum de Swien ümmer inne Grund wroeten' – Ein interkulturelles Märchenprojekt in der Primarstufe". In: *Frühes Deutsch* 4 (2005), S. 15–19.

Kirsch, Dieter: „Es war einmal. Zur Funktion von Märchen im frühen Fremdsprachenunterricht". In: *Frühes Deutsch* 4 (2005), S. 4–8.

Köker, Anne [u. a.]: *Berliner Platz 3. Lehr- und Arbeitsbuch mit CD: Deutsch im Alltag für Erwachsene. Zertifikatsband.* Berlin [u. a.] 2004.

Koppensteiner, Jürgen: *Literatur im DaF-Unterricht. Eine Einführung in produktiv-kreative Techniken.* Wien 2001.

Kühn, Volker: *Donnerwetter tadellos: Kabarett zur Kaiserzeit 1901–1918.* Frankfurt a. M. [u. a.] 2001.

Küster, Lutz/Lütge Christiane/Wieland, Katharina (Hg.): *Literarisch-ästhetisches Lernen im Fremdsprachenunterricht. Theorie – Empirie – Unterrichtsperspektiven.* Frankfurt 2015.

Lü, Jingzhu: *Literarische Kurztexte im DaF-Unterricht des chinesischen Germanistikstudiums. Ein Unterrichtsmodell für interkulturelle Lernziele.* Frankfurt a. M. 2011.

Lypp, Maria: *Einfachheit als Kategorie der Kinderliteratur.* Frankfurt a. M. 1984.

McNally, Joanne Maria: *Creative Misbehaviour. The Use of German Kabarett within Advanced Foreign Language Learning Classrooms.* Bern 2000.

Mebus, Gudula [u. a.]: *Sprachbrücke.* Bd. 1. Stuttgart 1987.

Moffit, Gisela: „Oya"? – O, ja! Reading Jugendliteratur in the German Classroom". In: *Die Unterrichtspraxis* 2 (1998), S. 116–124.

O'Sullivan, Emer: „Einfachheit im (kinder)literaturtheoretischen Diskurs". In: Eva Burwitz-Melzer/ Emer O'Sullivan (Hg): *Einfachheit in der Kinder-und Jugendliteratur. Ein Geweinn für den Fremdsprachenunterricht.* Wien 2016, S. 17–32.

O'Sullivan, Emer/Rösler, Dietmar: *Kinder- und Jugendliteratur im Fremdsprachenunterricht.* Tübingen i2013.

Purnomowulan, N. Rinaju: „‚Mein Papa hat was verloren.' Bilderbücher im Landeskundeunterricht". In: *Fremdsprache Deutsch* 27 (2002), S. 24–33.

Raith, Markus: „In der Ferne Daheim". Didaktische Überlegungen zum Verhältnis von Sprache, Musik und Identität". In: *Info DaF* 34/4 (2007), S. 403–408.

Ros-El Hosni, Lourdes [u. a.]: *Aussichten. A2. Deutsch als Fremdsprache für Erwachsene. Kursbuch.* Stuttgart 2011.

Schiedermair, Simone (Hg.): *Literaturvermittlung. Texte, Konzepte, Praxen in Deutsch als Fremdsprache und den Fachdidaktiken Deutsch, Englisch, Französisch.* München 2017.

Schütz, Sonja: „Kabarett-Texte als alternative Textsorte für den DaF-Unterricht (Zu den didaktisch-methodischen Potentialen einer bisher vernachlässigten Textsorte)". In: *Info DaF* 24, 1 (1997), S. 87–98.

Weinkauff, Gina/von Glasenapp, Gabriele: *Kinder- und Jugendliteratur.* Paderborn 2010.

Wierlacher, Alois/Bogner, Andrea (Hg.): *Handbuch interkulturelle Germanistik.* Stuttgart/Weimar 2003.

Whiteman, Johanna: „Reim, Rhythmus und Reflexion. Kindergedichte im Anfängerunterricht". In: *Fremdsprache Deutsch* 27 (2002), S. 18–23.

10

Die Bedeutung anderer Sprachen und Kulturen

Inhaltsverzeichnis

Die Beschäftigung mit den verschiedenen globalen Methoden in ▶ Kap. 4 hat gezeigt, dass die anderen Sprachen, die die Lernenden bereits erworben haben, zu verschiedenen Zeitpunkten der Entwicklung der Fremdsprachendidaktik eine unterschiedliche Rolle gespielt haben. Besonders wichtig waren sie in der sog. Grammatik-Übersetzungs-Methode (s. ▶ Abschn. 4.1), in der das **Zusammenspiel der Erstsprache und der neu zu lernenden Sprache** beim Übersetzen sogar Teil des Namens der Methode wurde, und später im sog. interkulturellen Ansatz (s. ▶ Abschn. 4.7), in dem der Vergleich **von Ausgangs- und Zielkultur** über den Dialog des Eigenen und des Fremden zum hervorstechenden Merkmal wurde. Keine Rolle spielten die vorhandenen Sprachen hingegen in der direkten und in der audiolingualen Methode (s. ▶ Abschn. 4.2 und 4.3).

Beim methodischen Vorgehen gab es deshalb eine Vielzahl unterschiedlicher Konzeptionen: vom Ignorieren der vorhandenen Sprachen über kontroverse Einstellungen zur Rolle von Übersetzungen (s. ▶ Abschn. 6.4) bis hin zum Versuch, die vorhandenen Sprachen für das Verstehen und für das interkulturelle Lernen zu aktivieren. In den Kapiteln zur Wortschatzvermittlung (s. ▶ Abschn. 8.5) und zur Landeskunde (s. ▶ Abschn. 9.3.3) wurde deutlich, wie stark die bisher bereits erworbenen Sprachen das Lernen einer neuen Sprache beeinflussen.

11.1 Kontrastivität in der fremdsprachendidaktischen Diskussion

Bei kontrastiven Analysen werden zwei oder mehrere Systeme im Hinblick auf Gemeinsamkeiten und Unterschiede verglichen. So kennt die **kontrastive Linguistik** zum Beispiel eine kontrastive Phonetik, Syntax oder Pragmatik. Ihre Ergebnisse sind in die Fremdsprachendidaktik eingeflossen. Sowohl in der Linguistik als auch in der Diskussion über den Einfluss anderer Sprachen auf das Lernen einer neuen Sprache wurde zunächst auf der Ebene von Aussprache, Wortschatz und Grammatik gearbeitet, später wurde der Blick erweitert auf die Pragmatik (s. ▶ Abschn. 11.5).

Bezogen auf das Fremdsprachenlernen fand ein Vergleich der bei den Lernenden bereits vorhandenen Sprachen mit der neu zu lernenden Sprache lange Zeit nur als **Vergleich von** Erstsprache **und Zielsprache** statt, die anderen bereits gelernten Sprachen werden erst seit den 1990er Jahren als Einflussfaktoren diskutiert. Parallel dazu rückte in der fremdsprachendidaktischen Diskussion die Tatsache in den Blickpunkt, dass Deutsch weltweit überwiegend nicht als erste, sondern als zweite oder dritte oder weitere Fremdsprache gelernt wird, so dass man in den meisten Fällen davon ausgehen kann, dass die Lernenden bereits Englisch als eine erste Fremdsprache gelernt haben (s. ▶ Abschn. 11.4).

Schlüsselbegriffe in der fremdsprachendidaktischen Diskussion über die Bedeutung bereits erworbener Sprachen sind ‚Transfer' und ‚Interferenz'.

Der Einfluss von Elementen der Ausgangssprache oder anderer bereits erworbener Sprachen auf den Erwerb der neuen Sprache wird als **Transfer** bezeichnet. Unterstützt dieser Einfluss den Erwerb, spricht man von positivem Transfer, ein störender Einfluss wird manchmal als negativer Transfer bezeichnet, häufiger jedoch als **Interferenz.**

> ▶ **Interferenz und Transfer**

Interferenz: Wenn französische Lernende des Deutschen ‚der Sonne' und ‚die Mond' sagt, kann man annehmen, dass hier die französische Genuszuordnung von ‚le soleil' und ‚la lune' Einfluss genommen hat. Wenn Sprecher einer Sprache, die keine Artikel verwendet, im Deutschen auch im fortgeschrittenen Stadium häufiger Artikel weglassen, kann man vermuten, dass hier ein Einfluss der Ausgangssprache eine Rolle gespielt hat.

Positiver Transfer: Umgekehrt kann ein Sprecher einer germanischen Sprache, der anfängt, Deutsch zu lernen, beim Verstehen deutscher Texte häufig auf Wörter der eigenen Sprache oder der bereits gelernten englischen Sprache zurückgreifen (engl. *house,* dt. Haus usw.), die das Verstehen erleichtern. ◀

11.2 Die Kontrastivitätshypothese

Nach der Kontrastivitätshypothese kann eine **vergleichende Analyse von Ausgangs- und Zielsprache** mögliche Interferenzen identifizieren, und danach kann das Lehrmaterial so organisiert werden, dass diesen Interferenzen entgegengearbeitet werden kann. In den 1960er Jahren, als die Kontrastivitätshypothese in der Fremdsprachendidaktik erstmals eine wichtige Rolle spielte, war immer nur die Rede von der Ausgangssprache. Dass auch die anderen erworbenen Sprachen eine Bedeutung für das Fremdsprachenlernen haben, war damals ebenso wenig in der Diskussion wie die Tatsache, dass in vielen Teilen der Welt die Menschen mehrsprachig aufwachsen und damit nicht nur eine einzige klar identifizierbare Erstsprache haben.

Die optimistische Annahme der **starken Kontrastivitätshypothese** führte zu einer Reihe von linguistischen Unternehmungen, durch kontrastive Analysen zu bestimmen, was mögliche Lernprobleme sein könnten. Zu dieser Zeit überwogen in der Fremdsprachendidaktik Unterrichtskonzepte, bei denen im Bereich des Formenerwerbs der Schwerpunkt auf geschlossenen Übungen lag (s. ▶ Abschn. 5.2.1). In durch eine kontrastive Analyse ermittelten Bereichen, in denen Interferenzen auftreten könnten, so glaubte man damals, könnte durch intensives Üben der richtigen Muster der Zielsprache dafür gesorgt werden, dass diese Interferenzen den Lernprozess möglichst wenig beeinflussen.

Diese Grundkonzeption übersieht, dass sich Fehler nicht nur aus dem Kontrast zur Erstsprache erklären lassen, sondern dass auch andere Fehlerursachen wie z. B. Übergeneralisierungen von neu erkannten Regeln in der Zielsprache eine Rolle spielen (zu den Fehlerursachen s. ausführlich ▶ Abschn. 7.3). Auch kann eine kontrastive Analyse, die nicht gleichzeitig Lernprozesse analysiert, keine systematischen Aussagen darüber machen, für welche Lernenden welche Fehler auftreten werden: Ein Kontrast zwischen zwei Sprachen kann in eine Richtung weniger stark fehlerproduzierend sein als in die andere.

▶ Artikel im Deutschen und Englischen

Das Deutsche und das Englische kennen die Wortart Artikel. Im Deutschen können damit drei Genera markiert werden, das englische ‚the' verrät nichts über ein mögliches Genus eines Substantivs. Für einen deutschen Lerner des Englischen ist dieser Kontrast nicht weiter problematisch, alle Substantive sind für ihn mit dem Artikel ‚the' zu versehen – sein Problem mit diesem Artikel liegt in der Aussprache des ‚komischen' Lauts, der durch das ‚th' repräsentiert wird.

Ein Problem mit dem Genus taucht für deutsche Lernende erst auf, wenn sie Pronomen verwenden und auf englische Neutra, grob gesprochen also auf alles, was nicht Mensch oder Tier ist, mit ‚she' oder ‚he' referieren, weil sie das deutsche Genus des Wortes auf die falsche Fährte setzt: ‚I lost my watch. She was ...'

Für die englischen Lernenden des Deutschen jedoch, obwohl an den Artikel als Kategorie gewohnt, stellen sowohl die ungewohnte Verteilung der Genera auf die Substantive als auch die Artikel eine große Herausforderung dar, der man nur begegnen kann, wenn man sie in den Wortschatzerwerb integriert und mitlernt.

Für Mark Twain, dem viele satirische Bemerkungen zum Erwerb des Deutschen zu verdanken sind, machen Genus und die Artikel das Lernen des Deutschen besonders schwierig:

» „Jedes Substantiv hat ein Geschlecht, und in dessen Verteilung liegt kein Sinn und kein System; deshalb muß das Geschlecht jedes einzelnen Hauptwortes für sich auswendig gelernt werden. Es gibt keinen anderen Weg. Zu diesem Zwecke muß man das Gedächtnis eines Notizbuches haben. Im Deutschen hat ein Fräulein kein Geschlecht, während eine weiße Rübe eines hat. Man denke nur, auf welche übertriebene Verehrung der Rübe das deutet und auf welche dickfellige Respektlosigkeit dem Fräulein gegenüber. Sehen wir mal, wie das gedruckt aussieht. Ich übersetze das aus einer Unterhaltung in einem der besten deutschen Sonntagsbücher:

> Gretchen: „Wilhelm, wo ist die Rübe?"
> Wilhelm: „*Sie* ist in die Küche gekommen."
> Gretchen: „Wo ist das gebildete und schöne englische Mädchen?"
> Wilhelm: „*Es* ist in die Oper gegangen."
> [...]

Es ist wahr, daß im Deutschen durch irgendein Versehen des Erfinders der Sprache eine Frau weiblich ist, aber ein Weib nicht – was bedauerlich ist. Ein Weib hat hier kein Geschlecht; sie ist Neutrum; und so ist nach der Grammatik ein Fisch *der*, seine Schuppen sind *sie*, aber ein Fischweib ist keines von beiden.

Eine Frau als geschlechtslos zu bezeichnen, mag man Untercharakterisierung nennen; das ist schlimm genug, aber Übercharakterisierung ist gewiß schlimmer. Ein Deutscher spricht von einem englischen Mann als einem „Engländer"; um das Geschlecht zu ändern, fügt er „-in" hinzu, und das bedeutet englische Frau – „Engländerin". Das scheint eine ausreichende Kennzeichnung zu sein, aber für einen Deutschen ist es immer noch nicht exakt genug; also setzt er vor das Wort den Artikel, der darauf hinweist, daß das folgende Geschöpf weiblich ist, und schreibt es so hin: „die Engländerin". Ich finde, daß diese Person übercharakterisiert ist" (Mark Twain 1985, S. 464 f.). ◄

Für Haberzettl (2021) liegt deshalb die Bedeutung der kontrastiven Linguistik für Deutsch als Fremdsprache auch nicht in der problematischen Vorhersagekraft des Sprachvergleichs für die Bestimmung der Ursachen von Fehlern in jedem Einzelfall. In ihrem Überblick über die Forschungen zur kontrastiven Linguistik, die für Deutsch als Fremdsprache relevant sind, hebt sie stattdessen **zwei Aspekte** hervor. Die kontrastive Linguistik liefere „grundlegende Erkenntnisse zu potenziellen Erwerbsschwierigkeiten oder auch einfach nur zu den Besonderheiten der Erwerbsgegenstände des Zielsystems" (ebd., S. 158), was es Lehrkräften ermögliche, ihren Horizont zu erweitern und das „Zielsystem im Kontext anderer Systeme" (ebd.) zu sehen, was helfen kann, „wenn didaktisch-methodische Entscheidungen zu treffen sind" (ebd.). Auch habe die typologische Distanz zwischen den beteiligten Sprachen Auswirkungen auf das Lerntempo:

» Lehrkräfte sollten sich im Hinblick auf ihre Erwartungen an Lerntempo und Lernerfolg ihrer Schüler darüber im Klaren sein (und sind dies sicher aufgrund ihrer Erfahrungen oft schon), dass sie nicht mit all ihren Schülern, unabhängig von deren L1, innerhalb desselben Zeitrahmens dasselbe Lernziel anpeilen können (ebd.).

Die **schwache** Kontrastivitätshypothese arbeitet deshalb mit der Annahme, dass der Kontrast zwischen vorhandenen und neu gelernten Sprachen im Lernprozess zwar eine Rolle spielt und auch zur Produktion von Fehlern beiträgt, dass aus einer kontrastiven Analyse aber Fehler nicht vorhergesagt werden können.

Einfluss aller bereits gelernter Sprachen Seit den 1990er Jahren beschränkt sich die Diskussion nicht mehr nur auf die Ausgangssprache, sondern bezieht auch andere bereits gelernte Sprachen ein. Hufeisen (1991) analysierte die Interaktion, die zwischen dem Englischen als erster und dem Deutschen als zweiter Fremdsprache auftritt, obwohl beide während der Vermittlung in Schule und Universität didaktisch und methodisch sorgfältig getrennt wurden (vgl. ebd., S. 19). Bei den Fehlern ihrer Versuchspersonen, die Arabisch, Japanisch, Thai, Ungarisch und Indisch als Erstsprache haben, stellte sie fest,

» daß etwa ein Elftel aller konstatierten Fehler strukturell identisch ist mit einer englischen normgerechten Äußerung. Die Struktur des Englischen ist hier nicht gleich der erforderlichen Struktur im Deutschen (ebd., S. 90).

Diese Arbeit von Hufeisen erschien Anfang der 1990er Jahre und damit zu einer Zeit, als das Fach Deutsch als Fremdsprache begann, verstärkt zur Kenntnis zu nehmen, dass Deutsch zumeist nicht mehr als erste, sondern als zweite, dritte oder weitere Fremdsprache gelernt wird. Darauf wird in ▶ Abschnitt 11.4 eingegangen, zunächst soll jedoch die Entwicklung der sogenannten ‚großen' Hypothesen in der Fremdsprachendidaktik weiterverfolgt werden.

In der Geschichte der Fremdsprachendidaktik bestimmte weniger das Abschwächen der starken Kontrastivitätshypothese die Diskussion, sondern die Opposition zu ihr: In den 1960er und 1970er Jahren war die fremdsprachendidaktische Diskussion noch abhängig von der linguistischen Diskussion (s. ▶ Abschn. 4.5), und statt die Beschreibung des Lernprozesses weiter auszudifferenzieren, wurden der Kontrastivitätshypothese, einer der sogenannten ‚**großen' Hypothesen der Fremdspracherwerbsforschung**, zwei weitere ‚große' Hypothesen entgegengesetzt, die Identitätshypothese und die Interlanguage-Hypothese.

11.3 Gegenbewegungen zur Kontrastivitätshypothese: Identitätshypothese und Interlanguage-Hypothese

Identitätshypothese Die Identitätshypothese entwickelte sich als Gegenposition zur Kontrastivitätshypothese. Sie geht davon aus, dass die Aufmerksamkeit gerade nicht auf die Unterschiede zwischen den Sprachen, sondern auf die **Ähnlichkeit des Spracherwerbs** gerichtet werden sollte. Das Interessante an der Diskussion sei eigentlich, dass der Erwerb einer zweiten, dritten und vierten Sprache ähnlich verlaufe wie der Erwerb der ersten. Strenggenommen findet also eine Diskussion auf einer anderen Ebene statt; an die Stelle eines Redens über den Vergleich von Sprachen tritt die Diskussion über Lernprozesse. Trotz dieser Perspektivenverschiebung wurden diese beiden sogenannten großen Hypothesen aber zumeist als Gegensatzpaar verstanden, was sich durch den zeitgenössischen wissenschaftlichen Kontext erklären lässt.

Die Kontrastivitätshypothese ist Teil der sogenannten strukturalistischen Linguistik, die versucht, sprachliche Muster zu beschreiben und zu vergleichen. In den 1970er Jahren wurde die strukturalistische Linguistik von der generativen Grammatik Noam Chomskys angegriffen. Klar war, dass mit der sich anbahnenden **Dominanz der generativen Grammatik** und der damals noch vorherrschenden Idee, Änderungen in der Linguistik führten zu Änderungen in der Fremdsprachendidaktik, sich die Diskussion in der Fremdsprachendidaktik ändern würde (s. ▶ Abschn. 1.1.5 und 4.5).

Während Chomsky seine Beispiele durchgehend auf den Erstspracherwerb bezog, wurde im Laufe der Diskussion das Konzept des Spracherwerbsmechanismus, der von ihm neu in die Diskussion eingeführt wurde, auch auf andere als die erste Sprache übertragen. Dabei wurde diese Konzeption nicht nur für offensichtlich ähnliche Erwerbssituationen wie den doppelten Erstspracherwerb und den frühen Zweitspracherwerb verwendet (s. ▶ Abschn. 2.2.1), sondern auch für das Lernen in Kontexten, bei denen ein natürlicher Spracherwerb nicht vorherrschte.

Diese Vorgehensweise hatte einen unbestrittenen Vorteil: Annahmen über das, was im Fremdsprachenunterricht zu geschehen hatte, wurden radikal hinterfragt. An die Stelle einer als unproblematisch empfundenen Setzung des Erklärens und

Übens von Strukturen trat eine Position, die die **Rolle des Inputs und der Interaktion** in den Vordergrund stellte. So wie ein Kind seine Sprache durch Interaktion mit der Umgebung aus dem Input erwirbt, sollten auch alle anderen Arten des Spracherwerbs parallel funktionieren.

Das ist der **Kern der Identitätshypothese**, die auf die Fremdsprachendidaktik generell einen ‚erfrischenden‘ Einfluss hatte: Niemand wird mehr die Bedeutung von Input und Interaktion bestreiten. Für das sich vom natürlichen Erwerb unterscheidende, gesteuerte Lernen in Bildungsinstitutionen ist allerdings die Frage wichtig, welche Art von Input und welche Art von Interaktionen für wen wann und in welcher Form vorhanden sein müssen, damit das Lernen möglichst gut vonstattengeht (s. ▶ Abschn. 2.2 und 8.7.)

Wenn der Erwerb der ersten Sprache identisch oder ähnlich mit dem aller anderen Sprachen verläuft, bedeutet das auch, dass die Erwerbssequenzen identisch sein müssen? An verschiedenen Stellen in den beiden ersten Kapiteln wurde gezeigt, dass sich mit der Identitätshypothese eine Reihe von durchaus nicht unproblematischen Implikationen für das gesteuerte Lernen verknüpft und dass sich eine nicht unbeträchtliche Menge von forschenden Aktivitäten auf den Nachweis oder die Abwehr dieser Position beschränkt haben, statt sich auf die Komplexität des **Zusammenspiels von Steuerung und natürlichem Erwerb** einzulassen.

Die Identitätshypothese ist deshalb nur für den doppelten Erstspracherwerb und den frühen Zweitspracherwerb unproblematisch, für alle anderen, vor allem für nicht-natürliche Erwerbskontexte, ist zu überlegen, inwieweit die Vorstellung, die Lernenden folgten natürlichen Erwerbssequenzen, nicht nur eine Bereicherung der Progressionsdiskussion, sondern auch eine Verhinderung von kognitiven Zugängen zu den Strukturen der Zielsprache darstellt.

Interlanguage-Hypothese Verglichen mit der Radikalität der Identitätshypothese nimmt die dritte sog. große Hypothese, die in die Diskussion eingeführt wurde, eine relativ moderate Position ein. Die sogenannte Interlanguage-Hypothese, wobei ‚Interlanguage‘ terminologisch auch als ‚Lernersprache‘, ‚Interimssprache‘ oder ‚Zwischensprache‘ geführt wird, geht von der Annahme aus, dass die vergleichende Diskussion von zielsprachlichem und ausgangssprachlichem System verkennt, dass die Lernenden Schritt für Schritt eigene Systeme herausbilden, die sich beschreiben lassen als **Übergänge vom Ausgangs- zum Zielsystem**. Die Interlanguage-Forschung hat im deutschsprachigen Raum besonders im Bereich Deutsch als Zweitsprache in den Migrationskontexten eine große Rolle gespielt. Im Gegensatz zur Kontrastivitätshypothese und zur Identitätshypothese, die jeweils starke Aussagen über die Konsequenzen für das gesteuerte Lernen machen, ist bei der Interlanguage-Hypothese die Frage nach den Konsequenzen für die Unterrichtsorganisation weniger eindeutig zu beantworten.

Mit der Entwicklung der Korpuslinguistik, vor allem mit der Erstellung großer Lernerkorpora, ist die Bedeutung des Konzepts der Interlanguage für die empirische Sprachlehrforschung gewachsen. Durch eine vergleichende Analyse von Korpora kann man z. B. feststellen, ob Lernende bestimmte Konstruktionen oder Wörter im Vergleich zu muttersprachlichen Sprechern oder auch zu

Lernenden mit anderen Erstsprachen (zu) häufig oder (zu) wenig verwenden und ob, bei einer vergleichenden kontrastiven Analyse, Einflüsse aus der Erstsprache festgestellt werden können. Für Deutsch als Fremdsprache war besonders das an der Humboldt-Universität in Berlin entwickelte fehlerannotierte Korpus FALKO bahnbrechend (vgl. Lüdeling u. a. 2008). Einen Überblick geben Lüdeling/Walter (2010); Fekete (2016) ist ein Beispiel für eine ausführliche Studie, bezogen auf die Deutschkenntnisse ungarischer Lernender.

Veränderte Fehlerkonzeption Sowohl durch die Identitäts- als auch vor allem durch die Interlanguage-Hypothese wird eine Neubewertung des Fehlerkonzepts vorgenommen. Während in der Kontrastivitätsdebatte der Fokus weitgehend auf Fehlern lag, die es zu vermeiden galt, wurde in den beiden stärker psycholinguistisch orientierten Neuansätzen hervorgehoben, dass Fehler ein **natürlicher Teil** des Lernprozesses sind, dass sie also nicht zu vermeiden, sondern als Teil des Spracherwerbs zu betrachten sind. Da das Fremdsprachenlernen in Institutionen häufig prüfungsorientiert ist und Lernende mithilfe von Vermeidungsstrategien deshalb lieber etwas sagen oder schreiben, was sie klar als korrekt erkannt haben, als etwas Neues auszuprobieren, ist dieser Beitrag der beiden Hypothesen zur Fremdsprachendidaktik gar nicht hoch genug einzuschätzen.

Obwohl die Kontrastivitätshypothese seit den 1970er Jahren durch die beiden anderen Hypothesen in der theoretischen Diskussion um Spracherwerbskonzepte an den Rand gedrängt wird, beginnt Anfang der 1990er Jahre in anderen Kontexten eine Art Neuentdeckung der Beschäftigung mit den bei den Lernenden schon vorhandenen Sprachen, die es allerdings vermeidet, sich explizit auf die frühe Kontrastivitätsdebatte zu beziehen und die andere Felder der Diskussion über Sprache und Kommunikation besetzt (s. ▶ Abschn. 11.5). Im Kontext der sich abzeichnenden Globalisierung und des vermehrten Interesses, das die Linguistik am Thema Mehrsprachigkeit gefunden hatte, wird nun stärker zur Kenntnis genommen, dass Lernende einer Fremdsprache vielleicht bereits mehrere Sprachen ungesteuert bzw. in einer Mischung aus gesteuertem und ungesteuertem Lernen erworben haben und dass unabhängig von der Art und Weise, wie die vorhandenen Sprachen bei Lernenden einer neuen Sprache in deren Köpfe gekommen sind, diese alle einen Einfluss auf die neu zu lernende Sprache haben.

11.4 Deutsch als weitere Fremdsprache

Zwar war Ende der 1980er Jahre längst allgemein anerkannt, dass **Englisch** die einzige Weltsprache war, und Ammon (1991) hatte in einem umfassenden Überblick gezeigt, wie der Einfluss der deutschen Sprache in der Welt zurückgegangen war. Doch das Fach Deutsch als Fremdsprache hatte in der Forschung kaum auf die Tatsache reagiert, dass Deutsch fast überall nur als zweite oder dritte oder ‚weitere' Fremdsprache nach Englisch gelernt wurde. Zu einer ersten konzentrierten Behandlung des Themas „Das Lehren und Lernen von Deutsch als zweiter oder weiterer Fremdsprache" kam es erst Ende der 1980er Jahre (vgl. die Dokumentation Bausch/Heid 1990).

Wer wie die Vertreter der Identitätshypothese der Auffassung ist, jegliche Art des (Fremd-)Sprachenlernens folge ohnehin einem gleichen oder ähnlichen Mechanismus, brauchte der Tatsache, dass man es beim Deutschen als Fremdsprache zumeist mit dem Lernen einer ‚weiteren' Fremdsprache zu tun hat, keine besondere Bedeutung zuzumessen. Aber auch Forscher und Lehrmaterialmacher, für die in ihrem Selbstverständnis als Sprachlehrforscher die Beachtung der Unterschiedlichkeit von Lernkontexten zentral ist, gingen lange überraschend sorglos mit dieser Tatsache um und unterschieden nicht zwischen erster und weiterer Fremdsprache.

In der ersten konzentrierten Befassung mit dem Thema ‚Deutsch als weitere Fremdsprache' wurden gleich eine ganze Reihe von **Unterschieden zwischen Deutsch als erster und weiterer Fremdsprache** festgestellt, die man unter zwei Gesichtspunkten zusammenfassen kann:

- Deutsch als weitere Fremdsprache hat es normalerweise mit älteren und mit entsprechenden **kognitiven Fähigkeiten** ausgestatteten Lernenden zu tun.
- Deutsch als weitere Fremdsprache kann auf die im Unterricht der ersten Fremdsprache **gesammelte** Sprachlernerfahrungen und Sprachlerntechniken aufbauen.

Konkret wurden in dieser ersten Runde eine Reihe von didaktischen Vorschlägen in die Diskussion gebracht wie z. B.:

- Der Unterricht der zweiten Fremdsprache dürfe „keine phasenverschobene Kopie des Unterrichts in der ersten Fremdsprache" sein, sondern müsse „für den Lerner eine neue, transparente Lernerfahrung bedeuten" (Heid 1990, S. 76).
- Er solle stärker als bisher „den Grund für den Erwerb von Lernstrategien für das Erwachsenenalter [...] legen" (Raasch 1990, S. 136).
- Er solle „*positive [...] Lern- und Kommunikationstransfers* in den Blick zu nehmen" (Bausch 1990, S. 27; Hervorh. im Orig., DR) und spezifische Methoden zur Lernzeitverkürzung entwickeln.
- Er solle auf das „Bedürfnis nach kognitivem Verstehen und kognitivem Lernen sowie nach Systematisierung und analytischem Verarbeiten des Lernstoffes" (Bausch u. a. 1990, S. 15) eingehen.
- Es solle eine „stärkere Betonung der rezeptiven Fähigkeiten" (ebd., S. 17) stattfinden.
- Durch unterschiedliche Terminologie könne, so Krumm (1990, S. 100), ein Problem auftreten, wenn z. B. die in der Bundesrepublik entstandenen Bücher die Valenzgrammatik übernommen haben, die erste Fremdsprache aber in traditioneller lateinischer Grammatikterminologie unterrichtet wurde.

Seit diesem Aufbruch zu Beginn der 1990er Jahre hat sich die auf bereits erworbene Sprachen bezogene Forschung ständig verfeinert. Besonders produktiv war die Diskussion im Hinblick auf die Frage, wie Deutsch als Fremdsprache darauf reagieren solle, dass die meisten Lernenden bereits Englisch als erste Fremdsprache oder als eine Zweitsprache gelernt haben.

Dass Deutsch zumeist nicht mehr die erste Fremdsprache ist, die jemand lernt, ist aus sprachpolitischen Gesichtspunkten zu bedauern, unter didaktischen Gesichtspunkten hat es aber durchaus einen Vorteil: Die Lernenden haben schon einmal eine Fremdsprache gelernt, und die Vermittlung des Deutschen als Fremdsprache kann davon profitieren, zum Beispiel dadurch, dass der Englischunterricht das für manche Lernende neue lateinische Schriftsystem einführt, so dass der DaF-Unterricht hier nur noch ein paar Neuigkeiten wie die Umlaute hinzufügen muss. Besonders offensichtlich ist die Vorarbeit des Englischen auf der Ebene des Wortschatzes.

Die germanische Sprache Deutsch und die germanische Sprache Englisch haben viele **Gemeinsamkeiten.** Ein muttersprachlicher Sprecher des Deutschen, der Englisch lernt, sieht vielleicht eher die Unterschiede, aber aus der Perspektive eines Lernenden, dessen erste Sprache eine von den germanischen Sprachen entfernte Sprache ist wie z. B. Chinesisch oder Hindi, fällt der Blick auf Gemeinsamkeiten. So ist es durchaus möglich, schon für eine der ersten Unterrichtsstunden einen kleinen Text zu finden, in dem größere Teile des Wortschatzes dem Englischen ähnlich sind, so dass die Lernenden erraten können, worum es sich in dem Text geht, wie ◧ Abb. 11.1. zeigt.

Wenn es den Lernenden gleich in einer ihrer ersten Unterrichtsstunden ermöglicht wird, einem Text dieser so schrecklich neuen und fremden Sprache Bedeutung zu entnehmen, so hat das eine für den Unterricht insgesamt richtungweisende Funktion. Das Sicherheitsbedürfnis von Lernenden lässt sie vor allen Dingen in der Anfangsphase immer zum Wörterbuch greifen, um jedes unbekannte Wort nachzuschlagen. Die Leseverstehensdidaktik (s. ▶ Abschn. 6.2.4) hat sich seit den 1980er Jahren bemüht, gegen diese Tendenz eine eher auf Inhalte konzentrierte Arbeit mit Texten aufzubauen, die stärker das selektive oder globale Lesen fördert.

Der Transfer aus dem Englischen kann also **frühe Erfolgserlebnisse** beim **selektiven oder globalen Lesen** schaffen. Und über die einzelne Leseübung hinaus können die Lernenden aus einer Haltung des ungeübten Lesers, die sie meist nur in der Fremdsprache einnehmen (s. ▶ Abschn. 6.2.1), in die Haltung des erfahrenen Lesers auch in der Fremdsprache überführt werden. Das ist für den weiteren Weg als Lernender sehr wichtig: Nur wenn die Lernenden sich schon früh darauf einlassen, dass sie bei einem Text nicht jedes Wort verstehen müssen, um für sie relevante Inhalte aus dem Text zu entnehmen, ist es möglich, eine stärker inhaltsbezogene Arbeit in die Anfangsphase des Fremdsprachenunterrichts zu integrieren. Die systematische Erinnerung an bekannte Wörter in anderen Sprachen ist eine der Techniken, um bei den Lernenden schon sehr früh im Lernprozess die Lernhaltung ‚ich muss nicht jedes Wort nachschauen' zu etablieren.

Interkomprehension Ein derartiges Vorgehen macht sich das didaktische Konzept der Interkomprehension nutzbar, das in Deutschland vor allen Dingen in der Didaktik der romanischen Sprachen entwickelt worden ist, die im Spanisch-, Italienisch- oder Französischunterricht produktiv mit der **Ähnlichkeit dieser Sprachen** umgehen (vgl. Meißner 2003). Verglichen mit der Diskussion in den romanischen Sprachen ist sie mit Bezug auf die germanischen weniger weit

Airbus
The Airbus

Texte verstehen / A1

Ü 1   Lesen Sie den Titel und Untertitel und sehen Sie sich das Bild an. Worum geht es in dieser Nachricht?

Ü 2   Lesen Sie den ganzen Text und markieren Sie alles, was Sie verstehen.

Mittwoch 27. April 2005, 14:30 Uhr

Airbus sorgt für Euphorie
Der Airbus A380 hat seinen ersten Testflug bestanden. Fast vier Stunden nach dem Start landete das größte Passagierflugzeug der Welt am Mittwoch in Toulouse ohne Probleme.

TOULOUSE (dpa-AFX) – Der Prototyp des Airbus A380 startete am 27. 04. 2005 auf dem Flughafen Toulouse unter dem Beifall von 500 Journalisten, 12 000 Airbus-Mitarbeitern und mehr als 50 000 Besuchern zu seinem Erstflug. An Bord der A380 waren zwei Testpiloten und vier Flugingenieure. Etwa 30 Ingenieure am Boden werteten über Satellit übertragene Mess- und Flugdaten während des Erstfluges aus. Zwei Stunden nach dem Start der Maschine sagte der Testpilot Jacques Rosay per Funk: „Es funktioniert alles absolut perfekt. Der Start war perfekt, die Beschleunigung des Flugzeugs und die Steuerung sind exakt so wie auf dem Simulator."

Der 80 Meter lange Airbus A380 soll in der Standardversion 555 Passagiere auf einer 15 000 Kilometer langen Strecken transportieren können.

Ü 3   Was haben Sie im Text erfahren? Besprechen Sie zu zweit.

Ü 4   Was hat Ihnen geholfen, die markierten Stellen im Text zu verstehen? Ergänzen Sie die Tabelle mit je 4–5 Beispielen aus dem Text.

Ähnlich im Englischen	Ähnlich in meiner Muttersprache	Zahlen	Das kenne ich schon / das war mir schon bekannt
Start		27. April 2005	A380 (im TV)
landete		500 Journalisten	Toulouse (Frankreich)
...	...	...	...

Ü 5   Kontext – welche Wörter kennen Sie noch nicht, die Sie aber im Text verstehen können?

Wort	Kontext	Bedeutung (Muttersprache)
Flughafen	Airbus startete auf dem Flughafen Toulouse	
...	...	...

⬛ Abb. 11.1   Aufgabenstellung, die den Beitrag der bei den Lernenden vorhandenen Englischkenntnisse in deren Bewusstsein bringt (aus Kursiša/Neuner 2006, S. 68)

entwickelt, aber es lohnt sich auf jeden Fall für das Fach Deutsch als Fremdsprache darüber nachzudenken, in welchen Bildungskontexten es für die deutsche
Sprache als Zielsprache sinnvoll ist, dass diese stärker mit einem Fokus auf den
rezeptiven Bereich vermittelt wird, und wie hilfreich dabei das Konzept der Interkomprehension sein kann.

Für die Vorgehensweisen, mit denen die Lernenden ihr vorhandenes
Sprach- und Weltwissen für das Verstehen nutzbar machen können, hat die
Interkomprehensionsdidaktik das Bild der **sieben Siebe** gefunden, für die
germanischen Sprachen ausführlich beschrieben werden sie in Hufeisen/Marx
(2007): Internationaler Wortschatz, pangermanischer Wortschatz, Lautent-
sprechung, Graphien und Aussprache, pangermanische syntaktische Strukturen,
morphosyntaktische Strukturen, Prä- und Suffixe (Eurofixe). **Unterstützung erhält
der Verstehensprozess** also:

- durch die in einem Text vorhandenen Internationalismen,
- durch den gemeinsamen germanischen Wortschatz,
- durch eine Auseinandersetzung mit Funktionswörtern,
- durch ein Bewusstsein über Laut- und Graphementsprechungen und das Verhältnis von Rechtschreibung und Aussprache sowie
- durch die Ausnutzung von Informationen in den Bereichen syntaktische
  Strukturen, morphosyntaktische Elemente und Prä- und Suffixe.

Nach den zu Beginn der 1990er Jahre aufgestellten allgemeinen Forderungen entwickelten sich konkrete Arbeiten, die ‚Deutsch nach Englisch' in Material umzusetzen versuchten (als Überblick vgl. Neuner u. a. 2009). Beispielsweise bietet
das Buch *Englisch im Unterricht Deutsch als Fremdsprache* (Hufeisen 1994) eine
umfangreiche Sammlung von sprachlichen Phänomenen, bei denen vorhandene
Englischkenntnisse für das Deutschlernen genutzt werden können. *Deutsch ist
easy! Lehrerhandreichungen und Kopiervorlagen „Deutsch nach Englisch" für den
Anfangsunterricht* (Kursiša/Neuner 2006) versucht zu systematisieren, wie die vorhandenen Englischkenntnisse im Lehrmaterial für Deutsch als Fremdsprache genutzt werden können. Aufgaben, die die Nutzung dieser Vorkenntnisse trainieren
(s. ◘ Abb. 11.1.), müssen eine reflektierende Dimension haben: Die Lernenden
müssen sich über ihr Vorgehen beim Verstehen im Hinblick auf die Verwendung
ihrer Vorkenntnisse bewusst werden.

Es gibt also eine ganze Reihe von Möglichkeiten, den Spracherwerb in der
neuen Sprache Deutsch mit Bezug auf die schon erworbene Sprache Englisch
zu optimieren. Zumindest im schulischen und universitären Unterricht ist es
darüber hinaus auch wichtig, auf der Ebene der **Organisation des Lernens** die
mehrsprachige Situation zu bedenken. Die Fremdsprachendidaktik ist über lange
Zeit viel zu wenig auf die Tatsache eingegangen, dass Lernende einer zweiten,
dritten oder weiteren Fremdsprache in einer Bildungsinstitution bereits **institutionelle** Sprachlernerfahrungen gemacht haben, und so verlief der Unterricht in der
zweiten Fremdsprache parallel zum Unterricht in der ersten. Die Themen unterschieden sich kaum und die Lernaktivitäten auch nicht.

Das kann unter Motivationsgesichtspunkten problematisch sein: Für einen
Lernenden, der die zweite Fremdsprache in einer Bildungsinstitution ja meist

nicht auswählt, weil er sie dringend aus kommunikativen Gründen braucht, sondern vom Bildungssystem vorgeschrieben bekommt, ist es nicht besonders interessant, wenn das Lernen einer zweiten Fremdsprache wie eine Wiederholung des Lernens der ersten wirkt.

Gesucht werden also **andere Themen** und **andere Zugänge,** die anerkennen, dass die Lernenden inzwischen etwas älter sind und kognitiv anders mit der Fremdsprache umgehen können. So plädiert zum Beispiel die Französisch-didaktikerin Daniela Caspari (2007) dafür, schon viel früher als in der ersten Fremdsprache literarische Texte in den Unterricht einzuführen. Und vor allen Dingen muss die Tatsache anerkannt werden, dass die Lernenden das Fremd-sprachenlernen schon gelernt haben. Dies hat weitreichende Konsequenzen für beide Sprachen, nicht nur für die neu hinzukommende Sprache.

Die erste Fremdsprache in einer Bildungsinstitution, in Deutschland und nicht nur in Deutschland zumeist das Englische, hat die Aufgabe, einige all-gemeine Dinge zu vermitteln, wie z. B.

- **Lernstrategien,**
- **Mediennutzung** für selbstbestimmtes Fremdsprachenlernen,
- **emotionale Aspekte** wie den Abbau der Hemmungen vor dem Sprechen in einer fremden Sprache oder auch
- **metasprachliche Kategorien** zur Beschreibung der Grammatik einer fremden Sprache.

Sie ist also in gewisser Weise dafür verantwortlich, dass aus Lernenden lebenslang erfolgreiche Fremdsprachenlerner werden.

Dementsprechend müssen sich die weiteren Fremdsprachen auf die mit der ersten Fremdsprache erworbenen Verhaltensweisen des Fremdsprachenlernens einlassen. Und das bedeutet zum Beispiel: Lehrende dürfen nicht so tun, als müssten sie den Lernenden zum ersten Mal beibringen, wie fremder Wortschatz erworben wird oder so, als hätten die Lernenden noch keine Kategorien zur Be-schreibung von fremder Sprache erworben.

Das bedeutet nicht nur, dass Lehrende, die unterschiedliche Fremdsprachen unterrichten, im Lehrerzimmer miteinander reden, das bedeutet vor allen Dingen, dass in der Aus- und in der Fortbildung von Fremdsprachenlehrenden die Didaktiken miteinander ins Gespräch kommen und gemeinsame Seminare zur Interaktion der Fremdsprachen in den Schulen veranstalten.

11.5 Einbeziehung der Pragmatik

Während die traditionelle Kontrastivitätsdiskussion sich hauptsächlich auf die Bereiche Phonetik, Morphologie, Syntax und Semantik bezog, kam es in der Folge der pragmatischen Wende in der Linguistik auch in der Fremdsprachen-forschung zu einem kontrastiven Blick auf pragmatische Phänomene. Sprach-liche Phänomene wie die **Modalpartikeln,** die für die Gesprächsorganisation und für den Ausdruck der Einstellung des Sprechers zum Gesagten von Bedeutung sind, wurden z. B. erst ab den 1970er Jahren in der Linguistik ernsthaft erforscht und auch erst dann in der Fremdsprachendidaktik Deutsch zur Kenntnis genommen. Gegenstände wie Höflichkeit (vgl. ► Abschn. 9.9.) wurden zu einem intensiv diskutierten Forschungsgegenstand der Linguistik, im Rahmen der **kontrastiven Pragmatik** wurden unterschiedliche Realisierungen von Höflichkeit, von Konzepten von Unhöflichkeit usw. im Vergleich beschrieben. Dadurch wurde es möglich, sie auch im Fremdsprachenunterricht zu thematisieren. Hilfreich für das Fach Deutsch als Fremdsprache waren dabei Arbeiten aus der **funktionalen Pragmatik** (vgl. Redder 2008; Ehlich 2010), deren führende Vertreter gleichzeitig auch Vertreter des Faches Deutsch als Fremdsprache an deutschen Universitäten waren:

» Für eine kontrastive, interkulturell interessierte Diskurs- und Textanalyse können die funktional-pragmatischen Kategorien außerordentlich nützlich sein, weil man mit ihrer Hilfe sehr konkret angeben kann, wo in Sprachen Differenzen liegen, etwa im Blick auf die Muster und ihre kulturspezifischen Verteilungen. Ich denke weiter, eine Prozedurenanalyse könnte dazu verhelfen, notorische Problemfelder der fremdsprachlichen Interaktion spezifischer zu benennen, zu erfassen und dann vielleicht auch dafür Kategorien zu entwickeln, die einen frühzeitigen helfenden Eingriff gestatten (Ehlich 2010, S. 226).

So, wie bei der Beschreibung von grammatischen Phänomenen unterschieden werden kann zwischen einer Beschreibung, die sich strikt auf das Deutsche bezieht, und einer Beschreibung, die Phänomene des Deutschen mit Phänomenen anderer Sprachen vergleicht, können auch im Bereich des sprachlichen Handelns Beschreibungen sowohl bezogen sein auf einen relativ kulturell homogenen Kreis der Handelnden als auch vergleichend auf unterschiedliche Gruppen. Wird die Interaktion von Personen aus unterschiedlichen kulturellen Kontexten beschrieben, tritt unweigerlich die in ► Abschn. 9.4 diskutierte Problematik der Homogenisierung **kultureller Vielfalt** auf. Fremdsprachendidaktiker müssen deshalb mit einem Dilemma leben: Kulturvergleichende Studien sind wichtig und notwendig, z. B. wenn sie dazu verwendet werden, Studierenden aus anderen Ländern, die an deutsche Universitäten kommen, die Kommunikationsweisen und Konventionen der Textproduktion an deutschen Universitäten näherzubringen (s. ► Abschn. 12.3). Sie laufen gleichzeitig Gefahr, dass sie zu stark typisieren und damit Blicke auf Individuen oder kulturelle Entwicklungen der jüngeren Vergangenheit nicht einbeziehen.

Das Vorhandensein einer stark anwachsenden Menge von (linguistischer) Forschung zur vergleichenden Pragmatik bedeutet noch nicht, dass auch im Unterricht dieser Blick an Bedeutung gewinnt. Mit den Gründen, warum sich die Forderung nach mehr Förderung der pragmatischen Kompetenz im Unterricht nicht immer mit einer Intensivierung der Förderung einhergeht, hat sich Siebold (2017) auseinandergesetzt. Zu diesen zählen u. a. die Annahme, die pragmatische Kompetenz müsse nicht explizit vermittelt werden, weil sie sich mit zunehmender Sprachkompetenz von allein entwickele, die Annahme, die pragmatische Kompetenz erwerbe man am besten im Land der Zielsprache, sowie die Annahme, die Vermittlung anderer Fertigkeiten sei wichtiger.

11.6 Kulturspezifische Sprachlernerfahrungen?

Erfahrungen, die man beim Lernen von Fremdsprachen schon gemacht hat, haben Einfluss auf die Art und Weise, wie man an eine neue Sprache herangeht. Wer sich z. B. den Wortschatz erfolgreich angeeignet hat, indem er einzelne Wörter und deren Übersetzungen auf Kärtchen geschrieben hat bzw. eine dieses Verhalten nachmachende App benutzt hat, wird dieses Verfahren bei einer neuen Sprache zunächst wieder verwenden. Wer damit nicht erfolgreich war, wird sich bei der nächsten Sprache eher auf die Suche nach einer Alternative machen. Da Deutsch zumeist nicht die erste Fremdsprache ist (vgl. ▸ Abschn. 11.4), ist es für das Fach Deutsch als Fremdsprache sehr wichtig, die Bedeutung bisher gemachter **Sprachlernerfahrungen** im Blick zu behalten.

Diese Erfahrungen sind immer individuell, man kann jedoch Aussagen über das Lernen von bestimmten Gruppen von Menschen oder in bestimmten Regionen treffen. Manche Leser dieses Buches werden sich zum Beispiel darüber gewundert haben, dass es in diesem ein Kapitel zur Großgruppendidaktik (vgl. ▸ Abschn. 5.1.3) gibt, weil sie noch nie in derart großen Gruppen gelernt haben, für andere Lernende beschreibt dieses Kapitel einen Teil ihrer Lernerfahrungen. Man spricht dann oft von kulturspezifischen Sprachlernerfahrungen. Ein Beispiel dafür ist die sogenannte asiatische oder konfuzianische Lernweise.

Asiatische Lernweisen Dass ,die' Asiaten anders lernen als ,die' Europäer, ist ein beliebter Topos des Feuilletons. Mit Bezug auf Kollektivismus und Konfuzianismus wird oft über passives Lernerverhalten, mechanisches Üben und über prüfungsorientierten und grammatikorientierten Unterricht geredet und damit ein nicht unbeträchtlicher Teil des gesteuerten Lernens in Ländern wie China, Korea oder Japan zu einem bestimmten Zeitpunkt beschrieben. Derartige Beschreibungen sind notwendig, sie aus Angst vor einer Stereotypisierung nicht vorzunehmen, bedeutet, sich mit einem Teil der Sprachlernwelt nicht auseinanderzusetzen.

Problematisch ist es aber, wenn durch ein Festschreiben ,der' asiatischen Lernkultur ein Dialog über angemessene Vorgehensweisen nicht mehr möglich ist: Weder ist es sinnvoll, die asiatische Lernkultur bzw. das, was dafür gehalten wird, pauschal zu kritisieren, noch ist es sinnvoll, mit dem Verweis auf die kulturelle Gebundenheit des Lernens gar nicht erst in einen Dialog darüber einzutreten, für welche Lernenden für welche Lerngegenstände und Lernziele auf dem Hintergrund vorhandener Sprachlernerfahrungen welches Vorgehen sinnvoll ist.

Diese Offenheit für einen Dialog, der sich dem angemessenen Vorgehen für bestimmte Lernende und Lernziele nähern möchte, ist zu unterscheiden von einem westlichen Methodenexport, der die sogenannten **regionalen Traditionen** für methodisch rückständig hält und den jeweils neuesten Ansatz verkaufen möchte und damit so lerner- und lernzielunangemessen handelt, wie es den angeblich veralteten regionalspezifischen Ansätzen vorgeworfen wird.

Eine Möglichkeit, vorschnelle Zuordnungen zu vermeiden, besteht darin, kulturbezogene Beschreibungen, die zu unterschiedlichen Zeitpunkten verfasst wurden, im Hinblick auf die dort vorkommende Konstanz und den Wandel des

Bildes einer (Lern)kultur zu vergleichen. Sehr aufschlussreich ist in diesem Zusammenhang z. B. die Lektüre früher Arbeiten zu Deutsch als Fremdsprache in China (z. B. Günthner 1993, Hess 1992 und Mitschian 1991) im Vergleich zu lange nach der Öffnung geschriebenen und sich auf unterschiedliche Teilaspekte des Fremdsprachenlernens beziehende Arbeiten (wie Liu 2010, Liu 2012, Wang 2014, Chou 2015; vgl. als Überblick Rösler 2017). Die Beiträge in Li/Roelcke 2019 geben einen Überblick über den Stand der Entwicklung von Germanistik und DaF und Lehrerbildung in China. Einen Überblick über den vielfältigen Einsatz von digitalen Medien im Fremdsprachenunterricht in unterschiedlichen Regionen Asiens liefern die neun Fallstudien in Miller/Wu 2021.

Interessant ist in diesem Kontext auch die auf Japan bezogene Studie von Boeckmann (2006), der zeigt, wie unterschiedlich Lernerverhalten in verschiedenen Kontexten ist und wie wenig unüberwindbar die sogenannten kulturellen Traditionen beim Lehren und Lernen sind. Zur Vorsicht vor vorschnellen kulturellen Zuordnungen beitragen können auch Untersuchungen, die das Deutschlernen an unterschiedlichen Institutionen an einem gemeinsamen Ort untersuchen. Zum Beispiel analysiert Chaudhuri (2009), wie Lernende in Indien das Potenzial ihrer bereits erworbenen Sprachen für das Deutschlernen nutzen, und arbeitet dabei mit Personen, die an zwei unterschiedlichen Lernorten in Delhi, einem Goethe-Institut und einem Fachbereich Germanistik einer Universität, Deutsch lernen.

Literatur

Ammon, Ulrich: *Die internationale Stellung der deutschen Sprache*. Berlin/New York 1991.

Bausch, Karl-Richard: „Zur Erhellung der Frage nach den Spezifika des Lehr- und Lernbereiches „Deutsch als Fremdsprache". In: Karl-Richard Bausch/Manfred Heid (Hg.): *Das Lehren und Lernen von Deutsch als zweiter oder weiterer Fremdsprache: Spezifika, Probleme, Perspektiven*. Bochum 1990, S. 19–29.

Bausch, Karl-Richard/Heid, Manfred (Hg.): *Das Lehren und Lernen von Deutsch als zweiter oder weiterer Fremdsprache: Spezifika, Probleme, Perspektiven*. Bochum 1990.

Boeckmann, Klaus-Börge: *Kommunikativer Fremdsprachenunterricht und regionale Lehr- und Lernkultur. Eine empirische Untersuchung zum DaF-Unterricht in Japan*. Innsbruck 2006.

Caspari, Daniela: „A la recherche d'un genre encore mal connu". Zur Erforschung von Kinder- und Jugendliteratur für den Französischunterricht". In: *Französisch heute* 38/1 (2007), S. 8–19.

Chaudhuri, Tushar: *Mehrsprachigkeit und Grammatikerwerb. Die Bedeutung der mehrsprachigen Ausgangssituation für die Grammatikvermittlung im Unterricht Deutsch als Fremdsprache in Indien*. Tübingen 2009.

Chou, Mei-Wu: *Grammatiklernen und -lehren im universitären DaF-Unterricht Taiwans: eine empirische Studie zu didaktischen, sprachlichen und kulturellen Aspekten*. Tübingen 2015.

Ehlich, Konrad: „Funktionale Pragmatik – Terme, Themen und Methoden". In: Ludger Hoffmann (Hg.): *Sprachwissenschaft: Ein Reader*. Berlin/New York ^{3}2010, S. 214–231.

Fekete, Olga: *Komplexität und Grammatikalität in der Lernersprache. Eine Längsschnittstudie zur Entwicklung von Deutschkenntnissen ungarischer Muttersprachler*. Münster 2016.

Günthner, Susanne: *Diskursstrategien in der Interkulturellen Kommunikation. Analysen deutsch-chinesischer Gespräche*. Tübingen 1993.

Haberzettl, Stefanie: „Kontrastive Linguistik". In: Claus Altmayer u.a. (Hg.): *Handbuch Deutsch als Fremd- und Zweitsprache*. Heidelberg 2021, S. 148–162.

Heid, Manfred: „Gedanken zur europäischen Sprachenpolitik oder über die Notwendigkeit der europäischen Mehrsprachigkeit". In: K.-Richard Bausch/Manfred Heid (Hg.): *Das Lehren und Lernen von Deutsch als zweiter oder weiterer Fremdsprache*. Bochum 1990, S. 71–77.

Hess, Hans-Werner: *Die Kunst des Drachentötens. Zur Situation von Deutsch als Fremdsprache in der Volksrepublik China.* München 1992.

Hufeisen, Britta: *Englisch als erste und Deutsch als zweite Fremdsprache: empirische Untersuchung zur fremdsprachlichen Interaktion.* Frankfurt a. M. [u. a.] 1991.

Hufeisen, Britta: *Englisch im Unterricht Deutsch als Fremdsprache.* München 1994.

Hufeisen, Britta/Marx, Nicole (Hg.): *EuroComGerm – Die sieben Siebe: Germanische Sprachen lesen lernen.* Aachen 2007.

Krumm, Hans-Jürgen: „Die Nutzung vorhergehender Sprachlernerfahrungen für Deutsch als zweite oder dritte Fremdsprache". In: Karl-Richard Bausch/Manfred Heid (Hg.): *Das Lehren und Lernen von Deutsch als zweiter oder weiterer Fremdsprache: Spezifika, Probleme, Perspektiven.* Bochum 1990, S. 93–104.

Kursiša, Anta/Neuner, Gerhard: *Deutsch ist easy! Lehrerhandreichungen und Kopiervorlagen ‚Deutsch nach Englisch' für den Anfangsunterricht.* Ismaning 2006.

Li Yuan/Roelcke, Thorsten (Hg): *Themenschwerpunkt Deutsch als Fremdsprache in China.* InfoDaF, 1, 46 (2019).

Liu, Yue: *‚Kulturspezifisches' Kommunikationsverhalten? Eine empirische Untersuchung zu aktuellen Tendenzen in chinesisch-deutschen Begegnungen.* München 2010.

Liu, Liang: *Chinesen lernen anders! – Lernkulturstandards chinesischer Deutschlerner unter besonderer Berücksichtigung der Wortschatzarbeit.* Hamburg 2012.

Lüdeling, Anke u.a.: „Das Lernerkorpus FALKO". In: *Deutsch als Fremdsprache* 45, 2 (2008), S. 67–73.

Lüdeling, Anke/Walter, Maik: „Korpuslinguistik". In: Hans-Jürgen Krumm u.a. (Hg): *Handbuch Deutsch als Fremd- und Zweitsprache.* Berlin 2010, S. 315–322.

Meißner, Franz-Joseph: „Grundüberlegungen zur Praxis des Mehrsprachenunterrichts". In: Franz-Joseph Meißner/Ilse Picaper (Hg.): *Mehrsprachigkeitsdidaktik zwischen Frankreich, Belgien und Deutschland. La didactique du plurilinguisme entre la France, la Belgique et l'Allemagne. Beiträge zum Kolloquium zur Mehrsprachigkeit zwischen Rhein und Maas. Goethe Institut Lille (21/ XI/2000).* Tübingen 2003, S. 92–106.

Miller, Lindsay/Wu, Junjie Gavin (Hg): *Language Learning with Technology. Perspectives from Asia.* Singapur 2021

Mitschian, Haymo: *Chinesische Lerngewohnheiten. Evaluierungen für den Deutsch-als-Fremdsprachenunterricht in der Volksrepublik China.* Frankfurt a. M. 1991.

Neuner, Gerhard [u. a.]: *Deutsch als zweite Fremdsprache.* Berlin [u. a.] 2009.

Raasch, Albert: „Zum Lehren und Lernen einer zweiten Fremdsprache (Beispiel: Deutsch)". In: Karl-Richard Bausch/Manfred Heid (Hg.): *Das Lehren und Lernen von Deutsch als zweiter oder weiterer Fremdsprache: Spezifika, Probleme, Perspektiven.* Bochum 1990, S. 135–141.

Redder, Angelika: „Functional Pragmatics". In: Gerd Antos/Eija Ventola/Tilo Weber (Hg.): *Handbook of Interpersonal Communication.* Berlin/New York 2008, S. 133–178.

Rösler, Dietmar: „Von den frühen Beiträgen der 1990er Jahre zur alltäglichen Telekollaboration. Die deutschsprachige Befassung mit DaF und chinesischen Lernenden im Wandel der Zeit". In: Nicole Hartung/Kerstin Zimmermann (Hg.): *Facetten des Deutschen – didaktisch, linguistisch, interkulturell.* Berlin 2017, S. 39–54.

Siebold, Kathrin: „Zur pragmatischen Kompetenz im Spanischunterricht. Warum Forderung und Förderung nicht Hand in Hand gehen". In: Christoph Bürgel/Daniel Reimann (Hg.): *Sprachliche Mittel im Unterricht der romanischen Sprachen.* Tübingen 2017, S. 291–306.

Twain, Mark: „Die schreckliche deutsche Sprache". In: Mark Twain: *Gesammelte Werke in zehn Bänden.* Ausgew. u. zusgest. von Norbert Kohl. Bd. 4: *Bummel durch Europa.* Frankfurt a. M. 1985, S. 457–480.

Wang, Zhiqiang: „Zu chinesischen und deutschen Kulturstandard- und Verhaltensunterschieden aus interkultureller Sicht". In: Armin Burkhardt/Jin Zhao/Jianhua Zhu (Hg.): *Alltags- und Fachkommunikation in der globalisierten Welt.* Frankfurt a.M. [u.a.] 2014, S. 55–69.

Spezielle Zielgruppen und Lernziele

Inhaltsverzeichnis

Wie gut passen Lehrwerke und Unterrichtsangebote zu den Bedürfnissen der Lernenden? Diese Frage ist nicht immer einfach zu beantworten. Wenn ein im deutschsprachigen Raum hergestelltes einsprachiges Lehrwerk in verschiedenen Teilen der Welt eingesetzt wird, dann kann es kontrastiv nicht auf die bei konkreten Lernenden vorhandenen Sprachen und inhaltlichen Interessen eingehen. Wenn jemand Deutsch lernt, um sich für eine bestimmte Tätigkeit vorzubereiten, dann wird für ihn oder sie in einem allgemeinsprachlichen Kurs manchmal recht wenig Material vorhanden sein, dass ihn oder sie auf mit dieser Tätigkeit verbundene kommunikative Situationen vorbereitet. Wie genau auf eine bestimmte Zielgruppe und bestimmte Lernziele bezogene Lehrwerke, Curricula und Unterrichtskonzeptionen sind und sein können, ist eine Frage, die das Fach Deutsch als Fremdsprache permanent diskutiert (vgl. in diesem Buch z. B. die ▶ Abschn. 3.2.3 und 9.6) und dabei häufig an seine Grenzen stößt.

Generell kann man sagen: Je genauer Lehrwerke und Curricula auf die Spezifika ihrer Lernenden und deren Lernziele eingehen können, desto größer ist die Chance, dass sie tatsächlich **zielgruppenbezogen** sind. Wenn eine mehrsprachige Historikerin Deutsch nur lernen möchte, um deutschsprachige Quellen verstehen zu können, ihre Fachkommunikation und ihre sozialen Kontakte mit deutschsprachigen Kolleginnen aber in anderen Sprachen pflegt, dann wird man mit einem Lesekurs Fachsprache Geisteswissenschaften sehr genau auf ihre Lernziele eingehen können. Und ein nicht-kommerzielles Lehrwerk wie *Fahrt frei! Deutsch-Lehrwerk zur Eisenbahnsprache für kasachische Studierende an Technischen Hochschulen* (Turechanowa/Fluck 2008) wird mit seiner Konkretisierung auf eine bestimmte sprachliche Varietät, Bildungsinstitution und Ausgangssprache für ein Lehrwerk eine Konkretisierungsebene erreicht haben, die kaum noch zu überbieten ist. Derartige Konstellationen sind aber eher Ausnahmen.

Trotz eines derart fokussierten Lehrwerks können die kasachischen Studierenden an der deutschen Sprache noch ganz andere Interessen haben als deren Eisenbahnsprache. Und eine Pflegekraft, die sich auf einen Aufenthalt im deutschsprachigen Raum vorbereitet, wird sicher davon profitieren, wenn sie nicht erst einen allgemeinsprachlichen Kurs bis zur Niveaustufe B1 absolvieren muss, bevor Wortschatz und Kommunikationssituationen, die für ihre berufliche Tätigkeit relevant sind, im Unterricht auftauchen. Aber abgesehen davon, wird auch sie vielleicht Interesse an ganz anderen Aspekten der deutschen Sprache und Kultur haben als die, die ein spezieller Kurs für Pflegekräfte ihr anbietet. Wenn man es nicht mit Privatunterricht für Individuen zu tun hat oder mit selbstorganisiertem Lernen im Internet, wird es für einzelne Lernende in Lehrwerken und im Unterricht immer Aspekte geben, die sie besonders oder gar nicht interessieren, die sie vermissen oder für überflüssig halten usw. Trotzdem ist es wichtig, so genau wie möglich für bestimmte abgrenzbare Gruppen zu bestimmen, was für diese ein zielgruppenbezogenes Lehrwerk oder Curriculum ist.

Wie gut man sich auf bestimmte Lernziele einlassen kann, ist im Fach Deutsch als Fremdsprache zunächst allgemein diskutiert worden im Hinblick auf die Varietät Fachsprache. Inzwischen hat diese Diskussion sich ausdifferenziert, der Titel eines Buches wie *Berufs-, Fach- und Wissenschaftssprachen* (Roche/Drumm 2018) deutet an, dass unterschiedliche berufliche und studienbezogene Spezialisierungen vorgenommen worden sind. Wie stark dieser Bereich an Bedeutung gewonnen hat, lässt sich auch daran ablesen, dass von den acht Modulen, die *Dhoch3*, das Unterstützungsangebot des DAAD für Studiengänge im Bereich Deutsch als Fremdsprache, anbietet, drei in diesem Bereich angesiedelt sind: berufsorientierter DaF-Unterricht, Fachkommunikation Deutsch und Wissenschaftssprache Deutsch (▶ https://www.daad.de/de/der-daad/was-wir-tun/die-deutsche-sprache-foerdern/das-projekt-dhoch3/).

Parallel zu dieser Ausdifferenzierung entwickelten sich im Bereich des schulischen Fremdsprachenlernens **zwei Diskussionsstränge:** Einer beschäftigt sich mit bilingualen Bildungsangeboten, mit der Frage, wie man das Lernen einer Fremdsprache mit einem anderen Fach verbinden kann. Der andere reagierte auf die Tatsache, dass sich in den Schulen Lernende mit sehr unterschiedlichen sprachlichen Kenntnissen befinden, mit Versuchen, Sprach- und Fachunterricht stärker aufeinander zu beziehen.

12.1 Das Zusammenspiel von Sprach- und Fachunterricht

Bei **bilingualen Bildungsangeboten,** so Christ/Schmelter (2016, S. 211) „werden zumeist zwei Sprachen systematisch für die Vermittlung von nicht-sprachlichen Inhalten und Kompetenzen genutzt". Dies kann theoretisch auf unterschiedlichen Ebenen geschehen, auf allen Schulstufen, im Studienkolleg und im Studium. Die institutionelle Anbindung und die Intensität des Lernens können sehr unterschiedlich sein. Begrifflich wird auf diese Vielfalt häufig mit der Bezeichnung *Content and Language Integrated Learning (CLIL)* Bezug genommen. Die Diskussion um CLIL ist in Europa verbunden mit der Diskussion um Mehrsprachigkeit in der EU. CLIL hat den unbestreitbaren Vorteil, dass die im Fremdsprachenunterricht oft schwierig zu beantwortende Frage, worüber man eigentlich reden soll, eine klare Antwort erhält: Die Inhalte werden durch das Fach, das man in der Fremdsprache lernt, gesetzt. Die Hoffnung dabei: Die Lernenden erfahren die Fremdsprache in diesem Kontext als nützlich für ihre Beschäftigung mit Inhalten, sodass sie die neue Sprache mit einer Art Immersion quasi-natürlich erwerben. Das klingt sehr schön, man sollte allerdings nicht vergessen, dass dieser quasi-natürliche Erwerb in einer Bildungsinstitution stattfindet, sich also schon noch von dem natürlichen Erwerb in Alltagssituationen (s. ▶ Abschn. 2.1.1) unterscheidet. Einen Überblick über die Vielfalt der Aspekte, die bei dieser Integration von Sprach- und Fachunterricht zu beachten sind, bietet das *Handbuch bilingualer Unterricht* (Hallet/Königs 2013), ▶ Kap. 2 aus Frank Schmidt (2021) liefert eine knappe Zusammenfassung der verschiedenen Spielarten von CLIL.

Während es bei bilingualen Bildungsangeboten also zumeist darum geht, bestimmte Fächer in einer Sprache, die eindeutig nicht die Erstsprache der Lernenden ist, zu vermitteln, ist die Situation bei der Diskussion um **sprachsensiblen** Fachunterricht und **fachsensiblen** Sprachunterricht komplizierter. Beim sprachsensiblen Fachunterricht an einem Studienkolleg in Deutschland wird das

Fach für die Teilnehmenden auch eindeutig in einer Fremdsprache, der Fremdsprache Deutsch, unterrichtet. In vielen schulischen Kontexten in Deutschland ist die Situation jedoch weniger eindeutig: Die Sprache bei der Vermittlung des Fachs ist Deutsch, aber Deutsch ist für einen Teil der Lernenden eindeutig die Erstsprache, für manche eine von zwei Erstsprachen und für manche eine Zweitsprache. Es ist deshalb auch kein Zufall, dass sich die Diskussion um CLIL zunächst stärker in der Fremdsprachenforschung und die Diskussion um sprachsensiblen Fachunterricht und fachsensiblen Sprachunterricht überwiegend im Kontext Deutsch als Zweitsprache etablierte.

Wenn es richtig ist, dass im Fachunterricht Erfolg und Misserfolg beim Verstehen und Reproduzieren nicht nur von den fachlichen Inhalten, sondern z. B. auch von der verwendeten Sprache und den Aufgabenstellungen abhängen, dann ist es richtig, sich Gedanken darüber zu machen, ob und wie man Aufgabenstellungen, das sprachliche Verhalten von Lehrkräften, Darstellungsformen usw. so ändern kann, dass die Misserfolge weniger und die Erfolge mehr werden. Die doppelte Begrifflichkeit *fachsensibler Sprachunterricht* und *sprachsensibler Fachunterricht* weist schon darauf hin, dass der erste Stolperstein bei diesem Versuch die Frage sein kann, wer denn für diese Veränderungen eigentlich zuständig ist, die Lehrkraft aus dem Bereich Sprache oder die Lehrkräfte für die jeweiligen Fächer.

Sprachlehrkräfte können darauf hinweisen, dass sie, wenn sie nicht gerade Deutsch mit einem bestimmten nicht-sprachlichen Fach kombiniert haben, sich in den jeweiligen Fächern nicht auskennen. Weshalb sie z. B. Schwierigkeiten hätten, ein Versuchsprotokoll aus der Physik im Sprachunterricht zu behandeln. Und dass die Situation für sie noch schwieriger werden könnte, wenn der sprachsensible Fachunterricht Hilfestellungen für die Vielfalt der angebotenen Fächer leisten soll. Fachlehrkräfte könnten zum einen generell argumentieren, dass sie für Sprache nicht zuständig seien, weil sie ohnehin schon zu wenig Zeit für ihr Fach hätten. Oder dass in ihrer Ausbildung weder ihr eigenes sprachliches Verhalten noch die Sprachlichkeit der Lehrmaterialien eine Rolle gespielt hätten. Die Integration von Spracharbeit und fachlichem Lernen, egal ob in Kooperation von Lehrkräften aus sprachlichen und nicht-sprachlichen Fächern oder unabhängig voneinander, stellt also große Anforderungen an einen Unterricht, in dem es gelingen muss, bei den Lernenden Sprachaufmerksamkeit und Sprachbewusstheit für geschriebene Texte und kommunikative Praktiken zu wecken (vgl. die in Schmölzer-Eibinger 2013 diskutierten Prinzipien). Voraussetzung dafür, dass dies gelingen kann, sind.

- die **Integration dieses Themas in die Aus- und Fortbildung** von Lehrkräften (vgl. z. B. als Einführung in die Problematik Michalak/Lemke/Goeke 2015 und als Diskussion der Ausbildung von Lehrkräften im Bereich Mathematik Schacht/ Guckelsberger 2022),
- die **Entwicklung von Modellen und Materialien** für die Integration von Arbeit an Sprache und an dem jeweiligen Fach (vgl. z. B. das *Handbuch Sprachförderung,* Leisen 2013a und 2013b, und fachspezifisch Beese u. a. 2021 für die Förderung im Fach Biologie).

— und eine **Intensivierung der Forschung** (vgl. Drumm 2016 oder Horvath/ Peuschel 2017 zum Biologieunterricht, Riebling 2013 zum naturwissenschaftlichen Unterricht, Wagner u. a. 2022 zur Bedeutung der Mehrsprachigkeit im Klassenzimmer im Mathematikunterricht oder die Beiträge in Sammelbänden wie Becker-Mrotzek u. a. 2013).

Lernort Universität Sowohl CLIL als auch die Diskussion um sprachsensiblen Fachunterricht sind überwiegend im Bereich Lernen in Schulen angesiedelt. Die Verbindung von Sprache und Fach ist jedoch nicht auf diesen Lernort beschränkt. Wenn Geyer (2017) bei der Curriculumsentwicklung an einer Universität in Dänemark die fachliche Arbeit im Bereich Landeskunde mit fachorientiertem Deutschunterricht verbindet, dann findet auch hier eine Integration von Sprach- und Facharbeit statt. In Rösler (2006) wurde gezeigt, wie die Zweisprachigkeit eines universitären Klassenzimmers bei einem fremdphilologischen Studium genutzt werden kann, wie z. B. der Sprachunterricht mit dem Literaturstudium verbunden werden kann (vgl. als neuere Publikation die Beiträge in Schart 2019).

12.2 Fachsprachenvermittlung

> **Definition**
>
> Der Begriff **Fachsprachenunterricht** deckt eine Vielfalt unterschiedlicher Phänomene ab – von einem Unterricht, der sich inhaltlich auf einen bestimmten beruflichen Bereich bezieht, wie z. B. den Bereich Tourismus/Hotel, der dabei je nach Lernzielen alle Fertigkeiten und grammatischen Phänomene abdeckt, bis hin zu einem extrem auf eine Fertigkeit reduzierten Unterricht wie z. B. das Leseverstehen für Historiker.

Der Begriff ‚Fachsprache‘ ist nicht einfach zu bestimmen. Fachsprachen sind Varianten der allgemeinen Sprache, sie beziehen sich auf bestimmte fachspezifische Gegenstände, sie dienen dazu, dass sich Personen, die sich mit bestimmten fachlichen Gegenständen beschäftigen, miteinander kommunizieren können. Es gibt also sowohl eine allgemeine linguistische Diskussion um das Konzept Fachsprache als auch viele unterschiedliche Fachsprachen für verschiedene inhaltliche Kontexte, und es gibt sehr unterschiedliche Ebenen, auf der Fachsprache realisiert wird (vgl. als Überblicke Roelcke 2020 und Venohr 2021).

Die Ebenen reichen von der Kommunikation der Spezialisten in einem Fach untereinander, die für viele andere Personen unverständlich sein wird, bis zur Popularisierung von fachlichen Inhalten in den Medien. Die Fachsprachenforschung befasste sich zunächst mit dem **Fachwortschatz** und einigen stilistischen Besonderheiten, bevor sie sich ausdifferenzierte und die Spezifika von **Fachtexten** und **Fachkommunikation** insgesamt in Angriff nahm. Fachkommunikation

findet sowohl zwischen Zahnärztin und Zahnarzthelfer oder unter Kraftfahr-
zeugmechanikern als auch in wissenschaftlichen Laboren, in Fachzeitschriften
und auf Konferenzen statt; die **Fachsprachenforschung** selbst ist also ein äußerst
differenzierter Bereich. Sie ist für Deutsch als Fremdsprache, verglichen mit der
Diskussion um die schulische Integration von Sprache und Fachunterricht im
vorherigen Abschnitt und der Diskussion um berufsbezogenen Deutschunterricht
und Wissenschaftskommunikation in den beiden folgenden Abschnitten, die am
längsten etablierte Diskussion:

> » Fachsprachen als der der Allgemeinsprache entgegengesetzte Pol des Kontinuums
> können sicherlich als das am längsten und besten erforschte und daher auch am
> besten fassbare Register gelten, das im Kontext berufsbezogenen DaF-Unterrichts
> relevant ist – auch wenn die vertikale Schichtung von Fachsprachen durchaus so
> interpretiert werden könnte, dass Fachsprache ein Sammelbegriff für mehrere,
> unterschiedlich komplexe Register ist. (Efing 2014, S. 423).

Bereits in dem 2001 erschienenen ersten umfangreichen Nachschlagewerk für
das Fach Deutsch als Fremdsprache *Deutsch als Fremdsprache. Ein internationales Handbuch* (Helbig u. a. 2001) gab es Überblicksartikel, die für unterschiedliche Fachgebiete die Beschreibungen der jeweiligen Fachsprachen zusammen-
fassten, z. B. für geistes- und sozialwissenschaftliche Fachtexte (Wiese 2001),
naturwissenschaftliche und technische Fachtexte (Fluck 2001), medizinorientierte
Kommunikation (Mentrup (2001), Wirtschaftstexte Reuter (2001), juristische
Fachtexte (Kühn (2001) und zur linguistischen Diskussion um Status und Eigenschaften von Fachsprachen Hoffmann (2001). Mit Fluck (1992) und Buhlmann/
Fearns (2000) lagen zudem schon lange unterschiedlich konzipierte Einführungen
und Überblicke in die Didaktik der Fachsprachen vor.

Fachsprachenunterricht kann sich sowohl auf schulische und berufsbezogene
wie auch auf akademische Lernergruppen beziehen. Am Anfang spielte die Beschäftigung mit dem naturwissenschaftlich technischen Wortschatz eine große
Rolle, danach weitete sich das Angebot aus, und oft ließ sich eine enge Verbindung von Fachbezug und allgemeinsprachlichem Fremdsprachenunterricht
feststellen:

> » Unter Fachsprachenunterricht wird [...] ein fachbezogener Fremdsprachenunterricht
> verstanden, eine Variante des Fremdsprachenunterrichts mit dem spezifischen Ziel,
> die fremdsprachliche Handlungskompetenz im Fach gemäß den Bedürfnissen der
> Lernenden auf- und auszubauen (Fearns 2003, S. 169).

Leseverstehen für Fachwissenschaftler Einen speziellen Fall stellen die Lesekurse
für Fachwissenschaftler dar, in denen z. B. kompetente Wissenschaftler sich
eine neue Sprache zur Lektüre der jeweiligen Fachtexte erarbeiten wollen. Ungewöhnlich sind die **Konzentration auf nur eine Fertigkeit**, auf wenige ausgewählte
Textsorten und einen **eingeschränkten Gegenstandsbereich**. Ungewöhnlich ist
aber auch das Verhältnis von Lehrenden und Lernenden. Im allgemeinsprachlichen Unterricht haben die Lehrenden einen großen Wissensvorsprung im Hinblick auf die zu lernende Sprache. Das ist auch bei der Förderung des Lesever-

stehens für Fachwissenschaftler der Fall, aber gleichzeitig werden die Lernenden den Lehrenden meistens fachlich überlegen sein, so dass eine Art von Gleichberechtigung eintritt: Experten für Sprachvermittlung und Experten für fachliche Gegenstände arbeiten miteinander.

Die Lehrenden helfen den Lernenden, alle Hilfsmittel und Strategien einzusetzen, um bestimmte Texte ‚knacken' zu können. Bezogen auf das Verstehen bedeutet dies: Die Fachwissenschaftler in einem Lesekurs für Anfänger werden einen Teil des Wortschatzes ohne Schwierigkeiten verstehen, immer dann, wenn er international gebräuchliche **Fachtermini** enthält. Dabei wird es wichtig sein, schnell zu lernen, welche Endungen eines international verbreiteten Wortes im Deutschen anders sind als in den ihnen schon bekannten Sprachen. Ein Teil des Verstehens wird also über den internationalen Wortschatz gelingen, ein anderer Teil muss durch ein **Nachschlagen im** Wörterbuch geschehen. Hier besteht die Unterstützung der Lehrenden darin, sowohl den Gebrauch eines deutschen Wörterbuchs zu vermitteln als auch ein Gefühl dafür, welche Wörter nachgeschlagen werden müssen und welche nicht.

Bei der Unterstützung des Verstehens können sowohl die in ▶ Abschn. 6.2.4 beschriebenen Übungen und Aufgaben zur Rezeption von Texten zum Einsatz kommen als auch Vorgehensweisen, die dem traditionellen Vorgehen in der Fremdsprachendidaktik widersprechen. Das gilt besonders für den Bereich der Grammatik. So müssen morphologische Phänomene wie Komposita recht früh eingeführt werden, und bei den Konjunktionen kann man sich in der Anfangsphase nicht auf die koordinierenden beschränken, da die Texte, die die Lernenden verstehen möchten, nun mal viele Nebensätze enthalten. Auch könnte es sinnvoll sein, Phänomene wie **Futur, Passiv und Prädikativ gemeinsam zu behandeln,** was bei einem allgemeinsprachlichen Unterricht aus Progressionserwägungen (s. ▶ Abschn. 8.6.3) kaum stattfinden würde. Für Lernende ist es aber wichtig herauszufinden, was es bedeutet, wenn in einem Text eine Form von ‚werden' vorkommt. Um den Satz zu verstehen, muss der Blick der Lernenden nun im Satz nach rechts wandern. Was taucht als nächstes auf: Ein Partizip? Ein Infinitiv? Oder keines von beiden, dafür aber z. B. ein Substantiv oder ein Adjektiv? Je nachdem, was für ein Phänomen auftaucht, wird es sich entweder um eine Passivkonstruktion handeln, um ein Futur oder um ein Prädikativ. Bernstein (1990) ist ein Versuch, die Grammatik des Deutschen konsequent aus der Perspektive einer Person zu beschreiben, die Texte verstehen möchte (als ‚Verstehensgrammatik' vgl. auch Heringer 1987).

12.3 Wissenschaftssprache Deutsch

Ein Blick auf das Inhaltsverzeichnis des weiter oben angeführten Moduls *Wissenschaftssprache Deutsch* von *Dhoch3* zeigt, wie viele Gegenstände zu einer Beschäftigung mit diesem Thema gehören. Behandelt werden neben einer eher allgemeinen Beschäftigung mit Wissenschaft und wissenschaftlichem Arbeiten Themen wie der wissenschaftliche Stil, schriftliche und mündliche Textsorten, die Themenfindung und -eingrenzung, das Sich-Orientieren, Recherchieren und Zitieren und ausführlich die sprachlichen Merkmale von Wissenschaftskommunikation, z. B. die Umsetzung der Gebote der Objektivität, Ökonomie und Präzision und die verwendeten lexikalischen, syntaktischen und stilistischen Mittel, bezogen auf schriftliche Texte und mündliche Kommunikation.

Zu immer mehr Teilaspekten entstehen empirische Forschungsarbeiten, die sich als Grundlagenarbeit für Deutsch als Fremdsprache verstehen (vgl. z. B. die Bestandsaufnahme des gemeinsamen sprachlichen Inventars der Geisteswissenschaften in Meißner/Wallner 2019 mit dem auf DaF bezogenen Untertitel *Lexikalische Grundlagen für die wissenschaftspropädeutische Sprachvermittlung*). Einen Überblick über die Erforschung der Wissenschaftssprache Deutsch liefern Fandrych/Graefen (2010). Als Reaktion auf den Vormarsch der englischen Sprache als weltweite *lingua franca* der Wissenschaft wird auch im Fachgebiet Deutsch als Fremdsprache und in der Wissenschaftspolitik eine intensive Debatte darüber geführt,

— welche Rolle **Deutsch** eigentlich noch **als Wissenschaftssprache** hat (vgl. Ehlich 2005 und als große historische Arbeit zum Status und zum Niedergang des Deutschen als Wissenschaftssprache Ammon 1991 und als Überblick Ammon 2010),
— was es bedeutet, wenn deutsche Wissenschaftler in der Fremdsprache Englisch publizieren (vgl. Fandrych 2012),
— was das für ihre Fähigkeit, sich differenziert auszudrücken, bedeutet, und
— was für den Verbreitungsgrad ihrer Forschungsergebnisse, wenn sie es nicht tun.

Kulturelle Vielfalt wissenschaftlicher Textproduktion Wie universal und wie kulturgeprägt ist wissenschaftliches Schreiben und Sprechen? (zur Problematik dieses Konzepts s. ▶ Abschn. 9.4). Bereits zu Beginn der 1980er Jahre hatte Johan Galtung in einem Essay die Unterschiede der, wie er sie nennt, sachsonischen, teutonischen, gallischen und nipponischen Wissenschaft zu beschreiben versucht. Dieser Essay, den Alois Wierlacher, der Herausgeber des hier zitierten Nachdrucks, einen launigen und bedenkenswerten Vortrag „zur näheren Erforschung und Tolerierung der kulturellen Unterschiede auch des wissenschaftlichen Redens und Schreibens" (Galtung 1985, S. 151) nennt, beschreibt in vergnüglicher Weise die unterschiedlichen intellektuellen Stile. So sei, wenn man z. B. das Teutonische und das Nipponische vergleicht, das Teutonische stark bei der Paradigmenanalyse und den dort vorhandenen Kommentaren über andere Intellektuelle, sogar sehr stark bei der Theorienbildung und schwach bei der Thesenproduktion. Das Nipponische hingegen sei schwach in der Theorienbildung und Paradigmenanalyse, sehr stark bei den Kommentaren über andere Intellektuelle und stark bei der Thesenproduktion.

Galtung spitzt dies zu, zum Beispiel, wenn er darüber spekuliert, wie man in den jeweiligen Stilen auf eine These reagiert: Ein Vertreter des sachsonischen Stils würde fragen, wie man etwas operationalisieren und etwas belegen könne, ein Teutone würde fragen, wie man das ableiten und worauf man es zurückführen könnte, ein nipponischer Vertreter würde fragen: „Wer ist ihr Meister?" (ebd.,

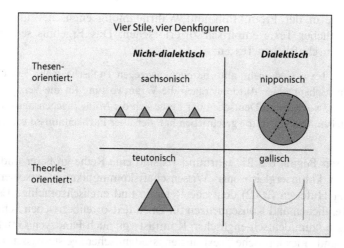

Abb. 12.1   Visualisierung von Wissenschaftsstilen (nach Galtung 1985, S. 174)

174) und – sehr böse – der Vertreter des gallischen Stils würde fragen „Kann man das auch auf gut Französisch sagen?" (ebd., S. 174). ■ Abb. 12.1 ist der Versuch, die Stile zu visualisieren: Interessant dabei ist für Deutsch als Fremdsprache die Gegenüberstellung auf der linken Hälfte: Den vier kleinen anglo-amerikanischen steht eine große theorieorientierte deutsche Pyramide gegenüber. Wer also in der deutschen Wissenschaft mitschreiben und mitreden möchte, muss eine große Höhe erklimmen und er muss sich häufiger argumentativ in ein Streitgespräch begeben, als er dies vielleicht in anderen kulturellen Kontexten getan hätte. Ehlich (1993) bezeichnete diese die Streitkultur in den Vordergrund stellende Wissenschaftskommunikation als ‚eristisch'.

Was Galtung in seinem Aufsatz vergnüglich und mit breitem Pinsel zeichnet, ist Teil einer großen Debatte um das Verhältnis von Sprache, kulturellen Gepflogenheiten und Wissenschaft. Bereits 2003 gaben Clyne/Kreutz (2003) einen knappen Überblick über die Parameter, die bei der Beschreibung der Kulturalität von Wissenschaftssprache eine Rolle spielen können und Antos/Pogner (2003) beschrieben die Ebenen, die Antworten auf diese Fragen liefern können:

» Kulturbedingte Unterschiede werden u. a. auf folgenden Ebenen untersucht: Diskursmuster/Textstruktur, Textmerkmale, Kohärenz/Kohäsion von Texten, Leser- bzw. Schreiberverantwortlichkeit für das Textverständnis, Themenentfaltung, metatextuelle Merkmale und Grad an Direktheit oder Persönlichkeit. Die Kulturgeprägtheit textueller Muster und anderer Eigenschaften von Texten und Textsorten werden unterschiedlich erklärt: Unterschiede der Textorganisation werden interpretiert als Ausdruck unterschiedlicher Denkmuster [...] oder aber auch als Ergebnis unterschiedlicher rhetorischer Erziehungssysteme [...]. Der thematische Aufbau von Wissenschaftstexten wird mit unterschiedlichen intellektuellen Stilen in Verbindung gebracht, die in einer bestimmten Kultur erlernt werden (ebd., S. 398).

Frühe Beiträge zur Analyse der kulturellen Vielfalt von wissenschaftlicher Textproduktion liefern Wimmer (1987) und Clyne (1991), der versuchte, kulturelle

Unterschiede in der Produktion und Wahrnehmung englischer und deutscher wissenschaftlicher Texte empirisch zu erforschen. Das Ergebnis seiner Analyse von 52 wissenschaftlichen Texten:

» Deutsche Texte sind mehr autorbezogen, wogegen englische mehr leserorientiert sind. Englischsprachige Autoren tragen die Verantwortung für die Verständlichkeit des Textes, wogegen im Deutschen der Leser sich die Mühe machen muss, den Text zu verstehen, den ein Autor geschrieben hat, der über Fachkenntnisse verfügt (ebd., S. 382 f.).

Vor allem seit Beginn des 21. Jahrhunderts sind eine Reihe größerer und kleinerer Arbeiten zu **kulturvergleichender** Wissenschaftskommunikation erschienen. Ausführlich hat Hufeisen (2002) deutsche Referate und englischsprachige Essays miteinander verglichen und Konsequenzen für einen textsortenbezogenen Schreibunterricht gezogen (zum deutsch-englischen Kontrast vgl. auch Fandrych/Graefen 2002). Deutsche und mexikanische Textmuster studentischer geisteswissenschaftlicher Arbeiten vergleicht Eßer (2000). Ein Unterschied zeigt sich in der Auseinandersetzung mit dem Stand der Forschung. Während mexikanische Studierende eher vorsichtig mit Sekundärliteratur umgehen und Kritik nicht als Teil ihrer Gliederung auftauchen lassen, spielt bei den deutschen Studierenden die kritische Beurteilung

» eine ganz *entscheidende Rolle*. Eine so wichtige Rolle sogar, daß ihr zum Teil ganze Kapitel oder längere Textteile gewidmet werden. Textbeispiele *expliziter und zumeist negativer Kritik* sind in fast allen Arbeiten dementsprechend zahlreich. (ebd., S. 72 f.; Hervorh. im Orig., DR].

Wie bei der Diskussion um kulturbezogene Lernweisen, die in ▸ Abschn. 11.6 exemplarisch am Beispiel der sog. konfuzianischen Lernweise referiert wurde, gilt auch für die Diskussion um kulturgeprägte Wissenschaftskommunikation: Unterschiede sind wahrnehmbar und beschreibbar, aber allein die Internationalität von Wissenschaftskommunikation macht es wenig wahrscheinlich, dass individuelle Forschende und einzelne Texte diesen Unterschiedsbeschreibungen entsprechen müssen. Auch Wissenschaftler sind schließlich mehrsprachig!

Unterstützung der Studierenden Wer Kurse zum Thema Wissenschaftssprache und Wissenschaftskommunikation anbietet, wird sich nicht auf die Sprache der jeweiligen Fächer im engeren Sinne beschränken dürfen, sondern muss auch auf Themen eingehen, die sich aus einem **Vergleich von Praktiken im Wissenschaftsbetrieb** im deutschsprachigen Raum und in den Herkunftsländern ergeben. Und auch scheinbar triviale Hinweise können für die Lernenden von großer praktischer Bedeutung sein. So könnte zum Beispiel der Hinweis nützlich sein, dass Probleme beim Verstehen einer Vorlesung nicht unbedingt etwas mit der verwendeten Fachsprache zu tun haben müssen. Wenn die Dozentinnen und Dozenten zum Beispiel mit Humor und lokalen Referenzen arbeiten, die hauptsächlich die Funktion haben, die Vorlesung aufzulockern, kann es sein, dass nicht-muttersprachliche Studierende diese Passagen nicht als Zeit zum Entspannen verstehen, sondern von ihnen verwirrt werden und sie so den Wiedereinstiegspunkt in die fachliche Argumentation der Vorlesung verpassen. Ein Beispiel aus einer Vorlesung:

» [D]iese Einteilung der Getriebe geht auf Rulot zurück und wenn Sie aufm Weg zur Mensa sind und den linken Ausgang benutzen werden Sie hinter den inzwischen entlaubten Büschen dann äh das Denkmal für ihn finden er gilt als Begründer der wissenschaftlichen Getriebelehre und hat hier an der TH Charlottenburg wie die damals hieß äh um die Jahrhundertwende herum gelehrt (Monteiro/Rösler 1993, S. 64)

Man kann dies sofort verstehen als lokalen Bezug zum Gelände der Universität, als ein bisschen Lokalpatriotismus, den man nicht mitschreiben muss. Aber wenn dieser Exkurs nicht als solcher verstanden wird, haben die nicht-muttersprachlichen Lernenden an dieser Stelle keine entspannte Phase, sie werden eher verzweifelt versuchen herauszufinden, was die entlaubten Büsche mit dem Getriebe zu tun haben. (Zur Bedeutung der Alltagskommunikation für ein erfolgreiches Studium an einer Universität in einem fremden Land vgl. Mehlhorn 2005).

Die Vielzahl der Gegenstände, die beim Thema Wissenschaftskommunikation angesprochen werden können, kann in einer Einführung natürlich nicht behandelt werden. Exemplarisch sei im Folgenden zumindest kurz auf das Thema **wissenschaftliches** Schreiben eingegangen.

In ▶ Abschn. 6.3.1 war bereits angesprochen worden, dass sich das Training des Schreibens keinesfalls nur auf die Anfänger-Niveaustufen beschränkt, sondern dass am Beispiel wissenschaftlicher Texte sichtbar wird, dass auch weit vorangeschrittene Lernende Training und Unterstützung beim Erwerb von wissenschaftlicher Schreibkompetenz benötigen. Damit unterscheiden sie sich im Übrigen nicht prinzipiell von Muttersprachlern, denn auch für diese ist z. B. der Erwerb einer Kompetenz für die Textsorte ,wissenschaftliche Hausarbeit' etwas, was erst an der Universität Schritt für Schritt erworben wird (vgl. Steinhoff 2007; als praktisches Beispiel zur Unterstützung von Erwerbsprozessen vgl. Feilke/Lehnen 2011 und zum Übergang von Schule zur Universität bezogen auf die Beschäftigung mit Textsorten vgl. Ehlich/Steets 2003).

Die zunehmende Beschäftigung mit Wissenschaftskommunikation, das anwachsende Bewusstsein über die Spezifik deutschsprachiger Wissenschaftskommunikation sowie die damit verbundenen Schwierigkeiten von nicht-muttersprachlichen Studierenden haben zu einer Reihe von Versuchen geführt, ihr **Schreiben wissenschaftlicher Texte** und ihre **Teilnahme an mündlicher deutscher Wissenschaftskommunikation** mit didaktischen Maßnahmen zu unterstützen. Gleichzeitig verstärkte sich an deutschen Universitäten das Bewusstsein, dass auch muttersprachliche Studierende in Schreiblabors oder ähnlichen Einrichtungen Unterstützung beim Erwerb von Schreib- und Sprechkompetenz in wissenschaftlichen Kontexten benötigen.

Die **dreizehn schreibdidaktischen Vorschläge,** die Eßer (2000) als Konsequenz aus ihrem deutsch-mexikanischen Textvergleich entwickelte, zeigen unfreiwillig, dass eine klare Trennung von didaktischen Maßnahmen zur Förderung wissenschaftlicher Textkompetenz für Muttersprachler und Nicht-Muttersprachler nicht ohne weiteres möglich ist. Einige von ihnen gelten für jedes Propädeutikum der Wissenschaftssprache, unabhängig davon, was die Erstsprache der Lernenden ist.

- „Die bisherigen Schreiberfahrungen der ausländischen Studienanwärterinnen und Studierenden sollten aufgegriffen und nutzbar gemacht werden" (ebd., S. 83).
- „Die Angst vor dem Schreiben in der Fremdsprache sollte gezielt abgebaut werden" (ebd., S. 84).
- „Es sollte darauf hingewiesen werden, daß es einen Unterschied zwischen gesprochener und geschriebener Sprache gibt und daß mündliche und schriftliche akademische Textsorten (wie z. B. das mündliche und schriftliche Referat) sprachliche Unterschiede aufweisen" (ebd., S. 84).
- „Die allgemeinen Charakteristika deutscher Wissenschaftssprache und nach Möglichkeit die der jeweils relevanten Fachsprache sollten vermittelt werden" (ebd., S. 85).
- „Der Unterricht sollte zur *gezielten* Lektüre fremdsprachlicher – auch wissenschaftlicher – Modelltexte anleiten und befähigen. D. h. das Augenmerk der LernerInnen sollte neben dem Inhalt auch auf die spezifischen *sprachlichen* Charakteristika der Modelltexte gelenkt werden" (ebd., 85; Hervorh. im Orig., DR).
- „Das Textmuster der für die LernerInnen relevanten (wissenschaftlichen) Textsorten sollte vermittelt werden und – falls erforderlich – zu Gunsten einer besseren Textqualität durchaus auch modifiziert werden" (ebd., S. 86).
- „Die LernerInnen sollten für die kulturelle Geprägtheit von (wissenschaftlichen) Textmustern sensibilisiert werden" (ebd., S. 86).
- „Es sollten Wissenschaftstechniken (Bibliographieren, Exzerpieren, Kartei anlegen, Zitieren) vermittelt werden" (ebd., S. 88).
- „Es sollten prozessuale Schreibhilfen vermittelt werden" (ebd., S. 89).
- „Den Lernenden sollte bewusst gemacht werden, dass Textproduktion ein zumeist schwieriger und langwieriger Prozess ist, der Revisionen und zumeist mehrere Textversionen erfordert" (ebd., S. 92).
- „Lernertexte sollten adäquat und auf schreibfertigkeitsfördernde Weise korrigiert werden" (ebd., S. 93).
- „Die LernerInnen sollten mit den relevanten sprachlichen Ausdrucksmitteln ausgestattet werden" (ebd., S. 94).
- „Die Lernenden sollten die Gelegenheit haben, auch sich selbst in den Schreibprozess miteinbringen zu können" (ebd., S. 95).

Bei der **Förderung des** wissenschaftlichen **Schreibens** kommen also didaktische Überlegungen zur Textarbeit und zum Schreibtraining zusammen, sie treffen außerdem auf einen fremdsprachendidaktischen Teilbereich, der schon eine längere Tradition hat, die Fachsprachenvermittlung (vgl. z. B. die Materialien von Graefen/Moll 2011 und Schäfer/Heinrich 2021).

12.4 Studienbegleitender DaF-Unterricht

Studienbegleitenden DaF-Unterricht gibt es an Universitäten außerhalb des deutschsprachigen Raums und innerhalb des deutschsprachigen Raums.

Wer zum Studium an einer deutschen Universität zugelassen ist, hat zuvor einen Nachweis vorgelegt, dass er oder sie die deutsche Sprache beherrscht. Warum braucht es dann eine studienbegleitende Förderung des Deutschen? Ein Beispiel: Wer z. B. nach einem BA außerhalb des deutschsprachigen Raums in ein deutsches Masterstudium wechselt, studiert dort zusammen mit Studierenden mit einem deutschen BA-Abschluss. Die im jeweiligen Ausgangsland geforderten Arbeiten zur Erlangung des BA können sich von denen im deutschsprachigen Raum beträchtlich unterscheiden (evtl. keine längere Abschlussarbeit, anderes Konzept von Hausarbeit usw.), was zu schlechteren Noten oder erhöhter Gefahr eines Studienabbruchs führen kann. Eine Lösung für dieses Problem ist eine Unterstützung dieser Studierenden, die diese Differenz aufnimmt und die Studierenden per Tutorierung an die an deutschen Universitäten geltenden Normen des wissenschaftlichen Arbeitens heranführt.

Studienbegleitender DaF-Unterricht außerhalb des deutschsprachigen Raums kann entweder ein **zwangloses Zusatzangebot** für Studierende sein, das außerhalb ihres Studiengangs stattfinden oder mit diesem nur locker verbunden sein kann (man muss noch ein paar Credits sammeln, das kann ein Sprachkurs sein) und die dann manchmal zu sozial problematischen Zeiten wie der Mittagspause oder am Tagesrand angeboten werden, was die Motivation nicht erhöht. Wer an diesen Kursen teilnimmt, lernt vielleicht gern Sprachen, hat Interesse an der Kultur des deutschsprachigen Raums, aber verglichen mit dem eigenen Studienfach handelt es sich um eine Nebenbeschäftigung.

Studienbegleitender DaF-Unterricht kann aber auch ein **obligatorischer Bestandteil** eines nicht-sprachlichen Studiengangs sein, zu dessen Zielen der Wechsel an eine deutsche Universität (als integrierter Teil des Studiengangs oder im Anschluss an ihn als weiterführendes Studium) oder eine Vorbereitung auf einen Beruf, der das studierte Fach mit der Arbeit in Deutschland oder mit Deutschen verbindet, gehören. Den Deutschunterricht, der Teil des Germanistikstudiums ist, bezeichnet man übrigens nicht als studienbegleitend, bei den Fremdsprachenphilologien gilt die Beschäftigung mit der Sprache als selbstverständlicher Bestandteil des Studiums, der überall da, wo das Studium der Fremdsprache auf Anfängerniveau begonnen werden kann, einen großen Teil des Studiums ausmacht.

Besonders hoch sind die Anforderungen, wenn es das Ziel des studienbegleitenden Unterrichts ist, dass nach dem Abschluss ein direkter Übergang an eine deutsche Universität möglich ist und dass das dort dann erfolgende Studium auch erfolgreich absolviert werden kann. „Nur Studierende, die sowohl fachlich als auch sprachlich zielorientiert handlungsfähig sind, erfüllen die Anforderungen und reüssieren im Studium und in ihren Berufen" (DAAD 2014, S. 14) stellt der Praxisleitfaden des DAAD für deutsche Hochschulprojekte im Ausland fest und rät:

GER Niveaustufe	Unterrichtseinheiten
C2	1000–1200
C1	800–1000
B2	650–800
B1	350–650
A2	200–350
A1	80–200

Tab. 12.1 Annäherungen an erforderliche Stundenzahlen aus DAAD (2014, S. 21)

» Wenn Deutsch vom Null-Niveau bis zur Studierfähigkeit entwickelt werden soll, muss sorgfältig überlegt werden, wie die dafür erforderliche hohe Stundenzahl mit dem Fachunterricht in Einklang gebracht werden kann. Möglich und sinnvoll ist die Einführung eines Foundation Years, in dem vor allem Sprachen und ggf. einige Fachkurse unterrichtet werden könnten. Möglich ist z. B. auch die Verlängerung von Bachelorstudiengängen auf vier oder fünf Jahre, falls dies das Stundensystem des jeweiligen Landes möglich macht (ebd., S. 9)

Ein Ziel wie ‚direkter Übergang in ein Masterstudium in Deutschland' erfordert also einen **sehr hohen Aufwand** an studienbegleitendem Sprachunterricht. ◻ Tab. 12.1 aus dem Praxisleitfaden des DAAD vermittelt einen Eindruck davon, wie hoch dieser Aufwand sein kann. Wichtig ist dabei zu beachten, dass derartige allgemeine Zahlenangaben immer nur Orientierungen liefern können: „Das Erreichen einer Kompetenzstufe ist von vielen Faktoren abhängig: Erfahrung im Erlernen von Fremdsprachen, Beherrschung der Erstsprache, Motivation, Qualität der Lehrkräfte, der Lernmaterialien und des Unterrichts […]. Es können daher keine exakten Stundenangaben (Unterrichtseinheiten von in der Regel 45 Minuten) gemacht werden" (ebd., S. 21). Auch die Intensität von unterstützendem Selbstlernen kann zu sehr unterschiedlichen Kurslängen führen.

Ein Überblick über die Entwicklung des studienbegleitenden Deutschunterrichts in Europa findet sich in Lévy-Hillerich/Serena (2009), in Rösler (2015) werden die unterschiedlichen Ziele und die Faktoren, die die Einrichtung von studienbegleitenden Deutschkursen beeinflussen, diskutiert.

12.5 Berufsbezogener DaF-Unterricht

Deutsch für den Beruf ist für das Deutschlernen sowohl außerhalb als auch innerhalb des deutschsprachigen Raums relevant; berufsorientierter Deutschunterricht gewinnt durch die anwachsende Migration zunehmend an Bedeutung. Das gilt sowohl für die Reaktionen auf Flucht und Migration innerhalb des deutschsprachigen Raums als auch für die im eigenen Land stattfindende sprachliche Vorbereitung auf eine Ausreise in den deutschsprachigen Raum. Der Berufsbezug des Sprachunterrichts wird dabei sowohl im Kontext Deutsch als Zweitsprache als auch im Kontext Deutsch als Fremdsprache diskutiert. Prikoszovits (2020) z. B. analysiert italienische und spanische Hochschulcurricula im Hinblick auf die Frage, ob durch die Wirtschaftskrise des Jahres 2008 die Curricula einen stärkeren Berufsbezug vorgenommen haben. Die Befassung mit Deutsch für den Beruf stand verglichen mit der Fachsprachenforschung lange eher nicht im Zentrum des Faches Deutsch als Fremdsprache (vgl. zum Stand der Dinge bis 2010 den Überblick von Funk 2010), hat aber im letzten Jahrzehnt aufgrund der gesellschaftlichen Entwicklungen viel Aufmerksamkeit gefunden (vgl. als neuere Überblicke und Einführungen Ohm 2016 und Niederhaus 2022).

Auch beim berufsorientierten Deutschlernen hat man es mit einer Vielzahl unterschiedlicher Gruppen von Lernenden, unterschiedlichen Zielen, unterschiedlichen Sprachlernerfahrungen und auch unterschiedlichen Lernorten (vgl. zum Lernort Betrieb die Beiträge in Sander/Efing 2021) zu tun, und auch der Zeitpunkt, zu dem innerhalb des Deutschlernens eine Fokussierung auf berufsbezogene Phänomene stattfindet, kann sehr unterschiedlich sein (vgl. Prikoszovits 2017). ◻ Abb. 13.5 in ▶ Abschn. 13.4 zeigt die beträchtliche Vielfalt von Sprachtests für Berufstätige.

Deutsch für den Beruf ist also ebenso wie Deutsch als Fachsprache zunächst einmal ein Sammelbegriff, der auf verschiedene Berufe mit unterschiedlichen Praktiken bezogene Phänomene zusammenfasst. Für Jung (2014) ist ‚berufsbezogenes Deutsch' in Abgrenzung zur traditionellen Fachsprachendidaktik eine terminologische Alternative, Deutsch für den Beruf ist für ihn ein „Oberbegriff für ein ganzes Bündel spezifischer Varietäten des Deutschen" (ebd. S. 37).

Deutschunterricht für den Beruf kann sich nicht auf den für den jeweiligen Beruf relevanten Wortschatz beschränken, die ganze Bandbreite der für den jeweiligen Beruf relevanten Textsorten und kommunikativen Aktivitäten muss behandelt werden. Damit dies möglich ist, muss zunächst einmal, in möglichst enger Zusammenarbeit mit Text- und Gesprächslinguistik, ermittelt werden, welche dies eigentlich sind. Die Analyse von Texten, Interviews mit Praktikern und Beobachtungen von beruflichem Handeln können die Basis dafür sein, möglichst genau zu ermitteln, was für welchen Beruf relevant und in didaktischen Kontexten vermittelbar ist. Erfreulicherweise sind in den 2010er-Jahren auf diesem Gebiet große Fortschritte erzielt worden. Seyfarth (2020) untersucht umfassend die Anforderungen, die sich bei touristischen Berufen ergeben. Dohrn (2014) befasst sich mit den syntaktischen und morphologischen Eigenschaften der im Bereich **Tourismus** verwendeten Sprache und mit den kommunikativen und interkulturellen Anforderungen und entwickelt daraus eine Skizze möglicher Lehrinhalte für ein Mustermodul für Deutsch als Fremdsprache für den Tourismus. Im medizinischen Bereich analysiert Borowski (2018) Herausforderungen für ausländische **Ärzte** in Aufklärungsgesprächen, Haider (2010) und Eggerder (2022) die kommunikativen Anforderungen für Pflegeberufe.

Berufe im Bereich der Medizin zeigen ebenso wie die Tätigkeiten von Priestern, dass berufsbezogener Deutschunterricht nicht auf das Fachvokabular oder die richtigen Formulierungen in Protokollen beschränkt werden darf. So führt die Analyse eines Arzt-Patienten-Gespräches Schön (2014) zu der

Feststellung: „Für ausländische Ärzte ist es sicher die schwierigste Aufgabe, Vertrauen zu Patienten einer anderen Sprache und Kultur herzustellen" (ebd., S. 112), und dieses Vertrauen gewinnt man sicher nicht dadurch, dass man besonders viel medizinischen Fachwortschatz ins Gespräch einfließen lassen kann. Eher selten werden die kommunikativen Herausforderungen für ausländische **Priester** bei ihrer seelsorgerlichen Arbeit in deutschen Pfarrgemeinden Gegenstand der Forschung. Kiefer (2014) beschreibt die Kompetenzen, die ein in einer deutschen Gemeinde arbeitender Seelsorger erwerben muss; dazu gehören auch die Fähigkeiten, mit sprachlich und kulturell bedingten Missverständnissen umzugehen und Strategien des Nachfragens und Rückversicherns zu beherrschen (vgl. ebd., S. 83). Auch hier handelt es sich also auch eher wieder um allgemeinsprachliche als um spezifisch fachsprachliche Fähigkeiten.

Literatur

Ammon, Ulrich: *Die internationale Stellung der deutschen Sprache*. Berlin/New York 1991.

Ammon, Ulrich: „Die Verbreitung des Deutschen in der Welt". In: Hans-Jürgen Krumm [u.a.] (Hg.): *Deutsch als Fremd- und Zweitsprache. Ein internationales Handbuch.* Bd. 2. Berlin/New York 2010, S. 89–107.

Antos, Gerd/Pogner, Karl-Heinz: „Kultur- und domänengeprägtes Schreiben". In: Alois Wierlacher/Andrea Bogner (Hg.): *Handbuch interkulturelle Germanistik.* Stuttgart/Weimar 2003, S. 396–400.

Becker-Mrotzek, Michael u.a.: (Hg.): *Sprache im Fach: Sprachlichkeit und fachliches Lernen.* Münster 2013.

Beese, Melanie u.a.: *Praxishandbuch Sprachbildung Biologie. Sprachsensibel unterrichten – Sprache fördern.* Stuttgart 2021.

Borowski Damaris: *Sprachliche Herausforderungen ausländischer Anästhesist(inn)en bei Aufklärungsgesprächen. Eine gesprächsanalytische Studie zu „Deutsch als Zweitsprache im Beruf".* Berlin 2018.

Buhlmann, Rosemarie/Fearns, Anneliese: *Handbuch des Fachsprachenunterrichts.* München ⁶2000.

Christ, Ingeborg/Schmelter, Lars: „Bilinguale Bildungsangebote, sprachen- und fachintegrierter Unterricht". In: Eva Burwitz-Melzer u.a. (Hg.): *Handbuch Fremdsprachenunterricht.* 6. völlig überarbeitete und erweitere Aufl. Tübingen 2016, S. 211–217.

Clyne, Michael: „Zu kulturellen Unterschieden in der Produktion und Wahrnehmung englischer und deutscher wissenschaftlicher Texte". In: *Info DaF* 18/4 (1991), S. 376–383.

Clyne, Michael/Kreutz, Heinz: „Kulturalität der Wissenschaftssprache". In: Alois Wierlacher/Andrea Bogner (Hg.): *Handbuch interkulturelle Germanistik.* Stuttgart/Weimar 2003, S. 60–68.

DAAD (Hg.): *Entwicklung von Sprachenkonzepten. Ein Praxisleitfaden für deutsche Hochschulprojekte im Ausland.* Bonn 2014.

Dohrn, Antje: „Ausbildung fachspezifischer und interkultureller Handlungskompetenz für DaFT (Deutsch als Fremdsprache im Tourismus)-Lernergruppen. Erstellung von Unterrichtsszenarien und -materialien in einem Projekt an der Technischen Universität Berlin im Fachgebiet DaF". In: Karl-Hubert Kiefer (Hg.): *Berufsfeld-Kommunikation: Deutsch.* Frankfurt a.M. 2014, S. 139–159.

Drumm, Sandra: *Sprachbildung im Biologieunterricht.* Berlin 2016.

Efing, Christian. „Berufssprache & Co.: Berufsrelevante Register in der Fremdsprache. Ein varietätenlinguistischer Zugang zum berufsbezogenen DaF-Unterricht". In: *InfoDaF* 41, 4, (2014), S. 415–441.

Eggerder, Susanne: *Berufsbezogener Fremdsprachenunterricht – Deutsch als Fremdsprache für Pflegekräfte.* Gießen 2022. ▶ https://jlupub.ub.uni-giessen.de//handle/jlupub/564.

Ehlich, Konrad: „Deutsch als fremde Wissenschaftssprache". In: *Jahrbuch Deutsch als Fremdsprache* 19 (1993), S. 13–42.

Ehlich, Konrad: „Deutsch als Medium wissenschaftlichen Arbeitens". In: Markus Motz (Hg.): *Englisch oder Deutsch in Internationalen Studiengängen?* Frankfurt a. M. 2005, S. 41–51.

Ehlich, Konrad/Steets, Angelika: „Schulische Textarten, universitäre Textarten und das Problem ihrer Passung". In: *Mitteilungen des Germanistenverbandes* 2–3 (2003), S. 212–230.

Eßer, Ruth: „Schreiben im Vergleich. Kulturelle Geprägtheit wissenschaftlicher Textproduktion und ihre Konsequenzen für den universitären Unterricht von Deutsch als Fremdsprache". In: Hans-Jürgen Krumm (Hg.): *Erfahrungen beim Schreiben in der Fremdsprache Deutsch*. Innsbruck 2000, S. 56–108.

Fandrych, Christian „Englisch und Deutsch in ‚internationalen' Studiengängen: Kompetenz, Verwendung und Einschätzung bei Studierenden und Lehrenden". In: *Fremdsprachen lehren und lernen* 41, 2 (2012), S. 25–41.

Fandrych, Christian/Graefen, Gabriele: „Text-commenting devices in German and English academic articles". In: *Multilingua* 21 (2002), S. 17–43.

Fandrych, Christian/Graefen, Gabriele: „Wissenschafts- und Studiensprache Deutsch". In: Hans-Jürgen Krumm [u. a.] (Hg.): *Deutsch als Fremd- und Zweitsprache. Ein internationales Handbuch*. Bd. 2. Berlin/New York 2010, S. 509–517.

Fearns, Anneliese: „Fachsprachenunterricht". In: Karl-Richard Bausch/Herbert Christ/Hans-Jürgen Krumm (Hg.): *Handbuch Fremdsprachenunterricht*. Tübingen [u. a.] ⁴2003, S. 169–174.

Feilke, Helmuth/Lehnen, Katrin: „Wie baut man eine Lernumgebung für wissenschaftliches Schreiben". Das Beispiel SKOLA". In: Barbara Schmenk/Nicola Würffel (Hg.): *Drei Schritte vor und manchmal auch sechs zurück. Internationale Perspektiven auf Entwicklungslinien im Bereich Deutsch als Fremdsprache*. Tübingen 2011, S. 269–282.

Frank Schmidt, Silvia: *CLIL in der Fächerfusion Englisch und Bildnerisches Gestalten in heterogenen Primarschulklassen*. Tübingen 2021.

Fluck, Hans-Rüdiger: *Didaktik der Fachsprachen*. Tübingen 1992.

Fluck, Hans-Rüdiger: „Naturwissenschaftliche und technische Fachtexte". In: Gerhard Helbig [u. a.] (Hg.): *Deutsch als Fremdsprache. Ein internationales Handbuch*. Berlin/New York 2001, S. 549–565.

Funk, Hermann: „Berufsorientierter Deutschunterricht". In: Hans-Jürgen Krumm u.a. (Hg.): *Deutsch als Fremd- und Zweitsprache. Ein internationales Handbuch*. Berlin 2010, S. 1145–1151.

Galtung, Johan: „Struktur, Kultur und interkultureller Stil. Ein vergleichender Essay über sachsonische, teutonische, gallische und nipponische Wissenschaft". In: Alois Wierlacher (Hg.): *Das Fremde und das Eigene: Prolegomena zu einer interkulturellen Germanistik*. München 1985, S. 151–196.

Geyer, Klaus: „Fach-Landeskunde und fachorientierter Fremdsprachenunterricht integriert. Curriculumsentwicklung an der Süddänischen Universität in Odense". In: Klaus Geyer/Frank Thomas Grub (Hg.): *Spektrum Nord: Vielfalt der Ziele, Inhalte und Methoden in der Landeskunde*. Frankfurt a.M. u.a. 2017, S. 33–52.

Graefen, Gabriele/Moll, Melanie: *Wissenschaftssprache Deutsch: lesen-verstehen-schreiben. Ein Lehr- und Arbeitsbuch*. Frankfurt a. M. 2011.

Haider, Barbara: *Deutsch in der Gesundheits- und Krankenpflege*. Wien 2010.

Hallet, Wolfgang/Königs, Frank (Hg.): *Handbuch bilingualer Unterricht*. Seelze 2013.

Helbig, Gerhard [u. a.] (Hg.): *Deutsch als Fremdsprache. Ein internationales Handbuch*. Berlin/New York 2001.

Heringer, Hans-Jürgen: *Wege zum verstehenden Lesen*. Ismaning 1987.

Hoffmann, Lothar: „Fachsprachen". In: Gerhard Helbig [u. a.] (Hg.): *Deutsch als Fremdsprache. Ein internationales Handbuch*. Berlin/New York 2001, S. 533–543.

Horvath, András/Peuschel, Kristina: „Mit Deutsch lernen – sprachsensible Lehrbucharbeit im Biologieunterricht mit sprachlich heterogenen Klassen". In: Erwin Tschirner/Jupp Möhring/Keith Cothrun (Hg.): *Deutsch als zweite Bildungssprache in MINT-Fächern*. Tübingen 2017, S. 103–120.

Hufeisen, Britta: *Ein deutsches Referat ist kein englischsprachiges Essay. Theoretische und praktische Überlegungen zu einem verbesserten textsortenbezogenen Schreibunterricht in der Fremdsprache Deutsch an der Universität*. Innsbruck 2002.

Jung, Matthias: „Materialentwicklung zwischen Fach- und Berufsbezug, Generalisierung und Spezialisierung". In: Karl-Hubert Kiefer (Hg.): *Berufsfeld-Kommunikation: Deutsch*. Frankfurt a.M. 2014, S. 35–48.

Kiefer, Karl-Hubert: „Sprachlich-kommunikative Herausforderungen für ausländische Priester bei ihrer seelsorgerischen Arbeit in deutschen Pfarrgemeinden". In: Karl-Hubert Kiefer (Hg.): *Berufsfeld-Kommunikation: Deutsch.* Frankfurt a.M. 2014, S. 67–85.

Kühn, Peter: „Juristische Fachtexte". In: Gerhard Helbig [u.a.] (Hg.): *Deutsch als Fremdsprache. Ein internationales Handbuch.* Berlin/New York 2001, S. 582–594.

Leisen, Josef: *Handbuch Sprachförderung im Fach. Sprachsensibler Fachunterricht in der Praxis. Grundlagenteil.* Stuttgart 2013a.

Leisen, Josef: Handbuch Sprachförderung im Fach. Sprachsensibler Fachunterricht in der Praxis. Praxismaterialien. Stuttgart 2013b

Lévy-Hillerich Dorothea/Serena, Silvia: *Studienbegleitender Deutschunterricht in Europa. Rückblick und Ausblick: Versuch einer Standortbestimmung.* Rom 2009.

Mehlhorn, Grit: *Studienbegleitung für ausländische Studierende an deutschen Hochschulen.* München 2005.

Mentrup, Wolfgang: „Texte in Medizin-orientierter Kommunikation". In: Gerhard Helbig [u.a.] (Hg.): *Deutsch als Fremdsprache. Ein internationales Handbuch.* Berlin/New York 2001, S. 565–573.

Meißner, Cordula/Wallner, Franziska: *Das gemeinsame sprachliche Inventar der Geisteswissenschaften. Lexikalische Grundlagen für die wissenschaftspropädeutische Sprachvermittlung.* Berlin 2019.

Michalak, Magdalena/Lemke, Valerie/Goeke, Marius: *Sprache im Fachunterricht: Eine Einführung in Deutsch als Zweitsprache und sprachbewussten Unterricht.* Tübingen 2015.

Monteiro, Maria/Rösler, Dietmar: „Eine Vorlesung ist nicht nur eine Vor-Lesung: Überlegungen zur Beschreibung eines kommunikativen Ereignisses in der Lehre an Hochschulen". In: *Fachsprache* 15, 1–2 (1993), S. 54–67.

Niederhaus, Constanze: *Deutsch für den Beruf. Eine Einführung.* Berlin 2022.

Ohm, Udo: „Berufsorientiertes und -begleitendes Sprachenlernen und -lehren: Curriculare Dimension". In: Eva Burwitz-Melzer u.a. (Hg): *Handbuch Fremdsprachenunterricht.* 6. völlig überarbeitete und erweitere Aufl. Tübingen 2016, S. 205–209.

Prikoszovits, Matthias: „Deutsch als Fremdsprache für den Beruf lernen – doch (ab) wann? Ein altersgruppen – und niveaustufenspezifischer Zugang zur Diskussion um die berufliche Ausrichtung von DaF-Curricula". In: *Zeitschrift für Interkulturellen Fremdsprachenunterricht,* 22: 2, (2017), S. 155–168.

Prikoszovits, Matthias: *Berufsbezug in südeuropäischen DaF- Hochschulcurricula vor und nach der Krise von 2008.* Tübingen 2020.

Reuter, Ewald: „Wirtschaftstexte". In: Gerhard Helbig [u.a.] (Hg.): *Deutsch als Fremdsprache. Ein internationales Handbuch.* Berlin/New York 2001, S. 573–582.

Riebling, Linda: *Sprachbildung im naturwissenschaftlichen Unterricht. Eine Studie im Kontext migrationsbedingter sprachlicher Heterogenität.* Münster 2013.

Roche, Jörg/Drumm, Sandra (Hg.): *Berufs-, Fach- und Wissenschaftssprachen.* Tübingen 2018.

Roelcke, Thorsten: *Fachsprachen.* Berlin [4]2020.

Rösler, Dietmar: „Das zweisprachige Seminar. Zur Integration von Sprach- und Fachvermittlung im universitären Fremdsprachenstudium". In: Hélène Martinez/Marcus Reinfried (Hg): *Mehrsprachigkeitsdidaktik gestern, heute und morgen.* Tübingen 2006, S. 227–235.

Rösler, Dietmar: „Studienbegleitender Deutschunterricht in naturwissenschaftlich-technischen Studiengängen an Universitäten außerhalb des deutschsprachigen Raums". In: *Zeitschrift für Interkulturellen Fremdsprachenunterricht* 20, 1 (2015), S. 7–20.

Sander, Isa-Lou/Efing, Christian (Hg.): *Der Betrieb als Sprachlernort.* Tübingen 2021.

Schacht, Florian/Guckelsberger, Susanne: *Sprachbildung in der Lehramtsausbildung Mathematik: Konzepte für eine sprachbewusste Hochschullehre.* Berlin, Heidelberg 2022.

Schäfer, Susanne/Heinrich, Dietmar: *Wissenschaftliches Arbeiten an deutschen Universitäten. Eine Arbeitshilfe für ausländische Studierende im geistes- und gesellschaftswissenschaftlichen Bereich – mit Übungsaufgaben.* Überarbeitete Auflage. München 2021.

Schart, Michael (Hg.): *Fach- und sprachintegrierter Unterricht an der Universität. Untersuchungen zum Zusammenspiel von Inhalten, Aufgaben und dialogischen Lernprozessen.* Tübingen 2019.

Schmölzer-Eibinger, Sabine: „Sprache als Medium des Lernens im Fach". In: Michael Becker-Mrotzek u.a. (Hg.): *Sprache im Fach: Sprachlichkeit und fachliches Lernen*. Münster 2013, S. 26–41.

Schön, Almut: „„Weil wir machen Sachen". Zur beruflichen Kommunikation ausländischer Ärzte in Deutschland": In: Karl-Hubert Kiefer (Hg.): *Berufsfeld-Kommunikation: Deutsch*. Frankfurt a.M. 2014, S. 105–123.

Seyfarth, Michael: *Sprachlich-kommunikative Anforderungen in tourismusbezogenen Serviceberufen. Empirische Grundlagen für die Curriculumentwicklung*. Berlin 2020.

Steinhoff, Torsten: *Wissenschaftliche Textkompetenz. Sprachgebrauch und Schreibentwicklung in wissenschaftlichen Texten von Studenten und Experten*. Tübingen 2007.

Turechanowa, Assima/Fluck, Hans-Rüdiger: *Fahrt frei! Deutsch-Lehrwerk zur Eisenbahnsprache für kasachische Studierende an Technischen Hochschulen*. Bochum 2008.

Venohr, Elisabeth: „Varietäten- und Soziolinguistik in DaF/DaZ unter besonderer Berücksichtigung von Fachsprachen". In: Claus Altmayer u.a. (Hg.): *Handbuch Deutsch als Fremd- und Zweitsprache*. Heidelberg 2021, S. 163–179.

Wagner, Jonas u.a.: *Mehrsprachiges Mathematiklernen: Von sprachhomogenen Kleingruppen zum Regelunterricht in sprachlich heterogenen Klassen*. Münster 2022.

Wiese, Ingrid: „Geistes- und sozialwissenschaftliche Fachtexte". In: Gerhard Helbig [u.a.] (Hg.): *Deutsch als Fremdsprache. Ein internationales Handbuch*. Berlin/New York 2001, S. 544–549.

Wimmer, Rainer: „Der fremde Stil. Zur kulturellen Vielfalt wissenschaftlicher Textproduktion als Problem interkultureller Germanistik". In: Alois Wierlacher (Hg.): *Perspektiven und Verfahren interkultureller Germanistik*. München 1987, S. 81–98.

Diagnose und Bewertung

Inhaltsverzeichnis

Wer braucht beim Fremdsprachenlernen Tests? Wofür sind sie geeignet? Diese Fragen sollen in diesem Kapitel behandelt werden; in ▶ Abschn. 13.2 zunächst allgemein dadurch, dass verschiedene **Typen und Funktionen von Tests** und Kriterien für die Bestimmung der Qualität von Tests diskutiert werden. ▶ Abschn. 13.3 versucht dann eine Konkretisierung: Anhand von zwei Tests, die für den **Zugang zum Studium an deutschen Hochschulen** wichtig sind, werden unterschiedliche Konzeptionen von Tests genauer beleuchtet. Einen kurzen Überblick über die Sprachprüfungen, die für die Fremdsprache Deutsch auf unterschiedlichen Niveaustufen und für unterschiedliche Zielgruppen zur Verfügung stehen, gibt es in ▶ Abschn. 13.4. Wenn Tests Personen bescheinigen, dass sie eine bestimmte Niveaustufe erreicht haben, muss es eine gute Beschreibung dieser **Niveaustufen** geben. Für das Fremdsprachenlernen dominiert seit Beginn des 21. Jahrhunderts der Gemeinsame Europäische Referenzrahmen die Diskussion um die Beschreibung von Niveaustufen. Dieser wird im folgenden ▶ Abschn. 13.1. vorgestellt.

13.1   Die Niveaustufen des Europäischen Referenzrahmens

Fast alle Lehrwerke für Deutsch als Fremdsprache beziehen sich heutzutage auf die Niveaustufen des Europäischen Referenzrahmens (vgl. ▶ Abschn. 3.2.1 und 3.2.3). Mit Beginn des 21. Jahrhunderts hat sich mit diesem ein Bezugssystem durchgesetzt, das sich von traditionellen Aufzählungen von sprachlichen Phänomenen, die es zu lernen gilt, stark unterscheidet.

> **Definition**
>
> Der **Gemeinsame Europäische Referenzrahmen (GER)** wurde im Auftrag des Europarats entwickelt und 2001 veröffentlicht (Council of Europe 2001). Er sollte die Basis für Lehrpläne, Prüfungen und Lehrwerke in Europa schaffen. Mit seinen Niveaustufen versucht er, mehr „Transparenz und Kohärenz in der Beurteilung und Zertifizierung von Sprachkenntnissen zu schaffen" (Kecker 2011, S. 74). Gegen Ende der 2010er Jahre wurde er überarbeitet und erweitert (Coste/North/Trim 2020).

13

Die Grundausrichtung des GER ist kommunikativ und handlungsorientiert. Das bedeutet, dass auf den verschiedenen Niveaustufen nicht jeweils eine Menge von anzuhäufendem sprachlichem Wissen beschrieben wird, sondern **kommunikative Kompetenz.** Beschrieben werden bestimmte kommunikative Handlungen, die Lernende mit der Sprachkompetenz einer bestimmten Niveaustufe durchführen können.

Der GER ist kein Referenzrahmen für eine bestimmte Sprache, seine Grundannahme ist, dass diese kommunikativen Aufgaben **einzelsprachübergreifend** beschrieben werden können. Dadurch soll eine gewisse Vergleichbarkeit hergestellt werden. Eine Konsequenz daraus: Bezogen auf die einzelnen Sprachen muss es Konkretisierungen geben, die die allgemeinen Beschreibungen von Kompetenzen in sprachliches Material übersetzen. Für die Fremdsprache Deutsch geschieht dies z. B. durch *Profile Deutsch* (Glaboniat u. a. 2002 und 2005). Der GER ist zwar in Europa entstanden und bezieht sich von seinem Namen her auch nur auf Europa, er ist aber weltweit zur Kenntnis genommen worden:

» Es ist die einflussreichste sprachenpolitische Veröffentlichung seit den *Threshold-Level*-Projekten des Europarats [...], mittlerweile ist sie in ca. 40 Sprachen übersetzt und wird weltweit für die Standardisierung von Sprachkursen, Lehrmaterialien und Prüfungen benutzt (Quetz 2010, S. 45).

Tschirner (2008) setzt den Europäischen Referenzrahmen in Beziehung zu den Richtlinien für mündliche Kompetenz des American Council on the teaching of foreign languages (ACtfl).

Kompetenzniveaus sind nicht einfach als Liste von sprachlichen Phänomenen, die Lernende beherrschen müssen, zu erfassen. Stattdessen muss mit sogenannten **Kann-Beschreibungen** beschrieben werden, was Lernende auf einer bestimmten **Niveaustufe** können sollen. Die Niveaustufen selbst sind in die drei Bereiche A, B und C unterteilt; dabei steht:

— A für die elementare,
— B für die selbständige und
— C für die kompetente Sprachverwendung.

Man kann diese Unterscheidung mit den traditionellen Unterscheidungen von **Anfänger, Mittelstufe und Fortgeschrittene** bzw. Grund-, Mittel- und Oberstufe parallelsetzen, allerdings sind dies relativ vage Termini, die von verschiedenen Institutionen unterschiedlich verwendet wurden. Jede der drei Ebenen des GER ist noch einmal in zwei Teile unterteilt, so dass man **sechs Niveaustufen** erhält: A1, A2, B1, B2, C1 und C2.

Wie viele Unterrichtsstunden man genau braucht, um eine bestimmte Niveaustufe zu erreichen, lässt sich nicht allgemein angeben, das hängt von Faktoren wie der Intensität des den Unterricht begleitenden Selbstlernens, der Motivation der Teilnehmenden, ihren schon gemachten Sprachlernerfahrungen usw. ab. Institutionen, die Kurse anbieten, die mit einer Prüfung auf einer gewissen Niveaustufe abschließen, müssen bei ihrer Kursplanung jedoch Annahmen über die **Menge der anzubietenden Unterrichtsstunden** machen. ◼ Tab. 12.1 aus dem Praxisleitfaden des DAAD in ► Abschn. 12.4 stellt einen Versuch dar, wenigstens grob eine Orientierung zu geben. Man sieht dabei, wie unterschiedlich zeitaufwändig die Erreichung einer bestimmten Niveaustufe sein kann, für B1 wird dabei eine Bandbreite von 350 bis 650 h angegeben.

Für Deutsch als Fremdsprache verläuft die wichtigste Grenze nach der **Niveaustufe B1**. Die meisten Lehrwerke, die mit sogenannten Nullanfängern beginnen, führen bis zum Erreichen der Niveaustufe B1. Diese Stufe ist die Zertifikatsstufe, bei der davon ausgegangen wird, dass die Lernenden nach ihrem Erreichen die meisten alltäglichen Situationen sprachlich bewältigen können. Sie reicht aber nicht aus, um z. B. Studierfähigkeit nachzuweisen. Die meisten Universitäten fordern bei den in ► Abschn. 13.3 behandelten Tests DSH und TestDaF zumeist ein Niveau zwischen B2 und C1.

◻ **Tab. 13.1**   Allgemeine Beschreibung der Niveaustufen des GER. (Nach Glaboniat u. a. 2002, S. 10)

Elementare Sprachverwendung	A1	Kann vertraute, alltägliche Ausdrücke und ganz einfache Sätze verstehen und verwenden, die auf die Befriedigung konkreter Bedürfnisse zielen. Kann sich und andere vorstellen und anderen Leuten Fragen zu ihrer Person stellen – z. B. wo sie wohnen, was für Leute sie kennen oder was für Dinge sie haben – und kann auf Fragen dieser Art Antwort geben. Kann sich auf einfache Art verständigen, wenn die Gesprächspartnerinnen oder Gesprächspartner langsam und deutlich sprechen und bereit sind zu helfen
	A2	Kann Sätze und häufig gebrauchte Ausdrücke verstehen, die mit Bereichen von ganz unmittelbarer Bedeutung zusammenhängen (z. B. Informationen zur Person und zur Familie, Einkaufen, Arbeit, nähere Umgebung). Kann sich in einfachen, routinemäßigen Situationen verständigen, in denen es um einen einfachen und direkten Austausch von Informationen über vertraute und geläufige Dinge geht. Kann mit einfachen Mitteln die eigene Herkunft und Ausbildung, die direkte Umgebung und Dinge im Zusammenhang mit unmittelbaren Bedürfnissen beschreiben
Selbständige Sprachverwendung	B1	Kann die Hauptpunkte verstehen, wenn klare Standardsprache verwendet wird und wenn es um vertraute Dinge aus Arbeit, Schule, Freizeit usw. geht. Kann die meisten Situationen bewältigen, denen man auf Reisen im Sprachgebiet begegnet. Kann sich einfach und zusammenhängend über vertraute Themen und persönliche Interessengebiete äußern. Kann über Erfahrungen und Ereignisse berichten, Träume, Hoffnungen und Ziele beschreiben und zu Plänen und Ansichten kurze Begründungen oder Erklärungen geben
	B2	Kann die Hauptinhalte komplexer Texte zu konkreten und abstrakten Themen verstehen; versteht im eigenen Spezialgebiet auch Fachdiskussionen. Kann sich so spontan und fließend verständigen, dass ein normales Gespräch mit Muttersprachlern ohne größere Anstrengung auf beiden Seiten gut möglich ist. Kann sich zu einem breiten Themenspektrum klar und detailliert ausdrücken, einen Standpunkt zu einer aktuellen Frage erläutern und die Vor- und Nachteile verschiedener Möglichkeiten angeben

13

(Fortsetzung)

◘ **Tab. 13.1** (Fortsetzung)		
Kompetente Sprachverwendung	C1	Kann ein breites Spektrum anspruchsvoller, längerer Texte verstehen und auch implizite Bedeutungen erfassen. Kann sich spontan und fließend ausdrücken, ohne öfter deutlich erkennbar nach Worten suchen zu müssen. Kann die Sprache im gesellschaftlichen und beruflichen Leben oder in Ausbildung und Studium wirksam und flexibel gebrauchen. Kann sich klar, strukturiert und ausführlich zu komplexen Sachverhalten äußern und dabei verschiedene Mittel zur Textverknüpfung angemessen verwenden
	C2	Kann praktisch alles, was er/sie liest oder hört, mühelos verstehen. Kann Informationen aus verschiedenen schriftlichen und mündlichen Quellen zusammenfassen und dabei Begründungen und Erklärungen in einer zusammenhängenden Darstellung wiedergeben. Kann sich spontan, sehr flüssig und genau ausdrücken und auch bei komplexeren Sachverhalten feinere Bedeutungsnuancen deutlich machen

Beschreibung der Niveaustufen ◘ Tab. 13.1 zeigt die allgemeine Beschreibung der sechs Niveaustufen des GER.

Derartige allgemeine Beschreibungen werfen Fragen auf:
- Was bedeutet es, etwas mühelos zu verstehen?
- Wie sieht ein anspruchsvoller längerer Text aus, dessen implizite Bedeutungen zu erfassen sind?
- Wann kann sich jemand fließend ausdrücken? ▶ Abschn. 8.4 hat gezeigt, wie komplex ein Konzept wie ‚Flüssigkeit' ist.

Diese allgemeinen Bestimmungen werden deshalb differenziert für verschiedene Teilaktivitäten bezogen auf die einzelnen Niveaustufen beschrieben. Die beste Hilfestellung für Deutsch als Fremdsprache bietet *Profile Deutsch,* wo mit Listen und Übersichten die Kann-Beschreibungen konkretisiert werden.

Trotz aller Konkretisierungen bleiben Einschätzungen eine große Herausforderung. So zeigt Wisniewski (2010), dass auch geschulte **Bewerter** Schwierigkeiten haben, einheitlich mit den Skalen des Europäischen Referenzrahmens umzugehen. Cools/Sercu (2006) analysieren die Umsetzung des GER in den Lehrwerken *Delfin* und *geni@l* und zeigen dabei auch,

» wie schwierig ein solcher Vergleich anzustellen manchmal war, teilweise deswegen, weil die Deskriptoren des Europäischen Rahmens nicht immer eindeutig und spezifisch erläutern, über welche Fertigkeiten und Kompetenzen die Lernenden auf den jeweiligen Niveaustufen verfügen müssen (ebd., S. 1).

Rösler/Würffel (2020, S. 39–46) stellen verschiedene Ausschnitte aus Lehrwerken für Deutsch als Fremdsprache auf unterschiedlichen Niveaustufen gegenüber, von denen sich einige ohne größere Schwierigkeiten, andere jedoch nicht eindeutig bestimmten Niveaustufen zuordnen lassen.

Am GER ist seit seiner Publikation im Jahre 2001 auf unterschiedlichen Ebenen **Kritik** geübt worden (zur frühen kritischen Diskussion des Referenzrahmens vgl. die Beiträge in Bausch/Christ/Königs 2003). Schon Quetz (2001) weist kurz nach Erscheinen des GER darauf hin, dass der Schwierigkeitsbegriff, der sich hinter den Skalierungen verberge, in verschiedenen kulturellen Kontexten fragwürdig sei (vgl. ebd., S. 561). Funk (2005) fragt, wie sinnvoll es sei, Prüfungen im Kontext ‚Migration' an den Europäischen Referenzrahmen anzulehnen. Für Dannerer (2008) ergibt sich im Hinblick auf die Befassung mit der gesprochenen Sprache zwar quantitativ eine angemessene Berücksichtigung, doch bleibe es bei einer Dominanz der schriftsprachlichen Norm (vgl. ebd., S. 194). Schwerwiegend sind besonders die Hinweise, dass Skalen zur interkulturellen Kompetenz fehlen und dass affektive und ästhetische Aspekte kaum angemessen berücksichtigt werden (als kurze Sammlung der Kritikpunkte vgl. die Zusammenstellung Kecker 2011, S. 76 f.). In der Überarbeitung sind einige Kritikpunkte aufgenommen worden, Mediation, Mehrsprachigkeit und digitale Kommunikation spielen eine größere Rolle. Eine erste Auseinandersetzung mit der neuen Fassung liefern die Beiträge in Vogt/Quetz (2021).

Niveaustufen und Sprachtests ◻ Tab. 13.4 am Ende von ▶ Abschn. 13.4 zeigt, wie selbstverständlich sich die verschiedenen Tests auf die Niveaustufen des Referenzrahmens beziehen. Schaut man sich die Vagheit der Kann-Beschreibungen und die Konkretheitsanforderungen an Tests an, können Zweifel aufkommen, ob diese Zuordnungen tatsächlich so eindeutig sind. Kecker kommt nach langen empirischen Untersuchungen über die Möglichkeit, die Skalen des Europäischen Referenzrahmens als Instrument für die Zuordnung von Niveaustufen und Sprachtests zu verwenden, mit Bezug auf den TestDaF zu einem eher vorsichtigen Ergebnis:

» Angesichts der Schwierigkeiten, komplexe mentale Prozesse aus Testaufgaben mit eher allgemein gehaltenen Beschreibungen in den GER-Skalen zu verbinden, scheint es ratsam, Zuordnungsmethoden zu wählen, die dies berücksichtigen. Beispielsweise wäre beim Standard-Setting ein eher holistisches Vorgehen denkbar, um Testergebnisse und die dazugehörige Kompetenz insgesamt einer Niveaustufe zuzuordnen, als zu versuchen, einzelne Test-Items mit GER-Deskriptoren in Verbindung zu bringen. [...] Die vorangegangenen Überlegungen haben gezeigt, dass Prüfungs- und Testanbieter sich mit Bedacht über die Anbindung ihrer Sprachprüfung oder Tests an die Kompetenzskalen des gemeinsamen Europäischen Referenzrahmens äußern sollten (Kecker 2011, S. 246).

13.2 Arten und Funktionen von Tests

Tests spielen auf verschiedenen Ebenen eine Rolle, auf der Ebene:
- der individuellen **Lernenden,** die durch Tests eine **Rückmeldung** erhalten, die motivierend oder demotivierend sein kann und die ihnen helfen kann, genauer zu sehen, wo sie sich verbessern müssen,
- der **Lehrenden und Kursanbieter,** für die ein Test ein **diagnostisches Instrument** sein kann, um Lernende in die richtigen Kurse einzuordnen und
- der gesellschaftlichen **Selektion** und Chancenzuweisung.

Wenn so viel von Tests abhängen kann, muss man sich intensiv Gedanken darüber machen, wie zuverlässig welche Tests das testen, was sie vorgeben zu testen, wie objektiv sie sind und wie handhabbar. Deshalb ist es wichtig zu überlegen, mit welcher Art von Test welches Testziel am besten erreicht werden kann.

Für die Lernenden selbst kann es interessant sein herauszufinden, was sie wissen und was sie können. Sie können **diagnostische Tests** benutzen, um ihren **eigenen Sprachstand** einzuschätzen und die Bereiche zu identifizieren, in denen sie Defizite haben. Für **Selbstlerner** (s. ▶ Abschn. 5.3.1) z. B. können Tests hilfreich sein, um festzustellen, womit sie sich als nächstes befassen sollten.

Lehrende und Bildungsinstitutionen können diagnostische Tests verwenden, um zu erkunden, was eine Person kann bzw. nicht kann. Das ist z. B. notwendig, wenn eine Sprachschule Lernende in einen bestimmten **Kurs einstufen** möchte. Ein Test kann sich mit der **Zuordnung zu einer Niveaustufe** und damit zu einem bestimmten Kurs zufriedengeben, diagnostische Tests können aber auch dazu verwendet werden herauszufinden, was eine individuelle Person ganz gezielt noch lernen muss. Die Diskussion im Bereich Deutsch als Zweitsprache um den **Sprachstand von Migrantenkindern** zeigt, wie wichtig gute diagnostische Tests als Basis für Fördermaßnahmen sein können. Sie zeigt aber auch, wie schwierig es ist, angemessene Tests für diese Zielsetzung zu finden (vgl. z. B. Schulz/Tracy/Wenzel 2008, Glaboniat 2020, die Diskussion in Dlaska/Krekeler 2006 und zur Sprachstandsdiagnostik generell Gogolin 2010, Jeuk/Settinieri 2019 und Bärenfänger/Geist 2021).

> **Definition**
>
> **Diagnostische Sprachtests** sollen den aktuellen Sprachstand eines Lernenden ermitteln. Häufig werden diagnostische Tests als Einstufungstests verwendet.

Derartige Tests beziehen sich zumeist nicht auf Lernfortschritte, die mit einem bestimmten Kurs erreicht wurden, sondern auf den erreichten Sprachstand einer Person unabhängig davon, wie dieser erreicht wurde, egal, ob natürlich oder gesteuert, mit einem bestimmten oder mit verschiedenen Lehrwerken. Davon unterschieden werden die sogenannten Fortschritts- bzw. **Leistungstests,** die zeigen sollen,

» in welchem Ausmaß Fortschritte erzielt und die Lernziele eines bestimmten Kurses bzw. einzelner Kurseinheiten erreicht werden konnten. Daher beziehen sich diese

Tests in erster Linie auf (im Unterricht bearbeitete) Kursinhalte und entsprechen daher dem Schwierigkeitsgrad der jeweiligen Unterrichtsprogression (Glaboniat 2010, S. 132).

Die sogenannten **Feststellungsprüfungen** oder Niveauprüfungen oder **Zertifikatsprüfungen** haben das Ziel, den **Leistungsstand** im Hinblick auf ein vorher festgesetztes Niveau festzustellen. Hier geht es also nicht darum, mit Tests herauszufinden, wie für bestimmte Individuen die nächsten Schritte des Spracherwerbs möglichst gut gefördert werden können, es geht vielmehr um das Interesse von Bildungsinstitutionen, Personen einzuschätzen. Eine bestimmte **Prüfung** bestanden zu haben oder nicht, bedeutet, zu etwas zugelassen werden zu können oder nicht. Wer z. B. als Nicht-Muttersprachler an einer deutschen Universität studieren möchte, muss nachweisen, dass er einen bestimmten Sprachstand erreicht hat. Die Institution bestimmt, welche Prüfungen sie als Nachweis für diesen Sprachstand anerkennt (s. ▶ Abschn. 13.3). Derartige Feststellungsprüfungen sind gesellschaftlich wichtig und auch brisant,

>> da mit ihnen häufig wichtige Entscheidungen für die TN [Teilnehmer, DR] verbunden sind (z. B. Voraussetzung für Studien- oder Arbeitsplätze, Stipendien, Aufenthaltsgenehmigungen). Nicht zuletzt aufgrund dieser hohen Berechtigungs- und Selektionsfunktion [...] ist es unabdingbar, dass sich diese Zertifikatsprüfungen einem Mindestmaß an qualitativer Standardisierung unterziehen (ebd., S. 132).

Tests können also zum einen den Lernfortschritt bzw. den Kursabschluss im Hinblick auf ein bestimmtes Curriculum dokumentieren, sie können den Sprachstand unabhängig von einem Curriculum festhalten z. B. bei der Diagnose oder bei der Feststellung der Studierfähigkeit, oder sie werden verwendet, um Einstufungen vorzunehmen oder Aussagen über Eignungen zu machen.

Unterschiedliche Arten von Tests Es gibt sehr unterschiedliche Arten der Überprüfung von Leistungen, die von **standardisierten Tests** bis zu Formen wie **Selbstbeurteilung,** Beurteilung durch die anderen Lernenden, Beurteilung von Gruppenleistungen oder Portfolios reichen. Einen Überblick über informelle Leistungsdiagnosen wie z. B. Portfolios gibt Little (2010). Eine in formelleren Tests häufig anzutreffende Form des Testens ist der sogenannte **C-Test** (vgl. die Beiträge in Grotjahn 2006 und Bärenfänger/Geist 2021, S. 308 f.). C-Tests bestehen aus Texten, in denen

>> in jedem zweiten Wort die zweite Hälfte von den Testteilnehmern rekonstruiert werden muss [...] C-Tests sind wirtschaftliche und verlässliche Lückentests (*clozetests*), mit denen man Aussagen über die globale Sprachkompetenz treffen kann. Der C-Test eignet sich als Einstufungs- oder Zulassungstest (Dlaska/Krekeler 2009, S. 9).

Die Begriffe ‚Test' und Prüfung' werden alltagssprachlich manchmal synonym gebraucht, in der Fachdiskussion gibt es Versuche, diese differenziert zu verwenden: „Wir halten Sprach*prüfung* für den engeren Begriff, der standardisierte und formale Testverfahren bezeichnet" (ebd. 14; Hervorh. im Orig., DR). Informelle Testverfahren wären nach diesem Sprachgebrauch keine Prüfungen, sondern nur

Tests. Ein manchmal auch auf Tests bezogenes Begriffspaar aus der allgemeinen Evaluationsforschung ist die Unterscheidung von ‚formativ' und ‚summativ'.

- **Formativ** sind Leistungsbeurteilungen mit dem Ziel, den Lernprozess durch Rückmeldungen zu unterstützen.
- **Summativ** sind abschließende Leistungsbeurteilungen mit dem Ziel, Gelerntes zu zertifizieren.

Computergestützte Tests gehören nicht zu einem bestimmten Testtyp, computergestützt kann man unterschiedliche Typen realisieren. Ihr Vorteil:

» Text, Bild und Ton können verbunden, die eigene Sprachproduktion kann aufgenommen werden. Am Computer können komplexe Aufgabenstellungen präsentiert werden: So muss der Kandidat z. B. auf eine in einem Film gezeigte Situation reagieren, seine Antwort wird aufgenommen, sie kann anschließend angehört und analysiert werden. Die Vorteile: Die Aufgaben können in gleich bleibender Qualität präsentiert werden, die Testdurchführung ist weit gehend [sic!] unabhängig vom Verhalten der Prüfer (ebd., S. 8).

Eine weitere wichtige Unterscheidung ist die zwischen **standardisierten** und **nichtstandardisierten Testverfahren** und **formellen** und **informellen Tests**. Ein orientierender Überblick über die Unterschiede von formellen und informellen Sprachtests findet sich in ◘ Tab. 13.2.

Standardisierte Tests müssen immer den gleichen Abläufen folgen, das gilt besonders bei Tests wie TestDaF (s. ► Abschn. 13.3), die an verschiedenen

◘ **Tab. 13.2** Kennzeichen formeller und informeller Testverfahren. (Nach Dlaska/Krekeler 2009, S. 32)

	Formelle Sprachtests	Informelle Sprachtests
Bezug Unterricht/Curriculum	Normalerweise kein Bezug zum Curriculum	Ja
Bestimmung des Testkonstrukts	Theoriegeleitet	Curriculumgeleitet
Normierung und Erprobung	Ja	Nein
Bezug	Häufig normorientiert	Kriteriumsorientiert naheliegend
Anzahl der Prüfer und Teilnehmer	Mehrere Prüfer viele Teilnehmer	Ein Prüfer wenige Teilnehmer
Erstellung	Zentral	Dezentral
Merkmalsdimensionen	Häufig Kompetenztest	Performanztest naheliegend
Bezug zum Testkonstrukt	Häufig indirekt	Direkt naheliegend
Konsequenzen für die Teilnehmer	Gewichtig *(high stakes)*	Gering *(low stakes)*
Entscheidungsgrundlage	Ein Test	Mehrere Tests
Ziel	Zertifizierung	Lernen

Orten der Welt durchgeführt werden. Dabei ist es besonders wichtig, dass keine individuellen Abweichungen stattfinden, damit die Testergebnisse allgemein anerkannt werden können. Der Vorteil von dezentralen Tests, dass z. B. die Lehrenden die Lernenden kennen, wäre bei standardisierten Tests also gerade ein Nachteil; die Bewerter müssen Abstand zu den Lernenden haben. Standardisierte Tests müssen wissenschaftlich entwickelt und im Hinblick auf die Gütekriterien analysiert werden sowie unter Standardbedingungen normiert sein.

In der fachwissenschaftlichen Diskussion über **Gütekriterien** von Tests wird besonders auf drei Konzepte Bezug genommen: Reliabilität, Objektivität und Validität.

— Zur **Reliabilität** (Zuverlässigkeit) gehört, dass die Tests so konsistent und stabil konstruiert sein müssen, dass die Ergebnisse vergleichbar und wieder-holbar sind.

— Zur **Objektivität** eines Tests gehört, dass er unabhängig vom Testort und von den beteiligten Personen in vergleichbarer Weise durchgeführt, ausgewertet und interpretiert werden kann.

— Der Begriff der **Validität** ist etwas schwieriger zu fassen.

Zur Validität gehört, „dass die Prüfung adäquat das misst, was sie messen soll, und dass die Interpretation der Ergebnisse, die mit dem Verwendungszweck der Prüfung verbundenen Entscheidungen rechtfertigt" (Kecker 2011, S. 16). Die Interpretationen, die auf Basis der Testergebnisse vorgenommen werden, müssen also gültig sein (als Überblick über die Entwicklung der Validitätsdiskussion und eine ausführliche Beschreibung der verschiedenen Arten von Validität vgl. ebd., S. 16–25). Über die Gültigkeit muss auf unterschiedlichen Ebenen nachgedacht werden:

— „**Inhaltsvalidität** [...]: Stellen die Aufgaben eine repräsentative Stichprobe aller Aufgaben aus dem zu prüfenden Sprachbereich dar? Die Inhaltsvalidität kann durch umfangreiche Tests erhöht werden.

— **Augenscheinvalidität** [...]: Halten Laien den Test für angemessen? Tests, die über eine geringe Augenscheinvalidität verfügen (wie z. B. der C-Test) rufen bei den Teilnehmern häufig ein Missfallen hervor, die Tests werden manchmal nicht beendet.

— **Übereinstimmungsvalidität** [...]: Korreliert der Test hoch mit Tests und/oder Aufgaben, deren Konstrukt bekannt ist?

— **Vorhersagevalidität** [...]: Wie gut sagt der Test künftige Leistungen im Bereich des Testkonstrukts voraus? Die Vorhersagevalidität kann in Langzeitstudien ermittelt werden, in denen die Testergebnisse mit späteren Leistungen ver-glichen werden" (Dlaska/Krekeler 2009, S. 36 f.).

Im Bereich Deutsch als Fremdsprache ist die Diskussion um die Bedeutung der Gütekritierien und die Standardisierung von Tests vor allem in der Auseinander-setzung zwischen zwei Sprachprüfungen für die Zulassung zum Studium an deutschen Universitäten geführt worden, zwischen der **Deutschen Sprachprüfung für den Hochschulzugang (DSH)** und dem **TestDaF:**

» Bei den Sprachprüfungen für Deutsch als Fremdsprache sticht vor allem der vom TestDaF-Institut entwickelte TestDaF als standardisierte Sprachprüfung hervor [...] Deutlich weiter entfernt von einer Standardisierung ist die deutsche Sprachprüfung für den Hochschulzugang (DSH) (Dlaska/Krekeler 2009, S. 12).

Portfolio Wörtlich genommen ist ein Portfolio eine Sammlung von Blättern. Man findet das Wort in den unterschiedlichsten Kontexten. Wer sich z. B. an einer Kunsthochschule bewirbt, tut dies zumeist mit einem Portfolio, in dem bisherige künstlerische Arbeiten dokumentiert werden; in Portfolios in der Finanzwelt hingegen werden keine Zeichnungen, Fotos usw. vorhanden sein. In der Fremdsprachenforschung werden Portfolios sowohl bezogen auf die Aktivitäten und sprachlichen Erzeugnisse der Lernenden einer Sprache als auch bezogen auf ihren Einsatz in der **Lehrkräftebildung** (vgl. z. B. Burwitz-Melzer 2019) diskutiert.

Im Gegensatz zu einem Test, bei dem Lernende zum Beispiel Endungen in Lücken einsetzen müssen, bei dem also von anderen bestimmt wird, was geschrieben werden muss, bestimmen die Lernenden bei einem Portfolio selbst, was in ihre Mappe kommt. Portfolios sind also zum einen eine **Alternative zu den traditionell vorherrschenden Formen der Bewertung von Leistungen,** gleichzeitig sind sie ein Beitrag zur Förderung des Schreibens und Lesens, zur Förderung der Reflexion des individuellen Lernprozesses und der damit verbundenen Optimierung des Lernprozesses, nicht nur bezogen auf den konkreten nächsten Lernschritt, sondern als Basis für ein produktives zukünftiges Lernen. Dadurch, dass der individuelle Lernprozess dokumentiert und reflektiert wird, bieten Portfolios auch die Chance, die zumeist alternativ diskutierte Frage, ob man prozess- oder produktbezogen bewertet, differenzierter zu behandeln (vgl. als einführenden Überblick über die Vielfalt von Portfolios und deren Verwendungsmöglichkeiten Ballweg/Bräuer 2011).

Portfolios sind also zum einen Teil der Diskussion um (alternative) Verfahren der Leistungsbewertung, sie sind aber vor allem auch ein **Beitrag zur Schreibförderung** und zur **Stärkung der Reflexion** des individuellen Lernprozesses (vgl. Ballweg 2019). Es gibt sie digital und auf Papier, sie dienen unterschiedlichen Zwecken und beziehen sich auf unterschiedliche Inhalte, sie sind unterschiedlich umfangreich und können im Unterricht unterschiedlich verwendet werden. Entsprechend vielfältig ist die Diskussion in der Fremdsprachendidaktik (vgl. z. B. die Beiträge in Ballweg/Kühn 2019). Die umfangreichste Arbeit im Bereich Deutsch als Fremdsprache, Ballweg (2015), befasst sich mit der Frage, wie Portfolios das Schreiben fördern, und vor allem mit der Frage, wie sie von den Lehrkräften und den von Ballweg befragten Studierenden wahrgenommen werden. Dieser Blick auf die Perspektive der Beteiligten ist die notwendige Voraussetzung dafür, dass die Arbeit mit Portfolios transparent eingeführt werden und gelingen kann.

Portfolios sind also eigentlich ein sehr interessantes Beispiel dafür, wie Spracharbeit und formative Evaluation zusammenspielen. Gerade in universitären Kontexten wird man aber auch auf Modulbeschreibungen stoßen, bei der das Portfolio eine von mehreren möglichen Prüfungsleistungen ist, wo man das Portfolio also auch verstehen kann als Instrument für eine summative Bewertung, sozusagen als Ersatz für die Abschlussklausur zum Seminar.

13.3 Sprachprüfungen als Voraussetzung für die Aufnahme eines Studiums an einer deutschen Universität

Um an deutschen Hochschulen zum Studium zugelassen zu werden, muss eine Person, die ihre Hochschulzugangsberechtigung nicht an einer deutschsprachigen Einrichtung erworben hat, neben den fachlichen Voraussetzungen auch Kenntnisse der deutschen Sprache auf einer bestimmten Stufe nachweisen. Das kann zum Beispiel das Deutsche Sprachdiplom der Kultusministerkonferenz – Zweite Stufe (DSD II) sein. Überprüft werden können diese Kenntnisse durch den **Test-DaF**, die Deutsche Sprachprüfung für den Hochschulzugang **(DSH)**, und durch die Feststellungsprüfungen der Studienkollegs. Anerkannt werden auch das *Goethe-Zertifikat C2, die Prüfung telc Deutsch C1 Hochschule* und bestimmte ausländische Zeugnisse, z. B. das Europäische Abitur an den Europäischen Schulen, insofern eine Prüfung im Fach Deutsch als erste Sprache (L1) oder zweite Sprache (L2) erfolgreich absolviert wurde. Im Anhang zum Beschluss der Kultusministerkonferenz zum Nachweis der deutschen Sprachkenntnisse werden 18 ausländische Zeugnisse, die als Nachweis anerkannt werden, aufgezählt.

Während TestDaF eine zentrale Prüfung ist, wird die DSH von den einzelnen Hochschulen erstellt und durchgeführt. Die Prüfungen orientieren sich an den Niveaustufen des Europäischen Referenzrahmens (s. ▶ Abschn. 13.1), sie befinden sich ungefähr auf den Niveaustufen B2/C1. „Ein empirischer Nachweis dieser Zuordnung ist jedoch in fast allen Fällen nicht öffentlich zugänglich und dokumentiert" (Kecker 2011, S. 48).

DSH und TestDaF ◼ Tab. 13.3 gibt einen schematischen Überblick über die Bestandteile von DSH und TestDaF. Sie ähneln sich im Hinblick auf die Bereiche, die getestet werden, unterscheiden sich aber in mehrfacher Hinsicht, am stärksten im Bereich der mündlichen Sprachproduktion (zur Gegenüberstellung von TestDaF und DSH vgl. u. a. Matthiessen 2009, die Vergleichsstudie zu DSH und TestDaF von Koreik 2005 und speziell bezogen auf die Unterschiede bei den Hörverstehenstests Koreik/Schimmel 2002).

TestDaF gibt es nicht nur papierbasiert, sondern seit 2020 auch digital (vgl. ▶ https://www.testdaf.de/de/). Lange war für den Zugang zu den deutschen Universitäten vor allen Dingen die DSH die entscheidende Prüfung. TestDaF entwickelte sich als Versuch, die Anforderungen an die Zulassung zu vereinheitlichen und damit das, was alltagssprachlich mit dem Schlagwort ‚**Prüfungstourismus**' bezeichnet wurde, zu vermeiden: Es sollte nicht mehr möglich sein, dass Studienbewerber, die die DSH an einer Universität nicht bestanden hatten, sie an einer anderen Universität erfolgreich ablegen konnten. Im Gegensatz zur DSH können TestDaF-Prüfungen außerhalb Deutschlands stattfinden, es gibt laut TestDaF-Homepage 500 Testzentren in 100 Ländern.

Bezogen auf **chinesische Lernende** sind eine Reihe von fremdsprachdidaktischen Arbeiten entstanden. So diskutiert Yu (2009) die Möglichkeiten der Studienvorbereitung durch ein Lehrwerk für chinesische Lernende, während Zhao (2005) die Probleme chinesischer Deutschlerner bei den Schreibaufgaben

◻ Tab. 13.3   Subtests von DSH und TestDaF. (Nach Krekeler 2003, S. 108)

TestDaF	DSH
Leseverstehen Der Subtest LV besteht aus drei Texten mit unterschiedlichem Schwierigkeitsgrad. Insgesamt sind 30 Items zu bearbeiten (Zuordnung, Mehrfachauswahlaufgaben, Auswahlitems). Die TestDaF-Niveaustufen werden aus den Rohwerten ermittelt (max. 30 Punkte) Dauer: 60 Minuten	**Verstehen und Bearbeiten eines Lesetextes** ("DSH-Leseverstehen") Aufgaben zu einem Lesetext, der authentisch, studienbezogen und wissenschaftsorientiert ist
Hörverstehen Der Subtest HV besteht aus drei Hörtexten mit unterschiedlichem Schwierigkeitsgrad. Insgesamt sind 25 Items zu bearbeiten (gesteuerte Notizen, Auswahlitems). Die TestDaF-Niveaustufen werden aus den Rohwerten ermittelt (max. 25 Punkte) Dauer: 40 Minuten	**Verstehen und Verarbeiten eines Hörtextes** ("DSH-Hörverstehen") Aufgaben zu einem Hörtext, der max. zweimal präsentiert wird. Der Text soll "der Kommunikationssituation Vorlesung/Übung angemessen Rechnung tragen"
Schriftlicher Ausdruck Beim Subtest SA soll ein Text zu einer Aufgabenstellung, welche eine Grafik umfasst und eine begründete Stellungnahme verlangt, verfasst werden. Die Bewertung (TestDaF-Niveaustufen) erfolgt durch zwei, im Zweifel durch drei Prüfer Dauer: 60 Minuten	**Vorgabenorientierte Textproduktion** ("DSH-Textproduktion") Texterstellungsaufgabe. Sie kann "erklärender, vergleichender oder kommentierender Art sein, sie kann auch die sprachliche Umsetzung von Grafiken, Schaubildern, Diagrammen zum Gegenstand haben."
–	**Verstehen und Bearbeiten wissenschaftssprachlicher Strukturen** ("DSH-Grammatiktest") Textgebundene Aufgabenstellung. Die Leistung wird nach sprachlicher Richtigkeit bewertet
Mündlicher Ausdruck Der MA wird als *Simulated Oral Proficiency Interview* (SOPI) durchgeführt. In diesem kassettengesteuerten Subtest müssen die Kandidaten auf zehn kurze Sprechanlässe reagieren. Die Bewertung erfolgt in TestDaF-Niveaustufen Dauer: 30 Minuten	**Mündliche Prüfung** Sie kann entfallen, wenn "für die Beurteilung der mündlichen Kommunikationsfähigkeit hinreichende Erkenntnisse vorliegen." Dauer: max. 20 Minuten
Ergebnis Für jeden Subtest wird eine TestDaF-Niveaustufe (TDN) ausgewiesen	**Ergebnis** Das Ergebnis lautet "bestanden" oder "nicht bestanden"

im TestDaF behandelt. Geist (2009) setzt sich mit **typischen Fehlern** chinesischer Lernender im Prüfungsteil Hörverstehen des TestDaF auseinander. Gründe für die Fehler sind:

» Gehörte Wörter werden nicht verstanden oder nicht einmal wiedererkannt [...] Inhalte werden aufgrund von mangelndem Weltwissen nicht verstanden [...] das Notieren von Stichwörtern während des Hörens wurde nicht (ausreichend) geübt [...] falsche Lösungsstrategien (möglicherweise, weil die Beurteilungskriterien nicht bekannt sind) (Geist 2009, S. 59).

Prüfungsteile Die linke Spalte von ▪ Tab. 13.3 zeigt die Prüfungsteile des TestDaF und die Prüfungsformate: Im Prüfungsteil **Leseverstehen** wird z. B. getestet, ob bestimmte Informationen gefunden werden können, ob Hauptaussagen verstanden werden, ob implizite Bedeutungen mit Hilfe von Inferenzen verstanden werden und ob Einzelaussagen und Argumentationen zu einem Gesamtverständnis verbunden werden können.

Auch beim **Hörverstehen** werden ähnlich wie beim Lesen unterschiedliche Arten des Verstehens getestet. Bärenfänger/Keckler (2004) beschäftigen sich mit dem Bewertungsverhalten von Beurteilern beim Hörverstehen innerhalb des TestDaF.

Beim **schriftlichen Ausdruck** wird getestet, ob die Schreiber unterschiedliche Arten des Schreibens beherrschen, ob sie z. B. die richtigen Mittel einsetzen, um einen kohärenten Text zu verfassen, eigenkulturelle Phänomene sachlich darstellen, Grafiken beschreiben usw.

Der problematischste Aspekt des TestDaF ist der Prüfungsteil der im papierbasierten Test „mündlicher Ausdruck" und in der digitalen Version „Sprechen" genannt wird. In der **DSH** wurde üblicherweise ein **Gespräch** geführt: Prüfer und Kandidat saßen im gleichen Raum und redeten miteinander. Als Voraussetzung für die Aufnahme eines Studiums an einer Universität ist es sicherlich sehr wichtig, dass Studierende in einem Gespräch ‚mithalten' und damit am universitären Diskurs teilnehmen können. Dieser Teil der DSH-Prüfung befasst sich also mit einer Kompetenz, die für die zukünftige Tätigkeit der Geprüften sehr sinnvoll ist. Im TestDaF gibt es ein derartiges Gespräch nicht, denn das würde dazu führen, dass an verschiedenen Teilen der Welt Gespräche mit unterschiedlichen Personen durchgeführt würden, was nicht so einfach mit den Gütekriterien für standardisierte Tests (s. Abschn. 13.2) in Einklang zu bringen ist.

Stattdessen findet im Prüfungsteil „Sprechen" die Interaktion der Prüflinge mit einem Gerät – früher mit einer Kassette, inzwischen mit dem Computer – statt, das ihre Reaktionen auf vorher festgelegte Fragen aufnimmt. Sie müssen auf die Gesprächsaufforderung eines fiktiven Gesprächspartners vom Band reagieren. Dabei müssen sie z. B. einen Rat geben, Optionen abwägen, Maßnahmen kritisieren oder in einer studentischen Arbeitsgruppe einen Text zusammenfassen, im Gespräch in einem Seminar Informationen vergleichen, Argumente wiedergeben, ein Thema präsentieren und Stellung nehmen. Die fiktiven Gesprächspartner werden zwar durch eine Situationsbeschreibung charakterisiert, trotzdem liegt hier die **Schwachstelle von TestDaF:** Die Fähigkeit, im Gespräch am universitären Leben teilzunehmen, wird gerade nicht getestet, getestet wird stattdessen, wie auf einen fiktiven Gesprächspartner reagiert wird.

Vieles von dem, was ein Gespräch ausmacht, kann so nicht erfasst werden: Man fällt sich nicht ins Wort, es gibt keine Verteidigung des Rederechts, keine Rückfragen, kein Eingehen auf nicht-sprachliche Reaktionen des Gegenübers usw. Es erfolgt **keine Interaktion** über mehrere Sprecherwechsel, eigene Gesten können nicht zur Kommunikation beitragen usw. Im Prüfungsteil „Sprechen" kann deshalb lediglich bewertet werden, ob die Antwort der Testperson phonetisch verständlich und inhaltlich nachvollziehbar war, ob die Sprechhandlung vollständig umgesetzt wurde und wie sie sprachlich realisiert wurde. Das ist eine ganze Menge, aber die kommunikativ bedeutsame Gesprächsfähigkeit kann so nicht getestet werden.

13.4 Vielfalt der Sprachprüfungen für Deutsch als Fremdsprache

DSH und TestDaF sind zwei Beispiele für Sprachprüfungen im Bereich Deutsch als Fremdsprache, alle können in dieser Einführung nicht vorgestellt werden. Die ◖ Tab. 13.4 und 13.5 geben einen von Bärenfänger/Geist (2021, S. 310 f.) zusammengestellten Überblick über die allgemeinen und domänenspezifischen Sprachprüfungen.

◖ **Tab. 13.4** Überblick über allgemeine Sprachstandstests für Deutsch als Fremdsprache aus Bärenfänger/Geist (2021, S. 310 f.)

Niveau	Sprachstandstest	Zielgruppe	Testanbieter
A1	ACTFL Reading Proficiency Test	Erwachsene	ACTFL
	ACTFL Listening Proficiency Test	Erwachsene	ACTFL
	Start Deutsch 1	Erwachsene	Goethe-Institut
	Fit in Deutsch	Jugendliche	Goethe-Institut
	ÖSD Zertifikat A1	Erwachsene	ÖSD
	ÖSD KID A1 (Kompetenz in Deutsch A1)	Kinder/Jugendliche	ÖSD
	Telc Deutsch A1	Erwachsene	Telc
	Telc Deutsch A1 Junior	Kinder	Telc
A2	ACTFL Reading Proficiency Test	Erwachsene	ACTFL
	ACTFL Listening Proficiency Test	Erwachsene	ACTFL
	Deutsches Sprachdiplom Stufe I (DSD I)	Schüler	KMK

(Fortsetzung)

◘ Tab. 13.4   (Fortsetzung)

Niveau	Sprachstandstest	Zielgruppe	Testanbieter
	Goethe-Zertifikat A2	Erwachsene	Goethe-Institut
	Fit in Deutsch	Jugendliche	Goethe-Institut
	ÖSD Zertifikat A2	Erwachsene	ÖSD
	ÖSD KID A2 (Kompetenz in Deutsch A2)	Kinder/Jugendliche	ÖSD
	Telc Deutsch A2	Erwachsene	Telc
	Telc Deutsch A2 Schule	Kinder/Jugendliche	Telc
	Deutschtest für Zu-wanderer	Erwachsene	Telc
	Deutschtest für Zu-wanderer Jugend-integrationstest	Jugendliche	Telc
B1	ACTFL Reading Proficiency Test	Erwachsene	ACTFL
	ACTFL Listening Proficiency Test	Erwachsene	ACTFL
	Zertifikat B1	Erwachsene, Jugendliche	EDK, Goethe-Institut, ÖSD, telc
	Deutsches Sprachdiplom Stufe I (DSD I)	Schüler	KMK
	ÖSD Zertifikat B1	Erwachsene	ÖSD
	ÖSD Zertifikat B1/ Jugendliche	Jugendliche	ÖSD
	ÖSD Zertifikat Deutsch Österreich B1	Erwachsene	ÖSD
	ÖSD Zertifikat Deutsch Österreich B1/Jugend-liche	Jugendliche	ÖSD
	Telc Deutsch B1 Schule	Kinder/Jugendliche	Telc
	Deutschtest für Zu-wanderer	Erwachsene	Telc
	Deutschtest für Zu-wanderer Jugend-integrationstest	Jugendliche	Telc
B2	ACTFL Reading Proficiency Test	Erwachsene	ACTFL

(Fortsetzung)

▣ Tab. 13.4 (Fortsetzung)

Niveau	Sprachstandstest	Zielgruppe	Testanbieter
	ACTFL Listening Proficiency Test	Erwachsene	ACTFL
	Goethe-Zertifikat B2	Erwachsene	Goethe-Institut
	Deutsches Sprachdiplom Stufe II (DSD II)	Schüler	KMK
	ÖSD Zertifikat B2	Erwachsene	ÖSD
	ÖSD Zertifikat B2/ Jugendliche	Jugendliche	ÖSD
	Telc Deutsch B2	Erwachsene	Telc
C1	ACTFL Reading Proficiency Test	Erwachsene	ACTFL
	ACTFL Listening Proficiency Test	Erwachsene	ACTFL
	Goethe-Zertifikat C1	Erwachsene	Goethe-Institut
	Deutsches Sprachdiplom Stufe II (DSD II)	Schüler	KMK
	ÖSD Zertifikat C1	Erwachsene	ÖSD
	ÖSD Zertifikat C1/ Jugendliche	Jugendliche	ÖSD
	Telc Deutsch C1	Erwachsene	Telc
C2	Goethe-Zertifikat C2	Erwachsene	Goethe-Institut
	ÖSD Zertifikat C2	Erwachsene	ÖSD
	Telc Deutsch C2	Erwachsene	Telc

◘ Tab. 13.5 Überblick über domänenspezifische Sprachstandstests für Deutsch als Fremdsprache aus Bärenfänger/Geist (2021, S. 311)

Niveau	Sprachstandstest	Zielgruppe	Testanbieter
A1	Goethe-Test PRO	Berufstätige	Goethe-Institut
A2	Goethe-Test PRO	Berufstätige	Goethe-Institut
	Telc Deutsch A2 + Beruf	Berufstätige	Telc
	Deutsches Sprachdiplom PRO Stufe I (DSD I Pro)	Schüler	KMK
B1	Goethe-Test PRO	Berufstätige	Goethe-Institut
	Deutsches Sprachdiplom PRO Stufe I (DSD I Pro)	Schüler	KMK
	Telc Deutsch B1 + Beruf	Berufstätige	Telc
	Telc Deutsch B1–B2 Beruf	Berufstätige	Telc
	Telc Deutsch B1–B2 Pflege	Berufstätige	Telc
B2	Goethe-Test PRO	Berufstätige	Goethe-Institut
	Telc Deutsch B1–B2 Beruf	Berufstätige	Telc
	Telc Deutsch B1–B2 Pflege	Berufstätige	Telc
	Telc Deutsch B2 + Beruf	Berufstätige	Telc
	Telc Deutsch B2 Medizin Zugangsprüfung	Berufstätige	Telc
	Telc Deutsch B2–C1 Beruf	Berufstätige	Telc
	TestDaF	Studienbewerber	TestDaF-Institut
	Deutsche Sprachprüfung für den Hochschulzugang (DSH)	Studienbewerber	Hochschulen
C1	Goethe-Test PRO	Berufstätige	Goethe-Institut
	Telc Deutsch B2–C1 Beruf	Berufstätige	Telc
	Telc Deutsch B2–C1 Medizin	Berufstätige	Telc
	Telc Deutsch B2–C1 Medizin Fachsprachprüfung	Berufstätige	Telc
	Telc Deutsch C1 Beruf	Berufstätige	Telc
	Telc Deutsch C1 Hochschule	Studienbewerber	Telc
	TestDaF	Studienbewerber	TestDaF-Institut
	Deutsche Sprachprüfung für den Hochschulzugang (DSH)	Studienbewerber	Hochschulen
C2	Goethe-Test PRO	Berufstätige	Goethe-Institut
	ÖSD Zertifikat C2 Wirtschaftsdeutsch	Berufstätige	ÖSD

13

Literatur

Bärenfänger, Olaf/Geist, Barbara: Prüfen, Testen, Sprachstände erheben In: Claus Altmayer u.a. (Hg.): *Handbuch Deutsch als Fremd- und Zweitsprache.* Heidelberg 2021, S. 301–318.

Bärenfänger, Olaf/Keckler, Gabriele: „Beurteilerkonsistenz und Beurteilerübereinstimmung bei der Bewertung von Kurzantwortaufgaben. Eine empirische Studie zum Bewertungsverhalten von Beurteilern im Subtest Hörverstehen des Tests Deutsch als Fremdsprache (Test DaF)". In: *Zeitschrift für Fremdsprachenforschung* 15/2 (2004), S. 237–268.

Ballweg, Sandra: *Portfolioarbeit im Fremdsprachenunterricht. Eine empirische Studie zu Schreibportfolios im DaF-Unterricht.* Tübingen 2015

Ballweg, Sandra: „Schreibprozesse unterstützen: Der Einsatz von Portfolios und Schreibberatung im DaF- und DaZ-Unterricht". In: Shafer, Naomi (Hg.): *Produktion und Partizipation in Deutsch als Fremd- und Zweitsprache: Sprechen- Schreiben – Mitreden.* Bern 2019, S. 69–76.

Ballweg, Sandra/Bräuer, Gerd: „Portfolioarbeit im Fremdsprachenunterricht – Yes, we can! " In: *Fremdsprache Deutsch* 45 (2011). S. 3–11.

Ballweg, Sandra/Kühn, Bärbel (Hg.): *Portfolioarbeit im Kontext von Sprachenunterricht. Neue internationale Entwicklungen.* Göttingen 2019.

Bausch, Karl-Richard/Christ, Herbert/Königs, Frank (Hg.): *Der Gemeinsame europäische Referenzrahmen für Sprachen in der Diskussion. Arbeitspapiere der 22. Frühjahrskonferenz zur Erforschung des Fremdsprachenunterrichts.* Tübingen 2003.

Burwitz-Melzer, Eva: Prolegomena für ein phasenübergreifendes Lehramtsportfolio (nicht nur) für Fremdsprachenlehrende. In: Sandra Ballweg/Bärbel Kühn (Hg.): *Portfolioarbeit im Kontext von Sprachenunterricht. Neue internationale Entwicklungen.* Göttingen 2019, S. 211–237.

Cools, Dorien/Sercu, Lies: „Die Beurteilung von Lehrwerken an Hand des Gemeinsamen Europäischen Referenzrahmens für Sprachen: Eine empirische Untersuchung von zwei kürzlich erschienenen Lehrwerken für Deutsch als Fremdsprache". In: *Zeitschrift für interkulturellen Fremdsprachenunterricht* [Online] 11/3 (2006), 20 S.

Coste, Daniel/North, Brian/Trim, John: *Gemeinsamer europäischer Referenzrahmen für Sprachen: lernen, lehren, beurteilen. Begleitband.* Stuttgart 2020.

Council of Europe (Ed.): *A Common European Framework of Reference: Learning, Teaching, Assessment.* Straßbourg 2001.

Dannerer, Monika: „Gesprochene Sprache und mündliches Interagieren im Gemeinsamen Europäischen Referenzrahmen". In: Christian Fandrych/Ingo Thonhauser (Hg.): *Fertigkeiten – integriert oder separariert?* Wien 2008, S. 177–200.

Dlaska, Andrea/Krekeler, Christian: „Alternative Testverfahren für Deutsch als Zweitsprache". In: *Deutsch als Zweitsprache* 4 (2006), S. 11–18.

Dlaska, Andrea/Krekeler, Christian: *Sprachtests. Leistungsbeurteilungen im Fremdsprachenunterricht evaluieren und verbessern.* Baltmannsweiler 2009.

Funk, Hermann: „Wortschatz im Europäischen Referenzrahmen und in ‚Profile deutsch' – nützliche Planungshilfe oder lexikalische Planwirtschaft?" In: Antje Heine/Mathilde Henning/Erwin Tschirner (Hg.): *Deutsch als Fremdsprache. Konturen und Perspektiven eines Faches. Festschrift für Barbara Wotjak zum 65. Geburtstag.* München 2005, S. 119–132.

Geist, Beate: „Schwierigkeiten und typische Fehler chinesischer TestDaF-Teilnehmer – am Beispiel des Prüfungsteils Hörverstehen". In: Xuemei Yu (Hg.): *TestDaF-Training und Studienvorbereitung.* München 2009, S. 47–62.

Glaboniat, Manuela: „Internationale DaF-Zertifikate. Ein Überblick". In: *Deutsch als Fremdsprache* 47/3 (2010), S. 131–142.

Glaboniat, Manuela: „MIKA-D. Eine Betrachtung aus testtheoretischer Perspektive". In: *ide* 4,2 (2020), S. 61–73.

Glaboniat, Manuela [u.a.]: *Profile Deutsch. Gemeinsamer europäischer Referenzrahmen; Lernzielbestimmungen; Kannbeschreibungen; kommunikative Mittel; Niveaus A1, A2, B1, B2.* Berlin [u. a.] 2002.

Glaboniat, Manuela [u. a.]: *Profile Deutsch. Gemeinsamer europäischer Referenzrahmen; Lernzielbestimmungen; Kannbeschreibungen; kommunikative Mittel; Niveau A1-A2, B1-B2, C1-C2. Version 2.0.* Berlin [u. a.] 2005.

Gogolin, Ingrid: „Sprachstandsdiagnosen". In: Hans-Jürgen Krumm [u. a.] (Hg.): *Deutsch als Fremd- und Zweitsprache. Ein internationales Handbuch.* Bd. 2. Berlin/New York 2010, S. 1305–1314.

Grotjahn, Rüdiger (Hg.): *Der C-Test: Theorie, Empirie, Anwendungen.* Frankfurt a. M. 2006.

Jeuk, Stefan/Settinieri Julia (Hg.): *Sprachdiagnostik Deutsch als Zweitsprache. Ein Handbuch.* Berlin 2019.

Kecker, Gabriele: *Validierung von Sprachprüfungen. Die Zuordnung des TestDaF zum Gemeinsamen Europäischen Referenzrahmen für Sprachen.* Frankfurt a. M. 2011.

Koreik, Uwe: „Die DSH-TestDaF-Vergleichsstudie". In: Armin Wolff/Claudia Riemer/Fritz Neubauer (Hg.): *Sprache lehren – Sprache lernen. Materialien DaF* 74. Regensburg 2005, S. 183–195.

Koreik, Uwe/Schimmel, Dagmar: „Hörverstehenstests bei der DSH, der Feststellungsprüfung und TestDaF – eine Vergleichsstudie mit weiterführenden Überlegungen zu TestDaF und DSH". In: *Info DaF* 29/5 (2002), S. 409–440.

Krekeler, Christian: „Der kleine Unterschied – und keine Folgen? Grammatik in Sprachtests für den Hochschulzugang". In: *Zeitschrift für Fremdsprachenforschung* 14/1 (2003), S. 108.

Little, David: „Portfolios und informelle Leistungsdiagnosen". In: Hans-Jürgen Krumm [u. a.] (Hg.): *Deutsch als Fremd- und Zweitsprache. Ein internationales Handbuch.* Bd. 2. Berlin/New York 2010, S. 1315–1323.

Matthiessen, Heidi: „TestDaF und DSH – Eine Bestandsaufnahme". In: Xuemei Yu (Hg.): *TestDaF-Training und Studienvorbereitung.* München 2009, S. 12–34.

Quetz, Jürgen: „Der Gemeinsame Europäische Referenzrahmen". In: *Info DaF* 28/6 (2001), S. 553–563.

Quetz, Jürgen: „Gemeinsamer Europäischer Referenzrahmen". In: Wolfgang Hallet/Frank Königs (Hg.): *Handbuch Fremdsprachendidaktik.* Seelze-Velber 2010, S. 45–49.

Rösler, Dietmar/Würffel, Nicola: *Lehr. und Lernmedien.* Stuttgart 2020.

Schulz, Petra/Tracy, Rosemary/Wenzel, Ramona: „Linguistische Sprachstandserhebung – Deutsch als Zweitsprache (LiSe-DaZ): Theoretische Grundlagen und erste Ergebnisse". In: Bernt Ahrenholz (Hg.): *Zweitspracherwerb. Diagnosen, Verläufe, Voraussetzungen. Beiträge aus dem 2. Workshop für Kinder mit Migrationshintergrund.* Freiburg 2008, S. 17–41.

Tschirner, Erwin: „Vernünftige Erwartungen: Referenzrahmen, Kompetenzniveaus, Bildungsstandards". In: *Zeitschrift für Fremdsprachenforschung* 19/2 (2008), S. 187–208.

Vogt, Karin/Quetz, Jürgen (Hg.): *Der neue Begleitband zum Gemeinsamen europäischen Referenzrahmen für Sprachen.* Berlin 2021.

Wisniewski, Katrin: „Bewertervariabilität im Umgang mit GeR-Skalen. Ein- und Aussichten aus einem Sprachtestprojekt". In: *Deutsch als Fremdsprache* 47/3 (2010), S. 143–150.

Yu, Xuemei: „Kulturspezifisch oder international? Eine Analyse des Lehrwerks ‚TestDaF und Studienvorbereitung'". In: Xuemei Yu (Hg.): *TestDaF-Training und Studienvorbereitung.* München 2009, S. 125–143.

Zhao, Jin: „Probleme chinesischer Deutschlerner im Schreiben – Analyse der Schreibaufgaben im TestDaF–Modellsatz". In: *Info DaF* 32/1 (2005), S. 14–27.

13

Schluss

© Der/die Autor(en), exklusiv lizenziert an Springer-Verlag GmbH, DE, ein Teil von
Springer Nature 2023
D. Rösler, *Deutsch als Fremdsprache*,
https://doi.org/10.1007/978-3-476-05863-8_14

Häufig – für manche Leserinnen und Leser vielleicht sogar zu häufig – stand in den letzten dreizehn Kapiteln der Hinweis, eine bestimmte Entscheidung sei abhängig von einer Reihe von Faktoren: von den individuellen Lernenden, den Lernzielen, den lokalen Gegebenheiten usw. Natürlich wäre es einfacher zu sagen: So ist es, so lehrt und lernt man. So ist es aber nicht. Die Welt des Fremdsprachenlernens ist zu bunt und zu vielfältig, als dass eindeutige allgemeine Aussagen über das richtige Vorgehen möglich wären.

Das bedeutet nun nicht, dass es beliebig ist, wie Fremdsprachenlernen organisiert wird. Ganz im Gegenteil: Alle Lehrenden, alle Produzenten von Lehrwerken und Curricula müssen sehr genau überlegen, was in ihrem jeweiligen Kontext das richtige Vorgehen ist. Dieses richtige Vorgehen gibt es nur nicht als fertiges Paket auf dem Methodenmarkt, es ist herauszuarbeiten aus der Vielfalt vorhandener Konzepte. Entscheidungen über die Angemessenheit bestimmter Vorgehensweisen können also immer nur die handelnden Personen ‚vor Ort‘ treffen: die Lernenden, die Lehrenden, die Organisatoren des institutionellen Kontexts. Und sie können dies nur, wenn sie umfassend über die zur Verfügung stehenden Optionen informiert sind. Und wenn sie offen genug sind, auch ungewohnte und ungewöhnliche Ideen auf ihre Tauglichkeit zu überprüfen.

An die Stelle der Entscheidungsfrage ‚Ja oder Nein?‘ könnten Ergänzungsfragen treten: Welche Aspekte welcher Konzepte könnten für welche Lernenden und Lernziele interessant sein? ‚Körpereinsatz‘ spielt bisher keine Rolle – o.k., aber wie kann man dem performativen Ansatz originelle Ideen abgewinnen? Die alternativen Methoden klingen zu ‚schräg‘ – o.k., aber wo enthalten sie Elemente, die den eigenen Unterricht vielfältiger und motivierender machen könnten? Empfehlenswert ist es, sich in eine Art von ‚antizyklischem‘ Denken zu begeben: Wer meint, natürliche Erwerbsprozesse funktionierten ohne weiteres auch in Bildungseinrichtungen und Steuerung sei eher schädlich, der sollte sich damit auseinandersetzen, wie Prüfungen und Pläne Lernprozesse beeinflussen. Umgekehrt: Wer meint, den Lernprozess genau planen und abprüfen zu können, sollte sich mit dem Potenzial des natürlichen Erwerbs befassen und mit der Frage, wie weitgehend man diesen in Bildungsinstitutionen unterstützen kann, auch wenn es zunächst ungewohnt ist, bei den Lernenden zu akzeptieren (und sie vielleicht sogar dazu zu ermutigen), dass sie beim inhaltlich selbstbestimmten Kommunizieren in der Fremdsprache Fehler machen.

Mit dem Aufkommen der digitalen Medien ist langfristig die Basis gegeben für eine gleichzeitig mögliche größere Individualisierung des Lernens und eine Stärkung des kooperativen Lernens. Lernende könnten Lernpakete zur Form dann abrufen und erarbeiten, wenn es für sie sinnvoll ist, sie könnten real und digital mit anderen Lernenden zusammen Themen erarbeiten, die für sie relevant sind. Diese gleichzeitige Stärkung von Individualisierung und Kooperation müsste in Bildungsinstitutionen begleitet werden von einer Sprachlernberatung, die nicht nur Lernpakete und Kooperationsräume bereitstellt, sondern unter Berücksichtigung der besonderen Funktion des Klassenzimmers als ‚didaktischem Schutzraum‘ diese mit den Anforderungen der jeweiligen Bildungsinstitution in Einklang bringt.

Ein entspannteres und differenzierteres Verhältnis von natürlichem Erwerb und gesteuertem Lernen kann, wenn zum Abschluss ein Blick in die Glaskugel erlaubt ist, die Entwicklung des Fremdsprachenlernens voranbringen. Beschäftigung mit der sprachlichen Form, auch ganz traditionell mit vielen Erklärungen und Übungen, steht nicht im Widerspruch zu inhaltlich selbstbestimmtem Arbeiten, wenn es sich nicht verselbständigt und das Fremdsprachenlernen in Institutionen insgesamt dominiert. Die neue Sprache auszuprobieren, im Klassenzimmer und jenseits des Klassenzimmers mit so vielen Personen wie möglich in der deutschen Sprache über Gegenstände zu kommunizieren, die einen tatsächlich interessieren, steht nicht in Widerspruch zu einem Interesse an möglichst korrektem Deutsch. Der kognitive Zugang zu und das Üben von Formen unterstützen ein Sicherheitsgefühl, das einige Lernende brauchen, um sich ins ‚Kommunikationsgetümmel' stürzen zu können. Das in der Kommunikation sich entwickelnde Bewusstsein über den eigenen Sprachnotstand führt zu formbezogenen nachschlagenden, systematisierenden und übenden Aktivitäten. Selbstbewusste Lernende kombinieren beides, Formarbeit und Kommunikation. Vielleicht schaffen es ja auch Bildungsinstitutionen irgendwann besser als bisher, Lernende dabei zu unterstützen.

Serviceteil

© Der/die Herausgeber bzw. der/die Autor(en), exklusiv lizenziert an Springer-Verlag
GmbH, DE, ein Teil von Springer Nature 2023
D. Rösler, *Deutsch als Fremdsprache*, https://doi.org/10.1007/978-3-476-05863-8

Grundlagenwerke, Bibliographien, Zeitschriften

Einführungen

Apeltauer, Ernst: *Grundlagen des Erst- und Fremdsprachenerwerbs*. Berlin 1997.
Edmondson, Willis J./House, Juliane: *Einführung in die Sprachlehrforschung*. Tübingen/Basel [4]2011.
Harden, Theo: *Angewandte Linguistik und Fremdsprachendidaktik*. Tübingen 2006.
Hernig, Marcus: *Deutsch als Fremdsprache. Eine Einführung*. Wiesbaden 2005.
Huneke, Hans-Werner/Steinig, Wolfgang: *Deutsch als Fremdsprache. Eine Einführung*. 6. neu bearbeitete und erweiterte Auflage Berlin [6]2013.
Kniffka, Gabriele/Siebert-Ott, Gesa: *Deutsch als Zweitsprache*. Paderborn [3]2012.
Koeppel, Rolf: *Deutsch als Fremdsprache – Spracherwerblich reflektierte Unterrichtspraxis*. Baltmannsweiler [3]2016.
Oksaar, Els: *Zweitspracherwerb*. Stuttgart 2003.
O'Sullivan, Emer/Rösler, Dietmar: *Kinder- und Jugendliteratur im Fremdsprachenunterricht*. Tübingen 2013.
Quetz, Jürgen/von der Handt, Gerhardt (Hg.): *Neue Sprachen lehren und lernen*. Bielefeld 2002.
Riehl, Claudia: *Sprachkontaktforschung. Eine Einführung*. Tübingen 2009.
Riehl, Claudia: *Mehrsprachigkeit. Eine Einführung*. Darmstadt 2014.
Roche, Jörg: *Interkulturelle Sprachdidaktik – Eine Einführung*. Tübingen 2005.
Roche, Jörg: *Handbuch Mediendidaktik Fremdsprachen*. Ismaning 2008.
Roche, Jörg: *Fremdsprachenerwerb und Fremdsprachendidaktik*. 4., erw. Aufl. Tübingen 2020.
Rösler, Dietmar: *Deutsch als Fremdsprache außerhalb des deutschsprachigen Raums*. Tübingen 1998.
Rösler, Dietmar: *E-Learning Fremdsprachen. Eine kritische Einführung*. Tübingen [3]2010.
Storch, Günther: *Deutsch als Fremdsprache: eine Didaktik. Theoretische Grundlagen und praktische Unterrichtsgestaltung*. München 1999.

Handbücher/Lexika

Ahrenholz, Bernt/Oomen-Welke, Ingelore (Hg.): *Deutsch als Zweitsprache*. Baltmannsweiler [5]2020.
Altmayer, Claus u.a. (Hg.): *Handbuch Deutsch als Fremd- und Zweitsprache*. Heidelberg 2021.
Barkowski, Hans/Krumm, Hans-Jürgen (Hg.): *Fachlexikon Deutsch als Zweit- und Fremdsprache*. Tübingen 2010.
Burwitz-Melzer, Eva u.a. (Hg): *Handbuch Fremdsprachenunterricht*. 6. völlig überarbeitete und erweiterte Aufl. Tübingen 2016.
Caspari, Daniela u.a.: (Hg.): *Forschungsmethoden in der Fremdsprachendidaktik: ein Handbuch*. Tübingen 2016.
Fäcke, Christiane/Meißner, Franz-Joseph (Hg): *Handbuch Mehrsprachigkeits- und Mehrkulturalitätsdidaktik*. Tübingen 2019.
Hallet, Wolfgang/Königs, Frank G. (Hg.): *Handbuch Fremdsprachendidaktik*. Seelze 2010.
Hallet, Wolfgang/Königs, Frank (Hg.): *Handbuch bilingualer Unterricht*. Seelze 2013.
Hoffmann, Ludger u.a. (Hg.): *Deutsch als Zweitsprache. Ein Handbuch für die Lehrerausbildung*. Berlin 2017.
Krumm, Hans-Jürgen u.a. (Hg.): *Deutsch als Fremd- und Zweitsprache. Ein internationales Handbuch*. Berlin/New York 2010.
Lütge, Christiane (Hg): *Grundthemen der Literaturwissenschaft: Literaturdidaktik*. Berlin 2019.
Jung, Udo O.H. (Hg.): *Praktische Handreichungen für den Fremdsprachenlehrer*. Frankfurt a. M. [5]2009.
Krumm, Hans-Jürgen u. a. (Hg.): *Deutsch als Fremd- und Zweitsprache. Ein internationales Handbuch*. Berlin New York 2010.
Oomen-Welke, Ingelore/Ahrenholz, Bernt (Hg): *Deutschunterricht in Theorie und Praxis: Deutsch als Fremdsprache*. Hohengehren 2013.

Surkamp, Carola (Hg.): *Metzler Lexikon Fremdsprachendidaktik*. Stuttgart/Weimar [2]2017.
Wierlacher, Alois/Bogner, Andrea (Hg.): *Handbuch interkulturelle Germanistik*. Stuttgart/Weimar 2003.

Lehrmaterial

Eine umfassende Bibliographie von Lehrwerken und Lehrmaterialien für Deutsch als Fremdsprache gibt es leider nicht. Eine Linksammlung zu Informationen und Materialien für bestimmte Zielgruppen findet sich auf der Webseite des Goethe-Instituts: ▶ https://www.goethe.de/de/spr/unt/kum.html

Bibliographien

Bibliographie Moderner Fremdsprachenunterricht. Hg. vom Informationszentrum für Fremdsprachenforschung in Marburg (▶ http://www.uni-marburg.de/ifs/). (Seit Dezember 2021 werden leider keine Neuaufnahmen mehr vorgenommen).
González, Francisco u.a.: *Bibliographie Didaktik Deutsch als Zweit- und Fremdsprache* 1975–1996. München 1998.
Kommentierte Auswahlbibliographie von Neuerscheinungen für das Fach Deutsch als Fremdsprache In: *Informationen Deutsch als Fremdsprache* (jährlich).

Zeitschriften

Deutsch als Fremdsprache. Hg. vom Herder Institut Leipzig. Berlin: Langenscheidt ▶ https://www.philol. uni-leipzig.de/herder-institut/institut/zeitschrift-deutsch-als-fremdsprache
Fremdsprache Deutsch. München: Hueber Verlag ▶ https://www.esv.info/z/FD/zeitschriften.html
Fremdsprachen lehren und lernen. Tübingen: Narr Verlag ▶ https://elibrary.narr.digital/journal/flul
German as a foreign language ▶ http://www.gfl-journal.de/
Info DaF (Informationen Deutsch als Fremdsprache). Hg. vom DAAD in Zusammenarbeit mit dem Fachverband Deutsch als Fremdsprache beim DAAD. Berlin: deGruyter ▶ https://www.degruyter. com/journal/key/infodaf/html
Jahrbuch Deutsch als Fremdsprache. Intercultural German Studies. München: iudicium ▶ http://www. iudicium.de/katalog/0342-6300.htm
ÖDAF Mitteilungen. Informationen des Österreichischen Verbands für Deutsch als Fremdsprache/ Zweitsprache. Klagenfurt ▶ https://www.oedaf.at/site/wissenschaftforschung/dieoedafmitteilungen
Zeitschrift für Fremdsprachenforschung. Hg. von der deutschen Gesellschaft für Fremdsprachenforschung (DGFF) ▶ https://www.dgff.de/publikationen/zff/*Zeitschrift für Interaktionsforschung in DaFZ:* ▶ https://www.interaktion-dafz.de/ziaf/
Zeitschrift für interkulturellen Fremdsprachenunterricht. Didaktik und Methodik im Bereich Deutsch als Fremdsprache ▶ https://ojs.tujournals.ulb.tu-darmstadt.de/index.php/zif/
Zielsprache Deutsch. ▶ http://www.stauffenburg.de/asp/books.asp?id=475

Institutionen

Bundesverwaltungsamt – Zentralstelle für das Auslandsschulwesen – Barbarastr. 1, 50735 Köln ► http://www.auslandsschulwesen.de

Deutscher Akademischer Austauschdienst – Kennedyallee 50, 53175 Bonn ► http://www.daad.de

Deutscher Volkshochschul-Verband e. V., Obere Wilhelmstr. 32, 53225 Bonn. ► http://www.dvv-vhs.de

Goethe-Institut zur Pflege der deutschen Sprache im Ausland und zur Förderung der internationalen kulturellen Zusammenarbeit – Oskar-von-Miller-Ring 18, 80333 München ► http://www.goethe.de

Leibniz-Institut für deutsche Sprache – Postfach 101621, 68016 Mannheim ► http://www.ids-mannheim.de

Pädagogischer Austauschdienst – Postfach 2240, 53012 Bonn ► https://www.kmk-pad.org/

Sachregister

M

Printed in the United States
by Baker & Taylor Publisher Services

Printed in the United States
by Baker & Taylor Publisher Services